더 빠르고 깔끔한 게임 코드를 구현하는 13가지 디자인 패턴

게임 프로그래밍 패턴
GAME PROGRAMMING PATTERNS

로버트 나이스트롬 지음
박일 옮김

한빛미디어
Hanbit Media, Inc.

지은이 · 옮긴이 소개

지은이 **로버트 나이스트롬** Robert Nystrom

20년 경력의 베테랑 프로그래머. 10년 이상 게임을 만들었고, 8년간 EA에서 근무하며 〈매든 NFL〉 시리즈 같은 대작부터 〈헨리 해츠워스〉까지 다양한 타이틀에 참여했다. PC, 게임큐브, PS2, Xbox, X360, DS 등 다양한 플랫폼에서 게임을 만들었지만, 가장 자랑스러워하는 건 다른 개발자들을 위해 직접 만든 개발 도구와 라이브러리 들이다. 재사용 가능하고 아름다운 코드를 통해 그들이 창의력을 발휘하는 모습을 보며 기쁨을 느낀다. 현재 배우자와 두 딸과 함께 시애틀에 살고 있다. 친구들을 위해 요리를 하고 좋은 맥주를 권하는 모습이 자주 목격된다고 한다.

옮긴이 **박일**

게임 개발자. 연세대학교 컴퓨터과학과를 졸업했고, 2000년부터 월급을 받으며 프로그래밍을 시작했다. 엔씨소프트에서 〈알터라이프〉, 〈리니지 2〉 서버 개발에 참여했고 현재는 〈리니지 이터널〉 클라이언트팀에 속해 있다. 『위대한 게임의 탄생』(2011)을 번역한 것을 계기로 국내 실정에 맞게 『위대한 게임의 탄생 2』(2012), 『위대한 게임의 탄생 3』(2013, 이상 지앤선)을 편저했고, 그 밖에도 『Debug It! 실용주의 디버깅』(2010), 『xUnit 테스트 패턴』(2010, 이상 에이콘), 『스크럼』(2008, 인사이트)을 번역했다. 블로그 http://parkpd.egloos.com

옮긴이의 말

패턴(pattern): 1. (정형화된) 양식. 2. (옷 따위를 만드는 데 쓰는) 본. 3. 모범

'패턴'은 오랫동안 정형화되고 축적된 경험을 추상화한 지식 단위입니다. 여러 사람이 공유하는 개념이기 때문에 패턴 이름만으로도 많은 정보를 한 번에 정확하게 전달할 수 있습니다. 새로운 구조를 어떻게 만들지 막막할 때, 옷본을 위에 놓고 옷감을 자르는 것처럼 패턴을 참고할 수 있고, 문제가 있을 때 패턴을 통해서 다른 사람들은 어떻게 해결했는지를 찾아볼 수도 있습니다.

저자인 밥 나이스트롬은 게임 프로그래밍을 하면서 도움받았던 패턴들을 정리해 이 책을 썼습니다. 딱딱한 '직원 정보', '은행 계좌'가 아닌 '몬스터', '업적' 같은 것들을 예제 삼아 패턴을 설명한다는 점만으로도 책을 훨씬 즐겁게 읽을 수 있었습니다. 특히 게임 프로그래머들은 실무에서 별생각 없이 쓰고 있던 클래스나 콜백 함수가 왜 이렇게 되어 있는지를 통찰하면서 코드가 다시 보이게 되는 경험을 할 것입니다. 번역을 하면서 수십 번 넘게 이 책을 읽었지만 그때마다 재미있었고 새로 배울 수 있었습니다.

이 책에 있는 패턴이 게임 프로그래밍 패턴의 전부는 아닐 것입니다. 앞으로도 게임 개발에 사용되는 여러 패턴들이 정리되어 공유되기를 기대합니다.

감사의 말을 전하고 싶은 분이 많습니다. 누구보다 저자인 밥 나이스트롬에게 고맙습니다. 밥은 50번 이상 이메일을 주고받으면서 300개 가까운 질문을 했는데도 성실하게 대답해주었습니다. 덕분에 원서에 있던 오류를 여럿 고쳤고, 필요하면 저자와 합의해 본문 내용을 보강하거나 제거했습니다. 원서가 버전 1.0이라면 이 책은 버전 1.2 정도는 될 거라고 자부합니다.

알파리딩을 해주신 박진언, 윤가영, 이정현, 주의종, 황윤희, 베타리딩을 해주신 강대명, 구승모, 김제룡, 이중기, 오영욱, 임영기, 황득원, 스몰토크를 설명해주신 김승범에게 감사의 말을 전합니다. 특히 감수에 가까울 정도로 꼼꼼히 문장을 챙겨주신 분들이 보내주신 워드 파일은

볼 때마다 고마운 마음이 절로 듭니다.

그럼에도 오역이 있다면 전적으로 제 책임입니다. 제 블로그인 http://parkpd.egloos.com 을 통해서 정오표, URL, 실행 가능한 예제 코드 등을 제공하려고 하니 언제든지 의견을 남겨주세요.

역자의 요청 때문에 두 번 이상 원고를 검토하느라 몇 배 고생한 한빛미디어 이상복 편집자님에게 미안한 마음과 감사의 마음을 전합니다.

게임 개발을 배울 수 있게 해준 엔씨소프트와 지금 개발 중인 〈리니지 이터널〉 개발팀에도 감사를 보냅니다.

마지막으로 온갖 궂은 소리를 하면서도 정성껏 도와준 아내와, 번역에 가장 큰 원동력이자 장애물이었던 쌍둥이들에게 고맙습니다.

이 책에 대하여

초등학교 5학년 때 나는 다른 친구들과 함께 굉장히 낡아빠진 TRS-80 컴퓨터[1]가 몇 대 있는 교실을 써도 된다는 허락을 받았다. 선생님은 우리가 컴퓨터를 배우는 데 도움이 되었으면 하는 마음에 우리가 손볼 수 있는 간단한 베이식(BASIC) 프로그램 코드가 적힌 인쇄물을 구해다 주셨다.

TRS-80의 카세트 드라이브가 고장 나 있었기 때문에, 뭔가를 실행하려면 코드를 매번 처음부터 입력해야 했다. 그러다 보니 보통은 이런 식으로 몇 줄 안 되는 코드만 입력하곤 했다.[2]

```
10 PRINT "나는 짱이다!!!"
20 GOTO 10
```

이런 환경에서 프로그래밍하는 것은 어려움투성이였다. 프로그래밍을 모르다 보니 사소한 구문 오류 하나에도 절절맸다. 프로그램이 동작하지 않으면(종종 그랬다), 처음부터 다시 짜야 했다.

선생님이 준 인쇄물 맨 뒤에는 빽빽한 코드를 여러 장 입력해야 하는 무시무시한 소스 코드가 실려 있었다. 한동안은 보기만 해도 숨이 막혀서 시도해볼 엄두가 나지 않았다. 하지만 거기 적힌 〈터널 앤 트롤Tunnels and Trolls〉이라는 제목에 너무나 끌렸다. 뭐 하는 프로그램인지는 몰랐지만, 게임 같아 보였다. 내가 직접 코딩한 컴퓨터 게임이라니! 이보다 멋진 게 어디 있을까?

끝내 한 번도 그 프로그램을 실행해보지 못한 채 1년이 지나갔고, 컴퓨터 수업도 끝이 났다(한참 뒤에 베이식을 좀 배운 뒤에야, 그 코드가 실제 게임이 아니라 TRPG 〈터널 앤 트롤〉[3]에서 사용할 캐릭터 생성기라는 걸 알게 되었다). 어쨌거나 주사위는 던져졌다. 그날 이후 내 장래 희망은 게임 프로그래머가 되었다.

---

1 탠디(Tandy)에서 개발한 PC. 1977년에 Model I이 나왔다. – 옮긴이
2 컴퓨터가 아주 오랫동안 계속해서 이 문장을 출력했다면 언젠가는 마법처럼 정말로 내가 짱이 되었을지도 모른다.
3 던전 앤 드래곤(Dungeons & Dragons)과 유사한 판타지 TRPG로 1975년에 처음 발표되었다. – 옮긴이

10대 때 부모님이 퀵베이식과 THINK C[4]가 설치된 매킨토시를 사주셨다. 여름방학[5]이 되면 온종일 이런저런 게임을 만들면서 놀았는데 혼자 배우면서 만들다 보니 오래 걸리고 잘 되지도 않았다. 게임 맵 화면이나 간단한 퍼즐 같은 건 만들기 쉬웠지만[6] 프로그램 규모가 커질수록 점점 만들기 어려워졌다.

처음에는 뭔가를 돌아가게 만드는 것만으로도 벅찼다. 나중에는 한 번에 다 파악하기 어려울 정도로 규모가 큰 프로그램을 어떻게 작성할지가 문제가 되었다. 그 후로는 'C++ 배우기' 같은 기본서보다는 프로그램 **구조**를 다루는 책을 찾았다.

몇 년 후, 한 친구[7]가 『GoF의 디자인 패턴』이란 책을 건네주었다. 이것이야말로 어렸을 때부터 찾던 책이었다. 앉은 자리에서 바로 끝까지 읽어버렸다. 지금도 프로그래밍을 하면서 어려움이 많지만, 당시 나는 남들 역시 같은 문제로 고민하다 해결책을 발견해냈다는 사실을 알게 되어 크게 위안을 받았다. 마침내 맨손이 아니라 쓸 만한 **도구**를 손에 쥔 듯한 기분이었다.

2001년 마침내 꿈의 직장이었던 일렉트로닉 아츠Electronic Arts(EA)에 소프트웨어 엔지니어로 들어갔다. 실제 게임 내부며, 대가들이 만든 코드를 볼 수 있을 거라는 생각에 잠이 오지 않았다. 〈매든 NFLMadden Football〉 시리즈 같은 거대한 게임의 아키텍처는 어떻게 되어 있을까? 서로 다른 시스템들이 어떻게 상호작용할까? 한 코드베이스에서 멀티 플랫폼 게임을 어떻게 만들어낼까?

처음 소스 코드를 열어보고는 말문이 막힐 정도로 놀랐다. 그래픽스, 인공지능, 애니메이션, 시각적 연출 면에서 훌륭한 코드기 가득했다. EA 개발자들은 어떻게 히면 CPU 성능을 최대한 쥐어짤 수 있는지를 잘 알고, 이를 잘 활용하고 있었다. 나로서는 어떻게 해야 할지 감도 오지 않는 일을 점심시간 전에 끝내버릴 정도였다.

---

4 Mac OS에서 동작하는 ANSI C 확장판 – 옮긴이

5 여름에는 남부 루이지애나 늪에서 뱀, 거북을 잡으며 노는 날이 많았다. 동네가 조금만 덜 더웠더라면 프로그래밍이 아닌 파충류를 다루는 책을 썼을지도 모른다.

6 〈울티마 1〉 같은 타일맵 형식의 게임 맵만 출력하는 프로그램이나 소코반류의 간단한 퍼즐을 만들었다고 한다. – 옮긴이

7 처음 만난 친구였는데도 잠깐 인사 나눈 뒤에는 몇 시간 동안 남의 소파에 앉아서 책 주인은 까마득히 잊은 채 책만 읽었다. 지금은 그때보다는 사회성이 좋아졌어야 할 텐데…

하지만 이런 훌륭한 코드들은 임기응변식 **구조**에 얽혀 있었다. **기능** 구현에 너무 집중하다 보니, 구조는 대강 만들어났다. 모듈 사이에는 커플링이 수두룩했고, 새로운 기능을 위한 코드는 되는 대로 추가해났다. 콩깍지가 벗겨진 눈으로 봤을 때, EA의 많은 프로그래머들은 『GoF의 디자인 패턴』을 한 번도 펼쳐보지 않았거나 읽었다 한들 '싱글턴 패턴'에서 책을 덮은 것 같았다.

물론 그렇게까지 엉망은 아니었다. 입사 전에는 게임 프로그래머들이 화이트보드로 둘러싸인 상아탑 같은 데 앉아서, 구조와 관련된 세부사항들을 몇 주 동안 계속해서 조곤조곤 토론할 거라고 생각했다. 하지만 실제로는 빡빡한 마감에 쫓겨가면서 코드를 작성하고 있었다. 그들은 힘든 상황에서도 최선을 다했고, 그렇게 만든 코드가 대부분 굉장히 훌륭하다는 걸 점점 알게 되었다. 개발을 하면 할수록, 겉모습 아래 숨어 있는 코드의 훌륭함을 발견할 수 있었다.

문제는 정말로 '숨어 있는' 경우가 많았다는 점이다. 코드 더미 안에 훌륭한 코드가 여기저기 숨어 있었지만, 대부분은 전혀 모르고 있었다. 팀 동료들이 자기가 작업하는 코드베이스에 원하는 해결책이 이미 있음에도 그걸 보지 못하고 **다시** 만드느라 낑낑대는 모습을 여러 번 보았다.

이 책을 통해 이런 문제를 해결하고 싶었다. 지금까지 게임 코드에서 발견한 최고의 패턴들을 찾아내 다듬어 여기에 실었다. 이를 통해 이미 있는 해결책을 다시 개발하기보다, 진짜 새로운 걸 만드는 데 시간을 투자할 수 있기를 바란다.

다른 책들

이미 출간된 게임 프로그래밍 책이 많은데, 이 책이 꼭 필요할까? 내가 지금껏 읽어본 게임 프로그래밍 책은 대부분 다음 두 분류로 나눌 수 있다.

- **특정 분야 집중형**. 이런 책은 게임의 특정 분야(3D 그래픽스나, 실시간 렌더링, 물리 시뮬레이션, 인공지능, 오디오 등)에 한정해서 심화 학습을 할 수 있게 해준다. 많은 게임 프로그래머들은 경력이 쌓임에 따라 이런 특정 분야에 전문화된다.

- **엔진에 대한 책**. 그와 반대로, 이런 책은 게임 엔진을 이루는 부분들을 전반적으로 다룬다. 이런 책은 특정 장르(보통 3D FPS)에 적합한 게임 엔진 하나를 만드는 걸 목표로 한다.

나는 두 종류의 책을 다 좋아하지만, 이 둘 사이에 간격이 있다고 생각한다. 특정 분야 집중형 책 중에서 관련 코드가 게임 내 다른 코드와 상호작용하는 법을 다루는 책은 거의 없다. 물리와 렌더링 분야에서는 대가일지라도, 이 둘을 우아하게 연결하는 방법을 항상 잘 아는 것은 아니다.

엔진에 대한 책은 이런 문제를 다루지만, 너무 획일적으로 특정 장르에 치중하는 경향이 있다. 특히 요즘은 모바일 게임과 캐주얼 게임이 뜨면서 다양한 장르의 게임이 나오고 있다. 모든 사람이 〈퀘이크^Quake〉나 베끼던 시절은 지났다. 하나의 엔진만 다루는 책은, 엔진이 만들고자 하는 게임과 형태가 다르면 큰 도움이 안 된다.

이 책은 **뷔페**에 가깝다.[8] 각 장마다 코드에 적용할 수 있는 아이디어들이 독립적으로 들어 있으므로, 개발 중인 게임에 가장 잘 맞는 방식으로 섞어서 적용하면 된다.

디자인 패턴과의 관계

프로그래밍 책 제목에 '패턴'이라는 단어가 들어 있다면 에릭 감마, 리처드 헬름, 랄프 존슨, 존 블라시디스(이들은 무시무시하게도 '사천왕^Gang of Four'이라고 불린다)가 쓴 고전인 『GoF의 디자인 패턴』에 영향을 받았다고 보면 된다.[9]

『게임 프로그래밍 패턴』을 책 제목으로 삼은 이유가 『GoF의 디자인 패턴』이 게임 개발에 맞지

---

8 전 세계적으로 사랑받는 『Game Programming Gems』 시리즈 역시 뷔페식 책이다.

9 『GoF의 디자인 패턴』 역시 다른 책에서 영향을 받았다. 여러 문제에 대한 열린 해결책을 정의하는 패턴들의 언어를 만들자는 생각은 크리스토퍼 알렉산더 등이 쓴 『패턴 랭귀지』(인사이트, 2013)로부터 시작되었다.

이 책은 건물과 벽 같은 실제 건축을 다루는 책이지만, 저자들은 다른 사람들도 각자의 분야에서 해결책을 표현하는 데 패턴 같은 방식을 사용하기를 원했다. 『GoF의 디자인 패턴』은 GoF가 패턴을 소프트웨어 개발에 적용하고자 했던 결과물이다(『패턴, Wiki 그리고 XP』(제이펍, 2010)에서 자세한 내용을 확인할 수 있다. – 옮긴이).

않아서인 것은 아니다. 오히려 그 반대다. 이 책의 2부에서는 『GoF의 디자인 패턴』에 나온 여러 디자인 패턴을 게임 개발에 어떻게 적용할 수 있을지를 다룬다.

반대로 비–게임 소프트웨어 개발에도 이 책이 도움을 될 거라고 생각한다. 책 제목을 '디자인 패턴 확장판'이라고 할 수도 있었지만, 게임이 예제로 나오면 더 재미있을 거라고 생각했다. '직원 정보'니 '은행 계좌' 같은 예제를 또 보는 건 지긋지긋하지 않나?

이 책에 수록한 패턴들은 다른 분야에서도 유용하지만, 특히 다음과 같이 게임을 개발하면서 자주 하게 되는 고민들을 해결하는 데 적합하다.

- 시간과 순서는 게임 구조의 핵심 부분이다. 사건은 올바른 순서로 적절한 시간에 발생해야 한다.
- 개발 주기가 굉장히 빡빡하다. 여러 프로그래머는 다양한 기능을 빠르게 만들고 반복 개발하는 동시에 다른 개발자를 방해하거나 코드베이스를 더럽히지 않아야 한다.
- 여러 기능이 모두 정해지고 나면 기능 간에 상호작용이 시작된다. 괴물은 영웅을 공격하고, 물약을 마시고, 폭탄은 적군, 아군을 가리지 않고 날려버린다. 이런 상호작용을 구현하는 동안 코드가 실타래처럼 엉키지 않게 해야 한다.
- 마지막으로 게임에서는 성능이 굉장히 중요하다. 게임 개발자들은 누가 대상 플랫폼에서 성능을 최대한 쥐어짤 수 있는지를 두고 끊임없이 경쟁한다. 최적화 기법은 게임이 수백만 장 이상 팔린 AAA 성공작이 되느냐, 프레임은 뚝뚝 끊기고 악플이 쏟아지는 실패작이 되느냐를 가를 수 있다.

이 책의 구성

이 책은 크게 3부로 나뉜다. 1부는 다음 장으로, 책의 내용과 구성을 소개한다.

2부 '디자인 패턴 다시 보기'에서는 『GoF의 디자인 패턴』에 나왔던 여러 패턴을 되짚어본다. 각 장마다 패턴에 대한 개인적인 생각과 함께 게임 프로그래밍에 직용할 방법을 덧붙여보았다.

마지막 3부가 이 책의 노른자다. 지금까지 발견한 유용한 패턴 13개를 순서 패턴(3부), 행동 패턴(4부), 디커플링 패턴(5부), 최적화 패턴(6부) 네 분류로 나눠 소개한다.

이들 패턴을 다루는 장은 모두 구조를 일관되게 만들어 필요할 때 쉽게 레퍼런스로 활용할 수 있게 했다.

- 각 장의 **의도** 절은 해결하고자 하는 문제를 중심으로 패턴을 간단하게 소개한다. 어떤 문제에 부딪혔을 때 어느 패턴에서 도움받을 수 있을지 쉽게 찾을 수 있도록 맨 처음에 두었다.

- **동기** 절에서는 그 장에서 소개하는 패턴으로 해결하고자 하는 예제 문제를 보여준다. 구체적인 알고리즘과 달리, 패턴은 적용하려는 문제에 따라 형태가 유연하게 달라진다. 예시 없이 패턴을 얘기하는 것은 밀가루 반죽 없이 빵 굽는 법을 가르치려는 것과 다를 바 없다. '동기' 절에서는 뒤에서 만들 빵에 필요한 반죽을 제공한다.

- **패턴** 절은 이전 예제에서 뽑아낸 패턴의 정수를 담고 있다. 패턴에 대한 요약을 원한다면 이 절을 보면 된다. 해당 패턴에 익숙하다고 해도 복습하고 싶을 때 읽어보면 도움이 될 것이다.

- 지금까지는 예제 하나로 패턴을 설명했다. 하지만 이것만으로 이 패턴이 당면한 문제를 해결하는 데 도움이 될지를 어떻게 알 수 있겠는가? **언제 쓸 것인가** 절에서는 해당 패턴을 언제 사용하면 좋을지, 언제 쓰면 안 되는지에 대한 지침을 제공한다.

- **주의사항** 절에서는 패턴을 적용했을 때의 결과와 그에 따르는 위험에 초점을 맞춘다.

- 나처럼 뭔가를 제대로 배우려면 실제 예제가 필요한 독자를 위해 **예제 코드** 절을 준비했다. 이 절에서는 패턴의 전체 구현을 단계별로 밟아나가기 때문에 어떻게 작동하는지를 정확하게 볼 수 있다.

- 알고리즘과는 달리 패턴은 고정되어 있지 않아서 적용할 때마다 다르게 구현하게 될 것이다. **디자인 결정** 절에서는 이런 가능성에 대해 알아보고, 해당 패턴을 적용할 때 고를 수 있는 다른 선택지도 살펴본다.

- 끝으로 **관련자료** 절에서는 이 패턴이 다른 패턴과 어떻게 연관되어 있는지, 어떤 실제 오픈소스 코드에서 이 패턴을 사용하는지를 짧게 언급한다.

예제 코드

예제 코드는 C++로 작성했지만, 이 패턴들이 C++에서만 동작한다든가, C++이 다른 언어보다 우수하다는 말은 아니다. 언어에서 객체나 클래스를 지원한다고 가정하는 패턴도 일부 있지만 여기 패턴들은 대부분의 프로그래밍 언어에서 사용할 수 있다.

C++을 선택한 이유는 다음과 같다. 우선 C++은 상용 게임 개발에서 가장 많이 사용하는 언

어다. 게임 쪽에서는 C++이 공용어라고 할 만하다. 게다가 C++의 기반이 되는 C 문법은 자바, C#, 자바스크립트, 그 외 여러 언어의 뿌리이기 때문에 C++을 모른다고 해도 조금만 살펴보면 예제 코드를 이해할 수 있을 것이다.

이 책의 목적은 C++을 가르치는 게 **아니다**. 예제 코드는 최대한 단순하게 만들었다. 좋은 C++ 코드 스타일이나 용례를 보여주는 것은 고려하지 않았다. 코드 그 자체보다는 패턴을 이해하는 용도로 코드를 읽었으면 한다.

특히, 예제 코드는 C++ 11 이후의 '최신' 스타일을 사용하지 않았다. 표준 라이브러리도 쓰지 않았고, 템플릿도 최대한 적게 사용했다. 따라서 '나쁜' C++ 코드가 있을 수도 있겠지만, 코드가 단순해야 C, 오브젝티브-C, 자바 등 다른 언어 배경 개발자가 접근하기 더 쉬울 거라고 생각했다.

코드가 책 공간을 낭비하는 걸 막기 위해, 이미 봤던 코드나 해당 패턴과 상관없는 코드는 예제에서 뺐다. 코드를 생략한 곳은 예제 안에서 말줄임표로 표시했다.

어떤 작업 뒤에 값을 하나 반환하는 함수가 있다고 해보자. 패턴에서 함수가 무엇을 하는지는 중요하지 않고 반환 값만 중요하다면, 다음과 같은 식으로 표현했다.

```
bool Update() {
  // 필요한 작업을 한다...
  return isDone();
}
```

다음 단계

패턴은 소프트웨어 개발에서 끊임없이 변화하고 확장되는 분야다. 이 책은 『GoF의 디자인 패턴』에서 GoF가 소프트웨어에서 관찰한 패턴을 문서화하고 공유하는 과정을 이어간다. 이런 과정은 이 책이 출간된 뒤에도 계속될 것이다.

바로 여러분이 이런 반복 과정의 핵심이다. 여러분만의 패턴을 발전시켜나가고, 이 책에 수록된 패턴을 다듬는다면(혹은 반박한다면!), 소프트웨어 커뮤니티에 공헌할 수 있다. 이 책에 대한 제안, 고칠 거리, 그 외 피드백이 있다면 언제든지 연락을 부탁한다.

감사의 말

집필이 어떤 일인지 제대로 아는 건 작가밖에 없다는 말이 있다. 하지만 집필의 부담이 얼마나 큰지 정확하게 아는 사람들이 또 있다. 불행하게도 작가와 가족 관계를 맺은 이들이다. 나는 아내 메건이 나를 위해 힘들게 만들어준 시간 덕분에 이 책을 쓸 수 있었다. 설거지나 아이 목욕은 '저작' 활동이 아닐지 몰라도, 아내가 이런 집안일을 해주지 않았더라면 이 책은 나올 수 없었을 것이다.

나는 EA에서 프로그래머로 일하는 동안 이 책을 쓰기 시작했다. EA는 직원이 이런 책을 쓰는 것에 대해서 크게 간섭하지 않았다. 나를 지지해주고, 책 초반부에 대해서 상세하고 통찰력 있는 피드백을 준 마이클 멀론Michael Malone, 올리비에 나레Olivier Nallet, 리처드 위폴Richard Wifall에게 감사한다.

책을 반쯤 썼을 때, 출판사를 통한 전통적인 출판을 포기하기로 했다.[1] 조언해줄 편집자 없이 가기로 한 셈이다. 대신 책의 방향에 대해 이메일로 얘기해주는 독자가 수십 명 넘게 있었다. 교정자는 없었지만 250개가 넘는 버그 리포트 덕분에 글을 많이 다듬을 수 있었다.[2] 출판사에서 일정 관리는 받지 못했지만, 한 장 한 장 마무리할 때마다 독자에게 받는 격려가 더 큰 동기 유발이 되었다.[3]

사람들은 이 책을 '자가 출판'이라고들 하지만, 그보다는 '클라우드 출판'에 더 가깝다고 생각한다. 글쓰기는 외로운 작업일 수 있지만, 나는 혼자가 아니었다. 책을 2년 넘게 손 떼고 있는 동안에도 응원이 이어졌다. 다음 장을 기다리고 있다고 얘기해준 사람들 덕분에 이 책을 끝까지 쓸 수 있었다.[4]

이메일을 보내고, 댓글을 달고, 추천[5]을 누르거나, 관심글, 트윗, 리트윗을 해준 분들, 나에게

1 저자 블로그(http://goo.gl/O5d6ql)에서 왜 그랬는지 읽어볼 수 있다. – 옮긴이
2 버그 리포트는 https://git.io/vwTXy에 있다. – 옮긴이
3 적어도 교정 담당자는 있었다. 정말 필요할 때 로렌 브리즈(Lauren Briese)가 나타나 책을 멋지게 교정해주었다.
4 특히 콜름 슬론(Colm Sloan)에게 고맙다. 슬론은 모든 장을 두 번씩 읽어본 뒤에 끝내주는 피드백을 많이 해주었다. 아무 대가 없이 말이다. 맥주 한 잔, 아니 20잔다 더 빚진 셈이다.
5 저자는 이 책을 한 장씩 완성할 때마다 레딧(reddit.com)에 올렸다. 레딧에서는 upvote를 눌러서 좋은 글을 추천할 수 있다. – 옮긴이

15

연락했거나 이 책을 친구에게 소개해준 분들, 책에 대한 버그 리포트를 보내주신 분들 모두에게 감사합니다. 이 책을 완성하는 건 제 인생에서 가장 큰 목표 중의 하나였고, 여러분 덕분에 가능했습니다. 감사합니다!

CONTENTS

Part I 도입

CHAPTER 1 구조, 성능, 게임

Part II 디자인 패턴 다시 보기

CHAPTER 2 명령

CONTENTS

CHAPTER 3 경량

CHAPTER 4 관찰자

CONTENTS

Part **III** 순서 패턴

CHAPTER **8 이중 버퍼**

CHAPTER **9 게임 루프**

CHAPTER 10 업데이트 메서드

Part IV 행동 패턴

CHAPTER 11 바이트코드

CONTENTS

CHAPTER **12 하위 클래스 샌드박스**

CHAPTER **13 타입 객체**

Part V 디커플링 패턴

CHAPTER **14 컴포넌트**

CHAPTER **15 이벤트 큐**

CONTENTS

Part VI 최적화 패턴

CHAPTER 17 데이터 지역성

CHAPTER **18 더티 플래그**

CHAPTER **19 객체 풀**

CONTENTS

CHAPTER **20** 공간 분할

Part I

도입

Part I

도입

1장 구조, 성능, 게임

구조, 성능, 게임

무작정 패턴의 바다에 뛰어들기에 앞서, 소프트웨어 구조와 이를 게임에 적용하는 방법에 대한 내 생각을 먼저 공유하는 것이 책을 이해하는 데 도움이 될 거 같다. 하다못해 디자인 패턴과 소프트웨어 구조가 얼마나 끔찍한지(혹은 굉장한지) 논쟁이 벌어졌을 때 써먹을 논지를 무기로 얻을 수 있다.[1]

1.1. 소프트웨어 구조란?

이 책 어디에도 3D 그래픽스에 필요한 선형대수나 게임 물리에 필요한 미적분 내용은 나오지 않는다. AI의 탐색 트리에서 알파-베타 가지치기alpha-beta prune를 하는 방법이나, 오디오가 방 안에서 들리는 것처럼 반향 효과를 시뮬레이션하는 방법도 알려주지 않는다.[2]

대신 이 책은 그런 요소들 **사이에** 들어가는 코드에 대해 알아볼 것이다. '어떻게 코딩할 것인가' 보다는 '어떻게 **구조**를 잡을 것인가'를 다룬다. 모든 프로그램, 심지어 `main()` 함수에 전부 다 집어넣고 돌려보자' 식의 코드조차 **어떤 식으로든** 구조가 있다. 따라서 무엇이 **좋은** 구조를 만드는지를 살펴보는 게 더 흥미로운 일이라고 생각한다. 좋은 구조와 나쁜 구조를 어떻게 구별할 수 있을까?

---

1 여러분이 논쟁에서 어느 편에 서는지는 중요하지 않다. 나는 여느 무기상처럼 어느 쪽에든 무기를 팔 뿐이다.
2 후, 벌써부터 책 판매량이 떨어지는 소리가 들리는 거 같다.

책 쓰는 5년 내내 이 질문을 고민해왔다. 어떤 게 좋은 구조인지 다들 느낌으로는 안다. 우리 모두는 엉망진창인 코드로 오랫동안 고통받았다.[3] 엉망인 코드에 대해서 우리가 할 수 있는 최선은 (할 수만 있다면) 그 코드를 제거하는 것이다.

아름답게 구축된 코드에서 작업할 기회를 가진 운 좋은 사람도 몇몇 있을 것이다. 이런 코드베이스는 시설이 완벽하고, 어디에서나 종업원이 대기하고 있는 5성급 호텔 같은 느낌을 준다. 이런 차이는 어디에서 올까?

좋은 소프트웨어 구조란?

나에게 좋은 구조란, 뭔가를 고쳐야 할 때 그럴 줄 알았다는 듯이 코드가 준비되어 있는 걸 의미한다. 즉, 코드를 거의 건드리지 않고도 적당한 함수 몇 개만 호출하면 원하는 작업을 할 수 있어야 한다.

말은 좋지만 '코드를 고쳐도 겉으로 봐서는 손 안 댄 것처럼 하기'란 현실적으로 쉽지 않다.

하나씩 나눠 생각해보자. 먼저 **구조는 변경과 관련이 있다**'는 점이다. 누군가는 코드를 고쳐야 한다. 너무 완벽해서든, 너무 더러워서 누구도 보기 싫어서든 코드를 고칠 일이 전혀 없다면, 그 코드에 대한 구조는 고민하지 않아도 된다. 얼마나 쉽게 변경할 수 있느냐가 코드 설계를 평가하는 척도가 된다. 변화가 없는 코드는 출발선을 결코 떠나지 않는 달리기 선수와 다를 바 없다.

코드를 고치는 방법

기능 추가, 버그 수정, 그 외 무슨 이유에서든지 간에 코드를 고쳐야 한다면, 먼저 기존 코드를 이해해야 한다. 전체 프로그램을 다 이해해야 하는 건 아니지만, 고치려는 코드와 관련된 부분은 머릿속에 집어넣어야 한다.[4]

대부분 이 과정을 대수롭지 않게 여기지만, 사실 프로그래밍에서 가장 오래 걸리는 부분이다. 데이터를 디스크로부터 램으로 로딩하는 게 느리다고 하지만, 눈으로 코드를 읽어서 두뇌에 로

---

3 솔직히 우리 자신도 엉터리 코드로 다른 누군가를 괴롭힌 가해자이기도 하다.

4 이 과정이 광학 문자 인식(OCR) 과정과 얼마나 비슷한지 생각해보면 묘한 기분이 든다.

딩하는 것에 비할 바가 아니다.

머릿속에 코드에 대한 큰 그림을 그리고 나면 해결책을 금방 찾을 수 있다. 시행착오를 여러 번 겪을 수 있겠지만, 이 과정은 비교적 수월하다. 일단 문제가 무엇인지, 어디를 고쳐야 할지를 이해하고 나면, 실제 코딩은 별것 아닌 경우가 종종 있다.

컴파일이 성공하고 원하는 대로 코드가 돌아갈 때까지 코드를 입력했다고 해서 끝난 건 아니다! 테스트[5]를 작성하고, 코드 리뷰를 요청하기 전에 코드를 정리해야 한다.

코드를 추가했다고 해서, 코드 곳곳에 우리가 남겨놓은 똥(?)에 다른 사람이 걸리적거리게 하고 싶진 않을 것이다. 사소한 변경이 아니라면, 추가한 코드를 나머지 코드와 깔끔하게 통합하기 위해 어느 정도 맞춰줘야 한다. 제대로 했다면, 동료들은 코드가 바뀌었는지조차 모를 것이다.

요약하자면, 프로그래밍 흐름도는 다음과 같다.[6]

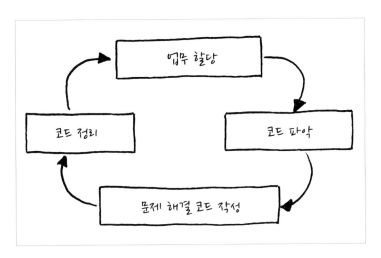

그림 1-1 프로그래머의 업무를 간단히 요약한 그림

---

5 '테스트'는 잘못 쓴 게 아니다. 일부 게임 코드는 단위 테스트를 작성하기 어려울 수 있지만, 대부분의 게임 코드는 테스트를 추가하는 데 아무런 문제가 없다.
　강요하는 건 아니지만, 아직 단위 테스트를 하고 있지 않다면 좀 더 자동화된 테스트를 고려해보자. 같은 테스트를 매번 수동으로 반복하는 것보다는 훨씬 낫다.

6 생각해보니 이 흐름도가 빠져나갈 길이 없는 무한루프라는 사실이 좀 무섭기도 하다.

디커플링은 어떻게 도움이 되는가?

반드시 그런 건 아니지만, 소프트웨어 구조의 많은 부분이 '코드 파악' 단계와 관련이 있다. 머릿속에 코드를 로딩하는 게 굉장히 느리기 때문에, 한 번에 이해해야 하는 코드 양을 최대한 줄이기 위해 여러 방법이 나왔다. 이 책 역시 한 파트를 할애해 디커플링 패턴(5부)을 다루며, 『GoF의 디자인 패턴』에서도 많은 논의가 이루어졌다.

'디커플링'은 다양하게 정의할 수 있겠지만, 나는 양쪽 코드 중에서 한쪽이 없으면 코드를 이해할 수 없을 때 둘이 커플링되어 있다고 본다. 두 코드를 디커플링하면, 각각을 따로 이해할 수 있게 된다. 작업에 관련된 코드가 두 코드 중에서 하나에만 연관되어 있다면, **한쪽** 코드만 머리에 집어넣으면 된다.

작업에 들어가기 전에 알아야 할 지식의 양을 줄이는 것. 이것이 내가 생각하는 소프트웨어 구조의 핵심 목표다.

나머지 단계 역시 중요하다. 디키플링의 다른 정의는 '어느 한 코드를 변경했을 때 나른 코드를 **변경**하지 않아도 된다'이다. 작업을 위해서는 코드 **어딘가**를 고쳐야 하지만, 커플링이 적은 코드일수록 변경이 나머지 게임 코드에 미치는 영향이 적다.

1.2. 비용은?

말은 참 그럴싸하다. 전부 다 디커플링하면 코드를 쓱쓱 만들 수 있을 것이다. 수정사항이 있어도 메서드 한두 개만 건드리면 나머지 코드 위를 날아다니듯이 코딩할 수 있을 것이다.

이런 점 때문에 사람들은 추상화, 모듈화, 디자인 패턴, 소프트웨어 구조에 열광한다. 구조화가 잘 이루어진 코드에서 일하는 건 즐거운 경험이다. 모두가 높은 생산성을 원한다. 좋은 구조는 생산성을 **크게** 높여준다. 이게 얼마나 심오한 차이를 가져오는지는 아무리 강조해도 지나치지 않다.

하지만 세상 일이 다 그렇듯이 그냥 되는 건 아니다. 좋은 구조를 만들고 유지하려면 많은 노력과 원칙이 필요하다. 기능을 하나 추가하거나 코드를 조금 변경할 때마다 나머지 코드와 깔끔하게 통합될 수 있도록 노력해야 한다. 코드 구조를 잘 잡고, 개발 주기마다 수천 번씩 코드를 고치면서도 구조를 유지[7]하려면 노력을 엄청 쏟아야 한다.

이 시점에서 프로그램 어디를 디커플링하고 추상화할지를 고민해야 한다. 나중에 쉽게 변경하기 위해서 어디를 확장성 있게 설계할지도 정해야 한다.

여기가 사람들이 재미있어하는 부분이다. 다들 미래의 개발자(혹은 미래의 자기 자신)에게 구조에 제약이 없고, 강력하며, 확장하기 쉬운 코드베이스를 만들어주고 싶어 한다. '강력한 만능 게임 엔진' 같은 걸 원한다.

하지만 바로 여기가 어려워지는 부분이기도 하다. 추상화 계층을 추가하거나 확장 가능성을 제공하는 것은, 그런 유연성이 나중에 필요할 거라고 **예측**했기 때문이다. 이를 위해 코드를 추가하고, 복잡성을 늘리다 보면 개발, 디버깅, 유지보수에 시간이 더 걸리게 된다.

예측이 맞아서 해당 코드를 수정할 일이 생긴다면 지금 들인 노력을 보상받을 수 있다. 하지만 미래를 예측하기란 **어렵다**. 만들어놓은 모듈을 써먹지 못한다면, 작업해야 할 코드가 늘어났다는 점에서 안 만드느니만 못하다.[8]

이런 확장성에 심취하게 되면 코드에 인터페이스, 추상화, 플러그인 시스템, 추상 클래스, 수많은 가상 메서드, 온갖 확장 포인트가 덕지덕지 붙으면서 구조가 막 나가게 된다.

보조 코드가 늘어나면 실제 작업 코드를 찾는 게 오래 걸리게 된다. 뭔가 변경을 해야 한다면, 도움 될 만한 인터페이스가 어딘가에 있기는 하겠지만 찾기가 쉽지 않을 것이다. 이론대로라면, 디커플링이 코드를 고치기 전에 이해해야 하는 코드 양을 줄여줘야 하지만, 오히려 추상화 계층 그 자체가 머릿속 용량을 꽉 채우게 된다.

이런 코드가 많은 사람을 소프트웨어 구조, 특히 디자인 패턴으로부터 **등 돌리게** 만들었다. 이렇게 코드 그 자체에 둘러싸이다 보면, 게임을 **출시**해야 한다는 사실을 잊기 쉽다. 확장성이라는 세이렌의 노래[9]가 얼마나 많은 개발자들을 엔진은 게임을 만들기 위해 있다는 것을 잊고 '엔

---

7 이 '구조 유지'에는 굉장한 관심이 필요하다. 많은 프로그램이 아름다운 구조로 시작했다가도 '꼼수(hack) 추가'를 반복한 끝에 망했다. '구조 유지'는 정원 가꾸기와 비슷하다. 식물을 새로 심는 것만으로는 부족하다. 잡초도 뽑고 가지치기도 해야 한다.

8 어떤 개발자들은 '나중에 이게 필요진 않을 거야(You Aren't Gonna Need It)'의 약자인 'YAGNI'를 외면서 나중에 뭐가 필요할지를 예측하려는 유혹에 빠지지 않으려 노력한다.

9 세이렌은 그리스 신화에 나오는 생물로 아름다운 노랫소리로 선원들을 홀려 바다에 뛰어들어 죽게 했다. – 옮긴이

진' 그 자체에 시간을 낭비하게 만들었던가.

1.3. 성능과 속도

소프트웨어 구조와 추상화가 게임 성능을 저하시킨다는 비판도 있다. 코드를 유연하게 만드는 많은 패턴이 가상 함수, 인터페이스, 포인터, 메시지 같은 메커니즘에 의존하는데, 다들 어느 정도 런타임 비용을 요구한다.[10]

여기에는 이유가 있다. 많은 소프트웨어 구조는 코드를 더 유연하고 쉽게 변경할 수 있게 만들기 위해 존재한다. 프로그램에서 가정을 줄인다는 뜻이다. 인터페이스를 쓰는 이유는 지금 있는 클래스뿐만 아니라 같은 인터페이스를 구현하는 **어떤** 클래스가 와도 코드가 문제없이 동작하게 만들기 위해서다. 관찰자(4장)와 이벤트 큐(15장)를 쓰는 이유는 당장은 서로 통신하는 부분이 둘밖에 없더라도 나중에 셋, 넷으로 쉽게 늘리고 싶기 때문이다.

하지만 성능은 전부 가정에 기반한다. 최적화 기법은 구체적인 제한을 선호한다. 적이 256개 이하일 거라고 확신한다면? ID를 1바이트로 압축할 수 있다. 한 자료형의 한 메서드만 호출한다고 확신한다면? 가상 함수 없이 정적으로 바인딩된 함수를 바로 호출하거나 인라인으로 작성할 수 있다. 모든 개체가 같은 클래스라고 확신한다면? 배열에 전부 깔끔하게 집어넣을 수 있다(데이터 지역성(17장)).

유연성이 나쁘다는 건 결코 아니다. 유연성이 좋아야 게임을 쉽게 변경할 수 있다. **개발** 속도는 게임 재미를 찾는 데 꼭 필요하다. 윌 라이트Will Wright조차도 기획서만으로는 게임 밸런스를 맞출 수 없다. 반복 개발과 실험을 같이해야 한다.

아이디어를 빠르게 시험해보고 느낌을 빨리 확인하면 할수록, 더 많이 시도해볼 수 있고 멋진 걸 찾을 가능성이 높아진다. 딱 맞는 메커니즘을 발견했다고 해도, 튜닝하기 위해서는 시간이 많이 필요하다. 밸런스가 조금만 무너져도 게임이 망가진다.

....

10 한 가지 재미있는 반례가 C++ 템플릿이다. 템플릿 메타프로그래밍은 런타임 낭비 없는 인터페이스 추상화 방법을 제공한다.
지금 이야기하는 유연함에도 스펙트럼이 있다. 코드에서 특정 클래스 메서드를 직접 호출한다면 이 클래스를 코드 **작성 시점**에 고정하는 셈이다. 즉, 어떤 클래스인가가 하드코딩된다. 가상 메서드나 인터페이스를 통해 호출하면 **런타임**에서야 어떤 클래스 메서드가 호출되는지 알 수 있다. 훨씬 유연하지만 런타임에 추가 비용이 약간 발생한다.
템플릿 메타프로그래밍은 **컴파일 시점**에 템플릿이 인스턴스화(instantiated)되면서 어떤 클래스가 호출될지 정해진다는 점에서 절충안이라고 볼 수 있다.

쉬운 답은 없다. 프로토타이핑을 빠르게 하기 위해서 프로그램을 유연하게 만들면 성능상 비용이 발생한다. 반대로 코드를 최적화하면 유연성이 떨어진다.

경험상으로는 재미있는 게임을 최적화하는 것이 최적화된 게임을 재미있게 만드는 것보다 훨씬 쉽다. 처음에는 코드를 유연하게 유지하다가 기획이 확실해진 다음에 추상 계층을 제거해 성능을 높이는 타협안도 있다.

1.4. 나쁜 코드의 장점

상황에 맞는 코딩 스타일이 따로 있다. 이 책의 대부분은 코드를 유지 가능하고 깔끔하게 만드는 내용을 다룬다. 나는 '제대로' 만드는 것을 선호하는 편이지만, 엉성한 코드도 나름의 가치는 있다.

구조화가 잘된 코드를 작성하려면 많이 고민해야 한다. 즉, 시간이 필요하다. 더욱이 좋은 구조를 개발 기간 내내 **유지**하려면 엄청난 노력을 들여야 한다. '야영객이 야영장을 처음 왔을 때보다 더 깨끗하게 해놓고 떠나는 것'[11]처럼 코드를 다뤄야 한다.

오랫동안 같은 코드로 계속 작업해야 한다면 이렇게 하는 게 좋다. 하지만 앞서 얘기한 대로 게임을 기획하기 위해서는 실험과 탐구를 많이 해야 한다. 특히 초반에는 나중에 버릴 코드를 작성하는 일이 비일비재하다.

단순히 어떤 기획을 확인하기 위한 코드의 구조를 멋지게 만들려다가는 실제로 화면에 띄워서 피드백을 얻기까지 시간만 더 오래 걸릴 뿐이다. 기획이 별로라고 판명되면 코드를 우아하게 만드는 데 쏟았던 시간도 코드와 함께 버려진다.[12]

기획 확인에 필요한 기능만 간신히 돌아가도록 대강 코드를 작성하는 프로토타이핑 기법은 아주 적법한 프로그래밍 실천법이다. 다만 주의사항이 있다. 버릴 코드는, 나중에 **확실히** 버릴 수 있게 해야 한다. 다음과 같이 사람을 갖고 노는 상사를 여러 번 보아왔다.

---

11 로버트 마틴이 『Clean Code』(인사이트, 2013)에서 '보이스카우트 규칙'이라고 소개한 것과 같은 개념이다. – 옮긴이
12 이런 코드는 지우기도 더 어렵다. – 옮긴이

> **팀장:** "이번에 나온 기획을 테스트해보고 싶어. 어차피 프로토타이핑이니까, 대충 빠르게 만든다면 얼마나 걸릴까?"
>
> **팀원:** "글쎄요. 테스트나 문서화 없이 버그가 많아도 상관없다면 날림으로 며칠 안에 임시 코드를 만들 수 있을 거 같네요."
>
> **팀장:** "좋아. 그렇게 진행해줘."
>
> 며칠 후…
>
> **팀장:** "프로토타입을 보니까 괜찮은 거 같아. 몇 시간만 더 써서 정리하면 출시용으로 구현 완료할 수 있겠지?"

'버릴' 코드를 사용하는 사람들에게는, 코드가 동작하는 것처럼 보이더라도 **유지**할 수 있는 상태는 아니기 때문에 나중에 **반드시** 다시 만들어야 한다는 걸 분명히 주지시켜야 한다. 혹시라도 '버릴' 코드를 계속 유지해야 할 **가능성**이 있다면 방어적으로 잘 만들어야 할 필요가 있을지도 모른다.[13]

1.5. 균형 잡기

우리에게는 다음과 같은 목표가 있다.[14]

1. 프로젝트 개발 기간 동안 코드를 쉽게 이해할 수 있도록 구조를 깔끔하게 만들고 싶다.
2. 실행 성능을 최적화하고 싶다.
3. 지금 개발 중인 기능을 최대한 빠르게 구현하고 싶다.

이들 목표는 서로 어느 정도 상반된다. 좋은 구조는 장기적으로 생산성을 높여주지만, 구조를 좋게 유지하려면 코드를 변경할 때마다 노력을 더 들여야 한다.

....

13 프로토타입용으로 만든 코드가 출시용 코드가 되는 걸 막는 방법 하나는 아예 다른 프로그래밍 언어로 작성하는 것이다. 이러면 출시 전에는 반드시 코드를 재작성하도록 강제할 수 있다.

14 이들 목표가 모두 일종의 '속도'와 관련 있다는 점이 흥미롭다. 각각 장기적인 개발 속도, 게임 실행 속도, 단기적인 개발 속도에 해당한다.

최대한 빠르게 구현한 결과물이 최고의 **실행** 속도를 내는 경우는 드물다. 최적화에는 엄청난 개발 기간이 소요된다. 최적화하고 나면 코드가 고착되는 경향이 있다. 극도로 최적화된 코드는 유연하지 않고 고치기가 매우 어렵다.

고민은 나중에 하고 진행 중인 일부터 끝내라는 윗선의 압박은 항상 있다. 하지만 기능을 최대한 빨리 밀어 넣다 보면 코드베이스에 꼼수와 버그가 늘고 일관성이 없어져 생산성이 점점 떨어지게 된다.

셋 다 각각 장단점이 있기 때문에 트레이드오프 외에는 명쾌한 정답이 없다. 이 말에 여러 독자가 좌절했다고 나중에 이메일을 통해 들었다. 특히 그저 게임을 만들고 싶을 뿐인 지망생들에게 "정답은 없다. 오답에 대한 다양한 취향이 있을 뿐이다" 같은 말은 위협적으로 다가온다.

하지만 이런 어려움이 내게는 신나는 일이다! 어느 분야든지 일생을 바쳐야 달인이 될 수 있는 일이라면, 서로 얽혀 있는 제약사항이 있는 법이다. 쉬운 방법이 있다면 다들 그것만 하고 있을 것이다. 1주일 안에 숙달할 수 있는 분야라면 금방 지겨워지기 마련이다. '삽질'로 굉장한 경력을 쌓았다는 얘기는 어디에서도 들어보지 못했다.[15]

게임도 비슷하다. 체스같이 각각의 말들이 서로 완벽하게 균형이 맞는 게임은 절대로 마스터할 수 없다. 평생을 다 바쳐도 끝없이 펼쳐진 전략을 전부 다 탐구할 수는 없다. 허접한 게임은 필승 전략 하나만으로도 계속 이길 수 있어 결국 지겨워지고 게임을 그만두게 된다.

1.6. 단순함

이런 제약을 완화할 방법이 혹시라도 하나 있다면 **단순함**이 아닐까 싶다. 요즘 나는 코드를 최대한 간결하게, 문제를 직접 해결하는 방향으로 짜려고 굉장히 노력한다. 이런 코드는 읽어보면 의도를 바로 알 수 있고, 그 외의 다른 해결 방법은 떠오르지 않는 법이다.

자료구조와 알고리즘을 (순서대로) 먼저 잡아놓고 여기서부터 다른 방법을 찾아나간다. 코드를 단순하게 유지하면 전체 코드를 줄일 수 있다. 이러면 코드를 고칠 때 먼저 머리에 담아야 할 코드 양이 줄어든다.

---

15 예시로 든 '삽질'을 따로 조사해본 것은 아니므로 어쩌면 내가 틀렸을 수도 있다. 삽질 애호가나 삽질 협회, 또는 삽질 서브컬처 같은 게 있을지도 모른다. 누가 알겠나?

과부하가 적고 실행할 코드도 적다 보니 실행 속도가 빠른 경우가 많다(물론, 코드가 아무리 적어도 그 안에 루프나 재귀 호출이 많다면 얘기가 다르다).

코드가 단순하다고 해서 **짜는** 데 걸리는 시간도 적은 건 아니다. 전체 코드 양이 줄어든다니까 그렇게 생각할 수도 있다. 하지만 좋은 해결책은 코드를 덧붙이는 게 아니라 필요 없는 코드를 최대한 **빼는** 것이다.[16]

문제들은 대부분 우아하지 않고, 수많은 유스케이스로 뒤덮여 있다. 조건이 A일 때는 B를 해야 하지만, 조건이 C일 때는 D를 해야 하는 식이다. 즉, 수많은 상황을 지원해야 한다.

가장 간단한 해결책은 모든 유스케이스를 하나하나 코드로 옮기는 것이다. 생각나는 대로 조건문을 마구 늘어놓는 것인데, 초보 개발자가 흔히 이렇게 한다.

이런 코드는 전혀 우아하지 않고, 예상과 조금만 다른 입력이 들어와도 전혀 동작하지 않는다. 우아한 해결책이란 **일반적인**, 그러니까 적은 로직으로도 많은 유스케이스를 정확하게 처리할 수 있는 코드를 뜻한다.

이런 해결책을 찾는 것은 패턴 찾기나 퍼즐 풀기와 비슷한 면이 있다. 흩어져 있는 예제 유스케이스로부터 숨어있는 규칙을 찾는 게 쉽지는 않지만, 찾아낸다면 굉장한 성취감을 느낄 수 있다.

1.7. 마치며

다들 서문은 건너뛰던데 여기까지 읽었다니 대단하다. 여러분의 참을성에 보답하고자, 대단한 건 아니지만 도움이 되길 바라면서 마지막으로 몇 가지 조언하겠다.

- 추상화와 디커플링을 잘 활용하면 코드를 점차 쉽고 빠르게 만들 수 있다. 하지만, 지금 고민 중인 코드에 유연함이 필요하다는 확신이 없다면 추상화와 디커플링을 적용하느라고 시간 낭비하지 말자.
- 개발 내내 성능을 고민하고, 최적화에 맞게 설계해야 한다. 하지만 가정을 코드에 박아 넣어야 하는 저수준

---

16 파스칼은 '시간이 없어서 편지를 짧게 쓰지 못했습니다'라고 쓴 적이 있다.
생텍쥐페리는 '완벽함이란 보탤 것이 없을 때가 아니라 뺄 것이 없을 때 성취된다'고 했다.
멀리 갈 것 없이, 이 책을 퇴고할 때마다 글이 줄어드는 걸 경험했다. 어떤 장은 퇴고했더니 20% 이상 줄어들었다.

의 핵심 최적화는 가능하면 늦게 하라.[17]

- 게임 기획 내용을 확인해볼 수 있도록 빠르게 개발하되, 너무 서두르느라 코드를 엉망으로 만들지 말자. 결국 그 코드로 작업해야 하는 건 우리다.
- 나중에 버릴 코드를 잘 만들겠다고 시간 낭비하지 말자. 록 스타들이 호텔 방을 어지르는 이유는 다음 날 계산하고 나가면 그만이라는 것을 알기 때문이다.
- 무엇보다, **뭔가 재미있는 걸 만들고 싶다면 먼저 만드는 데에서 재미를 느껴보라.**

---

17 출시 두 달 전까지 '프레임이 1 FPS밖에 안 나오는' 문제를 미루라는 얘기는 아니다.

디자인 패턴 다시 보기

『GoF의 디자인 패턴』이 나온 지 20년이 넘었다. 사람으로 치자면 술을 마셔도 될 만큼 나이를 먹었다. 빠르게 변하는 소프트웨어 산업에서 20년은 엄청난 세월이다. 그런데도 이 책이 계속 인기 있다는 것은 여러 프레임 워크나 방법론에 비해 세월이 지나도 변치 않는 설계의 가치가 얼마나 대단한지를 보여준다.

『GoF의 디자인 패턴』은 여전히 유용하지만, 우리도 지난 20년 동안 많이 배웠다. 『GoF의 디자인 패턴』에 수록된 여러 패턴을 되짚어보면서 패턴별로 유용하거나 재미있는 것을 살펴보려 한다.

싱글턴 패턴(6장)은 남용되는 반면에 명령 패턴(2장)은 과소평가되어왔다. 경량 패턴(3장)과 관찰자 패턴(4장)은 게임 개발과의 관련성을 살펴보고 싶어서 넣었다. 프로토타입 패턴(5장)과 상태 패턴(7장)에서는 더 광범위한 프로그래밍 분야에서 패턴이 어떻게 얽혀 있는지를 살펴본다.

Part II

디자인 패턴 다시 보기

명령

> 요청 자체를 캡슐화하는 것입니다. 이를 통해 요청이 서로 다른 사용자client를 매개변수로 만들고, 요청을 대기
> 시키거나 로깅하며, 되돌릴 수 있는 연산을 지원합니다. (『GoF의 디자인 패턴』 311쪽)[1]

명령command 패턴은 내가 아주 좋아하는 패턴 중 하나다. 꼭 게임이 아니어도 웬만큼 규모가 있는 프로그램에는 언제나 명령 패턴을 써먹었다. 잘 쓰기만 하면 굉장히 지저분한 코드도 깔끔하게 정리할 수 있다. 그래서인지 몰라도, GoF는 명령 패턴을 위와 같이 난해하게 표현했다.

저 문장이 형편없다는 데에는 다들 동의할 것이다. 비유부터가 와 닿지 않는다. 단어에 아무 뜻이나 갖다 붙일 수 있는 소프트웨어 세계가 아닌 현실 세계에서 '사용자'는 우리가 같이 일을 하는 **사람**을 뜻한다. 방금 다시 찾아봤지만 사람을 '매개변수화'할 수는 없다.

나머지 문장은 명령 패턴을 적용할 만한 항목을 나열해놨을 뿐이다. 우리가 하려는 업무가 이 중에 있지 않는 한 이해하는 데 별 도움이 안 된다. **나는** 명령 패턴을 다음과 같이 매우 간결하게 요약한다.

명령 패턴은 메서드 호출을 실체화reify한 것이다.[2]

물론 '매우 간결하다'는 게 '무슨 말인지 모를 정도로 간단하다'와 같은 말일 때가 종종 있다. 내

---

1 『GoF의 디자인 패턴』 인용문은 『GoF의 디자인 패턴』(피어슨에듀케이션코리아, 2007)을 그대로 발췌하며 쪽수도 번역판의 쪽수다. – 옮긴이

2 '실체화(reify)'는 '사물, 어떤 것'이라는 뜻의 라틴어 'res'와 영어의 접미사 '–fy'를 합친 단어다. 영어로 치자면 'thingify'인 셈인데, 솔직히 'thingify'가 'reify'보다 더 재미있어 보인다.

가 써놓은 요약도 GoF의 그것과 별반 차이 없어 보일지 모르겠다. 좀 더 풀어보겠다. '실체화'는 '실제하는 것으로 만든다'라는 뜻이다. 프로그래밍 분야에서는 무엇인가를 '일급first-class'으로 만든다는 뜻으로도 통한다.

'실체화'니 '일급'이니 하는 말은 어떤 개념[3]을 변수에 저장하거나 함수에 전달할 수 있도록 **데이터**, 즉 객체로 바꿀 수 있다는 걸 의미한다. 여기에서 명령 패턴을 '메서드 호출을 실체화한 것'이라고 한 것은 함수 호출을 객체로 감쌌다는 의미다.

이는 프로그래밍 언어 배경에 따라 '콜백', '일급 함수', '함수 포인터', '클로저', '부분 적용 함수'와 비슷하게 들릴 테고, 실제로 그렇다. GoF는 책의 뒤에서는 '명령 패턴은 콜백을 객체지향적으로 표현한 것'이라고 정의한다.

처음부터 그렇게 요약했더라면 훨씬 나았을 것이다. 그렇다고 해도 둘 다 추상적이고 애매하기는 매한가지다. 나는 패턴을 설명할 때 뭔가 구체적인 것에서부터 시작하는 편인데 이번에는 그러질 못했다. 지금부터는 명령 패턴을 잘 써먹을 수 있는 예제를 살펴보겠다.

2.1. 입력키 변경

모든 게임에는 버튼이나 키보드, 마우스를 누르는 등의 유저 입력을 읽는 코드가 있다. 이런 코드는 입력을 받아서 게임에서 의미 있는 행동으로 전환한다.

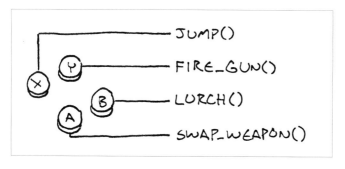

그림 2-1 게임 행동과 연결된 버튼들

---

3 일부 언어에서 제공하는 **리플렉션 시스템**은 런타임에 자료형을 가져와 다룰 수 있게 한다. 이런 시스템에서는 다른 객체의 클래스를 나타내는 객체를 얻어온다든지, 특정 자료형이 어떤 일을 할 수 있는지를 확인할 수 있다. 다시 말해 리플렉션은 **실체화된 자료형 체계**라고 볼 수 있다.

정말 간단하게 구현해보자.[4]

```cpp
void InputHandler::handleInput() {
  if (isPressed(BUTTON_X)) jump();
  else if (isPressed(BUTTON_Y)) fireGun();
  else if (isPressed(BUTTON_A)) swapWeapon();
  else if (isPressed(BUTTON_B)) lurchIneffectively();
}
```

일반적으로 이런 함수는 게임 루프(9장)에서 매 프레임 호출된다. 코드는 쉽게 이해할 수 있을 것이다. 입력 키 변경을 불가능하게 만들겠다면 이래도 되겠지만, 많은 게임이 키를 **바꿀** 수 있게 해준다.

키 변경을 지원하려면 jump()나 fireGun() 같은 함수를 직접 호출하지 말고 교체 가능한 무엇인가로 바꿔야 한다. '교체'라는 단어를 들으니 왠지 어떤 게임 행동을 나타내는 **객체**가 있어서 이를 변수에 할당해야 할 거 같지 않은가? 이제 명령 패턴이 등장할 때다.

게임에서 할 수 있는 행동을 실행할 수 있는 공통 상위 클래스부터 정의한다.[5]

```cpp
class Command {
public:
  virtual ~Command() {}
  virtual void execute() = 0;
};
```

이제 각 행동별로 하위 클래스를 만든다.

```cpp
class JumpCommand : public Command {
public:
  virtual void execute() { jump(); }
};

class FireCommand : public Command {
public:
  virtual void execute() { fireGun(); }
};
// 뭘 하려는 건지 알 것이다...
```

---

4 고수의 조언. B 버튼을 너무 자주 누르지 말라.

5 인터페이스에 반환 값이 없는 메서드 하나밖에 없다면 명령 패턴일 가능성이 높다.

입력 핸들러 코드에는 각 버튼별로 Command 클래스 포인터를 저장한다.

```cpp
class InputHandler {
public:
  void handleInput();
  // 명령을 바인드(bind)할 메서드들...
private:
  Command* buttonX_;
  Command* buttonY_;
  Command* buttonA_;
  Command* buttonB_;
};
```

이제 입력 처리는 다음 코드로 위임된다.[6]

```cpp
void InputHandler::handleInput() {
  if (isPressed(BUTTON_X)) buttonX_->execute();
  else if (isPressed(BUTTON_Y)) buttonY_->execute();
  else if (isPressed(BUTTON_A)) buttonA_->execute();
  else if (isPressed(BUTTON_B)) buttonB_->execute();
}
```

직접 함수를 호출하던 코드 대신에, 한 겹 우회하는 계층이 생겼다.

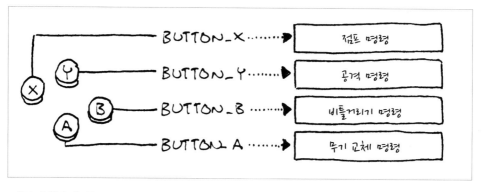

그림 2-2 할당 가능한 명령에 연결된 버튼들

---

6 예제에서는 모든 버튼에 명령 객체가 연결되어 있다고 가정하기 때문에 NULL 검사를 따로 하지 않는다.
아무것도 하지 않는 버튼을 지원하되 NULL 검사는 피하고 싶다면, execute()가 비어 있는 Command 클래스를 정의한 뒤에 버튼 핸들러
포인터가 NULL 대신 이 객체를 가리키게 하면 된다. 이런 걸 널 객체(Null Object) 패턴이라고 한다.

여기까지가 명령 패턴의 핵심이다. 이미 명령 패턴의 장점을 이해했다면, 나머지는 덤이라고 생각하고 읽어보자.

2.2. 액터에게 지시하기

방금 정의한 Command 클래스는 이번 예제만 놓고 보면 잘 동작하지만 한계가 있다. jump()나 fireGun() 같은 전역 함수가 플레이어 캐릭터 객체를 암시적으로 찾아서 꼭두각시 인형처럼 움직이게 할 수 있다는 가정이 깔려 있다는 점에서 상당히 제한적이다.

이렇게 커플링이 가정에 깔려 있다 보니 Command 클래스의 유용성이 떨어진다. 현재 JumpCommand 클래스는 오직 플레이어 캐릭터만 점프하게 만들 수 있다. 이런 제약을 유연하게 만들기 위해 제어하려는 객체를 함수에서 직접 찾게 하지 말고 밖에서 전달해주자.

```
class Command {
public:
  virtual ~Command() {}
  virtual void execute(GameActor& actor) = 0;
};
```

여기서 GameActor는 게임 월드를 돌아다니는 캐릭터를 대표하는 '게임 객체' 클래스다. Command를 상속받은 클래스는 execute()가 호출될 때 GameActor 객체를 인수로 받기 때문에 원하는 액터의 메서드를 호출할 수 있다.

```
class JumpCommand : public Command {
public:
  virtual void execute(GameActor& actor) {
    actor.jump();
  }
};
```

이제 JumpCommand 클래스 하나로 게임에 등장하는 어떤 캐릭터라도 폴짝거리게 할 수 있다. 남은 것은 입력 핸들러에서 입력을 받아 적당한 객체의 메서드를 호출하는 명령 객체를 연결하는 코드뿐이다. 먼저 handleInput()에서 명령 객체를 **반환**하도록 변경한다.

```
Command* InputHandler::handleInput() {
  if (isPressed(BUTTON_X)) return buttonX_;
  if (isPressed(BUTTON_Y)) return buttonY_;
  if (isPressed(BUTTON_A)) return buttonA_;
  if (isPressed(BUTTON_B)) return buttonB_;

  // 아무것도 누르지 않았다면, 아무것도 하지 않는다.
  return NULL;
}
```

어떤 액터를 매개변수로 넘겨줘야 할지 모르기 때문에 handleInput()에서는 명령을 실행할 수 없다. 여기에서는 명령이 실체화된 함수 호출이라는 점을 활용해서, 함수 호출 시점을 **지연**한다.

다음으로 명령 객체를 받아서 플레이어를 대표하는 GameActor 객체에 적용하는 코드가 필요하다.

```
Command* command = inputHandler.handleInput();
if (command) {
  command->execute(actor);
}
```

액터(actor)가 플레이어 캐릭터라면 유저 입력에 따라 동작하기 때문에 처음 예제와 기능상 다를 게 없다. 하지만 명령과 액터 사이에 추상 계층을 한 단계 더 둔 덕분에, 소소한 기능이 하나 추가되었다. **명령을 실행할 때 액터만 바꾸면 플레이어가 게임에 있는 어떤 액터라도 제어할 수 있게 되었다.**

사실 플레이어가 다른 액터를 제어하는 기능은 일반적이지 않다. 하지만 비슷하면서도 자주 사용되는 기능이 있다. 생각해보자. 지금까지는 플레이어가 제어하는 캐릭터만 생각했지만, 게임에는 다른 캐릭터가 많다. 이런 캐릭터는 AI가 제어하는데, 같은 명령 패턴을 AI 엔진과 액터 사이에 인터페이스용으로 사용할 수 있다. 즉, AI 코드에서 원하는 Command 객체를 이용하는 식이다.

Command 객체를 선택하는 AI와 이를 실행하는 액터를 디커플링함으로써 코드가 훨씬 유연해졌다. 액터마다 AI 모듈을 다르게 적용할 수 있고, 기존 AI를 짜 맞춰서 새로운 성향을 만들 수도 있다. 적을 더 공격적으로 만들고 싶은가? 더 공격적인 AI를 적용해 공격 명령을 찍어내게 하면 된다. 더 나아가서 **플레이어** 캐릭터에 AI를 연결해서 자동으로 실행되는 데모 모드를 만들 수도 있다.

액터를 제어하는 Command를 일급 객체로 만든 덕분에, 메서드를 직접 호출하는 형태의 강한 커플링을 제거할 수 있었다. 이제는 명령을 큐^{queue}나 스트림^{stream}으로 만드는 것도 생각해보자.[7]

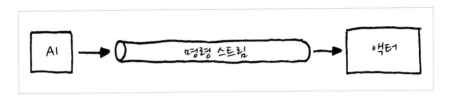

그림 2-3 비유를 대강 그림으로 그려보았다.

입력 핸들러나 AI 같은 코드에서는 명령 객체를 만들어 스트림에 밀어 넣는다.[8] 디스패처^{dispatcher}나 액터에서는 명령 객체를 받아서 호출한다. 큐를 둘 사이에 끼워 넣음으로써, 생산자^{producer}와 소비자^{consumer}를 디커플링할 수 있게 되었다.

2.3. 실행취소와 재실행

이번 마지막 예는 명령 패턴 사용 예 중에서도 가장 잘 알려져 있다. 명령 객체가 어떤 작업을 **실행**할 수 있다면, 이를 **실행취소**^{undo}할 수 있게 만드는 것도 어렵지 않다. 실행취소 기능은 원치 않는 행동을 되돌릴 수 있는 전략 게임에서 볼 수 있다. 게임 개발 툴에는 필수다. 레벨[9] 에디터에 실행취소 기능을 제공해주지 않는 것만큼 확실하게 기획자가 당신을 미워하게 만들 방법은 없다.[10]

그냥 실행취소 기능을 구현하려면 굉장히 어렵지만, 명령 패턴을 이용하면 쉽게 만들 수 있다. 싱글플레이어 턴제 게임에서 유저가 어림짐작보다는 전략에 집중할 수 있도록 이동 취소 기능을 추가한다고 해보자.

---

7 큐로 무엇을 더 할 수 있는지를 더 자세히 보고 싶다면 이벤트 큐 패턴(15장)을 참고한다.

8 명령들을 직렬화(serializable)할 수 있게 만들면, 네트워크로도 전달할 수 있다. 즉, 플레이어로부터 입력을 받아 네트워크를 통해 상대방에게 전달해 재현할 수 있다. 네트워크 플레이에서 중요하다.

9 게임 내 지역, 단계 같은 개념으로서의 레벨을 말한다. - 옮긴이

10 내가 그렇게 해봐서 안다.

이미 명령 객체를 이용해서 입력 처리를 추상화해둔 덕분에, 플레이어 이동도 명령에 캡슐화되어 있다. 어떤 유닛을 옮기는 명령을 생각해보자.

```cpp
class MoveUnitCommand : public Command {
public:
  MoveUnitCommand(Unit* unit, int x, int y)
  : unit_(unit),
    x_(x),
    y_(y) {
  }

  virtual void execute() {
    unit_->moveTo(x_, y_);
  }

private:
  Unit* unit_;
  int x_;
  int y_;
};
```

MoveUnitCommand 클래스는 이전 예제와 약간 다르다. 이전 예제에서는 명령에서 변경하려는 액터와 명령 사이를 **추상화**로 격리시켰지만 이번에는 이동하려는 유닛과 위치 값을 생성자에서 받아서 명령과 명시적으로 **바인드**했다. MoveUnitCommand 명령 인스턴스는 '무엇인가를 움직이는' 보편적인(언제든지 써먹을 수 있는) 작업이 아니라 게임에서의 구체적인 실제 이동을 담고 있다.

이는 명령 패턴 구현을 어떻게 변형할 수 있는지 잘 보여준다. 처음 예제 같은 경우, **어떤 일을 하는지**를 정의한 명령 객체 하나가 매번 재사용된다. 입력 핸들러 코드에서는 특정 버튼이 눌릴 때마다 여기에 연결된 명령 객체의 execute()를 호출했었다.

이번에 만든 명령 클래스는 특정 시점에 발생될 일을 표현한다는 점에서 좀 더 구체적이다. 이를테면, 입력 핸들러 코드는 플레이어가 이동을 선택할 때마다 명령 인스턴스를 **생성**해야 한다.[11]

---

[11] 당연한 얘기지만, C++ 같이 가비지 컬렉션 기능이 없는 언어에서는 Command 객체를 실행하는 코드가 메모리 해제까지 챙겨야 한다.

```
Command* handleInput() {
  Unit* unit = getSelectedUnit();
  if (isPressed(BUTTON_UP)) {
    // 유닛을 한 칸 위로 이동한다.
    int destY = unit->y() - 1;
    return new MoveUnitCommand(unit, unit->x(), destY);
  }
  if (isPressed(BUTTON_DOWN)) {
    // 유닛을 한 칸 아래로 이동한다.
    int destY = unit->y() + 1;
    return new MoveUnitCommand(unit, unit->x(), destY);
  }
  // 다른 이동들...
  return NULL;
}
```

Command 클래스가 일회용이라는 게 장점이라는 걸 곧 알게 될 것이다. 명령을 취소할 수 있도록 순수 가상 함수 undo()를 정의한다.

```
class Command {
public:
  virtual ~Command() {}
  virtual void execute() = 0;
  virtual void undo() = 0;
};
```

undo()에서는 execute()에서 변경하는 게임 상태를 반대로 바꿔주면 된다. MoveUnit Command 클래스에 실행취소 기능을 넣어보자.

```
class MoveUnitCommand : public Command {
public:
  MoveUnitCommand(Unit* unit, int x, int y)
  : unit_(unit), x_(x), y_(y),
    xBefore_(0), yBefore_(0),
    x_(x), y_(y) {
  }

  virtual void execute() {
    // 나중에 이동을 취소할 수 있도록 원래 유닛 위치를 저장한다.
    xBefore_ = unit_->x();
    yBefore_ = unit_->y();
    unit_->moveTo(x_, y_);
  }
```

```
  virtual void undo() {
    unit_->moveTo(xBefore_, yBefore_);
  }

private:
  Unit* unit_;
  int x_, y_;
  int xBefore_, yBefore_;
};
```

잘 보면 MoveUnitCommand 클래스에 상태[12]가 몇 개 추가되었다. 즉 유닛이 이동한 후에는 이전 위치를 알 수 없기 때문에, 이동을 취소할 수 있도록 이전 위치를 xBefore_, yBefore_ 멤버 변수에 따로 저장한다.

플레이어가 이동을 취소할 수 있게 하려면 이전에 실행했던 명령을 저장해야 한다. 우리가 Ctrl+Z를 막 누르고 있을 때, 계속 이전 명령의 undo()가 실행되고 있는 것이다(혹은 이미 실행취소했다면 redo()를 호출해 명령을 재실행한다).

여러 단계의 실행취소를 지원하는 것도 그다지 어렵지 않다. 가장 최근 명령만 기억하는 대신, 명령 목록을 유지하고 '현재' 명령이 무엇인지만 알고 있으면 된다. 유저가 명령을 실행하면, 새로 생성된 명령을 목록 맨 뒤에 추가하고, 이를 '현재' 명령으로 기억하면 된다.

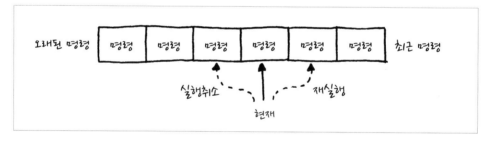

그림 2-4 실행취소 스택 따라가기

---

12 메멘토(memento) 패턴이란 것도 있지만, 제대로 활용하는 걸 본 적이 없다. 메멘토 패턴처럼 객체 상태 전부를 저장하는 것보다는 명령 패턴처럼 객체 상태 중에서 변경한 데이터만 따로 저장하는 것이 메모리 효율 면에서 훨씬 낫다.
지속 자료구조(persistent data structure)도 써볼 만하다. 이 자료구조에서는 어떤 객체를 변경하면 원래 객체는 그대로 두고 새로운 객체를 반환한다. 새로 만들어진 객체가 이전 객체와 데이터를 공유하도록 잘 구현하면 완전히 새로운 객체를 복제하는 것보다는 메모리를 훨씬 적게 쓸 수 있다.
지속 자료구조에서는 명령 객체마다 명령을 실행하기 전 객체를 참조하고 있다가, 실행취소할 때 객체를 예전 객체로 되돌려주기만 하면 된다.

유저가 '실행취소'를 선택하면 현재 명령을 실행취소하고 현재 명령을 가리키는 포인터를 뒤로 이동한다. '재실행'[13]을 선택하면, 포인터를 다음으로 이동시킨 후에 해당 포인터를 실행한다. 유저가 몇 번 '실행취소'한 뒤에 새로운 명령을 실행한다면, 현재 명령 뒤에 새로운 명령을 추가하고 그다음에 붙어 있는 명령들은 버린다.

처음으로 명령 패턴을 이용해 레벨 에디터에 다중 취소 기능을 추가한 날은 천재가 된 기분이었다. 명령 패턴이 얼마나 쉽고 제대로 작동하던지 크게 감동을 받았다. 명령을 통해서만 데이터 변경을 가능하게 만들어야 하기 때문에 손이 좀 가긴 하지만, 한번 만들어놓고 나면 나머지는 어려울 게 없다.

2.4. 클래스만 좋고, 함수형은 별로인가?

앞에서 명령은 일급 함수나 클로저와 비슷하다고 했지만, 지금까지 보여준 예제에서는 전부 클래스만 사용했다. 함수형 언어에 익숙한 독자라면 함수 얘기를 왜 안 하는지 궁금할 것이다.

예제를 이렇게 만든 이유는 C++이 일급 함수를 제대로 지원하지 않기 때문이다. 함수 포인터에는 상태를 저장할 수 없고, 펑터^{functor}는 이상한 데다가 여전히 클래스를 정의해야 한다. C++ 11에 도입된 람다는 메모리를 직접 관리해야 하기 때문에 쓰기가 까다롭다.

그렇다고 다른 언어에서도 명령 패턴에 함수를 쓰면 안 된다는 얘기는 **아니다**. 언어에서 클로저를 제대로 지원해준다면 안 쓸 이유가 없다! 어떻게 보면 명령 패턴은 클로저를 지원하지 않는 언어에서 클로저를 흉내 내는 방법 중 하나일 뿐이다.[14]

자바스크립트로 게임을 만든다면 유닛 이동 명령을 다음과 같이 만들 수 있다.

---

13 '재실행'은 게임에서 잘 쓰이지 않을 수도 있지만 '리플레이'는 게임에서 자주 쓰인다. 무식하게 구현하자면 매 프레임마다 전체 게임 상태를 저장하면 되겠지만, 이러면 메모리가 너무 많이 필요하다.
　　대신 많은 게임에서는 전체 개체가 실행하는 명령 모두를 매 프레임 저장한다. 게임을 '리플레이'할 때는 이전에 저장한 명령들을 순서대로 실행해 게임을 시뮬레이션한다.

14 '어떻게 보면'이라고 쓴 이유는 클로저를 지원하는 언어에서조차 명령 패턴을 구현하기 위해 클래스나 구조체를 사용하는 게 좋을 때도 있기 때문이다. 명령에 실행취소 가능한 명령같이 여러 기능이 함께 들어 있을 때에는 함수 하나로 치환하기가 쉽지 않다.
　　멤버 변수가 들어 있는 클래스로 정의하면 코드를 읽을 때 명령에 어떤 데이터가 들어 있는지 알아보기가 쉽다. 클로저는 어떤 상태를 자동으로 래핑하는 굉장히 간단한 방법을 제공하지만, 너무 자동으로 해주다 보니 클로저가 어떤 상태를 들고 있는지를 알아보기가 어렵다.

```
function makeMoveUnitCommand(unit, x, y) {
  // 아래 function이 명령 객체에 해당한다:
  return function() {
    unit.moveTo(x, y);
  }
}
```

클로저를 여러 개 이용하면 실행취소도 지원할 수 있다.

```
function makeMoveUnitCommand(unit, x, y) {
  var xBefore, yBefore;
  return {
    execute: function() {
      xBefore = unit.x();
      yBefore = unit.y();
      unit.moveTo(x, y);
    },
    undo: function() {
      unit.moveTo(xBefore, yBefore);
    }
  };
}
```

함수형 프로그래밍에 익숙한 독자라면 다 아는 얘기겠지만, 그렇지 않은 독자에게는 조금이나마 도움이 되었으면 한다. 내가 볼 때 명령 패턴의 유용성은 함수형 패러다임이 얼마나 많은 문제에 효과적인지를 보여주는 예이기도 한다.

2.5. 관련자료

- 명령 패턴을 쓰다 보면 수많은 Command 클래스를 만들어야 할 수 있다. 이럴 때에는 구체 상위 클래스concrete base class에 여러 가지 편의를 제공하는 상위 레벨 메서드를 만들어놓은 뒤에 필요하면 하위 클래스에서 원하는 작동을 재정의할 수 있게 하면 좋다. 이러면 명령 클래스의 execute 메서드가 하위 클래스 샌드박스 패턴(12장)으로 발전하게 된다.

- 예제에서는 어떤 액터가 명령을 처리할지를 명시적으로 지정했다. 하지만 계층 구조 객체 모델에서처럼 누가 명령을 처리할지가 그다지 명시적이지 않을 수도 있다. 객체가 명령에 반응할 수도 있고 종속 객체에 명

령 처리를 떠넘길 수도 있다면 GoF의 책임 연쇄chain of responsibilty[15] 패턴이라고도 볼 수 있다.

- 어떤 명령은 처음 예제에 등장한 JumpCommand 클래스처럼 상태 없이 순수하게 행위만 정의되어 있을 수 있다. 이런 클래스는 모든 인스턴스가 같기 때문에 인스턴스를 여러 개 만들어봐야 메모리만 낭비한다. 이 문제는 경량 패턴(3장)으로 해결할 수 있다.[16]

---

15 『GoF의 디자인 패턴』 298쪽 참고 – 옮긴이
16 싱글턴(6장)으로 만들어도 되지만, 진정한 친구라면 싱글턴을 권하지는 않을 것이다.

경량

공유^{sharing}를 통해 많은 수의 소립^{fine-grained} 객체들을 효과적으로 지원합니다. (『GoF의 디자인 패턴』, 265쪽)

자욱한 안개가 걷히자 웅장하고 오래된 숲이 모습을 드러낸다. 하늘 위로 솟아오른 수많은 노송이 푸르른 대성당을 만든다. 잎은 스테인드글라스 창처럼 햇빛을 산란시켜 황금빛 기둥을 만든다. 거대한 나무 줄기 사이로 숲은 끝없이 이어진다.

판타지 게임에서 흔히 볼 수 있는 설정이다. 일반적으로 이런 장면은 이름이 너무 겸손한 '경량' 패턴으로 종종 구현한다.

3.1. 숲에 들어갈 나무들

구비구비 뻗어 있는 숲을 글로는 몇 문장으로 표현할 수 있지만, 실시간 게임으로 **구현**하는 것은 전혀 다른 얘기다. 우리가 나무들이 화면을 가득 채운 **빽빽한** 숲을 볼 때, 그래픽스 프로그래머는 1초에 60번씩 GPU에 전달해야 하는 몇백만 개의 폴리곤을 본다.

수천 그루가 넘는 나무마다 각각 수천 폴리곤의 형태로 표현해야 한다. 설사 **메모리**가 충분하다고 해도, 이런 숲을 그리기 위해서는 전체 데이터를 CPU에서 GPU로 버스를 통해 전달해야 한다.

나무마다 필요한 데이터는 다음과 같다.

- 줄기, 가지, 잎의 형태를 나타내는 폴리곤 메시
- 나무 껍질과 잎사귀 텍스처
- 숲에서의 위치와 방향
- 각각의 나무가 다르게 보이도록 크기와 음영 같은 값을 조절할 수 있는 매개변수

코드로 표현하면 다음과 같다.

```cpp
class Tree {
private:
  Mesh mesh_;
  Texture bark_;
  Texture leaves_;
  Vector position_;
  double height_;
  double thickness_;
  Color barkTint_;
  Color leafTint_;
};
```

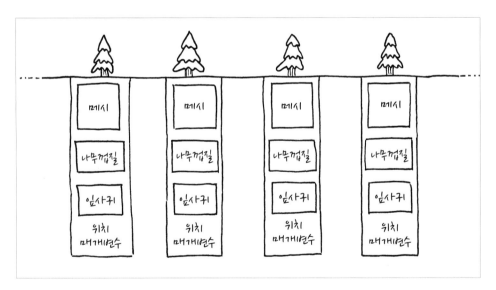

그림 3-1 작은 상자에 들어 있는 내용은 모든 나무가 동일하다.

데이터가 많은 데다가 메시와 텍스처는 크기도 크다. 이렇게 많은 객체로 이루어진 숲 전체는 1프레임에 GPU로 모두 전달하기에는 양이 너무 많다. 다행히 검증된 해결책이 있다.

핵심은 숲에 나무가 수천 그루 넘게 있다고 해도 대부분 비슷해 보인다는 점이다. 그렇다면 모든 나무를 같은 메시와 텍스처로 표현할 수 있을 거 같다. 즉, 나무 객체에 들어 있는 데이터 대부분이 인스턴스별로 다르지 않다는 뜻이다.[1]

객체를 반으로 쪼개어 이런 점을 명시적으로 모델링할 수 있다. 모든 나무가 다 같이 사용하는 데이터를 뽑아내 새로운 클래스에 모아보자.

```
class TreeModel {
private:
  Mesh mesh_;
  Texture bark_;
  Texture leaves_;
};
```

게임 내에서 같은 메시와 텍스처를 여러 번 메모리에 올릴 이유가 전혀 없기 때문에 TreeModel 객체는 하나만 존재하게 된다. 이제 각 나무 **인스턴스**는 공유 객체인 TreeModel을 **참조**하기만 한다. Tree 클래스에는 인스턴스별로 다른 상태 값만 남겨둔다.[2]

```
class Tree {
private:
  TreeModel* model_;

  Vector position_;
  double height_;
  double thickness_;
  Color barkTint_;
  Color leafTint_;
};
```

그림으로 그려보면 다음과 같다.

---

[1] 미치거나 돈이 펑펑 남지 않고서야 숲에 들어갈 나무를 전부 따로 모델링하라고 아티스트에게 시키진 않을 것이다.

[2] 객체 상태 일부를 여러 인스턴스가 공유하는 다른 객체에 위임한다는 점에서 타입 객체 패턴(13장)과 비슷해 보인다. 하지만 의도가 다르다. 타입 객체 패턴의 목표는 '타입'을 직접 만든 객체 모델에 위임함으로써 정의해야 하는 클래스 개수를 줄이는 것이다. 메모리 공유는 어디까지나 덤이다. 경량 패턴(3장)은 순수하게 최적화가 목표다.

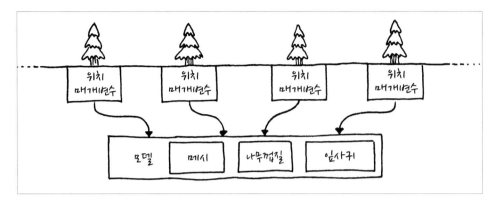

그림 3-2 나무 인스턴스 4개가 모델 하나를 공유한다.

주메모리에 객체를 저장하기 위해서라면 이 정도로 충분하다. 하지만 렌더링은 또 다른 얘기다. 화면에 숲을 그리기 위해서는 먼저 데이터를 GPU로 전달해야 한다. 어떤 식으로 자원을 공유하고 있는지를 그래픽 카드도 이해할 수 있는 방식으로 표현해야 한다.

3.2. 수천 개의 인스턴스

GPU로 보내는 데이터 양을 최소화하기 위해서는 공유 데이터인 TreeModel를 딱 **한 번**만 보낼 수 있어야 한다. 그런 후에 나무마다 값이 다른 위치, 색, 크기scale를 전달하고, 마지막으로 GPU에 '전체 나무 인스턴스를 그릴 때 공유 데이터를 사용해'라고 말하면 된다.

다행히, 요즘 나오는 그래픽 카드나 API에서는 이런 기능을 제공한다. 자세한 내용은 이 책의 범위를 벗어나지만, Direct3D, OpenGL 모두 **인스턴스 렌더링**instanced rendering을 지원한다.[3]

이들 API에서 인스턴스 렌더링을 하려면 데이터 스트림이 두 개 필요하다. 첫 번째 스트림에는 숲 렌더링 예제의 메시나 텍스처처럼 여러 번 렌더링되어야 하는 공유 데이터가 들어간다. 두 번째 스트림에는 인스턴스 목록과, 이들 인스턴스를 첫 번째 스트림 데이터를 이용해 그릴 때 각기 다르게 보이기 위해 필요한 매개변수들이 들어간다. 이제 그리기draw 호출 한 번만으로 전체 숲을 다 그릴 수 있다.

---

3 그래픽 카드가 인스턴스 렌더링을 지원한다는 면에서, 경량 패턴은 GoF 패턴 중에서 유일하게 하드웨어가 지원하는 패턴일지도 모른다.

3.3. 경량 패턴

예제에 대해서는 충분히 알아봤으니 경량 패턴으로 넘어가보자. 이름에서 알 수 있듯이 경량 패턴[4]은 어떤 객체의 개수가 너무 많아서 좀 더 가볍게 만들고 싶을 때 사용한다.

인스턴스 렌더링에서는 메모리 크기보다는 렌더링할 나무 데이터를 하나씩 GPU 버스로 보내는 데 걸리는 **시간**이 중요하지만, 기본 개념은 경량 패턴과 같다.

이런 문제를 해결하기 위해 경량 패턴은 객체 데이터를 두 종류로 나눈다. 먼저 모든 객체의 데이터 값이 같아서 공유할 수 있는 데이터를 모은다. 이런 데이터를 GoF는 **고유** 상태$^{\text{intrinsic state}}$라고 했지만, 나는 '자유문맥$^{\text{context-free}}$' 상태라고 부르는 편이다. 예제에서는 나무 형태^{geometry}나 텍스처가 이에 해당한다.

나머지 데이터는 인스턴스별로 값이 다른 **외부** 상태$^{\text{extrinsic state}}$에 해당한다. 예제에서는 나무의 위치, 크기, 색 등이 이에 해당한다. 예제 코드에서 봤듯이, 경량 패턴은 한 개의 고유 상태를 다른 객체에서 공유하게 만들어 메모리 사용량을 줄이고 있다.

여기까지만 보면 기초적인 자원 공유 기법이지 패턴이라고 부를 정도는 아닌 것처럼 보인다. 이 예제에서는 공유 상태를 `TreeModel` 클래스로 깔끔하게 분리할 수 있어서 그렇게 보이는 측면도 있다.

공유 객체가 명확하지 않은 경우 경량 패턴은 잘 드러나 보이지 않는다(그만큼 더 교묘하다). 그런 경우에는 하나의 객체가 신기하게도 여러 곳에 동시에 존재하는 것처럼 보인다. 이런 예를 하나 들어보겠다.

3.4. 지형 정보

나무를 심을 땅도 게임에서 표현해야 한다. 보통 풀, 흙, 언덕, 호수, 강 같은 다양한 지형을 이어 붙여서 땅을 만든다. 여기에서는 땅을 **타일 기반**으로 만들 것이다. 즉, 땅은 작은 타일들이 모여 있는 거대한 격자인 셈이다. 모든 타일은 지형 종류 중 하나로 덮여 있다.

---

4 『GoF의 디자인 패턴』에서는 '플라이급 패턴'이라고 옮겼다(265쪽). – 옮긴이

지형 종류에는 게임플레이에 영향을 주는 여러 속성이 들어 있다.

- 플레이어가 얼마나 빠르게 이동할 수 있는지를 결정하는 이동 비용 값
- 강이나 바다처럼 보트로 건너갈 수 있는 곳인지 여부
- 렌더링할 때 사용할 텍스처

우리 게임 프로그래머는 최적화에 집착하기 때문에, 이들 속성을 지형 타일마다 따로 저장하는 일은 있을 수 없다.[5] 대신 지형 종류에 열거형을 사용하는 게 일반적이다.

```
enum Terrain {
  TERRAIN_GRASS,
  TERRAIN_HILL,
  TERRAIN_RIVER
  // 그 외 다른 지형들...
};
```

이제 월드는 지형을 거대한 격자로 관리한다.[6]

```
class World {
private:
  Terrain tiles_[WIDTH][HEIGHT];
};
```

타일 관련 데이터는 다음과 같이 얻을 수 있다.

```
int World::getMovementCost(int x, int y) {
  switch (tiles_[x][y]) {
    case TERRAIN_GRASS: return 1;
    case TERRAIN_HILL: return 3;
    case TERRAIN_RIVER: return 2;
    // 그 외 다른 지형들...
  }
}
```

---

5 나무 그리기 예제에서 이미 교훈을 얻지 않았는가.

6 여기에서는 2차원 격자를 2차원 배열에 저장했다. C/C++에서는 2차원 배열 데이터가 전부 메모리에 같이 붙어 있어 효과적이다(예를 들어 C/C++에서 int[2][3]은 int[6]와 메모리 구조가 같다 – 옮긴이). 자바 같은 메모리 관리형(memory-managed) 언어는 가로 배열이 각자 세로 배열을 참조하는 형태라 그다지 메모리 친화적이지 않다.

여기에서는 예제 코드를 단순하게 보여주기 위해 이렇게 짰지만, 실제 코드에서는 상세 구현을 잘 만든 2차원 격자 자료구조 안에 숨기는 게 좋다.

```
bool World::isWater(int x, int y) {
  switch (tiles_[x][y]) {
    case TERRAIN_GRASS: return false;
    case TERRAIN_HILL: return false;
    case TERRAIN_RIVER: return true;
    // 그 외 다른 지형들...
  }
}
```

이 코드는 동작하긴 하지만 지저분하다. 이동 비용이나 물인지 땅인지 여부는 지형에 관한 **데이터**인데 이 코드에서는 하드코딩되어 있다. 게다가 같은 지형 종류에 대한 데이터가 여러 메서드에 나뉘어 있다. 이런 데이터는 하나로 합쳐서 캡슐화하는 게 좋다. 그러라고 객체가 있는 것이니 말이다.

아래와 같이 지형 **클래스**를 따로 만드는 게 훨씬 낫다.[7]

```
class Terrain {
public:
  Terrain(int movementCost, bool isWater, Texture texture)
  : movementCost_(movementCost),
    isWater_(isWater),
    texture_(texture) {
  }

  int getMovementCost() const { return movementCost_; }
  bool isWater() const { return isWater_; }
  const Texture& getTexture() const { return texture_; }

 private:
  int movementCost_;
  bool isWater_;
  Texture texture_;
};
```

하지만 타일마다 Terrain 인스턴스를 하나씩 만드는 비용은 피하고 싶다. Terrain 클래스에는 타일 **위치**와 관련된 내용은 **전혀** 없는 것을 볼 수 있다. 경량 패턴식으로 얘기하자면 **모든** 지형 상태는 '고유'하다. 즉 '자유문맥'에 해당한다.

---

7 모든 메서드를 const로 만들었음에 주목하라. 다 이유가 있다. 같은 Terrain 객체를 여러 곳에서 공유해서 쓰기 때문에, 한곳에서 값을 바꾼다면 그 결과가 여러 군데에서 동시에 나타나게 된다.
이건 원하는 바가 아니다. 메모리를 줄여보겠다고 객체를 공유했는데 그게 코드 기능에 영향을 미쳐서는 안 된다. 이런 이유로 경량 객체는 변경 불가능한(immutable) 상태로 만드는 게 보통이다.

따라서 지형 종류별로 Terrain 객체가 여러 개 있을 필요가 없다. 지형에 들어가는 모든 풀밭 타일은 전부 동일하다. 즉, World 클래스 격자 멤버 변수에 열거형이나 Terrain 객체 대신 Terrain 객체의 포인터를 넣을 수 있다.

```
class World {
private:
  Terrain* tiles_[WIDTH][HEIGHT];
  // 그 외...
};
```

지형 종류가 같은 타일들은 모두 같은 Terrain 인스턴스 포인터를 갖는다.

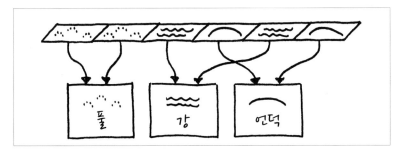

그림 3-3 Terrain 객체를 재사용하는 타일들

Terrain 인스턴스가 여러 곳에서 사용되다 보니, 동적으로 할당하면 생명주기를 관리하기가 좀 더 어렵다. 따라서 World 클래스에 저장한다.

```
class World {
public:
  World()
  : grassTerrain_(1, false, GRASS_TEXTURE),
    hillTerrain_(3, false, HILL_TEXTURE),
    riverTerrain_(2, true, RIVER_TEXTURE) {
  }

private:
  Terrain grassTerrain_;
  Terrain hillTerrain_;
  Terrain riverTerrain_;
  // 그 외...
};
```

이렇게 함으로써 다음과 같이 땅 위를 채울 수 있다.[8]

```
void World::generateTerrain() {
  // 땅에 풀을 채운다.
  for (int x = 0; x < WIDTH; x++) {
    for (int y = 0; y < HEIGHT; y++) {
      // 언덕을 몇 개 놓는다.
      if (random(10) == 0) {
        tiles_[x][y] = &hillTerrain_;
      } else {
        tiles_[x][y] = &grassTerrain_;
      }
    }
  }

  // 강을 하나 놓는다.
  int x = random(WIDTH);
  for (int y = 0; y < HEIGHT; y++) {
    tiles_[x][y] = &riverTerrain_;
  }
}
```

이제 지형 속성 값을 World의 메서드 대신 Terrain 객체에서 바로 얻을 수 있다.

```
const Terrain& World::getTile(int x, int y) const {
  return *tiles_[x][y];
}
```

World 클래스는 더 이상 지형의 세부 정보와 커플링되지 않는다. 타일 속성은 Terrain 객체에서 바로 얻을 수 있다.

```
int cost = world.getTile(2, 3).getMovementCost();
```

이제 객체로 작동하는 근사한 API가 되었다. 게다가 포인터는 열거형과 비교해도 성능 면에서 거의 뒤지지 않는다.

---

8 그리 뛰어난 절차적 지형 생성 알고리즘은 아니라는 거 인정한다.

3.5. 성능에 대해서

아까 '거의'라고 단서를 붙인 이유는 성능에 대해 깐깐한 사람이라면 포인터가 열거형보다 느리다고 트집 잡을 만한 요소가 있기 때문이다. 지형 데이터를 포인터로 접근한다는 것은 간접 조회indirect lookup한다는 뜻이다. 이동 비용 같은 지형 데이터 값을 얻으려면 먼저 격자 데이터로부터 지형 객체 포인터를 얻은 다음에, 포인터를 통해서 이동 비용 값을 얻어야 한다. 이렇게 포인터를 따라가면 캐시 미스가 발생할 수 있어 성능이 조금 떨어질 수는 있다. [9]

최적화의 황금률은 언제나 **먼저 측정**하는 것이다. 최신 컴퓨터 하드웨어는 너무 복잡해서 더 이상 추측만으로는 최적화하기 어렵다. 측정해본 결과[10]로는 경량 패턴을 써도 열거형을 쓴 것과 비교해서 성능이 나빠지지 않았다. 오히려 경량 패턴 방식이 훨씬 더 빨랐다. 하지만 이건 객체가 메모리에 어떤 식으로 배치되느냐에 따라 달라질 수 있다.

확실한 것은 경량 객체를 한 번은 고려해봐야 한다는 점이다. 경량 패턴을 사용하면 객체를 마구 늘리지 않으면서도 객체지향 방식의 장점을 취할 수 있다. 열거형을 선언해 수많은 다중 선택문switch을 만들 생각이라면, 경량 패턴을 먼저 고려해보자. 성능이 걱정된다면, 유지보수하기 어려운 형태로 코드를 고치기 전에 적어도 프로파일링이라도 먼저 해보자.

3.6. 관련자료

- 타일 예제에서는 지형 종류별로 Terrain 인스턴스를 미리 만들어 World에 저장했다. 덕분에 공유 객체를 찾고 재사용하기 쉬웠다. 하지만 경량 객체를 미리 전부 만들고 싶지 않은 경우도 많다.

  어떤 경량 객체가 실제로 필요할지를 예측할 수 없다면, 필요할 때 만드는 게 낫다. 공유 기능을 유지하고 싶다면, 인스턴스를 요청받았을 때 이전에 같은 걸 만들어놓은 게 있는지 확인해보고, 있다면 그걸 반환하면 된다.

  이러려면 객체를 생성할 때 기존 객체가 있는지를 먼저 확인하게 할 수 있도록 생성 코드를 인터페이스 밑으로 숨겨둬야 한다. 이런 식으로 생성자를 숨기는 방식은 GoF의 팩토리 메서드 패턴의 한 예이기도 하다.

- 이전에 만들어놓은 경량 패턴 객체를 반환하려면, 이미 생성해놓은 객체를 찾을 수 있도록 풀pool을 관리해야 한다. 이름에서 알 수 있듯이 객체 풀 패턴(19장)이 이런 데 유용하다.

....

9 포인터 따라가기와 캐시 미스에 대해서는 데이터 지역성 패턴(17장)에서 자세히 다룬다.

10 성능 비교 코드 https://git.io/vwkEL – 옮긴이

- 상태 패턴(7장)을 쓸 때는, 상태의 아이디와 메서드만으로 충분해서 상태 기계에서 사용되는 '상태' 객체에는 멤버 변수가 하나도 없는 경우가 종종 있다. 이럴 때 경량 패턴을 적용하면 상태 인스턴스 하나를 여러 상태 기계에서 동시에 재사용할 수 있다.

CHAPTER 4

관찰자

객체 사이에 일 대 다의 의존 관계를 정의해두어, 어떤 객체의 상태가 변할 때 그 객체에 의존성을 가진 다른 객체들이 그 변화를 통지 받고 자동으로 업데이트될 수 있게 만듭니다. (『GoF의 디자인 패턴』 382쪽)

모델−뷰−컨트롤러Model−View−Controller(MVC) 구조[1]를 쓰는 프로그램이 발에 차일 정도로 MVC 패턴은 많이 사용되는데, 그 기반에는 관찰자 패턴이 있다. 관찰자 패턴이 워낙 흔하다 보니 자바에서는 아예 핵심 라이브러리(`java.util.Observer`)에 들어가 있고, C#에서는 event 키워드로 지원한다.

관찰자 패턴은 GoF 패턴 중에서도 가장 널리 사용되고 잘 알려졌지만, 세상을 등지고 살아가는 게임 개발자에게는 생판 처음 듣는 얘기일 수도 있다. 오랫동안 골방에 틀어박혀 게임만 만들어온 개발자들을 위해 예제부터 살펴보자.

4.1. 업적 달성

업적achievement 시스템을 추가한다고 해보자. '괴물 원숭이 100마리 죽이기', '다리에서 떨어지기', '죽은 족제비 무기만으로 레벨 완료하기' 같은 특정 기준을 달성하면 배지를 얻을 수 있는

---

1 소프트웨어 분야의 수많은 개념들처럼, MVC는 스몰토크 진영으로부터 1970년대에 등장했다. 물론 리스프 진영에서는 귀찮아서 문서로 남기지 않았을 뿐 1960년대부터 MVC를 쓰고 있었다고 주장할지도 모르겠다.

데, 배지 종류는 수백 개가 넘는다고 하자.

그림 4-1 족제비 무사 업적 달성 예

업적 종류가 광범위하고 달성할 수 있는 방법도 다양하다 보니 깔끔하게 구현하기가 어렵다. 조금만 방심해도 업적 시스템 코드가 암세포처럼 구석구석 퍼져 나갈 것이다. 물론 '다리에서 떨어지기'는 어떻게든 물리 엔진[2]이랑 연결해야겠지만, 충돌 검사 알고리즘의 선형대수 계산 코드 한가운데에서 unlockFallOffBridge()를 호출하고 싶진 않을 것이다.

특정 기능을 담당하는 코드는 항상 한데 모아두는 게 좋다. 문제는 업적을 여러 게임 플레이 요소에서 발생시킬 수 있다는 점이다. 이런 코드 전부와 커플링되지 않고도 업적 코드가 동작하게 하려면 어떻게 해야 할까?

이럴 때 관찰자 패턴을 쓰면 된다. 관찰자 패턴을 적용하면 어떤 코드에서 흥미로운 일이 생겼을 때 **누가 받든 상관없이** 알림을 보낼 수 있다.

예를 들어 물체가 평평한 표면에 안정적으로 놓여 있는지, 바닥으로 추락하는지를 추적하는 중력 물리 코드가 있다고 해보자. '다리에서 떨어지기' 업적을 구현하기 위해 업적 코드를 물리 코드에 곧바로 밀어 넣을 수도 있지만, 이러면 코드가 지저분해진다. 대신 다음과 같이 해보자.

```
void Physics::updateEntity(Entity& entity) {
  bool wasOnSurface = entity.isOnSurface();
  entity.accelerate(GRAVITY);
  entity.update();
  if (wasOnSurface && !entity.isOnSurface()) {
    notify(entity, EVENT_START_FALL);
  }
}
```

---

2 과장해서 얘기하자면, 자존심 강한 물리 프로그래머는 자기가 작성한 아름다운 수학 코드가 게임 콘텐츠 같은 '천한' 코드로 더럽혀지는 것을 절대 허락하지 않을 것이다.

이 코드는 '이게 방금 떨어지기 시작했으니 누군지는 몰라도 알아서 하시오'라고 알려주는 게 전부다.[3]

업적 시스템은 물리 엔진이 알림을 보낼 때마다 받을 수 있도록 스스로를 등록한다. 업적 시스템은 떨어지는 물체가 불쌍한 우리의 캐릭터가 맞는지, 그리고 떨어지기 전에 다리 위에 있었는지를 확인한 뒤에 축포와 함께 업적을 잠금해제한다. 이런 과정을 물리 코드는 전혀 몰라도 된다.

이렇게 물리 엔진 코드는 전혀 건드리지 않은 채로 업적 목록을 바꾸거나 아예 업적 시스템을 떼어낼 수도 있다. 물리 코드는 누가 받든 말든 계속 알림을 보낸다.[4]

4.2. 작동 원리

관찰자 패턴[5]을 어떻게 구현하는지 모르고 있었다고 해도 방금 설명으로 감은 잡았을 것이다. 쉽게 알 수 있도록 전체를 한번 쭉 둘러보자.

관찰자

다른 객체가 뭐 하는지 관심이 많은 Observer 클래스부터 보자. Observer 클래스는 다음과 같은 인터페이스로 정의된다.[6]

```
class Observer {
  public: virtual ~Observer() {}
  virtual void onNotify(const Entity& entity, Event event) = 0;
};
```

---

3 물리 엔진이 어떤 알림을 보내야 하는지 알아야 한다는 점에서 완전히 디커플링되진 않았다. 하지만 아키텍처에서는 시스템을 완벽하게 만들기보다는 개선하려고 노력하는 게 대부분이다.

4 물론 업적을 **아예** 삭제하게 되어 다른 어떤 코드에서도 물리 엔진 알림을 받지 않는다면 알림 코드를 제거하는 게 낫다. 하지만 개발을 진행하는 동안에는 유연성을 유지하는 게 좋다.

5 『GoF의 디자인 패턴』에서는 '감시자 패턴'이라고 옮겼다(382쪽). – 옮긴이

6 onNotify()에 어떤 매개변수를 넣을지는 알아서 하면 된다. 이런 점이 '게임에 바로 붙여 쓸 수 있는 코드'가 아닌 **패턴**이라고 불리는 이유다. 보통은 알림을 보내는 객체와 다른 구체적인 정보를 담은 일반적인 '데이터'를 매개변수로 넘긴다.
언어에 따라서 제네릭(generic) 혹은 템플릿 같은 걸 써도 되지만, 그냥 필요에 맞게 원하는 자료형을 전달해도 된다. 여기에서는 게임 개체와 무슨 일이었는지를 설명하는 열거형 값을 하드코딩해서 넣었다.

어떤 클래스든 Observer 인터페이스를 구현하기만 하면 관찰자가 될 수 있다. 우리 예제의 업적 시스템에서는 다음과 같이 Observer를 구현한다.

```
class Achievements : public Observer {
public:
  virtual void onNotify(const Entity& entity, Event event) {
    switch (event) {
    case EVENT_ENTITY_FELL:
      if (entity.isHero() && heroIsOnBridge_) {
        unlock(ACHIEVEMENT_FELL_OFF_BRIDGE);
      }
      break;
      // 그 외 다른 이벤트를 처리하고...
      // heroIsOnBridge_ 값을 업데이트한다...
    }
  }

 private:
  void unlock(Achievement achievement) {
    // 아직 업적이 잠겨 있다면 잠금해제한다...
  }
  bool heroIsOnBridge_;
};
```

대상

알림 메서드는 관찰당하는 객체가 호출한다. GoF에서는 이런 객체를 '대상subject'이라고 부른다.[7] 대상에게는 두 가지 임무가 있다. 그중 하나는 알림을 끈질기게 기다리는 관찰자 목록을 들고 있는 일이다.[8]

```
class Subject {
private:
  Observer* observers_[MAX_OBSERVERS];
  int numObservers_;
};
```

....

7 『GoF의 디자인 패턴』에서는 '주체'라고 옮겼다. – 옮긴이

8 실제 코드였다면 단순 배열 대신 동적으로 크기 조절이 되는 컬렉션을 사용했을 것이다. C++ 표준 라이브러리가 익숙하지 않은 사람도 쉽게 코드를 알아볼 수 있도록 기본 기능만 사용했다.

여기에서 중요한 것은 관찰자 목록을 밖에서 변경할 수 있도록 다음과 같이 API를 `public`으로 열어놨다는 점이다.

```cpp
class Subject {
public:
  void addObserver(Observer* observer) {
    // 배열에 추가한다...
  }
  void removeObserver(Observer* observer) {
    // 배열에서 제거한다...
  }
  // 그 외...
};
```

이를 통해 누가 알림을 받을 것인지를 제어할 수 있다. 대상은 관찰자와 상호작용하지만, 서로 **커플링**되어 있지 않다. 예제 코드를 보면 물리 코드 어디에도 업적에 관련된 부분은 없지만 업적 시스템으로 알림을 보낼 수는 있다. 이게 관찰자 패턴의 장점이다.

대상이 관찰자를 여러 개 **목록**으로 관리한다는 점도 중요하다. 자연스럽게 관찰자들은 암시적으로 **서로** 커플링되지 않게 된다. 오디오 엔진도 뭔가가 떨어질 때 적당한 소리를 낼 수 있도록 알림을 기다린다고 해보자. 대상이 관찰자를 하나만 지원한다면, 오디오 엔진이 자기 자신을 관찰자로 등록할 때 업적 시스템은 관찰자 목록에서 **제거**될 것이다.

즉, 두 시스템이 서로를 방해하는 셈이다. 그것도 나중에 추가된 관찰자가 먼저 있던 관찰자를 못 쓰게 만드는 지저분한 방식으로 말이다. 관찰자를 여러 개 등록할 수 있게 하면 관찰자들이 각자 독립적으로 다뤄지는 걸 보장할 수 있다. 관찰자는 월드에서 같은 대상을 관찰하는 다른 관찰자가 있는지를 알지 못한다. 대상의 다른 임무는 알림을 보내는 것이다.[9]

```cpp
class Subject {
protected:
  void notify(const Entity& entity, Event event) {
    for (int i = 0; i < numObservers_; i++) {
      observers_[i]->onNotify(entity, event);
    }
```

---

9 이 코드는 observer 클래스의 onNotify()가 호출될 때 observers_에 관찰자를 더하거나 빼지 않는다고 가정한다. onNotify()에서 observers_를 건드리지 못하게 하거나, observers_를 동시에 변경하더라도 문제없도록 구현하면 좀 더 안전하다(observers_를 지역 변수에 복사한 값을 대신 순회하는 것도 한 방법이다. 『자바 병행 프로그래밍』(성안당, 2003) 3.5.2 '관찰자 분리'에서 비슷한 기법을 확인할 수 있다. – 옮긴이).

```
  }
  // 그 외...
};
```

물리 관찰

남은 작업은 물리 엔진에 훅^{hook}을 걸어 알림을 보낼 수 있게 하는 일과 업적 시스템에서 알림을 받을 수 있도록 스스로를 등록하게 하는 일이다. 최대한 『GoF의 디자인 패턴』에 나온 방식과 비슷하게 만들기 위해 Subject 클래스를 상속받는다.[10]

```
class Physics : public Subject {
public:
  void updateEntity(Entity& entity);
};
```

이렇게 하면 Subject 클래스의 notify() 메서드를 protected로 만들 수 있다. Subject를 상속받은 Physics 클래스는 notify()를 통해서 알림을 보낼 수 있지만, 밖에서는 notify()에 접근할 수 없다.[11] 반면, addObserver()와 removeObserver()는 public이기 때문에 물리 시스템에 접근할 수만 있다면 어디서나 물리 시스템을 관찰할 수 있다.

이제 물리 엔진에서 뭔가 중요한 일이 생기면, 예제처럼 notify()를 호출해 전체 관찰자에게 알림을 전달하여 일을 처리하게 한다.

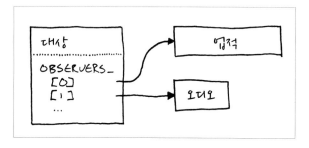

그림 4-2 대상과 대상에서 관리하고 있는 관찰자 레퍼런스 목록

---

10 진짜 코드였다면 상속 대신 Physics 클래스가 Subject 인스턴스를 포함하게 만들었을 것이다. 이러면 물리 엔진 그 자체를 관찰하기보다는, 별도의 '낙하 이벤트' 객체가 대상이 된다. 관찰자는 스스로를 physics.entityFell().addObserver(this); 식으로 등록한다. 이게 내가 생각하는 '관찰자' 시스템과 '이벤트' 시스템의 차이다. 관찰자 시스템에서는 뭔가 관심 있는 일을 하는 객체를 관찰하지만, 이벤트 시스템에서는 관심 있는 일 자체를 나타내는 객체를 관찰한다.

11 C++에서 protected 메서드는 상속받은 클래스에서 접근할 수 있다는 점 외에는 private 메서드와 동일하다. – 옮긴이

특정 인터페이스를 구현한 인스턴스 포인터 목록을 관리하는 클래스 하나만 있으면 간단하게 관찰자 패턴을 만들 수 있다. 이렇게 단순한 시스템이 수많은 프로그램과 프레임워크에서 상호 작용 중추 역할을 한다는 게 믿기지 않을 정도다.

하지만 관찰자 패턴에도 반대파들이 있다. 다른 게임 프로그래머들에게 관찰자 패턴에 대해 물어봤더니, 몇 가지 불평거리가 나왔다. 문제가 뭔지, 이를 어떻게 해결할 수 있는지 하나씩 살펴보자.

4.3. "너무 느려"

관찰자 패턴을 제대로 이해하지 못한 프로그래머들이 이런 얘기를 많이 한다. 이런 개발자들은 '디자인 패턴' 비슷한 이름만 붙어 있어도 쓸데없이 클래스만 많고 우회나 다른 희한한 방법으로 CPU를 낭비할 것으로 지레짐작한다.

관찰자 패턴은 특히 '이벤트', '메시지', 심지어 '데이터 바인딩' 같은 몇몇 어두운 친구들과 어울려 다닌다는 얘기 때문에 부당한 평가를 받아왔다. 이런 시스템 중 일부는 (대부분은 다 생각이 있어서 그렇지만) 알림이 있을 때마다 동적 할당을 하거나 큐잉queuing하기 때문에 실제로 느릴 수 있다.[12]

하지만 관찰자 패턴 예제 코드를 봐서 알겠지만 전혀 느리지 않다. 그냥 목록을 돌면서 필요한 가상 함수를 호출하면 알림을 보낼 수 있다. 정적 호출보다야 **약간** 느리긴 하겠지만, 진짜 성능에 민감한 코드가 아니라면 이 정도 느린 건 문제가 되지 않는다.

게다가 관찰자 패턴은 성능에 민감하지 않은 곳에 가장 잘 맞기 때문에, 동적 디스패치를 써도 크게 상관없다. 이 점만 제외하면 성능이 나쁠 이유가 없다. 그저 인터페이스를 통해 동기적synchronous으로 메서드를 간접 호출할 뿐 메시징용 객체를 할당하지도 않고, 큐잉도 하지 않는다.

---

12 이래서 패턴의 문서화가 중요하다. 용어가 모호하면 분명하고 간결하게 의사소통할 수 없다. 같은 걸 놓고 사람마다 '관찰자'니 '이벤트'니 '메시징'이니 하는 식으로 다르게 부르는 이유는 누구도 이들 차이를 써두지 않았거나, 아무도 그런 글을 읽지 않아서.
용어를 분명하게 하는 것도 이 책을 낸 이유 중 하나다. 내 말에 책임을 지기 위해 이벤트와 메시지를 다루는 이벤트 큐(15장)를 책에 수록했다.

너무 빠르다고?

사실, 주의해야 할 점은 관찰자 패턴이 동기적이라는 점이다. 대상이 관찰자 메서드를 직접 호출하기 때문에 모든 관찰자가 알림 메서드를 반환하기 전에는 다음 작업을 진행할 수 없다. 관찰자 중 하나라도 느리면 대상이 블록될 수도 있다.

무시무시하게 들리겠지만 실제로는 그렇게 큰일은 아니다. 그냥 알고 있으면 된다. 오랫동안 이벤트 기반 프로그래밍을 해온 UI 프로그래머들은 'UI 스레드를 최대한 멀리하라'는 말을 예전부터 들어왔다.

이벤트에 동기적으로 반응한다면 최대한 빨리 작업을 끝나고 제어권을 다시 넘겨줘서 UI가 멈추지 않게 해야 한다. 오래 걸리는 작업이 있다면 다른 스레드에 넘기거나 작업 큐를 활용해야 한다.

관찰자를 멀티스레드, 락^{lock}과 함께 사용할 때는 정말 조심해야 한다. 어떤 관찰자가 대상의 락을 물고 있다면 게임 전체가 교착상태에 빠질 수 있다. 엔진에서 멀티스레드를 많이 쓰고 있다면, 이벤트 큐(15장)를 이용해 비동기적으로 상호작용하는 게 더 좋을 수도 있다.

4.4. "동적 할당을 너무 많이 해"

게임 개발자를 포함한 많은 프로그래머 무리가 가비지 컬렉션을 지원하는 언어로 이주한 뒤로 동적 할당은 더 이상 예전만큼 무서운 존재가 아니다. 하지만 아무리 관리 언어$^{managed\ language}$[13]로 만든다고 해도 게임같이 성능에 민감한 소프트웨어에서는 메모리 할당이 여전히 문제가 된다. 저절로 된다고는 하나 메모리를 회수^{reclaim}하다 보면 동적 할당이 오래 걸릴 수 있다.[14]

앞서 본 예제에서는 코드를 정말 간단하게 만들기 위해 고정 배열을 사용했다. 실제 게임 코드였다면 관찰자가 추가, 삭제될 때 크기가 알아서 늘었다가 줄어드는 동적 할당 컬렉션을 썼을 것이다. 일부 프로그래머들은 이렇게 메모리가 왔다 갔다 하는 걸 두려워한다.

물론 실제로는 관찰자가 추가될 때만 메모리를 할당한다. 알림을 보낼 때는 메서드를 호출할

---

13 가비지 컬렉션 기능이 있는 언어 – 옮긴이

14 게임 개발자들은 메모리 할당보다 메모리 단편화를 더 신경 쓴다. 콘솔 업체로부터 인증을 받으려면 실행해놓은 게임이 며칠간 뻗지 않아야 하는데, 힙이 단편화로 점점 커진다면 출시가 어려울 수 있다.
단편화와 이를 막기 위한 기법은 객체 풀 패턴(19장)에서 자세히 다룬다.

뿐 동적 할당은 전혀 하지 않는다. 게임 코드가 실행될 때 처음 관찰자를 등록해놓은 뒤에 건드리지 않는다면 메모리 할당은 거의 일어나지 않는다.

그래도 찜찜해할까 봐 동적 할당 없이 관찰자를 등록, 해제하는 방법을 살펴보겠다.

관찰자 연결 리스트

지금까지 본 코드에서는 Subject가 자신에게 등록된 Observer의 포인터 목록을 들고 있다. Observer 클래스 자신은 이들 포인터 목록을 참조하지 않는다. Observer는 그냥 순수 가상 인터페이스다. 상태가 있는stateful 구체 클래스보다는 인터페이스가 낫기 때문에 일반적으로는 문제가 없다.

하지만 Observer에 상태를 조금 추가하면 관찰자가 스스로를 엮게 만들어 동적 할당 문제를 해결할 수 있다. 대상에 포인터 컬렉션을 따로 두지 않고, 관찰자 객체가 연결 리스트의 노드가 되는 것이다.

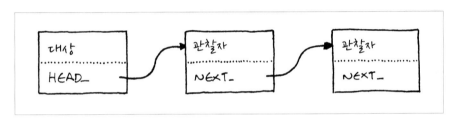

그림 4-3 대상은 관찰자 연결 리스트를 포인터로 가리킨다.

이를 구현하려면, 먼저 Subject 클래스에 배열 대신 관찰자 연결 리스트의 첫째 노드를 가리키는 포인터를 둔다.

```
class Subject {
  Subject() : head_(NULL) {}

  // 메서드들...
private:
  Observer* head_;
};
```

이제 Observer에 연결 리스트의 다음 관찰자를 가리키는 포인터를 추가한다.

```
class Observer {
  friend class Subject;

public:
  Observer() : next_(NULL) {}

  // 그 외...
private:
  Observer* next_;
};
```

또한 Subject를 friend 클래스로 정의한다. Subject에는 관찰자를 추가, 삭제하기 위한 API가 있지만 Subject가 관리해야 할 관찰자 목록은 이제 Observer 클래스 안에 있다. Subject가 이들 목록에 접근할 수 있게 만드는 가장 간단한 방법은 Observer에서 Subject를 friend 클래스로 만드는 것이다.[15]

새로운 관찰자를 연결 리스트에 추가하기만 하면 대상에 등록할 수 있다. 앞쪽에 추가하는 방식이 간단하므로 그 방식으로 구현하겠다.

```
void Subject::addObserver(Observer* observer) {
  observer->next_ = head_;
  head_ = observer;
}
```

연결 리스트 뒤쪽으로 추가할 수도 있지만 관찰자를 추가할 때마다 연결 리스트를 쭉 따라가면서 마지막 노드를 찾거나 마지막 노드를 따로 tail_ 포인터로 관리해야 하기 때문에 좀 더 복잡하다.

관찰자를 앞에서부터 추가하면 구현이 간단하지만, 전체 관찰자에 알림을 보낼 때는 **맨 나중에** 추가된 관찰자부터 **맨 먼저** 알림을 받는다는 부작용이 있다. 관찰자를 A, B, C 순서대로 추가했다면, C, B, A 순서대로 알림을 받게 된다.

이론상으로는 이래도 아무 문제가 없어야 한다. 원칙적으로 같은 대상을 관찰하는 관찰자끼리는 알림 순서로 인한 의존 관계가 없게 만들어야 한다. 순서 때문에 문제가 있다면 관찰자들 사

---

15 C++에서는 A 클래스가 B 클래스를 friend로 지정하면 B에서 A의 private 영역까지 접근할 수 있다. – 옮긴이

이에 미묘한 커플링이 있다는 얘기이므로, 나중에 문제가 될 소지가 크다.

등록 취소 코드는 다음과 같다.[16]

```cpp
void Subject::removeObserver(Observer* observer) {
  if (head_ == observer) {
    head_ = observer->next_;
    observer->next_ = NULL;
    return;
  }

  Observer* current = head_;
  while (current != NULL) {
    if (current->next_ == observer) {
      current->next_ = observer->next_;
      observer->next_ = NULL;
      return;
    }
    current = current->next_;
  }
}
```

이건 단순 연결 리스트라서 노드를 제거하려면 연결 리스트를 순회해야 한다. 배열로 만들어도 마찬가지다. 이중 연결 리스트라면 모든 노드에 앞, 뒤 노드를 가리키는 포인터가 있기 때문에 상수 시간에 제거할 수 있다. 실제 코드였다면 이중 연결 리스트로 만들었을 것이다.

이제 알림만 보내면 된다. 단지 목록을 따라가기만 하면 된다.[17]

```cpp
void Subject::notify(const Entity& entity, Event event) {
  Observer* observer = head_;
  while (observer != NULL) {
    observer->onNotify(entity, event);
    observer = observer->next_;
  }
}
```

---

16 연결 리스트에서 노드를 삭제할 때는 첫 번째 노드를 삭제하는 특수한 경우 때문에 이 코드에서처럼 지저분한 예외 처리가 필요하다. 포인터의 포인터를 사용하면 좀 더 우아하게 만들 수 있다.
포인터의 포인터를 사용한 코드를 본 사람 중에서 반 이상이 이해를 못 했기 때문에 여기에 싣지는 않겠다. 직접 구현해보면 포인터를 다시 보게 될 것이다(저자가 알려준 포인터의 포인터로 만든 코드는 다음 주소에서 볼 수 있다. https://git.io/vrCG2 – 옮긴이).

17 전체 목록을 순회하면서 하나하나 알림을 보내기 때문에 모든 관찰자들이 동등하게, 서로 독립적으로 처리된다.
이걸 관찰자가 알림을 받았을 때 대상이 순회를 계속할지 말지를 알려주는 플래그를 반환하도록 약간 변형할 수도 있다. 이러면 GoF의 책임 연쇄 패턴에 가까워진다.

괜찮지 않나? 대상은 동적 메모리를 할당하지 않고도 얼마든지 관찰자를 등록할 수 있다. 추가, 삭제는 단순 배열로 만든 것과 다름없이 빠르다. 다만 사소한 기능 하나를 희생했다.

관찰자 객체 그 자체를 리스트 노드로 활용하기 때문에, 관찰자는 하나의 대상 관찰자 목록에만 등록할 수 있다. 다시 말해 관찰자는 한 번에 한 대상만 관찰할 수 있다. 좀 더 전통적인 구현 방식대로 대상마다 관찰자 목록이 따로 있다면 하나의 관찰자를 여러 대상에 등록할 수 있다.

한 대상에 **여러 관찰자**가 붙는 경우가 그 반대보다 훨씬 일반적이다 보니, 이런 한계를 감수하고 갈 수도 있다. 이게 문제가 **된다면**, 훨씬 복잡하기는 해도 여전히 동적 할당 없이 처리할 수 있는 방법이 있다. 전부 다 언급하려면 이번 장이 너무 길어지니 뼈대만 간단하게 소개하겠다. 나머지는 직접 고민해보자.

리스트 노드 풀

전과 마찬가지로 대상이 관찰자 연결 리스트를 들고 있다. 다만, 이 연결 리스트의 노드는 관찰자 객체가 아니다. 대신 따로 간단한 '노드'를 만들어, 관찰자와 다음 노드를 포인터로 가리키게 한다.[18]

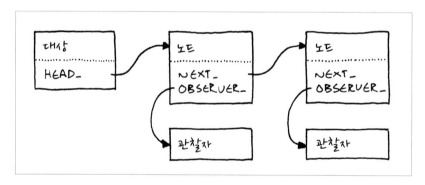

그림 4-4 대상과 관찰자를 가리키는 노드들의 연결 리스트

---

18 연결 리스트는 보통 두 가지 방법으로 구현한다. 학교에서 배웠을 법한 첫 번째 방법에서는 노드 객체가 데이터를 관리한다. 방금 본 연결 리스트 예제에서는 반대다. 즉, **데이터**(Observer)가 **노드** 정보(next_ 포인터)를 들고 있다.
이런 걸 '침습성(intrusive)' 연결 리스트라고 부른다. 목록에 들어갈 객체에 연결 리스트 관련 기능을 끼워 넣기 때문이다. 침습성 리스트는 유연함은 떨어지지만 효율이 더 좋기 때문에 리눅스 커널 같이 성능이 더 중요한 곳에서 많이 사용된다.

같은 관찰자를 여러 노드에서 가리킬 수 있다는 것은, 같은 관찰자를 동시에 여러 대상에 추가할 수 있다는 뜻이다. 다시 여러 대상을 한 번에 관찰할 수 있게 된 것이다.

동적 할당을 피하는 방법은 간단하다. 모든 노드가 같은 자료형에 같은 크기니까 객체 풀(19장)에 미리 할당하면 된다. 이러면 고정된 크기의 목록 노드를 확보할 수 있어서 필요할 때마다 동적 메모리 할당 없이 재사용할 수 있다.

4.5. 남은 문제점들

관찰자 패턴을 꺼리게 하던 세 가지 우려는 충분히 해소되었다고 본다. 앞에서 본 것처럼 관찰자 패턴은 간단하고 빠르며 메모리 관리 측면에서도 깔끔하게 만들 수 있다. 그렇다면 항상 관찰자 패턴을 써야 하는 걸까?

그건 전혀 다른 얘기다. 다른 모든 디자인 패턴과 마찬가지로 관찰자 패턴 역시 만능은 아니다. 제대로 구현했다고 해도 올바른 해결책이 아닐 수 있다. 디자인 패턴의 평판이 나빠진 것은 사람들이 좋은 패턴을 상황에 맞지 않는 문제에 적용하는 바람에 문제가 더 심각해진 경우가 많아서다.

기술적인 문제와 유지보수 문제 두 개가 남아 있다. 유지보수보다는 기술적인 문제가 더 쉬운 법이니 이것부터 보자.

대상과 관찰자 제거

지금까지 다룬 예제 코드는 잘 만들어져 있지만 대상이나 관찰자를 제거하면 어떻게 될 것인가라는 중요한 문제 하나를 빼먹고 있었다. 관찰자를 부주의하게 삭제하다 보면 대상에 있는 포인터가 이미 삭제된 객체를 가리킬 수 있다. 해제된 메모리를 가리키는 무효 포인터dangling pointer에다가 알림을 보낸다면… 그날은 힘든 하루가 될 것이다.[19]

보통은 관찰자가 대상을 참조하지 않게 구현하기 때문에 대상을 제거하기가 상대적으로 쉽다.

---

19 따지려 드는 건 아니지만, 『GoF의 디자인 패턴』에서는 이 문제를 전혀 다루지 않는다(『GoF의 디자인 패턴』 387쪽에서 언급이 되기는 한다. – 옮긴이).

그래도 대상 객체를 삭제할 때 문제가 생길 여지는 있다. 대상이 삭제되면 더 이상 알림을 받을 수 없는데도 관찰자는 그런 줄 모르고 알림을 기다릴 수도 있다. 스스로를 관찰자라고 생각할 뿐, 대상에 추가되어 있지 않은 관찰자는 절대로 관찰자가 아니다.

대상이 죽었을 때 관찰자가 계속 기다리는 걸 막는 건 간단하다. 대상이 삭제되기 직전에 마지막으로 '사망' 알림을 보내면 된다. 알림을 받은 관찰자는 필요한 작업[20]을 알아서 하면 된다.

관찰자는 제거하기가 더 어렵다. 대상이 관찰자를 포인터로 알고 있기 때문이다. 해결 방법이 몇 가지 있다. 가장 쉬운 방법은 관찰자가 삭제될 때 스스로를 등록 취소하는 것이다. 관찰자는 보통 관찰 중인 대상을 알고 있으므로 소멸자에서 대상의 `removeObserver()`만 호출하면 된다.[21]

사람은 누구나 실수를 한다. 심지어 회사에서 오랫동안 컴퓨터로 작업하면서 컴퓨터의 정확함이 몸에 밴 우리 프로그래머들도 예외는 아니다. 인간이 자주 하는 실수를 컴퓨터는 하지 않는다는 점, 바로 이게 컴퓨터를 발명한 이유다.

실수를 막는 더 안전한 방법은 관찰자가 제거될 때 자동으로 모든 대상으로부터 등록 취소하게 만드는 것이다. 상위 관찰자 클래스에 등록 취소 코드를 구현해놓으면 이를 상속받는 모든 클래스는 등록 취소에 대해 더 이상 고민하지 않아도 된다. 다만 두 방법 모두 **관찰자**가 자기가 관찰 중인 **대상들**의 목록을 관리해야 하기 때문에 상호참조가 생겨 복잡성이 늘어나는 단점이 있다.

GC가 있는데 무슨 걱정이람

이쯤 되면 가비지 컬렉터$^{\text{garbage collector}}$(GC)가 있는 최신 언어로 개발하는 독자들은 으쓱하고 있을지 모르겠다. 아무것도 명시적으로 삭제하지 않아도 된다고 해서 이런 걸 고민할 필요가 없을까? 정말?

캐릭터 체력 같은 상태를 보여주는 UI 화면을 생각해보자. 유저가 상태창을 열면 상태창 UI 객체를 생성한다. 상태창을 닫으면 UI 객체를 따로 삭제하지 않고 GC가 알아서 정리하게 한다.

---

20 추모, 헌화, 조문 등…
21 흔히 그렇듯이, 뭔가를 하는 건 어렵지 않다. 할 일을 **기억하기**가 어렵다.

캐릭터는 얼굴이든 어디든 얻어맞을 때마다 알림을 보낸다. 캐릭터를 관찰하던 UI 창은 알림을 받아 체력바를 갱신한다. 여기까진 좋다. 이제 유저가 상태창을 닫을 때 관찰자를 등록 취소하지 않는다면 어떻게 될까?

UI는 더 이상 보이지 않지만 캐릭터의 관찰자 목록에서 여전히 상태창 UI을 참조하고 있기 때문에 GC가 수거해 가지 않는다. 상태창을 열 때마다 상태창 인스턴스를 새로 만들어 관찰자 목록에 추가하기 때문에 관찰자 목록은 점점 커진다.

캐릭터는 뛰어다니거나 전투하는 동안 계속해서 이 **모든** 상태창 객체에 알림을 보낸다. 상태창은 더 이상 화면에 없지만 알림을 받을 때마다 눈에 보이지도 않는 UI 요소를 업데이트하느라 CPU 클릭을 낭비한다. 상태창에서 효과음이라도 난다면, 연속해서 같은 효과음이 나는 걸 듣고서 뭔가 이상하다는 걸 눈치챌 것이다.

이는 알림 시스템에서 굉장히 자주 일어나는 문제다 보니 **사라진 리스너 문제**lapsed listener problem 라는 고유한 이름이 붙었을 정도다.[22] 대상이 리스너 레퍼런스를 유지하기 때문에, 메모리에 남아 있는 좀비 UI 객체가 생긴다. 이래서 등록 취소는 주의해야 한다.

무슨 일이 벌어진 거야?

더 어려운 문제는 관찰자 패턴의 원래 목적 때문에 생긴다. 관찰자 패턴을 사용하는 이유는 두 코드 간의 결합을 최소화하기 위해서다. 덕분에 대상은 다른 관찰자와 정적으로 묶이지 않고도 간접적인 상호작용을 할 수 있다.

대상이 어떻게 동작하는지 이해하기 위해 코드를 볼 때 잡다한 코드가 없으면 집중하기에 좋다. 물리 엔진 코드를 열었는데 편집기(혹은 우리의 정신)에 업적 관련 코드가 흩어져 있는 꼴은 보고 싶지 않다.

반대로 말하면, 프로그램이 제대로 동작하지 않을 때 버그가 여러 관찰자에 퍼져 있다면 상호작용 흐름을 추론하기가 훨씬 어렵다. 코드가 명시적으로 커플링되어 있으면 어떤 메서드가 호출되는지만 보면 된다. 이런 건 요즘 IDE에서는 식은 죽 먹기다.

하지만 관찰자 목록을 통해 코드가 커플링되어 있다면 실제로 어떤 관찰자가 알림을 받는지는

---

22 얼마나 중요한지 심지어 위키피디아에 따로 페이지가 있을 정도다.

런타임에서 확인해보는 수밖에 없다. 프로그램에서 코드가 어떻게 상호작용하는지를 **정적으로는** 알 수 없고, **명령 실행 과정을 동적으로 추론해야 한다.**

이 문제에 대해서 간단히 조언하자면 이렇다. 코드를 이해하기 위해 양쪽 코드의 상호작용을 같이 확인해야 할 일이 많다면, 관찰자 패턴 대신 두 코드를 더 명시적으로 연결하는 게 낫다.

큰 프로그램을 작업하다 보면 다 같이 작업해야 하는 덩어리들이 있기 마련이다. '관심의 분리 separation of concerns', '응집력coherence and cohesion', '모듈' 같은 용어로 부르기도 하는데, 결국은 '이것들은 같이 있어야 하고, 다른 것과는 섞이면 안 된다'는 얘기다.

관찰자 패턴은 서로 연관 없는 코드 덩어리들이 하나의 큰 덩어리가 되지 않으면서 서로 상호작용하기에 좋은 방법이지, 하나의 기능을 구현하기 위한 코드 덩어리 **안에서는** 그다지 유용하지 않다.

그래서 예제에서도 업적과 물리같이 서로 전혀 상관없는 분야를 선택했다. 이런 때엔 각 담당자가 다른 분야를 잘 몰라도 작업에 문제가 없도록 상호작용을 최소한으로 유지하는 게 좋다.

4.6. 오늘날의 관찰자

『GoF의 디자인 패턴』은 1994년에 출간되었다.[23] 그 당시에는 객체지향 프로그래밍이 **최신** 기법이었다. 모든 프로그래머가 '한 달 안에 OOP 배우기'를 원했고, 관리자는 클래스를 몇 개나 만들었느냐에 따라 프로그래머를 평가했다. 프로그래머는 클래스 상속 구조의 깊이와 자신의 실력을 동일시했다.

그런 시절에 관찰자 패턴이 알려지다 보니 당연히 클래스에 많이 의존하게 되었다. 하지만 요즘 프로그래머들은 이전보다는 함수형 언어에 더 익숙하다. 알림 하나 받겠다고 인터페이스를 상속받는 건 요즘 기준으로는 아름답지 않다.

이런 방식은 무겁고 융통성 없어 보이고, **실제로도** 무겁고 융통성이 없다. 한 클래스가 대상 인스턴스별 알림 메서드를 다르게 정의할 수 없다는 점만 해도 그렇다.[24]

---

23 같은 해에 에이스 오브 베이스 같은 밴드가 싱글을 세 장이나 히트시켰다는 걸 보면 당시 우리의 수준이 어땠는지 대략 짐작할 수 있다.

24 이래서 일반적으로 관찰자 알림 함수 매개변수에 대상 객체가 들어 있다. 관찰자에 onNotify 메서드가 하나뿐이다 보니, 여러 대상을 관찰할 때는 알림을 보낸 대상을 알기 위해 대상 객체가 필요하다.

좀 더 최신 방식은 메서드나 함수 레퍼런스만으로 '관찰자'를 만드는 것이다. 일급 함수, 그중에서도 클로저를 지원하는 언어에서는 이렇게 관찰자를 만드는 게 훨씬 일반적이다.[25]

예를 들어 C#에는 언어 자체에 event가 있어서 메서드를 참조하는 delegate으로 관찰자를 등록할 수 있다. 자바스크립트의 이벤트 시스템에서는 EventListener 프로토콜을 지원하는 객체가 관찰자가 되는데, 이것 역시 함수로 할 수 있고, 다들 그렇게 쓰고 있다.

관찰자 패턴을 내가 다시 고안한다면 클래스보다는 함수형 방식으로 만들 것이다. C++에서도 Observer 인터페이스를 상속받은 인스턴스보다는 멤버 함수 포인터를 관찰자로 등록하게 만들었을 것이다.

4.7. 미래의 관찰자

이벤트 시스템이나 다른 유사 관찰자 패턴들이 이제는 너무 흔하고 정형화되어 있다. 하지만 관찰자 패턴을 이용해 대규모 프로그램을 만들다 보면 관찰자 패턴 관련 코드 중에서 많은 부분이 결국에는 다음과 같은 공통점이 있다는 걸 알게 된다.

1. 어떤 상태가 변했다는 알림을 받는다.
2. 이를 반영하기 위해 UI 상태 일부를 바꾼다.

'체력이 7이라고? 그럼 체력바 너비를 70픽셀로 바꿀게'라고 하는 식이다. 하다 보면 상당히 지겹다. 컴퓨터 과학자들과 소프트웨어 엔지니어들은 이런 지루함을 제거하기 위해 **오랫동안** 노력해왔다. 이런 노력은 '데이터 흐름 프로그래밍dataflow programming'[26]이나 '함수형 반응형 프로그래밍functional reactive programming'[27]과 같은 결과로 나타났다.

이런 방식은 사운드 프로세싱이나 칩 설계 같은 제한적인 분야에서나마 어느 정도 성공을 거뒀지만, 아직까지 성배는 찾지 못했다. 그 사이 약간 보수적인 접근법이 인기를 얻고 있다. 요즘

---

25 최근에는 거의 모든 언어에 클로저가 있다. C++은 GC 없이도 람다 기능을 통해서 클로저를 지원하기 시작했고, 심지어 자바도 정신을 차렸는지 JDK 8부터 람다가 추가되었다.

26 언리얼 엔진의 블루프린트나 유니티의 메카님을 생각하면 된다. – 옮긴이

27 http://goo.gl/wkerWw 등을 참고 – 옮긴이

나오는 많은 애플리케이션 프레임워크에서는 '데이터 바인딩'을 지원한다.

다른 급진적인 방식과는 달리, 데이터 바인딩은 순차 프로그래밍 코드를 전부 제거하려 들거나 전체 코드를 거대한 선언식 데이터 흐름 그래프로 만들려고 하지 않는다. 대신 어떤 값이 변경되면 관련된 UI 요소나 속성을 바꿔줘야 하는 귀찮은 작업을 알아서 해준다.

다른 선언형 시스템과 마찬가지로, 데이터 바인딩도 게임의 핵심 코드에 적용하기에는 너무 느리고 복잡하다. 하지만 UI같이 게임에서 성능에 덜 민감한 분야에서는 분명 데이터 바인딩이 대세가 될 것이다.

기존 방식의 관찰자 패턴 역시 충분히 훌륭하기 때문에 계속 사용될 것이다. 이름에 '함수형'과 '반응형'을 같이 붙여놓은 최신 방식보다는 덜 흥미롭겠지만 여전히 단순하고 잘 동작한다. '단순'하고 '잘 동작한다'는 것은 내가 해결책을 고를 때 가장 중요하게 보는 기준이다.

CHAPTER 5

프로토타입

원형이 되는 prototypical 인스턴스를 사용하여 생성할 객체의 종류를 명시하고, 이렇게 만든 견본을 복사해서 새로운 객체를 생성합니다. (『GoF의 디자인 패턴』 169쪽)

나는 '프로토타입'[1]이라는 말을 『GoF의 디자인 패턴』에서 처음 들었다. 요즘 흔히 얘기하는 프로토타입은 디자인 패턴의 그것과는 다르다. 이번 장에서는 프로토타입 패턴도 다루지만, 더 흥미로운 주제인 '프로토타입' 용어와 개념이 어떻게 유래되었는지도 함께 다룬다. 우선 원래 패턴부터 다시 살펴보자.[2]

5.1. 프로토타입 디자인 패턴

〈건틀릿Gauntlet〉[3] 같은 게임을 만든다고 해보자. 몬스터들은 영웅을 잡아먹기 위해 떼지어 다닌다. 영웅을 저녁 식사 삼으려는 이 음침한 녀석들은 '스포너spawner'를 통해 게임 레벨에 등장하는데, 몬스터 종류마다 스포너가 따로 있다.

---

1 『GoF의 디자인 패턴』에서는 '원형'이라고 옮겼다. – 옮긴이

2 괜히 '원래'라고 얘기한 게 아니다. 『GoF의 디자인 패턴』에서는 이반 서덜랜드가 1963년에 만든 전설적인 스케치패드(Sketchpad) 프로젝트를 프로토타입 패턴을 적용한 첫 번째 사례로 들었다. 다른 사람들이 밥 딜런이나 비틀즈를 듣는 동안, 이반 서덜랜드는 CAD, 그래픽 인터페이스, 객체지향 프로그래밍의 기본 개념을 만드느라 여념이 없었다.

놀랄 준비를 하고 유튜브에서 'Ivan Sutherland : Sketchpad Demo'(https://goo.gl/2cSVOp)를 찾아서 보자.

3 1985년에 처음 출시된 탑다운 뷰의 핵앤슬래시 게임으로 최근까지 시리즈물이 나오고 있다. – 옮긴이

예제용으로 게임에 나오는 몬스터마다 Ghost, Demon, Sorcerer 같은 클래스를 만들어보자.

```
class Monster {
  // 기타 등등...
};
class Ghost : public Monster {};
class Demon : public Monster {};
class Sorcerer : public Monster {};
```

한 가지 스포너는 한 가지 몬스터 인스턴스만 만든다. 게임에 나오는 모든 몬스터를 지원하기 위해 일단 **마구잡이로** 몬스터 클래스마다 스포너 클래스를 만든다고 치자. 이렇게 하면 스포너 클래스 상속 구조가 몬스터 클래스 상속 구조를 따라가게 된다.[4]

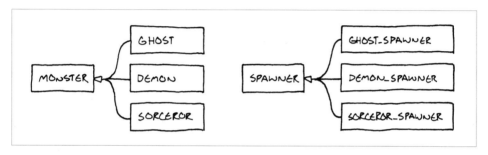

그림 5-1 동일한 클래스 상속 구조

이를 구현한 코드는 대강 다음과 같다.

```
class Spawner {
public:
  virtual ~Spawner() {}
  virtual Monster* spawnMonster() = 0;
};

class GhostSpawner : public Spawner {
public:
  virtual Monster* spawnMonster() {
    return new Ghost();
  }
};
```

---

[4] 이걸 그리기 위해 먼지 쌓인 UML 책을 다시 꺼냈다. ← 표시는 '~을 상속한다'는 뜻이다.

```
class DemonSpawner : public Spawner {
public:
  virtual Monster* spawnMonster() {
    return new Demon();
  }
};
// 뭘 하려는 건지 알 것이다...
```

코드를 많이 작성할수록 돈을 더 받는다면 모를까, 이 코드는 영 별로다. 클래스도 많지, 행사
코드[5]도 많지, 반복 코드도 많지, 중복도 많지, '많지'라는 말도 많지…

이런 걸 프로토타입 패턴으로 해결할 수 있다. 핵심은 **어떤 객체가 자기와 비슷한 객체를 스폰**
spawn**할 수 있다**는 점이다. 유령 객체 하나로 다른 유령 객체를 여럿 만들 수 있다. 악마 객체로
부터도 다른 악마 객체를 만들 수 있다. 어떤 몬스터 객체든지 자신과 비슷한 몬스터 객체를 만
드는 **원형**prototypal 객체로 사용할 수 있다.

이를 구현하기 위해, 상위 클래스인 Monster에 추상 메서드 clone()을 추가한다.

```
class Monster {
public:
  virtual ~Monster() {}
  virtual Monster* clone() = 0;

  // 그 외...
};
```

Monster 하위 클래스에서는 자신과 자료형과 상태가 같은 새로운 객체를 반환하도록 clone()
을 구현한다. 예를 들어 유령 객체라면 다음과 같다.

```
class Ghost : public Monster {
public:
  Ghost(int health, int speed)
  : health_(health),
    speed_(speed) {
  }
  virtual Monster* clone() {
    return new Ghost(health_, speed_);
```

---

5 '행사코드'는 프로그램의 실행과 직접적으로는 관계가 없는 프로그래밍 문법적 서식을 의미한다. 『폴리글랏 프로그래밍』(한빛미디어, 2014)
  13쪽 참고 – 옮긴이

```
    }
  private:
    int health_;
    int speed_;
  };
```

Monster를 상속받는 모든 클래스에 clone 메서드가 있다면, 스포너 클래스를 종류별로 만들 필요 없이 하나만 만들면 된다.

```
  class Spawner {
  public:
    Spawner(Monster* prototype) : prototype_(prototype) {}
    Monster* spawnMonster() {
      return prototype_->clone();
    }
  private:
    Monster* prototype_;
  };
```

Spawner 클래스 내부에는 Monster 객체가 숨어 있다. 이 객체는 벌집을 떠나지 않는 여왕벌처럼 자기와 같은 Monster 객체를 도장 찍듯 만들어내는 스포너 역할만 한다.

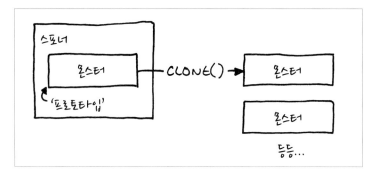

그림 5-2 프로토타입을 품고 있는 스포너

유령 스포너를 만들려면 원형으로 사용할 유령 인스턴스를 만든 후에 스포너에 전달한다.

```
  Monster* ghostPrototype = new Ghost(15, 3);
  Spawner* ghostSpawner = new Spawner(ghostPrototype);
```

프로토타입 패턴의 좋은 점은 프로토타입의 **클래스**뿐만 아니라 **상태**도 같이 복제^{clone}한다는 점이다. 즉, 원형으로 사용할 유령 객체를 잘 설정하면 빠른 유령, 약한 유령, 느린 유령용 스포너 같은 것도 쉽게 만들 수 있다.

프로토타입 패턴은 우아하면서도 놀랍다. 또한 너무 간단하기 때문에 따로 외우려 노력하지 않아도 까먹을 수가 없다.

얼마나 잘 작동하는가?

이제 몬스터마다 스포너 클래스를 따로 만들지 않아도 된다. 그래도 `Monster` 클래스마다 `clone()`을 구현해야 하기 때문에 코드 양은 별반 차이가 없다.

`clone()`를 만들다 보면 애매할 때도 있다. 객체를 깊은 복사^{deep clone}를 해야 할까, 얕은 복사^{shallow clone}를 해야 할까? 악마가 삼지창을 들고 있다면, 복제된 악마도 삼지창을 들고 있어야 할까?

앞에서 봤듯이 프로토타입 패턴을 써도 코드 양이 많이 줄어들지 않는 데다가, 예제부터가 **현실적이지 않다.** 요즘 나오는 웬만한 게임 엔진에서는 몬스터마다 클래스를 따로 만들지 **않는다.**

우리 프로그래머들은 오랜 삽질을 통해서 클래스 상속 구조가 복잡하면 유지보수하기 힘들다는 걸 체득했기 때문에, 요즘은 개체 종류별로 클래스를 만들기보다는 컴포넌트(14장)나 타입 객체(13장)로 모델링하는 것을 선호한다.

스폰 함수

앞에서는 모든 몬스터마다 별도의 스포너 **클래스**가 필요했다. 하지만 모든 일에는 답이 여러 개 있는 법이다. 다음과 같이 스폰 **함수**를 만들어보자.

```
Monster* spawnGhost() {
  return new Ghost();
}
```

몬스터 종류마다 클래스를 만드는 것보다는 행사코드가 훨씬 적다. 이제 스포너 클래스에는 함수 포인터 하나만 두면 된다.

```
typedef Monster* (*SpawnCallback)();

class Spawner {
public:
  Spawner(SpawnCallback spawn) : spawn_(spawn) {}
  Monster* spawnMonster() { return spawn_(); }

private:
  SpawnCallback spawn_;
};
```

유령을 스폰하는 객체는 이렇게 만들 수 있다.

```
Spawner* ghostSpawner = new Spawner(spawnGhost);
```


템플릿

요즘 C++ 프로그래머는 다들 템플릿을 잘 안다.[6] 스포너 클래스를 이용해 인스턴스를 생성하고 싶지만 특정 몬스터 클래스를 하드코딩하기는 싫다면 몬스터 클래스를 템플릿 **타입 매개변수**로 전달하면 된다.[7]

```
class Spawner {
public:
  virtual ~Spawner() {}
  virtual Monster* spawnMonster() = 0;
};

template <class T>
class SpawnerFor : public Spawner {
public:
  virtual Monster* spawnMonster() { return new T(); }
};
```

---

6 C++개발자들이 템플릿을 좋아하는 법을 배우는 것인지, 템플릿에서 좌절하면 아예 C++을 때려치우는 건지는 잘 모르겠다. 어느 쪽이든 내가 본 요즘 C++ 개발자는 하나같이 템플릿을 잘 쓴다.

7 Spawner 클래스를 따로 두는 것은, 그래야 스포너 클래스가 생성하는 몬스터 종류에 상관없이 Monster 포인터만으로 작업하는 코드에서 쓸 수 있기 때문이다.
공용 상위 클래스인 Spawner 클래스 없이 SpawnerFor<T>만 있다면 몬스터를 스폰하는 코드에서 매번 템플릿 매개변수를 넣어줘야 한다.

템플릿으로 만들면 사용법은 다음과 같다.

```
Spawner* ghostSpawner = new SpawnerFor<Ghost>();
```

일급 자료형

앞에서 본 두 방법을 통해서 Spawner 클래스에 자료형을 매개변수로 전달할 수 있다. C++에서는 자료형이 일급 자료형이 아니다 보니 이런 곡예를 해야 한다. 자바스크립트, 파이썬, 루비 등 클래스가 전달 가능한 일급 자료형인 동적 자료형 언어에서는 이 문제를 훨씬 직접적으로 풀 수 있다.[8]

스포너를 만들기 위해서는 원하는 몬스터 클래스를, 그것도 실제 런타임 객체를 그냥 전달하면 된다. 식은 죽 먹기다.

이런 여러 가지 선택에도 불구하고, 솔직히 말하자면 프로토타입 **디자인 패턴**이 언제 가장 이상적인지는 잘 모르겠다(사람마다 다를 순 있다). 지금부터는 디자인 패턴으로서의 프로토타입이 아닌, **언어 패러다임**으로서의 프로토타입에 대해 생각해보자.

5.2 프로토타입 언어 패러다임

'객체지향 프로그래밍'이 곧 '클래스'라고 많이들 생각한다. 갈라진 여러 종교 종파처럼 사람들은 OOP를 다르게 정의하지만, **OOP가 데이터와 코드를 묶어주는 '객체'를 직접 정의할 수 있게 한다**는 점만큼은 대부분 동의한다. C 같은 구조형 언어structured language나 스킴Scheme 같은 함수형 언어와 비교해보면, OOP의 가장 큰 특징은 상태와 동작을 함께 묶는 데 있다.

클래스만이 이를 위한 유일한 방법일 거라고 생각할지 모르나, 데이비드 엉거David Ungar, 랜덜 스미스Randall Smith를 포함한 몇몇은 달랐다. 이들은 셀프Self라는 언어를 1980년대에 만들었다. 셀프에서는 OOP에서 할 수 있는 걸 다 할 수 있지만 클래스는 없다.

---

8 일급 자료형을 지원하지 않는 상황에서는 타입 객체 패턴(13장)도 대안이 될 수 있다. 심지어 일급 자료형을 지원하는 언어에서도 언어에서 제공하는 클래스 외에 다른 방식으로 '자료형'을 **직접** 정의할 수 있다는 점에서 타입 객체 패턴은 쓸모가 있다.

셀프

순수하게 의미만 놓고 보면 셀프는 클래스 기반 언어보다 **더** 객체지향적이다. 상태와 동작을 같이 묶어놓은 것을 OOP라고 할 때 클래스 기반 언어는 상태와 동작 사이에 분명한 구별이 있다.

친숙한 클래스 기반 언어를 하나 떠올려보자. 객체 상태를 알기 위해서는 해당 인스턴스의 메모리를 들여다봐야 한다. 즉, 상태는 인스턴스에 **들어 있다**.

반대로 메서드를 호출할 때는 인스턴스의 클래스를 찾는다. 즉, 동작은 **클래스**에 있다. 항상 한 단계를 거쳐서 메서드를 호출한다는 점에서 필드(상태)와 메서드는 다르다.[9]

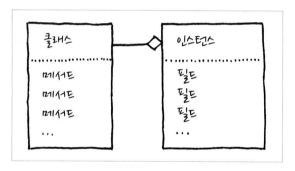

그림 5-3 메서드는 클래스에, 필드는 인스턴스에 저장된다.

셀프에는 이런 구별이 없다. **무엇이든** 객체에서 바로 찾을 수 있다. 인스턴스는 상태와 동작 둘 다 가질 수 있다. 유일무이한 메서드를 가진 객체도 만들 수 있다.

그림 5-4 사람은 섬이 아니라지만, 셀프 객체는 다르다

----

9 예를 들어 C++에서는 가상 메서드를 호출할 때에는 먼저 인스턴스에서 vtable 포인터를 구하고, 다시 vtable로부터 메서드를 찾는다.

이게 셀프의 전부라면 그다지 유용해 보이지 않을 것이다. 클래스 기반 언어에서의 상속은 나름 단점도 있지만, 다형성을 통해서 코드를 재사용하고 중복 코드를 줄일 수 있다는 장점이 있다. 클래스 없이 이러한 일을 수행하기 위해 셀프에는 **위임**delegation 개념이 있다.

먼저 해당 객체에서 필드나 메서드를 찾아본다. 있다면 그걸 쓰고, 없다면 **상위**parent 객체를 찾아본다. 상위 객체는 그냥 다른 객체 레퍼런스일 뿐이다. 첫 번째 객체에 속성이 없다면 상위 객체를 살펴보고, 그래도 없다면 상위 객체의 상위 객체에서 찾아보고, 이를 반복한다. 다시 말해 찾아보고 없으면 상위 객체에 **위임한다.**[10]

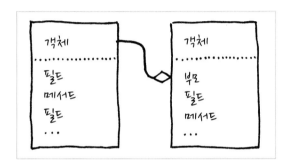

그림 5-5 상위 객체에 위임하는 객체

상위 객체를 통해서 동작(과 상태!)을 여러 객체가 재사용할 수 있기 때문에 클래스가 제공하는 기능 대부분을 대신할 수 있다. 클래스의 또 다른 역할은 인스턴스 생성이다. 언어마다 문법은 조금씩 다르겠지만 대부분은 `new Thingamabob()` 식으로 `Thingamabob`을 새로 만들 수 있다. 클래스는 자기 자신의 인스턴스 생성기factory다.

클래스가 없다면 어떤 식으로 객체를 만들 수 있을까? 특히 내용이 같은 객체를 많이 만들려면 어떻게 해야 할까? 셀프에서는 프로토타입 패턴에서 본 것처럼 **복제**하면 된다.

셀프에서는 **모든** 객체가 프로토타입 디자인 패턴을 저절로 지원하는 것과 다를 게 없다. 모든 객체가 복제될 수 있기 때문에 비슷한 객체를 여럿 만들려면 다음과 같이 한다.

---

10 실제로는 더 복잡하다. 셀프는 다중 상위 객체를 지원한다. 상위 객체라는 건 사실 특별한 필드일 뿐이라서 상속뿐만 아니라 런타임에 상위 객체를 바꾸는 **동적 상속**도 할 수 있다.

1. 객체 하나를 원하는 상태로 만든다. 시스템에서 제공하는 기본 `Object` 객체를 복제한 뒤에 필드와 메서드를 채워 넣는다.
2. 원하는 만큼 복제한다.

셀프에서는 귀찮게 직접 `clone` 메서드를 구현하지 않아도 프로토타입 디자인 패턴의 우아함을 시스템적으로 제공한다. 나는 셀프의 아름답고 똑똑하며 가벼운 시스템에 반해서 프로토타입 기반 언어를 더 알고 싶은 마음에 언어를 직접 만들기 시작했다.[11]

그래서 어떻게 됐을까?

처음 순수 프로토타입 기반 언어로 가지고 놀 때에는 굉장히 신났지만, 하다 보니 프로토타입 기반으로 프로그래밍하는 게 별로 재미없다는 슬픈 사실을 알게 되었다.[12]

분명 언어를 구현하기는 쉬웠지만, 그게 다 복잡한 걸 사용자에게 떠넘겼기 때문이다. 직접 써 봤더니 금방 클래스가 제공하는 구조가 아쉬워져서 결국에는 언어에서 제공하지 않는 기능을 라이브러리 단에서 다시 만들어야 했다.

어쩌면 내가 클래스 기반 언어에 너무 길들어서인지도 모른다. 하지만 다른 사람들도 대부분 잘 정의된 '객체 묶음' 개념을 더 편하게 받아들일 거라고 확신한다.

클래스 기반 언어가 크게 성공했다는 점도 그렇지만, 많은 게임에서 캐릭터 클래스, 적, 아이템, 스킬 종류를 명확하게 나누고 있다는 점도 중요하다. '트롤과 고블린을 반반 섞고 뱀도 일부 섞여 있는' 식으로 몬스터 하나하나가 고유한 게임은 찾아보기 어렵다.

프로토타입은 널리 알리고 싶을 정도로 끝내주는 개념이지만, 한편으로는 프로토타입 방식으로 매일 프로그래밍하지 않아도 된다는 사실이 고맙기도 하다. 온전히 프로토타입 방식만으로 구현한 코드는 두루뭉술해서 나로서는 이해하기가 너무 어려웠다.[13]

---

11 언어를 새로 만드는 게 배우기에 가장 효과적인 학습법이 아니라는 건 나중에 알게 되었지만, 뭐 상관없다. 혹시 더 자세히 알고 싶다면 Finch라는 언어를 찾아보라(http://finch.stuffwithstuff.com).

12 다른 셀프 프로그래머들도 나와 비슷한 결론을 내렸다는 얘기를 여러 경로로 알게 되었다. 그렇다고 셀프 프로젝트가 전혀 쓸모없었던 건 아니다. 셀프는 워낙 동적인 언어다 보니 가상 머신을 빠르게 실행하기 위해 여러 가지를 혁신했다. 셀프에서 JIT(just-in-time) 컴파일, GC, 메서드 디스패치 최적화를 위해 고안했던 기법들이, 오늘날 엄청나게 인기 있는 애플리케이션들에서 돌아가는 동적 자료형 언어를 빠르게 만드는 데 그대로 적용되고 있다. 셀프에서 최적화를 구현했던 바로 그 개발자가 다른 언어에 같은 최적화를 적용하는 경우도 종종 있었다!

13 한 가지 덧붙이자면 진짜 프로토타입 방식으로 작성한 코드는 거의 찾아보기 어렵다. 내가 다 검색해봤다.

자바스크립트는 어떤가?

정말 프로토타입 기반 언어가 접근성이 낮다면, 자바스트립트는 어떻게 된 걸까? 프로토타입 기반이지만 수많은 사람들이 매일 사용하는, 요즘 가장 인기 있는 언어인데 말이다.

자바스크립트를 만든 브렌던 아이크는 셀프로부터 직접 영감을 받았다. 많은 자바스크립트 문법이 프로토타입 기반 방식이다. 객체는 아무 속성 값이나 가질 수 있는데, 속성에는 필드나 '메서드'(실제로는 필드로서 저장된 함수)가 들어간다. 객체는 '프로토타입'이라고 부르는 다른 객체를 지정할 수 있어서, 자기 자신에 없는 필드는 프로토타입에 위임할 수 있다.[14]

그렇긴 해도 실제로 자바스크립트는 프로토타입 기반 언어보다 클래스 기반 언어에 더 가깝다고 생각한다. 자바스크립트에는 프로토타입기반 언어의 핵심인 **복제**를 찾아볼 수 없다는 게 셀프와의 차이점을 잘 보여준다.

그나마 복제와 가장 비슷한 게 기존 객체에 위임하는 새로운 객체를 생성하는 `Object.create()`인데 이조차도 자바스크립트가 나온 지 14년 뒤에 나온 ECMAScript 5 이전에는 없었다. 일반적으로 자바스크립트에서 자료형을 정의하고 객체를 생성하려면 다음과 같이 **생성자 함수**부터 만들어야 한다.

```
function Weapon(range, damage) {
  this.range = range;
  this.damage = damage;
}
```

`Weapon` 함수는 새로운 객체를 만든 뒤에 필드를 초기화한다. 호출은 다음과 같이 한다.

```
var sword = new Weapon(10, 16);
```

이 코드에서 new는 `Weapon` 함수를 호출하고, 거기서 `this`는 새로 만들어진 빈 객체에 바인딩된다. 함수는 새로 만든 객체에 여러 필드를 추가한 뒤에 반환한다.

new가 하는 일이 하나 더 있다. 비어 있는 객체를 생성할 때 프로토타입 객체와 위임 관계를 맺어준다. 프로토타입 객체는 `Weapon.prototype`으로 바로 접근할 수 있다.

상태는 생성자에서 추가하지만, **동작**을 정의할 때는 보통 아래와 같이 프로토타입 객체에 메서

---

14 프로그래밍 언어를 만드는 입장에서 프로토타입의 장점은 클래스보다 구현이 쉽다는 점이다. 브렌던 아이크는 이 점을 잘 활용했다. 그는 자바스크립트의 첫 번째 버전을 열흘 만에 구현했다.

드를 추가한다.

```
Weapon.prototype.attack = function(target) {
  if (distanceTo(target) > this.range) {
    console.log("Out of range!");
  } else {
    target.health -= this.damage;
  }
}
```

이 코드는 attack이라는 함수 속성을 Weapon 프로토타입에 추가한다. new Weapon()이 반환하는 모든 객체는 Weapon.prototype에 위임하기 때문에 sword.attack()을 호출하면 Weapon.prototype.attack 함수가 호출된다. 그림으로 보면 다음과 같다.

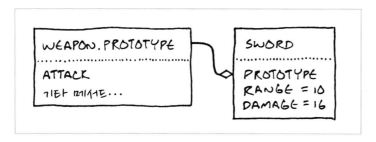

그림 5-6 sword 객체와 weapon 프로토타입

지금까지 나온 얘기를 정리해보자.

- 자바스크립트에서는 자료형을 정의하는 객체로부터 new를 호출하는 생성자 함수를 통해 객체를 생성한다.
- 상태는 인스턴스 그 자체에 저장된다.
- 동작은 자료형이 같은 객체 모두가 공유하는 메서드 집합을 대표하는 별도 객체인 프로토타입에 저장되고 위임을 통해 간접 접근된다.

남들이 뭐라 해도, 나는 이런 점이 앞서 설명한 클래스와 많이 비슷하다고 생각한다. 자바스크립트에서도 복제 **없이** 프로토타입 방식으로 코딩할 **수는 있지만**, 자바스크립트의 문법과 관용구는 클래스 기반 방식으로 개발하도록 유도한다.

앞서 얘기한 것처럼 프로토타입 방식을 고집하면 코드가 너무 어려워지기 때문에 자바스크립트가 핵심 문법을 좀 더 클래스스럽게 감싼 게 개인적으로는 더 좋아 보인다.

5.3. 데이터 모델링을 위한 프로토타입

프로토타입에서 **안** 좋은 점을 계속 써놓고 보니 이번 장이 굉장히 우울해졌다. 나는 이 책을 비극이 아닌 희극이길 바라며 썼다. 그런 의미에서 프로토타입이, 더 정확하게는 **위임** 개념이 쓸모 **있는** 분야를 알아보면서 이번 장을 마무리하자.

세월이 지날수록 게임 바이너리에서 코드보다 데이터가 차지하는 용량이 커지고 있다. 초창기에는 플로피 디스크나 옛날 카트리지 같은 제한된 용량에 게임을 넣기 위해 거의 모든 걸 절차적으로 생성해야 했다. 요즘 게임에서 코드는 게임을 실행하기 위한 '엔진'일 뿐, 게임 콘텐츠는 모두 데이터에 정의되어 있다.

여기까진 좋다. 하지만 많은 콘텐츠를 데이터로 옮기면 대규모 프로젝트의 구조 문제가 오히려 어려워진다면 모를까 저절로 해결되지는 않는다. 프로그래밍 언어를 사용하는 이유는 복잡성을 제어할 수 있는 수단을 가지고 있어서다. 같은 코드를 여기저기 붙여 넣는 대신, 하나의 함수로 만들어 호출한다. 여러 클래스에 같은 메서드를 복사하는 대신 따로 클래스를 만들어 상속받거나 믹스인mix in[15]한다.

게임 데이터도 규모가 일정 이상이 되면 코드와 비슷한 기능이 필요하다. 데이터 모델링은 여기에서 가볍게 다룰 만한 주제는 아니지만, 프로토타입과 위임을 활용해 데이터를 재사용하는 기법을 하나 소개하겠다.

앞에서 얘기한 〈건틀릿〉 카피 게임[16]용 데이터 모델을 정의한다고 해보자. 기획자는 몬스터와 아이템 속성을 파일 어딘가에 정의해야 한다.

이럴 때 많이 사용하는 방법 중 하나가 JSON이다. 워낙 프로그래머들이 이미 있는 개념에 새로운 이름을 붙이길 좋아하다 보니 키/값 구조로 이루어진 데이터 개체는 **맵**, 또는 **속성 목록**property bag 등 그 외 여러 용어로 불리고 있다.[17]

고블린은 이런 식으로 정의될 것이다.

---

15 상속받지 않고도 다른 클래스에 있는 코드를 재활용하는 기법 – 옮긴이

16 내 말은 기존의 어떠한 탑다운 멀티플레이어 던전 크롤 게임에도 영향을 받지 않은 독창적인 게임을 얘기하는 것이다. 제발 고소하지 마세요.

17 데이터 개체 관련 용어가 계속 재발명되다 보니 스티브 예이그(Steve Yegge)는 이를 '범용 디자인 패턴(Universal Design Pattern)'이라고 불렀을 정도다. http://goo.gl/hx7P4b

```
{
  "이름": "고블린 보병",
  "기본체력": 20,
  "최대체력": 30,
  "내성": ["추위", "독"],
  "약점": ["불", "빛"]
}
```

워낙 간단하기 때문에 텍스트 데이터를 꺼려하는 기획자도 쉽게 작업할 수 있다. 위대한 고블린 집안 형제들도 다음과 같이 데이터로 만들어보자.

```
{
  "이름": "고블린 마법사",
  "기본체력": 20,
  "최대체력": 30,
  "내성": ["추위", "독"],
  "약점": ["불", "빛"],
  "마법": ["화염구", "번개 화살"]
}

{
  "이름": "고블린 궁수",
  "기본체력": 20,
  "최대체력": 30,
  "내성": ["추위", "독"],
  "약점": ["불", "빛"],
  "공격방법": ["단궁"]
}
```

개체에 중복이 많다. 이게 진짜 코드였다면 바로 눈에 거슬렸을 것이다. 좋은 프로그래머는 중복을 **싫어한다**. 중복은 공간을 낭비하고 제작 시간을 늘린다. 두 데이터가 같은지 보려면 모든 필드를 꼼꼼히 비교해야 한다. 이런 게 유지보수를 골치 아프게 한다. 모든 고블린을 더 강하게 만들어야 한다면? 고블린 삼형제 체력 전부를 잊지 말고 고쳐야 한다. 저런, 저런, 저런.

코드라면 'goblin'이라는 추상 자료형을 만든 뒤 세 개의 고블린 자료형에서 재사용했을 것이다. 하지만 멍청한 JSON에는 이런 개념이 없다. 좀 더 영리하게 만들어보자.

객체에 '프로토타입' 필드가 있어서, 여기에서 위임하는 다른 객체의 이름을 찾을 수 있다고 정하겠다. 첫 번째 객체에서 원하는 속성이 없다면 프로토타입 필드가 가리키는 객체에서 대신

찾는다.[18]

이제 고블린 형제의 JSON 데이터를 단순하게 만들 수 있다.

```
{
  "이름": "고블린 보병",
  "기본체력": 20,
  "최대체력": 30,
  "내성": ["추위", "독"],
  "약점": ["불", "빛"]
}

{
  "이름": "고블린 마법사",
  "프로토타입": "고블린 보병",
  "마법": ["화염구", "번개 화살"]
}

{
  "이름": "고블린 궁수",
  "프로토타입": "고블린 보병",
  "공격방법": ["단궁"]
}
```

궁수와 마법사에서 보병을 프로토타입으로 지정했기 때문에 체력, 내성, 약점을 반복 입력하지 않아도 된다. 데이터 모델에 단순한 위임을 하나 추가했을 뿐인데 중복을 많이 제거할 수 있었다.

세 가지 실제 고블린을 위임할 '기본 고블린' 같은 **추상** 프로토타입을 따로 만들지 않았다는 점이 흥미롭다. 대신 가장 단순한 고블린 자료형을 하나 골라서 다른 객체를 위임하게 했다.

프로토타입 기반 시스템에서는 새로 정의되는 객체를 만들 때 어떤 객체든 복제로 사용할 수 있는 게 당연한데, 이번 데이터 예제에서도 마찬가지다. 특히 일회성 특수 개체가 자주 나오는 게임에 잘 맞는 방식이다.

보스와 유니크 아이템은 일반 아이템을 약간 다듬어 만들 때가 많으므로 프로토타입 방식의 위임을 써먹기 좋다. '참수의 마법검'처럼 일반 롱소드에 보너스가 살짝 붙은 마법 아이템 데이터

---

18 즉 '프로토타입' 필드는 실제 데이터가 아닌 **메타**데이터다. 고블린에게 까끌까끌한 녹색 피부와 누런 이는 있지만 프로토타입이란 건 없다. 프로토타입은 고블린을 **표현하는 데이터 객체**의 속성일 뿐, 고블린 그 자체는 아니다.

는 이런 식으로 표현할 수 있다.

```
{
  "이름": "참수의 마법검",
  "프로토타입": "롱소드",
  "보너스대미지": "20"
}
```

데이터 모델링 시스템에 기능을 약간 추가했을 뿐이지만, 기획자는 기존 무기나 몬스터를 약간 변형해 쉽게 게임 월드를 풍성하게 만들 수 있게 되었다. 이런 풍성함이야말로 유저가 원하는 것이다.

CHAPTER 6

싱글턴

오직 한 개의 클래스 인스턴스만을 갖도록 보장하고, 이에 대한 전역적인 접근점을 제공합니다. (『GoF의 디자인 패턴』, 181쪽)

이번 장은 어떻게 하면 패턴을 **안** 쓸 수 있는지를 보여준다는 점에서 다른 장과는 정반대다.

GoF의 싱글턴 패턴은 의도와는 달리 득보다는 실이 많다. GoF도 싱글턴 패턴을 남용하지 말라고 강조했지만, 게임 개발자들 중에서 귀담아 듣는 이는 많지 않았다.[1]

다른 패턴도 그렇지만, 싱글턴을 부적당한 곳에 사용하면 총상에 부목을 대는 것만큼이나 쓸모가 없다. 워낙 남용되는 패턴이다 보니 이 장에서는 싱글턴을 **피할** 방법을 주로 다루겠지만, 그래도 우선은 싱글턴 패턴에 대해 살펴보자.

6.1. 싱글턴 패턴

『GoF의 디자인 패턴』에서 발췌한 싱글턴 요약을 쉼표 기준으로 나눠 각각 살펴보자.

---

[1] 프로그래밍 업계가 C에서 객체지향 프로그래밍으로 넘어가던 시절에 닥친 문제 하나는 '어떻게 하면 원하는 인스턴스에 접근할 수 있는가'였다. 호출하고 싶은 메서드는 있는데, 그 메서드를 제공하는 객체 인스턴스에 쉽게 접근할 방법이 없었다. 이럴 때 싱글턴, 다시 말해 전역 변수는 쉬운 해결책이었다.

오직 한 개의 클래스 인스턴스만 갖도록 보장

인스턴스가 여러 개면 제대로 작동하지 않는 상황이 종종 있다. 외부 시스템과 상호작용하면서 전역 상태를 관리하는 클래스 같은 게 그렇다.

파일 시스템 API를 래핑하는 클래스가 있다고 해보자. 파일 작업은 완료하는 데 시간이 좀 걸리기 때문에 이 클래스는 비동기로 동작하게 만들어야 한다. 즉 여러 작업이 동시에 진행될 수 있으므로 작업들을 서로 조율해야 한다. 한쪽에서는 파일을 생성하고 다른 한쪽에서는 방금 생성한 파일을 삭제하려고 한다면, 래퍼 클래스가 두 작업을 다 파악해서 서로 간섭하지 못하게 해야 한다.

이를 위해서는 파일 시스템 클래스로 들어온 호출이 이전 작업 전체에 대해서 접근할 수 있어야 한다. 아무 데서나 파일 시스템 클래스 인스턴스를 만들 수 있다면 다른 인스턴스에서 어떤 작업을 진행 중인지를 알 수 없다. 이를 싱글턴으로 만들면 클래스가 인스턴스를 하나만 가지도록 컴파일 단계에서 강제할 수 있다.

전역 접근점을 제공

로깅, 콘텐츠 로딩, 게임 저장 등 여러 내부 시스템에서 파일 시스템 래퍼 클래스를 사용할 것이다. 이들 시스템에서 파일 시스템 클래스 인스턴스를 따로 생성할 수 없다면, 파일 시스템에는 어떻게 접근해야 할까?

싱글턴 패턴은 여기에 대한 해결책도 제공한다. 하나의 인스턴스만 생성하는 것에 더해서, 싱글턴은 그 인스턴스를 전역에서 접근할 수 있는 메서드를 제공한다. 이를 통해서, 누구든지 어디서든지 우리가 만든 인스턴스에 접근할 수 있다. 이 모든 걸 제공하는 클래스는 다음과 같이 구현할 수 있다.

```
class FileSystem {
public:
  static FileSystem& instance() {
    // 게으른 초기화
    if (instance_ == NULL) {
      instance_ = new FileSystem();
    }
```

```
      return *instance_;

private:
  FileSystem() {}
  static FileSystem* instance_;
};
```

instance_ 정적 멤버 변수는 클래스 인스턴스를 저장한다. 생성자가 private이기 때문에 밖에서는 생성할 수 없다. public에 있는 instance() 정적 메서드는 코드 어디에서나 싱글턴 인스턴스에 접근할 수 있게 하고, 싱글턴을 실제로 필요로 할 때까지 인스턴스 초기화를 미루는 역할도 한다.

요즘에는 이렇게도 만든다.

```
class FileSystem {
public:
  static FileSystem& instance() {
    static FileSystem *instance = new FileSystem();
    return *instance;
  }

private:
  FileSystem() {}
};
```

C++ 11에서는 정적 지역 변수 초기화 코드가 멀티스레드 환경에서도 딱 한 번 실행되어야 한다. 즉 최신 C++ 컴파일러로 컴파일한다면[2] 이 코드는 이전 예제와는 달리 스레드 안전thread-safe하다.[3]

---

2 cppreference.com(http://goo.gl/YZhFhb)에서 'Static local variables' 섹션과 MSDN(https://goo.gl/PCYsQa)에서 'Magic statics' 부분 참고 – 옮긴이

3 이것과 싱글턴 클래스 자체의 스레드 안전 여부는 전혀 다른 얘기이다. 현재의 코드는 스레드 안전하게 **초기화**하는 것까지만 보장할 뿐이다.

6.2. 싱글턴을 왜 사용하는가?

이만하면 더할 나위 없어 보인다. 파일 시스템 래퍼를 번거롭게 인수로 주고받지 않아도 어디서나 접근할 수 있다. 인스턴스를 여러 개 만들 수도 없기 때문에 상태가 엉망이 될 일도 없다. 장점은 더 있다.

| 한 번도 사용하지 않는다면 아예 인스턴스를 생성하지 않는다 |

메모리와 CPU 사용량을 줄이는 건 언제든지 환영이다. 싱글턴은 처음 사용될 때 초기화되므로, 게임 내에서 전혀 사용되지 않는다면 아예 초기화되지 않는다.

| 런타임에 초기화된다 |

보통 싱글턴 대안으로 정적 멤버 변수를 많이 사용한다. 나는 단순한 걸 좋아하기 때문에 가능하면 싱글턴 대신 정적 클래스를 사용하는 편이지만, 정적 멤버 변수는 자동 초기화^{automatic} ^{initialization}되는 문제가 있다. 즉, 컴파일러는 main 함수를 호출하기 전에 정적 변수를 초기화하기 때문에 프로그램이 실행된 다음에야 알 수 있는 (파일로 읽어 들인 설정 값 같은) 정보를 활용할 수 없다. 정적 변수 초기화 순서도 컴파일러에서 보장해주지 않기 때문에 한 정적 변수가 다른 정적 변수에 안전하게 의존할 수도 없다.[4]

게으른 초기화는 이런 문제를 해결해준다. 싱글턴은 최대한 늦게 초기화되기 때문에, 그때쯤에는 클래스가 필요로 하는 정보가 준비되어 있다. 순환 의존만 없다면, 초기화할 때 다른 싱글턴을 참조해도 괜찮다.

| 싱글턴을 상속할 수 있다 |

이 방법은 강력함에도 불구하고 잘 알려져 있지 않다.[5] 파일 시스템 래퍼가 크로스 플랫폼을 지원해야 한다면 추상 인터페이스를 만든 뒤, 플랫폼마다 구체 클래스를 만들면 된다. 먼저 다음과 같이 상위 클래스를 만든다.

....

4 자동 초기화 걱정 없이 정적 변수로 싱글턴을 만드는 방법으로 마이어스 싱글턴이 있다. 『More Effective C++』(정보문화사, 2007) '항목 26: 클래스 인스턴스의 개수를 의도대로 제한하는 방법' 참고. – 옮긴이
5 싱글턴 상속 기법은 단위 테스트용 모의 객체(mock object)를 만들 때도 유용하다. – 옮긴이

```
class FileSystem {
public:
  virtual ~FileSystem() {}
  virtual char* readFile(char* path) = 0;
  virtual void writeFile(char* path, char* contents) = 0;
};
```

이제 플랫폼별로 하위 클래스를 정의한다.

```
class PS3FileSystem : public FileSystem {
public:
  virtual char* readFile(char* path) {
    // 소니의 파일 IO API를 사용한다...
  }
  virtual void writeFile(char* path, char* contents) {
    // 소니의 파일 IO API를 사용한다...
  }
};

class WiiFileSystem : public FileSystem {
public:
  virtual char* readFile(char* path) {
    // 닌텐도의 파일 IO API를 사용한다...
  }
  virtual void writeFile(char* path, char* contents) {
    // 닌텐도의 파일 IO API를 사용한다...
  }
};
```

이제 FileSystem 클래스를 싱글턴으로 만든다.

```
class FileSystem {
public:
  static FileSystem& instance();

  virtual ~FileSystem() {}
  virtual char* readFile(char* path) = 0;
  virtual void writeFile(char* path, char* contents) = 0;

protected:
  FileSystem() {}
};
```

핵심은 인스턴스를 생성하는 부분이다.

```
FileSystem& FileSystem::instance() {
#if PLATFORM == PLAYSTATION3
  static FileSystem *instance = new PS3FileSystem();
#elif PLATFORM == WII
  static FileSystem *instance = new WiiFileSystem();
#endif
  return *instance;
}
```

#if 같은 전처리기 지시문을 이용해서 간단하게 컴파일러가 시스템에 맞는 파일 시스템 객체를 만들게 할 수 있다. FileSystem::instance()를 통해서 파일 시스템에 접근하기 때문에, 플랫폼 전용 코드는 FileSystem 클래스 내부에 숨겨놓을 수 있다.

이만하면 파일 시스템 래퍼에 필요한 기능을 다 제공하는 셈이다. 안정적으로 작동하고, 어디에서나 접근할 수 있다. 어서 소스 코드 저장소에 코드를 집어넣고 콜라나 마시러 가자.

6.3. 싱글턴이 왜 문제라는 거지?

짧게 놓고 보면 싱글턴 패턴에 큰 문제가 없다. 하지만 다른 단기적인 설계 결정들과 마찬가지로 길게 놓고 보면 비용을 지불하게 된다. 꼭 필요하지 않은 곳에 싱글턴을 적용하면 다음과 같은 문제에 부딪치게 된다.

알고 보니 전역 변수

두세 명이 창고에서 게임 만들던 시절에는 소프트웨어 엔지니어링 이론보다는 하드웨어 성능을 얼마나 더 끌어낼 수 있는가가 중요했다. C와 어셈블리어로 전역 변수와 정적 변수를 마구 사용해도 아무 문제 없이 멋진 게임을 출시할 수 있었다. 하지만 게임이 점차 커지고 복잡해짐에 따라 설계와 유지보수성이 병목이 되기 시작했다. 하드웨어 한계보다는 **생산성** 한계 때문에 게임 출시가 늦어지는 시대가 되었다.

개발자들은 C++ 같은 언어로 갈아탔고, 이전 세대 개발자들이 힘들게 얻은 지혜를 써먹기 시작했다. 그런 지혜 중 하나가 전역 변수는 나쁘다는 것인데, 이유는 다음과 같다.

| 전역 변수는 코드를 이해하기 어렵게 한다 |

남이 만든 함수에서 버그를 찾아야 할 때, 함수가 전역 상태를 건드리지 않는다면 함수 코드와 매개변수만 보면 된다.[6]

예를 들어 함수에 SomeClass::getSomeGlobalData() 같은 코드가 있다면 전체 코드에서 SomeGlobalData에 접근하는 곳을 다 살펴봐야 상황을 파악할 수 있다. 정적 변수 값을 이상하게 바꾸는 곳을 찾기 위해 수백만 줄 넘는 코드를 새벽 3시 넘도록 뒤지다 보면 전역 상태가 정말 싫어질 것이다.

| 전역 변수는 커플링을 조장한다 |

유지보수하기 좋도록 코드를 느슨하게 결합해놓은 아키텍처를 아직 제대로 파악하지 못한 신입에게 '돌맹이가 땅에 떨어질 때 소리가 나게 하는' 작업을 첫 일감으로 줬다고 해보자. 기존 작업자들은 물리 코드와 사운드 코드 사이에 커플링이 생기는 걸 피하겠지만, 신입에게는 주어진 작업을 어서 끝내고 싶은 마음뿐이다. 안타깝게도 AudioPlayer 인스턴스에 전역적으로 접근할 수 있다 보니, 신입이 #include 한 줄만 추가해도 신중하게 만들어놓은 아키텍처를 더럽힐 수 있다.

AudioPlayer 전역 인스턴스를 아예 만들지 않았더라면, 신입이 #include를 추가**하더라도** 어찌해볼 방법이 없다. 쉽게 할 수 없다는 것은 두 모듈이 서로 몰라야 하고 다른 방법으로 문제를 해결해야 한다는 것을 분명하게 알려주는 신호다. **인스턴스에 대한 접근을 통제함으로써 커플링을 통제할 수 있다.**

| 전역 변수는 멀티스레딩 같은 동시성 프로그래밍에 알맞지 않다 |

싱글코어로 게임을 실행하던 시절은 끝난 지 오래다. 멀티스레딩을 최대한 활용하지는 못하더라도, 최소한 멀티스레딩 방식에 맞게 코드를 만들어야 한다. 무엇인가를 전역으로 만들면 모

---

6 컴퓨터 과학에서는 전역 상태에 접근하거나 수정하지 않는 함수를 '순수(pure)' 함수라고 한다. 순수 함수는 이해하기 쉽고 컴파일러가 쉽게 최적화할 수 있다. 함수 호출 결과를 저장해놨다가 같은 입력 값이 들어오면 이전에 저장해놓은 값을 반환하는 메모이제이션 (memoization) 같은 최적화 기법도 쓸 수 있다.
순수 함수만으로 개발하는 건 보통 일이 아니지만 이런 장점도 많다 보니 하스켈 같은 순수 함수형 언어도 만들어졌다.

든 스레드가 보고 수정할 수 있는 메모리 영역이 생기는 셈이다. 다른 스레드가 전역 데이터에 무슨 작업을 하는지 모를 때도 있다. 이러다 보면 교착상태, 경쟁 상태$^{race\ condition}$ 등 정말 찾기 어려운 스레드 동기화 버그가 생기기 쉽다.

전역 변수, 즉 싱글턴에서 생길 수 있는 문제가 얼마나 무서운지 충분히 전달되었을 것이다. 그럼 전역 상태 없이 게임 아키텍처를 만들려면 어떻게 해야 할까?

방법은 여럿 있지만(이 책에서도 여러모로 이 문제를 다룬다), 그리 녹록지 않다. 게임 출시 일정에 쫓길 때 싱글턴 패턴은 만병통치약 같아 보인다. 객체지향 디자인 패턴 책에도 나왔으니 구조적으로도 좋을 거 **같고**, 지금까지 작업했던 익숙한 방식 그대로 소프트웨어를 설계할 수 있으니 말이다.

하지만 싱글턴은 치료제보다는 진정제에 가깝다. 전역 상태 때문에 생길 수 있는 문제를 쭉 살펴보면, 어느 하나도 싱글턴 패턴으로 해결할 수 없다는 것을 알게 된다. 뭐니 뭐니 해도 싱글턴 패턴이 바로 클래스로 캡슐화된 전역 상태이기 때문이다.

싱글턴은 문제가 하나뿐일 때도 두 가지 문제를 풀려 든다

GoF의 싱글턴 요약에 나오는 '~하고'를 잘 생각해보자. 싱글턴이 두 가지 문제를 한 번에 해결하려는 건 아닐까? 두 문제 중에서 하나만 해결하고 싶다면 어떻게 해야 할까? 인스턴스를 한 개로 강제하고 싶을 뿐이지 전역 접근은 원하지 않는다면? 반대로 클래스를 전역에서 접근하고 싶지만 인스턴스 개수는 여러 개일 수 있다면?

'한 개의 인스턴스'와 '전역 접근' 중에서 보통은 '전역 접근'이 싱글턴 패턴을 선택하는 이유다. 로깅 클래스를 생각해보자. 게임 내 모듈에서 진단 정보를 로그로 남길 수 있다면 편할 것이다. 하지만 모든 함수 인수에 Log 클래스 인스턴스를 추가하면 메서드 시그니처가 번잡해지고 코드 의도를 알아보기 어려워진다.

가장 간단한 해결책은 Log 클래스를 싱글턴으로 만드는 것이다. 그러면 모든 함수에서 직접 Log 클래스에 접근해 인스턴스를 얻을 수 있다. 다만 의도치 않게 Log 객체를 하나만 만들 수 있다는 제한이 생긴다.

처음에는 별로 문제가 되지 않는다. 로그를 파일 하나에 다 쓴다면 인스턴스도 하나만 있으면 된다. 문제는 개발이 진행되면서부터다. 개발팀 모두가 각자 필요한 정보를 로그로 남기다 보니 로그 파일이 뒤죽박죽 쓰레기장이 되어버린다. 원하는 정보 하나를 찾기 위해서는 수십 페이지가 넘는 텍스트 파일을 뒤져야 한다.

로그를 여러 파일에 나눠 쓸 수 있다면 좋을 것이다. 그러려면 네트워크, UI, 오디오, 게임플레이 같이 분야별로 로거를 만들 수 있어야 한다.[7] 하지만 Log 클래스가 싱글턴이다 보니 인스턴스를 여러 개 만들 수 없다. 이런 설계 제약이 Log 클래스를 사용하는 모든 코드에 영향을 미치게 된다.

```
Log::instance().write("Some event.");
```

(이전처럼) Log 클래스 인스턴스를 여러 개 만들 수 있게 하려면, 클래스와 클래스를 사용하는 코드를 전부 바꿔야 한다. 이젠 어디서나 편하게 접근할 수 있다는 장점이 역으로 단점이 되어버렸다.

게으른 초기화는 제어할 수가 없다

가상 메모리도 사용할 수 있고 성능 요구도 심하지 않은 데스크톱 PC에서는 게으른 초기화가 괜찮은 기법이다. 게임은 다르다. 시스템을 초기화할 때 메모리 할당, 리소스 로딩 등 할 일이 많다 보니 시간이 꽤 걸릴 수 있다. 오디오 시스템 초기화에 몇백 밀리세컨드 이상 걸린다면 초기화 시점을 제어해야 한다. 처음 소리를 재생할 때 게으른 초기화를 하게 만들면 전투 도중에 초기화가 시작되는 바람에 화면 프레임이 떨어지고 게임이 버벅댈 수 있다.

마찬가지로 게임에서는 메모리 단편화[8]를 막기 위해 힙에 메모리를 할당하는 방식을 세밀하게 제어하는 게 보통이다. 오디오 시스템이 초기화될 때 상당한 메모리를 힙에 할당한다면, 힙 **어디에** 메모리를 할당할지를 제어할 수 있도록 적절한 초기화 **시점**을 찾아야 한다.

이런 두 가지 문제 때문에 내가 본 거의 모든 게임에서는 게으른 초기화를 사용하지 않았다. 대신 싱글턴 패턴을 다음과 같이 구현했다.

---

7 Log 클래스가 여러 게임 프로젝트에서 같이 사용하는 라이브러리에 들어 있다면 문제가 더 심각하다. 설계를 바꾸려면 다른 팀 사람들도 코드를 같이 고쳐야 하는데, 그들 대부분은 그럴 시간도, 의지도 없을 것이다.

8 메모리 단편화에 대한 자세한 설명은 객체 풀 패턴(19장)을 참고한다.

```
class FileSystem {
public:
  static FileSystem& instance() { return instance_; }

private:
  FileSystem() {}

  static FileSystem instance_;
};
```

이러면 게으른 초기화 문제를 해결할 수 있지만, 싱글턴이 그냥 전역 변수보다 **나은** 점을 몇 개 포기해야 한다. 정적 인스턴스를 사용하면 다형성을 사용할 수 없다. 클래스는 정적 객체 초기화 시점에 생성된다. 인스턴스가 필요 없어도 메모리를 해제할 수 없다.

싱글턴 대신 단순한 정적 클래스를 하나 만든 셈이다. 이것도 그다지 나쁘진 않지만, 정적 클래스만으로 다 해결할 수 있다면 아예 instance() 메서드를 제거하고 정적 함수를 대신 사용하는 게 낫다. Foo::bar()는 Foo::instance().bar()보다 간단하고, 정적 메모리에 접근한다는 걸 더 분명하게 보여준다.[9]

6.4. 대안

내 의도가 성공했다면 싱글턴을 쓰기 전에 다시 한번 생각하게 될 것이다. 그렇다고 싱글턴으로 해결하려던 문제가 사라진 건 아니다. 싱글턴을 안 쓴다면 어떤 대안이 있을까? 어떤 문제를 풀려고 하느냐에 따라 몇 가지 대안이 있지만, 그 전에 먼저 다음을 생각해보자.

클래스가 꼭 필요한가?

내가 지금까지 게임 코드에서 본 싱글턴 클래스 중에는 애매하게 다른 객체 관리용으로만 존

---

[9] 비-정적 클래스로 바꾸고 싶을 때 호출하는 코드를 전부 고쳐야 하는 정적 클래스보다는 싱글턴이 낫다는 주장도 있다. 이론상으로 싱글턴에서는 인스턴스를 받아와서 일반 인스턴스 메서드처럼 호출할 수 있기 때문이다(Foo::bar()처럼 호출하는 정적 메서드와는 달리 싱글턴에서는 Foo& foo = Foo::instance();처럼 변수에 인스턴스를 레퍼런스로 받은 다음 foo.bar();와 같이 호출할 수 있다. – 옮긴이). 실제로는 이렇게 쓰는 걸 본 적이 없다. 다들 Foo::instance().bar()와 같은 식으로 호출한다. 이 상태에서 Foo를 비-싱글턴으로 바꾸려면 결국 모든 호출 코드를 수정해야 한다. 그럴 바에야, 좀 더 간단하게 호출할 수 있는 단순한 정적 클래스 방식이 낫다고 생각한다.

재하는 '관리자^{manager}'가 많았다. 어떤 게임 코드에서는 Monster, MonsterManager, Particle, ParticleManager, Sound, SoundManager, ManagerManager 등 모든 클래스에 관리자 클래스가 있는 게 아닐까 싶을 정도였다. 'Manager' 대신 'System'이나 'Engine' 같은 이름을 달 때도 있지만 본질은 같다.

관리 클래스가 필요할 때도 있지만 OOP를 제대로 이해하지 못해 만드는 경우도 많다. 다음 두 클래스를 보자.

```cpp
class Bullet {
public:
  int getX() const { return x_; }
  int getY() const { return y_; }
  void setX(int x) { x_ = x; }
  void setY(int y) { y_ = y; }

private:
  int x_;
  int y_;
};

class BulletManager {
public:
  Bullet* create(int x, int y) {
    Bullet* bullet = new Bullet();
    bullet->setX(x);
    bullet->setY(y);
    return bullet;
  }

  bool isOnScreen(Bullet& bullet) {
    return bullet.getX() >= 0 &&
           bullet.getY() >= 0 &&
           bullet.getX() < SCREEN_WIDTH &&
           bullet.getY() < SCREEN_HEIGHT;
  }

  void move(Bullet& bullet) {
    bullet.setX(bullet.getX() + 5);
  }
};
```

예제 코드가 좀 허접해 보이긴 해도 복잡한 부분을 제외한 핵심 설계만 놓고 보면 이런 코드가 널려 있다. 언뜻 보면 BulletManager를 싱글턴으로 만들어야겠다는 생각이 들 수 있다. Bullet을 쓰려면 BulletManager도 필요할 테니 말이다. 그렇다면 관리자 클래스 인스턴스는 몇 개 필요할까?

정답은 0개다. 아래와 같이 만들면 관리자 클래스에 대한 '싱글턴' 문제를 해결할 수 있다.

```cpp
class Bullet {
public:
  Bullet(int x, int y) : x_(x), y_(y) {}

  bool isOnScreen() {
    return x_ >= 0 && x_ < SCREEN_WIDTH &&
           y_ >= 0 && y_ < SCREEN_HEIGHT;
  }

  void move() { x_ += 5; }

private:
  int x_;
  inr y_;
};
```

관리자 클래스를 없애고 나니 문제도 같이 없어졌다. 서툴게 만든 싱글턴은 다른 클래스에 기능을 더해주는 '도우미'인 경우가 많다. 가능하다면 도우미 클래스에 있던 작동 코드를 모두 원래 클래스로 옮기자. 객체가 스스로를 챙기게 하는 게 바로 OOP다.

관리자 클래스 외에도 싱글턴으로 해결해온 문제가 더 남아 있으니 다른 대안도 살펴보자.

오직 한 개의 클래스 인스턴스만 갖도록 보장하기

싱글턴 패턴이 해결하려는 첫 번째 문제다. 앞서 본 파일 시스템 예제에서 클래스 인스턴스를 하나만 있도록 보장하는 건 중요하다. 그렇다고 누구나 어디에서나 인스턴스에 접근할 수 있게 하고 싶은 건 아닐 수도 있다. 특정 코드에서만 접근할 수 있게 만들거나 아예 클래스의 private 멤버 변수로 만들고 싶을 수도 있다.[10] 이럴 때 **전역에서 누구나** 접근할 수 있게 만들

---

[10] 파일 시스템 래퍼를 클래스나 네임스페이스 같은 추상 계층으로 **한 번 더** 감쌀 수도 있다.

면 구조가 취약해진다.

전역 접근 **없이** 클래스 인스턴스만 한 개로 보장할 수 있는 방법이 몇 가지 있다.

```cpp
class FileSystem {
public:
  FileSystem() {
    assert(!instantiated_);
    instantiated_ = true;
  }
  ~FileSystem() {
    instantiated_ = false;
  }

private:
  static bool instantiated_;
};

bool FileSystem::instantiated_ = false;
```

이 클래스는 어디서나 인스턴스를 생성할 수 있지만, 인스턴스가 둘 이상 되는 순간 단언문assert에 걸린다.[11] 적당한 곳에서 객체를 먼저 만든다면 아무 곳에서나 이 인스턴스를 추가로 만들거나 접근하지 못하도록 보장할 수 있다. 단일 인스턴스는 보장하지만 클래스를 어떻게 사용할지에 대해서는 강제하지 않는다.

다만 싱글턴은 클래스 문법을 활용해 컴파일 시간에 단일 인스턴스를 보장하는 데 반해, 이 방식에서는 **런타임**에 인스턴스 개수를 확인한다는 게 단점이다.

인스턴스에 쉽게 접근하기

쉬운 접근성은 싱글턴을 선택하는 가장 큰 이유다. 싱글턴을 사용하면 여러 곳에서 사용해야

---

11 단언문은 코드에 제약을 넣을 때 사용한다. assert()는 인수 값을 평가한다. 값이 참이면 아무것도 하지 않지만, 거짓이면 그 자리에서 코드를 중지한다. 디버그 빌드라면 디버거를 띄우거나, 적어도 단언문이 어느 파일의 어느 줄에서 실패했는지 보여준다.
assert()는 '이 값은 항상 참이어야 한다고 단언한다. 거짓이라면 버그니까 당장 멈추고 고쳐야 한다'는 뜻이다. 이런 식으로 코드에 제약을 정의할 수 있다. 함수에서 인수는 NULL이 아니어야 한다고 단언한다면, '함수는 -을 인수로 받지 않기로 함수 호출자와 계약했다'는 뜻이다.
단언문은 코드가 기대와 다르게 작동할 때 버그를 바로 찾을 수 있게 해서, 나중에 뭔가 이상한 형태로 오류가 사용자에게 보여지는 것을 막는다. 단언문은 코드 내에서 버그를 가둬놓는 울타리 역할을 해서, 버그가 자신을 생성한 코드로부터 도망가지 못하게 한다.

하는 객체에 쉽게 접근할 수 있다. 이런 편리함에는 원치 **않는** 곳에서도 쉽게 접근할 수 있다는 비용이 따른다.

변수는 작업 가능한 선에서 최대한 적은 범위로 노출하는 게 일반적으로 좋다. 변수가 노출된 범위가 적을수록 코드를 볼 때 머릿속에 담아둬야 할 범위가 줄어든다. 객체를 **전역** 접근 가능한 싱글턴 객체로 바꾸느라 코드를 산탄총으로 쏜 것처럼 온통 들쑤시기 전에, 객체에 접근할 수 있는 다른 방법을 몇 개 고민해보자.

| 넘겨주기 |

객체를 필요로 하는 함수에 인수로 넘겨주는 게 가장 쉬우면서도 최선인 경우가 많다. 번거롭다고 무작정 외면하지 말고 한 번쯤 고민해보자.[12]

객체를 렌더링하는 함수를 생각해보자. 렌더링하려면 렌더링 상태를 담고 있는 그래픽 디바이스 대표 객체에 접근할 수 있어야 한다. 이럴 때는 일반적으로 모든 렌더링 함수에서 context 같은 이름의 매개변수를 받는다.

반면, 어떤 객체는 메서드 시그니처에 포함되지 않는다. 예를 들어 AI 관련 함수에서도 로그를 남길 수 있어야 하지만,[13] AI의 핵심이 아닌 Log 객체를 인수에 추가하기는 좀 어색하다. 다른 방법을 찾아보자.

| 상위 클래스로부터 얻기 |

많은 게임에서 클래스를 대부분 한 단계만 상속할 정도로 상속 구조를 얕고 넓게 가져간다. 몬스터나 다른 게임 내 객체가 상속받는 GameObject라는 상위 클래스가 있다고 해보자. 이런 구조에서는 게임 코드의 많은 부분이 '잎leaf' 혹은 '단말'에 해당하는 하위 클래스에 있다. 즉, 많은 클래스에서 같은 객체, 즉 GameObject 상위 클래스에 접근할 수 있다. 이 점을 활용하면 아래와 같이 만들 수 있다.

---

12 이를 '의존성 주입(dependency injection)'이라고 부르기도 한다. 코드는 필요로 하는 의존 객체를 전역 같은 데서 찾는 대신, 매개변수로 받아 사용하는 방식이다. '의존성 주입'이 코드에 의존 객체를 제공하는 좀 더 복잡한 방식이라고 생각하는 사람들도 있다.

13 로그처럼 코드 여기저기에서 보이는 것을 '횡단 관심사(cross-cutting concern)'라고 부른다. 횡단 관심사를 깔끔하게 다루는 것은 구조를 잡을 때 계속 고민해야 할 문제인데, 정적 타입 언어에서 특히 더 그렇다.
이런 문제를 해결하고자 등장한 것이 **관점지향 프로그래밍**(aspect-oriented programming)이다.

```
class GameObject {
protected:
  Log& getLog() { return log_; }

private:
  static Log& log_;
};

class Enemy : public GameObject {
  void doSomething() {
    getLog().write("I can log!");
  }
};
```

이러면 GameObject를 상속받은 코드에서만 getLog()를 통해서 로그 객체에 접근할 수 있다.[14] 상속받은 객체가 상위 클래스로부터 받은 protected 메서드를 활용해 구현하는 방식은 하위 클래스 샌드박스 패턴(12장)에서 확인할 수 있다.

| 이미 전역인 객체로부터 얻기 |

전역 상태를 모두 제거하기란 너무 이상적이다. 결국에는 Game이나 World같이 전체 게임 상태를 관리하는 전역 객체와 커플링되어 있기 마련이다.

기존 전역 객체에 빌붙으면 전역 클래스 개수를 줄일 수 있다. Log, FileSystem, Audio Player를 각각 싱글턴으로 만드는 대신 이렇게 해보자.

```
class Game {
public:
  static Game& instance() { return instance_; }

  Log& getLog() { return *log_; }
  FileSystem& getFileSystem() { return *fileSystem_; }
  AudioPlayer& getAudioPlayer() { return *audioPlayer_; }

  // log_ 등을 설정하는 함수들...
```

---

14 그런데 GameObject는 어디에서 Log 인스턴스를 얻을까? GameObject가 생성해 정적 인스턴스로 들고 있는 게 가장 쉽다. GameObject가 적극적인 역할을 맡는 게 싫다면 Log 객체를 얻을 수 있는 초기화 함수를 제공하거나 서비스 중개자 패턴(16장)을 써도 된다.

```
private:
  static Game instance_;
  Log *log_;
  FileSystem *fileSystem_;
  AudioPlayer *audioPlayer_;
};
```

이제 Game 클래스 하나만 전역에서 접근할 수 있다. 다른 시스템에 접근하려면 다음과 같이 함수를 호출하면 된다.[15]

```
Game::instance().getAudioPlayer().play(VERY_LOUD_BANG);
```

나중에 (스트리밍이나 테스트 목적으로) Game 인스턴스를 여러 개 지원하도록 구조를 바꿔도, Log, FileSystem, AudioPlayer는 영향받지 않는다. 더 많은 코드가 Game 클래스에 커플링된다는 단점은 있다. 사운드만 출력하고 싶어도 AudioPlayer 객체에 접근하기 위해서는 Game 클래스를 알아야 한다.

이런 문제는 여러 방법을 조합해 해결할 수 있다. 이미 Game 클래스를 알고 있는 코드에서는 AudioPlayer를 Game 클래스로부터 받아서 쓰면 된다. Game 클래스를 모르는 코드에서는 앞서 본 것처럼 넘겨주거나 상위 클래스로부터 얻기를 통해 AudioPlayer에 접근하면 된다.

| 서비스 중개자로부터 얻기 |

지금까지는 전역 클래스가 Game같이 일반적인 구체 클래스일 거라고 가정해왔다. 하지만 여러 객체에 대한 전역 접근을 제공하는 용도로만 사용하는 클래스를 따로 정의하는 방법도 있다. 서비스 중개자 패턴(16장)에서 살펴볼 것이다.

6.5. 싱글턴에 남은 것

그렇다면, 진짜로 싱글턴 패턴이 **필요할** 때는 언제일까? 나는 GoF가 제안한 싱글턴을 게임에 그대로 적용한 적은 한 번도 없다. 인스턴스를 하나로 제한하고 싶을 때에는 정적 클래스를 쓰거나, 클래스 생성자에 정적 플래그를 둬서 런타임에 인스턴스 개수를 검사하는 방법을 써

---

15 데메테르 원칙에 위배된다고 주장하는 순수주의자들이 있을지 모르겠지만, 싱글턴이 많은 것보다는 낫다고 생각한다.

왔다.

이 책에서는 싱글턴을 대체할 다른 몇몇 패턴도 다룬다. 하위 클래스 샌드박스 패턴(12장)은 클래스가 같은 인스턴스들이 공용 상태를 전역으로 만들지 않고도 접근할 수 있는 방법을 제공한다. 서비스 중개자 패턴(16장)은 객체를 전역으로 접근할 수 있게 하되, 객체를 훨씬 유연하게 설정할 수 있는 방법을 제공한다.

CHAPTER 7

상태

> 객체의 내부 상태에 따라 스스로 행동을 변경할 수 있게 허가하는 패턴으로, 이렇게 하면 객체는 마치 자신의 클래스를 바꾸는 것처럼 보입니다. (『GoF의 디자인 패턴』 395쪽)

솔직히 이번 장에서는 좀 흥분해서 내용을 너무 많이 집어넣었다. 겉으로 보기에는 상태 패턴을 다루지만 이를 위해서는 좀 더 근본 개념인 **유한 상태 기계**^{finite state machine}(FSM)를 언급할 수밖에 없었다. 그러다 보니 **계층형 상태 기계**^{hierarchical state machine}와 **푸시다운 오토마타**^{pushdown automata}까지 이어졌다.

많은 걸 다루다 보니 분량을 최대한 줄이기 위해 코드에서 세세한 부분은 제외했지만(독자 스스로 채우기 바란다) 큰 그림을 보는 데는 충분할 것이다.

상태 기계에 대해서 처음 들어봤다고 해도 부끄러워할 일은 아니다. AI나 컴파일러 개발자가 아니라면 익숙한 개념이 아닐 수 있다. 상태 기계는 알아두면 좋기 때문에, 다른 분야에서 상태 기계를 어떻게 활용 가능한지를 살펴보려 한다.[1]

---

[1] AI와 컴파일러는 초창기 인공지능 연구 덕을 많이 보았다. 1950~60년대는 많은 AI 연구가 자연어 처리에 집중되어 있었다. 그 당시 인간 언어를 분석하기 위해 등장한 여러 기법이 지금은 컴파일러가 프로그래밍 언어를 파싱하는 데 활용되고 있다.

7.1. 추억의 게임 만들기

간단한 횡스크롤 플랫포머[2]를 만든다고 해보자. 게임 월드의 주인공이 사용자 입력에 따라 반응하도록 구현해야 한다. B 버튼을 누르면 점프하는 것부터 간단하게 만들어보자.

```
void Heroine::handleInput(Input input) {
  if (input == PRESS_B) {
    yVelocity_ = JUMP_VELOCITY;
    setGraphics(IMAGE_JUMP);
  }
}
```

버그를 눈치챘는가? '공중 점프'를 막는 코드가 없다. 주인공이 공중에 있는 동안 B를 연타하면 계속 떠 있을 수 있다. 이 버그는 Heroine 클래스에 isJumping_ 불리언 필드를 추가해 점프 중인지를 검사하면 간단히 고칠 수 있다.[3]

```
void Heroine::handleInput(Input input) {
  if (input == PRESS_B) {
    if (!isJumping_) {
      isJumping_ = true;
      // 점프 관련 코드...
    }
  }
}
```

주인공이 땅에 있을 때 아래 버튼을 누르면 엎드리고, 버튼을 떼면 다시 일어서는 기능을 추가해보자.

```
void Heroine::handleInput(Input input) {
  if (input == PRESS_B) {
    // 점프 중이 아니라면 점프한다.
  } else if (input == PRESS_DOWN) {
    if (!isJumping_) {
      setGraphics(IMAGE_DUCK);
    }
  } else if (input == RELEASE_DOWN) {
    setGraphics(IMAGE_STAND);
  }
}
```

---

2 〈슈퍼 마리오브라더스〉처럼 발판(platform)을 밟으며 진행하는 게임 – 옮긴이
3 코드를 단순하게 보여주기 위해 생략했을 뿐 원래는 땅에 도착하면 isJumping_을 false로 돌려놓아야 한다.

이번에도 버그를 찾아냈는가?

1. 엎드리기 위해 아래 버튼을 누른 뒤

2. B 버튼을 눌러 엎드린 상태에서 점프하고 나서

3. 공중에서 아래 버튼을 떼면

점프 중인데도 땅에 서 있는 모습으로 보인다. 플래그 변수가 더 필요하다.

```cpp
void Heroine::handleInput(Input input) {
  if (input == PRESS_B) {
    if (!isJumping_ && !isDucking_) {
      // 점프 관련 코드...
    }
  } else if (input == PRESS_DOWN) {
    if (!isJumping_) {
      isDucking_ = true;
      setGraphics(IMAGE_DUCK);
    }
  } else if (input == RELEASE_DOWN) {
    if (isDucking_) {
      isDucking_ = false;
      setGraphics(IMAGE_STAND);
    }
  }
}
```

이번에는 점프 중에 아래 버튼을 눌러 내려찍기 공격을 할 수 있게 해보자.

```cpp
void Heroine::handleInput(Input input) {
  if (input == PRESS_B) {
    if (!isJumping_ && !isDucking_) {
      // 점프 관련 코드...
    }
  } else if (input == PRESS_DOWN) {
    if (!isJumping_) {
      isDucking_ = true;
      setGraphics(IMAGE_DUCK);
    } else {
      isJumping_ = false;
      setGraphics(IMAGE_DIVE);
```

```
      }
  } else if (input == RELEASE_DOWN) {
    if (isDucking_) {
      // 일어서기 관련 코드
    }
  }
}
```

이번에도 버그를 찾았는가? 공중 점프를 막기 위해서 점프 중인지는 검사하지만, 내려찍기 중인지는 검사하지 않는다. 또 플래그 변수를…

뭔가 방향을 잘못 잡은 게 분명하다. 코드가 얼마 없는데도 조금만 건드리면 망가진다. 심지어 **걷기** 구현은 아직 시작하지도 않았다. 이동과 관련해서 할 게 많은데 이런 식이면 버그에 파묻혀서 구현을 못 끝낼 것이다.[4]

7.2. FSM이 우리를 구원하리라

꽉 막혔다 싶으면 컴퓨터를 끄고 펜과 종이만으로 플로차트를 그려보자. 주인공이 할 수 있는 동작(서 있기, 점프, 엎드리기, 내려찍기)을 각각 네모칸에 적어 넣는다. 어떤 버튼을 눌렀을 때 상태가 바뀐다면 이전 상태에서 다음 상태로 도착하는 화살표를 그린 뒤 눌렀던 버튼을 선에 적는다.

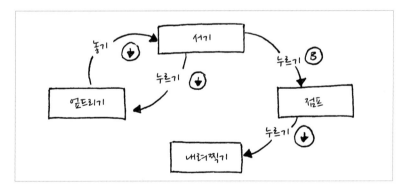

그림 7-1 상태 기계를 그린 플로차트

---

4 언제나 코드를 완벽하게 만들 것 같은 슈퍼 개발자들도 우리와 같은 인간이다. 차이점이라면 **어떤** 코드가 버그가 생기기 쉬운지에 대한 감각이 있어서 미리 피해 간다는 점이다.
분기가 복잡하거나, 상태가 변경 가능한(mutable) 코드에는 버그가 생기기 쉬운데, 앞서 본 예제는 둘 다에 해당된다.

축하한다. 방금 여러분은 **유한 상태 기계**(FSM)를 만들었다. FSM은 컴퓨터 과학 분야 중의 하나인 **오토마타 이론**에서 나왔다. 오토마타 중에는 유명한 튜링 기계도 있다. FSM은 이 분야 주제 중에서 가장 간단한 축에 속한다.

요점은 이렇다.[5]

- **가질 수 있는 '상태'가 한정된다.** 예제에서는 서기, 점프, 엎드리기, 내려찍기가 있다.
- **한 번에 '한 가지' 상태만 될 수 있다.** 주인공은 점프와 동시에 서 있을 수 없다. 동시에 두 가지 상태가 되지 못하도록 막는 게 FSM을 쓰는 이유 중 하나다.
- **'입력'이나 '이벤트'가 기계에 전달된다.** 예제로 치면 버튼 누르기와 버튼 떼기가 이에 해당한다.
- **각 상태에는 입력에 따라 다음 상태로 바뀌는 '전이**transition**'가 있다.** 입력이 들어왔을 때 현재 상태에 해당하는 전이가 있다면 전이가 가리키는 다음 상태로 변경한다.

예를 들어, 서 있는 동안 아래 버튼을 누르면 엎드리기 상태로 전이한다. 점프하는 동안 아래 버튼을 누르면 내려찍기 상태로 전이한다. 현재 상태에서 들어온 입력에 대한 전이가 없을 경우 입력을 무시한다.

순수하게 형식만 놓고 보면 상태, 입력, 전이가 FSM의 전부다. 컴파일러는 우리가 끄적거린 플로차트를 이해하지 못하니 구현해야 한다. GoF의 상태 패턴이 FSM을 **구현하는** 방법 중 하나이지만 뒤에서 다루기로 하고 먼저 간단한 방법부터 알아보자.

7.3. 열거형과 다중 선택문

Heroin 클래스의 문제점 하나는 불리언 변수 값 조합이 유효하지 않을 수 있다는 점이다. 예를 들어 isJumping_과 isDucking_은 동시에 참이 될 수 없다. 여러 플래그 변수 중에서 하나만 참일 때가 많다면 열거형(enum)이 필요하다는 신호다.

우리 예제에서는 FSM 상태를 열거형으로 정의할 수 있다.

---

5 나는 FSM을 옛날 텍스트 어드벤처 게임인 〈조크(Zork)〉에 자주 비유한다. 이 게임에서 주인공은 다른 방과 연결된 방에 서 있고, '북으로 가기(go north)'와 같은 식으로 키보드로 명령을 입력해 다른 방으로 이동할 수 있다.
머드 게임의 맵은 상태 기계와 같다. 각 방은 상태가 되고, 주인공이 있는 방은 현재 상태, 각 방의 출구는 전이, 이동 명령은 입력이라고 볼 수 있다.

```
enum State {
  STATE_STANDING,
  STATE_JUMPING,
  STATE_DUCKING,
  STATE_DIVING
};
```

이제 Heroine에는 플래그 변수 여러 개 대신 state_ 필드 하나만 있으면 된다. 분기 순서도 바
뀐다. 이전에는 입력에 따라 먼저 분기한 **뒤에** 상태에 따라 분기했다. 따라서 하나의 버튼 입력
에 대한 코드는 모아둘 수 있었으나 하나의 상태에 대한 코드는 흩어져 있었다. 상태 관련 코드
를 한곳에 모아두기 위해 먼저 상태에 따라 분기하게 하자.

```
void Heroine::handleInput(Input input) {
  switch (state_) {
    case STATE_STANDING:
      if (input == PRESS_B) {
        state_ = STATE_JUMPING;
        yVelocity_ = JUMP_VELOCITY;
        setGraphics(IMAGE_JUMP);
      } else if (input == PRESS_DOWN) {
        state_ = STATE_DUCKING;
        setGraphics(IMAGE_DUCK);
      }
      break;
    case STATE_JUMPING:
      if (input == PRESS_DOWN) {
        state_ = STATE_DIVING;
        setGraphics(IMAGE_DIVE);
      }
      break;

    case STATE_DUCKING:
      if (input == RELEASE_DOWN) {
        state_ = STATE_STANDING;
        setGraphics(IMAGE_STAND);
      }
      break;
  }
}
```

사소해 보여도 코드가 훨씬 나아졌다. 분기문을 다 없애진 못했지만 업데이트해야 할 상태 변

수[6]를 하나로 줄였고, 하나의 상태를 관리하는 코드는 깔끔하게 한곳에 모았다. 열거형은 상태 기계를 구현하는 가장 간단한 방법이고, 이 정도만으로 충분할 때도 꽤 있다.

열거형 만으로는 부족할 수도 있다. 이동을 구현하되, 엎드려 있으면 기가 모여서 놓는 순간 특수 공격을 쏠 수 있게 만든다고 해보자. 엎드려서 기를 모으는 시간을 기록해야 한다.

이를 위해 Heroin에 chargeTime_ 필드를 추가하자. 매 프레임마다 호출되는 update() 메서드는 이미 있었다고 치고, 다음 코드를 추가해보자.[7]

```
void Heroine::update() {
  if (state_ == STATE_DUCKING) {
    chargeTime_++;
    if (chargeTime_ > MAX_CHARGE) {
      superBomb();
    }
  }
}
```

엎드릴 때마다 시간을 초기화해야 하니 handleInput()을 바꿔보자.

```
void Heroine::handleInput(Input input) {
  switch (state_) {
    case STATE_STANDING:
      if (input == PRESS_DOWN) {
        state_ = STATE_DUCKING;
        chargeTime_ = 0;
        setGraphics(IMAGE_DUCK);
      }

      // 다른 입력 처리
      break;

      // 다른 상태 처리...
  }
}
```

기 모으기 공격을 추가하기 위해 함수 두 개를 수정하고 엎드리기 상태에서만 의미 있는

---

6 특히 주인공은 이제 **유효하지 않은** 상태가 될 수 없게 되었다. 불리언 변수 여러 개로 상태를 관리하다 보면 일부 값 조합은 유효하지 않을 수 있다. 열거형은 그럴 일이 없다.

7 이걸 보고 업데이트 메서드 패턴(10장)을 떠올렸다면 이미 패턴 전문가가 다 된 것이다.

chargeTime_ 필드를 Heroine에 추가해야 했다. 이것보다는 모든 코드와 데이터를 한곳에 모아둘 수 있는 게 낫다. GoF가 나설 차례다.

7.4. 상태 패턴

객체지향에 푹 빠진 나머지 모든 분기문을 동적 디스패치(C++에서는 가상 함수)로 바꾸려 하는 사람들이 있다.[8] 그건 너무 과하다. 때로는 if문만으로도 충분하다.

하지만 Heroine 예제 정도라면 객체지향, 즉 상태 패턴을 쓰는 게 더 낫다. GoF가 설명한 상태 패턴을 Heroin 클래스에 적용해보면 다음과 같다.

상태 인터페이스

상태 인터페이스부터 정의하자. 상태에 의존하는 모든 코드, 즉 다중 선택문에 있던 동작을 인터페이스의 가상 메서드로 만든다. 예제에서는 handleInput()과 update()가 해당된다.

```
class HeroineState {
public:
  virtual ~HeroineState() {}
  virtual void handleInput(Heroine& heroine, Input input) {}
  virtual void update(Heroine& heroine) {}
};
```

---

8 여기에는 역사적인 근거가 있다. GoF나 『리팩토링』 저자인 마틴 파울러 같은 OOP 거장들은 스몰토크 개발자 출신이다. 스몰토크에서 ifTrue:는 true 객체와 false 객체에서 각기 다르게 구현한 메서드에 불과하다(스몰토크에서 조건문은 다음과 같은 식으로 표현된다.

```
(x = y)
  ifTrue: [^x]
  ifFalse: [^y].
```

여기서 (x = y)는 결과에 따라 True 객체 또는 False 객체를 생성한 후 ifTrue:와 ifFalse: 메시지를 던진다. 예를 들어 조건이 참이라면 true의 ifFalse: 메서드는 ^nil(nil을 반환)로 구현되어 있기 때문에 아무것도 하지 않고 ifTrue:에 정의된 블록만 실행한다. False 객체는 그 반대다. – 옮긴이).

상태별 클래스 만들기

상태별로 인터페이스를 구현하는 클래스도 정의한다. 메서드에는 정해진 상태가 되었을 때 주인공이 어떤 행동을 할지를 정의한다. 다중 선택문에 있던 case별로 클래스를 만들어 코드를 옮기면 된다.

```cpp
class DuckingState : public HeroineState {
public:
  DuckingState() : chargeTime_(0) {}

  virtual void handleInput(Heroine& heroine, Input input) {
    if (input == RELEASE_DOWN) {
      // 일어선 상태로 바꾼다...
      heroine.setGraphics(IMAGE_STAND);
    }
  }

  virtual void update(Heroine& heroine) {
    chargeTime_++;
    if (chargeTime_ > MAX_CHARGE) {
      heroine.superBomb();
    }
  }

private:
  int chargeTime_;
};
```

chargeTime_ 변수를 Heroin에서 DuckingState 클래스로 옮겼다는 점도 놓치지 말자. chargeTime_은 엎드리기 상태에서만 의미 있다는 점을 객체 모델링을 통해서 분명하게 보여준다는 점에서 훨씬 개선되었다.

동작을 상태에 위임하기

이번에는 Heroin 클래스에 자신의 현재 상태 객체 포인터를 추가해, 거대한 다중 선택문은 제거하고 대신 상태 객체에 위임한다.

```
class Heroine {
public:
  virtual void handleInput(Input input) {
    state_->handleInput(*this, input);
  }
  virtual void update() { state_->update(*this); }
  // 다른 메서드들...

private:
  HeroineState* state_;
};
```

'상태를 바꾸려면' state_ 포인터에 HeroineState를 상속받는 다른 객체를 할당하기만 하면
된다. 이게 상태 패턴의 전부다.[9]

7.5. 상태 객체는 어디에 둬야 할까?

앞에서 얼버무리고 넘어간 것이 있다. 상태를 바꾸려면 state_에 새로운 상태 객체를 할당해
야 한다. 그렇다면 이 객체는 어디에서 온 것일까? 열거형은 숫자처럼 기본 자료형이기 때문에
신경 쓸 게 없지만 상태 패턴은 클래스를 쓰기 때문에 포인터에 저장할 실제 인스턴스가 필요
하다. 두 가지 방법을 알아보자.

정적 객체

상태 객체에 필드가 따로 없다면 가상 메서드 호출에 필요한 vtable 포인터만 있는 셈이다. 이
럴 경우 모든 인스턴스가 같기 때문에 인스턴스는 하나만 있으면 된다.[10]

이제 **정적** 인스턴스 하나만 만들면 된다. 여러 FSM이 동시에 돌더라도 상태 기계는 다 같으므

---

9 이런 점은 GoF의 전략 패턴, 타입 객체 패턴(13장)과도 비슷해 보인다. 셋 다 주요 클래스가 여러 하위 객체에 동작을 위임한다는 게 공
통점이다. 차이점은 **의도**에 있다.
  - 전략 패턴은 주요 클래스를 일부 동작으로부터 **디커플링**하는 게 목표다.
  - 타입 객체 패턴은 같은 타입 객체의 레퍼런스를 **공유**함으로써 여러 객체를 비슷하게 동작시키는 게 목표다.
  - 상태 패턴은 동작을 위임하는 객체를 **변경**함으로써 주요 클래스의 동작을 **변경**하는 게 목표다.

10 상태 클래스에 필드가 없고 가상 메서드도 하나밖에 없다면 더욱 더 단순화해서 상태 클래스를 정적 함수로 바꿀 수도 있다. 이럴 경우
state_ 필드는 함수 포인터가 된다.

로 인스턴스 하나를 같이 사용하면 된다.[11]

정적 인스턴스는 **원하는** 곳에 두면 된다. 특별히 다른 곳이 없다면 상위 상태 클래스에 두자.

```
class HeroineState {
public:
  static StandingState standing;
  static DuckingState ducking;
  static JumpingState jumping;
  static DivingState diving;
  // 다른 코드들...
};
```

각각의 정적 변수가 게임에서 사용하는 상태 인스턴스다. 서 있는 상태에서 점프하게 하려면 이렇게 한다.

```
if (input == PRESS_B) {
  heroine.state_ = &HeroineState::jumping;
  heroine.setGraphics(IMAGE_JUMP);
}
```

상태 객체 만들기

정적 객체만으로 부족할 때도 있다. 엎드리기 상태에는 chargeTime_ 필드가 있는데 이 값이 주인공마다 다르다 보니 정적 객체로 만들 수 없다. 주인공이 하나라면 어떻게든 되겠지만, 협동 플레이 기능을 추가해 두 주인공이 한 화면에 보여야 한다면 문제가 된다.

이럴 때는 전이할 때마다 상태 객체를 만들어야 한다. 이러면 FSM이 상태별로 인스턴스를 갖게 된다. **새로** 상태를 할당했기 때문에 **이전** 상태를 해제해야 한다. 상태를 바꾸는 코드가 현재 상태 메서드에 있기 때문에 삭제할 때 this를 스스로 지우지 않도록 주의해야 한다.

이를 위해 handleInput()에서 상태가 바뀔 때에만 새로운 상태를 반환하고, 밖에서는 반환 값에 따라 예전 상태를 삭제하고 새로운 상태를 저장하도록 바꿔보자.

---

11 이런 게 경량 패턴(3장)이다.

```
void Heroine::handleInput(Input input) {
  HeroineState* state = state_->handleInput(*this, input);
  if (state != NULL) {
    delete state_;
    state_ = state;
  }
}
```

handleInput 메서드가 새로운 상태를 반환하지 않는다면 현재 상태를 삭제하지 않는다. 서 있기 상태에서 엎드리기 상태로 전이하려면 새로운 인스턴스를 생성해 반환한다.

```
HeroineState* StandingState::handleInput(
    Heroine& heroine, Input input) {
  if (input == PRESS_DOWN) {
    // 다른 코드들...
    return new DuckingState();
  }
  // 지금 상태를 유지한다.
  return NULL;
}
```

나는 가능하다면 매번 상태 객체를 할당하기 위해 메모리와 CPU를 낭비하지 않아도 되는 정적 상태를 쓰려고 하는 편이다.[12] 지금부터는 상태 패턴을 좀 더, 음, 말하자면 '**상태스럽게**' 만들 방법을 살펴본다.

7.6. 입장과 퇴장

상태 패턴의 목표는 같은 상태에 대한 모든 동작과 데이터를 클래스 하나에 캡슐화하는 것이다. 이런 면에서는 우리의 예제 코드는 아직 부족한 면이 있다.

주인공은 상태를 변경하면서 주인공의 스프라이트도 같이 바꾼다. 지금까지는 **이전** 상태에서 스프라이트를 변경했다. 예를 들어 엎드리기에서 서기로 넘어갈 때에는 엎드리기 상태에서 주인공 이미지를 변경했다.

....

12 상태를 동적으로 할당하면서 생길 수 있는 메모리 단편화가 부담스럽다면 객체 풀 패턴(19장)을 고려해보자.

```
HeroineState* DuckingState::handleInput(
    Heroine& heroine, Input input) {
  if (input == RELEASE_DOWN) {
    heroine.setGraphics(IMAGE_STAND);
    return new StandingState();
  }
  // 다른 코드들...
}
```

이렇게 하는 것보다는 상태에서 그래픽까지 제어하는 게 바람직하다. 이를 위해 **입장 기능**을 추가하자.

```
class StandingState : public HeroineState {
public:
  virtual void enter(Heroine& heroine) {
    heroine.setGraphics(IMAGE_STAND);
  }
  // 다른 코드들...
};
```

Heroin 클래스에서는 새로운 상태에 들어 있는 enter 함수를 호출하도록 상태 변경 코드를 수정한다.

```
void Heroine::handleInput(Input input) {
  HeroineState* state = state_->handleInput(*this, input);
  if (state != NULL) {
    delete state_;
    state_ = state;

    // 새로운 상태의 입장 함수를 호출한다.
    state_->enter(*this);
  }
}
```

이제 엎드리기 코드를 더 단순하게 만들 수 있다.

```
HeroineState* DuckingState::handleInput(
    Heroine& heroine, Input input) {
  if (input == RELEASE_DOWN) {
    return new StandingState();
```

```
      }
  // 다른 코드들...
}
```

`Heroin` 클래스에서는 서기 상태로 변경하기만 하면 서기 상태가 알아서 그래픽까지 챙긴다. 이래야 상태가 제대로 캡슐화되었다고 할 수 있다. 그 전 상태와는 상관없이 항상 같은 입장 코드가 실행된다는 것도 장점이다.

실제 게임 상태 그래프라면 점프 후 착지 혹은 내려찍기 후 착지하는 식으로 같은 상태에 여러 전이가 들어올 수 있다. 그냥 두면 전이가 일어나는 모든 곳에 중복 코드를 넣었겠지만 이제는 입장 기능 한곳에 코드를 모아둘 수 있다.

상태가 새로운 상태로 **교체**되기 직전에 호출되는 **퇴장 코드**도 이런 식으로 활용할 수 있다.

7.7. 단점은?

FSM의 장점만 얘기했지만, 단점이 없을 리 없다. 이제껏 한 얘기는 다 사실이고, FSM으로 해결할 수 있는 문제도 많다. 하지만 FSM의 장점은 동시에 단점이기도 하다.

상태 기계는 엄격하게 제한된[13] 구조를 강제함으로써 복잡하게 얽힌 코드를 정리할 수 있게 해준다. FSM에는 미리 정해놓은 여러 상태와 현재 상태 하나, 하드코딩되어 있는 전이만이 존재한다.

상태 기계를 인공지능같이 더 복잡한 곳에 적용하다 보면 한계에 부딪히게 된다. 다행히 이전 세대 개발자들이 한계를 빠져나갈 방법을 먼저 찾아냈다. 이 중 몇 가지 방법을 살펴보면서 이 장을 마무리하자.

---

13 FSM은 **튜링 완전**(Turing complete)하지조차 않다. 오토마타 이론은 일련의 추상 모델을 이용해 이보다 더 복잡한 문제를 계산하는 방법을 다룬다. 튜링 기계는 이들 모델 중에서도 표현력이 풍부한 모델에 속한다.
'튜링 완전'하는 뜻은 (보통은 프로그래밍 언어인) 시스템이 **튜링 기계**를 구현할 수 있을 정도로 충분히 강력하다는 의미이다. 즉, 모든 튜링 완전 언어는 어떤 의미에서는 표현력이 동일하다. FSM은 그 정도까지는 아니다.

7.8. 병행 상태 기계

주인공이 총을 들 수 있게 만든다고 해보자. 총을 장착한 후에도 이전에 할 수 있었던 달리기, 점프, 엎드리기 같은 동작을 모두 할 수 있어야 한다. 그러면서 동시에 총도 쏠 수 있어야 한다.

FSM 방식을 고수하겠다면 모든 상태를 서기, 무장한 채로 서기, 점프, 무장한 채로 점프 같은 식으로 무장, 비무장에 맞춰 **두 개씩** 만들어야 한다.

무기를 추가할수록 상태 조합이 폭발적으로 늘어난다. 상태가 많아지는 것도 문제지만, 무장 상태와 비무장 상태는 총 쏘기 코드 약간 외에는 거의 같아서 중복이 많아진다는 점이 더 문제다.

두 종류의 상태, 즉 무엇을 **하는가**와 무엇을 **들고 있는가**를 한 상태 기계에 욱여넣다 보니 생긴 문제다. 모든 가능한 조합에 대해 모델링하려다 보니 모든 **쌍**에 대해 상태를 만들어야 한다. 해결법은 간단하다. 상태 기계를 둘로 나누면 된다.[14]

무엇을 하는가에 대한 상태 기계는 그대로 두고, 무엇을 들고 있는가에 대한 상태 기계를 따로 정의한다. Heroin 클래스는 이들 '상태'를 **각각** 참조한다.[15]

```
class Heroine {
  // 다른 코드들...

private:
  HeroineState* state_;
  HeroineState* equipment_;
};
```

Heroin에서 입력을 상태에 위임할 때에는 입력을 상태 기계 양쪽에 다 전달한다.[16]

```
void Heroine::handleInput(Input input) {
  state_->handleInput(*this, input);
  equipment_->handleInput(*this, input);
}
```

---

14 무엇을 하는가에 대한 상태 n개와 무엇을 들고 있는가에 대한 상태 m을 한 상태 기계에 욱여넣으면 n * m개 상태가 필요하다. 상태 기계를 두 개로 만들면 n + m개 상태만 있으면 된다.

15 예시를 위해 무기 장착에 대해서도 제대로 된 상태 기계를 사용했다. 사실 무기 장착은 '장착했다', '장착 안 했다' 두 가지 상태밖에 없기 때문에 불리언 플래그만으로도 충분하다.

16 시스템을 더 정교하게 만든다면 필요에 따라 첫 번째 상태 기계에서 입력을 **씹어서**(consume) 다음 상태 기계까지 입력이 가지 않도록 할 수 있다. 이러면 똑같은 입력을 두 기계가 같이 처리하면서 잘못 반응하는 위험을 방지할 수 있다.

각각의 상태 기계는 입력에 따라 동작을 실행하고 독립적으로 상태를 변경할 수 있다. 두 상태 기계가 서로 전혀 연관이 없다면 이 방법이 잘 들어맞는다.

현실적으로는 점프 도중에는 총을 못 쏜다든가, 무장한 상태에서는 내려찍기를 못한다든가 하는 식으로 복수의 상태 기계가 상호작용해야 할 수도 있다. 이를 위해 어떤 상태 코드에서 **다른** 상태 기계의 상태가 무엇인지를 검사하는 지저분한 코드를 만들 일이 생길 수도 있다. 그리 바람직한 방법은 아니지만, 문제를 해결할 수는 있을 것이다.

7.9. 계층형 상태 기계

주인공 동작에 살을 덧붙이다 보면 서기, 걷기, 달리기, 미끄러지기 같이 비슷한 상태가 많이 생기기 마련이다. 이들 상태에선 모두 B 버튼을 누르면 점프하고, 아래 버튼을 누르면 엎드려야 한다.

단순한 상태 기계 구현에서는 이런 코드를 모든 상태마다 중복해 넣어야 한다. 그보다는 한 번만 구현하고 다른 상태에서 재사용하는 게 낫다.

상태 기계가 아니라 객체지향 코드라고 생각해보면, 상속으로 여러 상태가 코드를 공유할 수 있다. 점프와 엎드리기는 '땅 위에 있는' 상태 클래스를 정의해 처리한다. 서기, 걷기, 달리기, 미끄러지기는 '땅 위에 있는' 상태 클래스를 상속받아 고유 동작을 추가하면 된다.[17]

이런 구조를 **계층형 상태 기계**라고 한다. 어떤 상태는 **상위 상태**superstate를 가질 수 있고, 그 경우 그 상태 자신은 **하위 상태**substate가 된다. 이벤트가 들어올 때 하위 상태에서 처리하지 않으면 상위 상태로 넘어간다. 말하자면 상속받은 메서드를 오버라이드하는 것과 같다.

예제 FSM을 상태 패턴으로 만든다면 클래스 상속으로 계층을 구현할 수 있다. 상위 상태용 클래스를 하나 정의하자.

---

17 상속은 강력한 코드 재사용 방법이지만 두 코드가 강하게 커플링된다는 단점도 있다. 상속은 거대한 망치이니 조심해서 휘두르자.

```
class OnGroundState : public HeroineState {
public:
  virtual void handleInput(
      Heroine& heroine, Input input) {
    if (input == PRESS_B) { // 점프...
    } else if (input == PRESS_DOWN) { // 엎드리기...
    }
  }
};
```

그다음 각각의 하위 상태가 상위 상태를 상속받는다.

```
class DuckingState : public OnGroundState {
public:
  virtual void handleInput(Heroine& heroine, Input input) {
    if (input == RELEASE_DOWN) {
      // 서기...
    } else {
      // 따로 입력을 처리하지 않고, 상위 상태로 보낸다.
      OnGroundState::handleInput(heroine, input);
    }
  }
};
```

계층형을 꼭 이렇게 구현해야 하는 건 아니다. 클래스를 사용하는 GoF식 상태 패턴을 쓰지 않는다면 이런 구현이 불가능할 수 있다. 그럴 땐 주 클래스에 상태를 하나만 두지 않고 상태 스택을 만들어 명시적으로 현재 상태의 상위 상태 연쇄를 모델링할 수도 있다.

현재 상태가 스택 최상위에 있고 밑에는 바로 위 상위 상태가 있으며, 그 상위 상태 밑에는 그 상위 상태의 상위 상태가 있는 식이다. 상태 관련 동작이 들어오면 어느 상태든 동작을 처리할 때까지 스택 위에서부터 밑으로 전달한다(아무도 처리하지 않는다면 무시하면 된다).

7.10. 푸시다운 오토마타

상태 스택을 활용하여 FSM을 확장하는 다른 방법도 있다. 계층형 FSM에서 봤던 스택과는 상태를 담는 방식도 다르고 해결하려는 문제도 다르다.

FSM에는 **이력**history 개념이 없다는 문제가 있다. **현재** 상태는 알 수 있지만 **직전** 상태가 무엇인지를 따로 저장하지 않기 때문에 이전 상태로 쉽게 돌아갈 수 없다.

예를 들어보자. 앞에서 우리는 용감한 주인공이 완전무장할 수 있게 했다. 주인공이 총을 쏘면 발사 애니메이션 재생과 함께 총알과 시각 이펙트를 생성하는 새로운 상태가 필요하다. 총을 쏠 수 있는 모든 상태에서 발사 버튼을 눌렀을 때 전이할 FiringState라는 상태를 대충 만들어보자.[18]

이때 어려운 부분은 총을 쏜 **뒤에** 어느 상태로 돌아가야 하는가 하는 점이다. 서기, 달리기, 점프, 엎드리기 상태에서 총을 쏠 수 있는데 총 쏘는 동작이 끝난 후에는 다시 이전 상태로 돌아가야 한다.

일반적인 FSM에서는 이전 상태를 알 수 없다. 이전 상태를 알려면 서 있는 상태에서 총 쏘기, 달려가면서 총 쏘기, 점프하면서 총 쏘기 같은 식으로 상태마다 새로운 상태를 하나씩 더 만들어 총 쏘기가 끝났을 때 되돌아갈 상태를 하드코딩해야 한다.

이것보다는 총 쏘기 전 상태를 **저장해놨다가** 나중에 불러와 써먹는 게 훨씬 낫다. 다시 오토마타 이론이 도움을 줄 차례다. 이럴 때 써먹을 만한 것으로 **푸시다운 오토마타**가 있다.

FSM이 **한 개**의 상태를 포인터로 관리했다면 푸시다운 오토마타에서는 상태를 **스택**으로 관리한다. FSM은 이전 상태를 **덮어쓰고** 새로운 상태로 전이하는 방식이었다. 푸시다운 오토마타에서는 이외에도 부가적인 명령이 두 가지 더 있다.

- 새로운 상태를 스택에 **넣는다**push. 스택의 최상위 상태가 '현재' 상태이기 때문에, 새로 추가된 상태가 현재 상태가 된다. 다만, 이전 상태는 버리지 않고 방금 들어온 최신 상태 밑에 있게 된다.
- 최상위 상태를 스택에서 **뺀다**pop. 빠진 상태는 제거되고, 바로 밑에 있던 상태가 새롭게 '현재' 상태가 된다.

---

18 FiringState로 옮겨가는 동작도 여러 상태에서 중복되기 때문에 계층형 상태 기계를 활용해 코드를 재사용할 수도 있다.

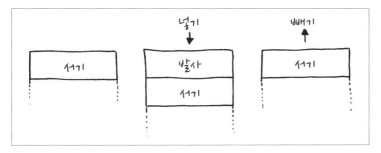

그림 7-2 넣기와 빼기(라킹과 파핑과는 다르다)[19]

이것은 총 쏘기 상태를 구현할 때 딱 좋다. 먼저 총 쏘기 상태를 하나 만든다. 어떤 상태에서든지 간에 발사 버튼을 누르면 총 쏘기 상태를 스택에 넣는다. 총 쏘기 애니메이션이 끝날 때 총 쏘기 상태를 스택에서 빼면, 푸시다운 오토마타가 알아서 이전 상태로 보내준다.

7.11. 얼마나 유용한가?

FSM에는 몇 가지 확장판이 나와 있지만 FSM만으로는 한계가 있다. 요즘 게임 AI는 **행동 트리**behavior tree나 **계획 시스템**planning system을 더 많이 쓰는 추세다. 복잡한 AI에 관심이 있다면 이번 장은 맛보기 정도로 생각하자. 제대로 하려면 다른 책을 더 읽어볼 필요가 있다.

FSM이나 푸시다운 오토마타, 그 외 간단한 시스템들이 쓸모없다는 얘기는 아니다. 이것만으로도 특정 문제 해결을 위한 모델링으로선 충분하다. FSM은 다음 경우에 사용하면 좋다.

- 내부 상태에 따라 객체 동작이 바뀔 때
- 이런 상태가 그다지 많지 않은 선택지로 분명하게 구분될 수 있을 때
- 객체가 입력이나 이벤트에 따라 반응할 때

게임에서는 FSM이 AI에서 사용되는 걸로 가장 잘 알려져 있지만, 입력 처리나 메뉴 화면 전환, 문자 해석, 네트워크 프로토콜, 비동기 동작을 구현하는 데에도 많이 사용되고 있다.

---

19 라킹과 파핑은 서로 비슷한 춤 장르다. 빼기(popping)와 파핑(popping)은 스펠링이 같다. – 옮긴이

순서 패턴

게임은 우리를 어딘가 다른 곳으로 데려가준다는 점에서 흥미롭다. 우리는 몇 분 동안(에이, 솔직히 그것보다는 훨씬 오랫동안) 가상 세계의 주민이 될 수 있다. 이런 세계를 만드는 것은 게임 프로그래머가 누리는 큰 즐거움 중의 하나다.

게임 월드에서 중요한 축 하나가 '시간'이다. 우리가 만든 가상 세계는 자신의 시간 흐름에 따라 살아서 숨을 쉰다. 우리는 조물주로서 시간을 만들고, 게임 월드의 시간이 잘 흘러갈 수 있도록 해야 한다.

이번에 살펴볼 패턴들은 게임 월드 시간을 위한 도구로 사용된다. 게임 루프 패턴(9장)은 게임 월드 시간이 돌아가는 중심축이다. 게임 객체는 업데이트 메서드 패턴(10장)을 통해서 시간이 째깍째깍 흐르는 소리를 듣는다. 이중 버퍼 패턴(8장)은 컴퓨터 특성상 순차적으로 작업한 것을 순간적인 스냅샷들의 파사드^{facade} 뒤로 숨겨서 게임 월드가 동시에 업데이트되는 것처럼 보이게 해준다.

Part III

순서 패턴

이중 버퍼

8.1. 의도

여러 순차 작업의 결과를 한 번에 보여준다.

8.2. 동기

본질적으로 컴퓨터는 순차적으로 동작한다.[1] 컴퓨터의 능력은 굉장히 큰 일을 작은 단계로 쪼개어 하나씩 처리할 수 있는 데 있다. 하지만 사용자 입장에서는 순차적으로 혹은 동시에 진행되는 여러 작업을 한 번에 모아서 봐야 할 때가 있다.

대표적인 예를 들어보자. 게임에서 렌더링은 꼭 필요하다. 유저에게 보여줄 게임 화면을 그릴 때는 멀리 있는 산, 구불구불한 언덕, 나무 전부를 한 번에 보여준다. 이때 화면을 그리는 중간 과정이 보이면 몰입할 수가 없다. 장면은 부드럽고 빠르게 업데이트되어야 하고 매 프레임 완성되면 한 번에 보여줘야 한다.

이중 버퍼는 이런 문제를 해결한다. 들어가기에 앞서 컴퓨터가 화면을 어떻게 그리는지부터 복습하자.

---

[1] 멀티코어에서 멀티스레딩을 쓰고 있다면 꼭 맞는 얘기는 아니지만, 코어가 여러 개 있다고 해도 동시적으로 실행되는 명령은 몇 개 안 된다.

(간단한) 컴퓨터 그래픽스 작동 원리

컴퓨터 모니터 같은 비디오 디스플레이는 한 번에 한 픽셀을 그린다. 화면 왼쪽에서 오른쪽으로 한 줄을 그린 후 다음 줄로 내려간다. 화면 우하단에 도달하면 다시 좌상단으로 돌아가서 같은 작업을 반복한다. 너무 빠르기 때문에(1초에 60번 정도) 눈으로는 이 과정을 알아챌 수 없고, 픽셀들로 이루어진 정적인 이미지를 보게 된다.[2]

이 과정은 픽셀들을 좁은 호스를 통해 화면에 전달하는 것과 유사하다. 각각의 색은 하나씩 비트별로 순서대로 호스를 통과해서 화면에 뿌려진다. 그럼 호스는 어떤 색을 어디에 뿌려야 할지를 어떻게 알고 있을까?

대부분의 컴퓨터에서는 픽셀을 **프레임버퍼**framebuffer로부터 가져오기 때문에 알 수 있다. 프레임버퍼는 메모리에 할당된 픽셀들의 배열로, 한 픽셀의 색을 여러 바이트로 표현하는 RAM의 한 부분이다.[3] 호스는 화면에 색을 뿌릴 때 프레임버퍼로부터 한 바이트씩 색깔 값을 읽어온다.

궁극적으로 게임을 화면에 보여주려면 프레임버퍼에 값을 써 넣으면 된다. 온갖 심오한 그래픽 알고리즘도 결국에는 프레임버퍼에 값을 써 넣기 위해 존재한다. 다만 사소한 문제가 하나 있다.

앞에서 컴퓨터는 순차적이라고 했다. 렌더링 코드가 실행되는 동안 다른 작업은 실행되지 않을 거라고 생각한다. 보통은 맞는 얘기지만 렌더링 도중에 실행되는 작업이 일부 **있다**. 그중 하나가 게임이 실행되는 동안 비디오 디스플레이가 프레임버퍼를 **반복해서** 읽는 것인데, 여기에서 문제가 발생한다.

화면에 웃는 얼굴을 하나 그린다고 해보자. 코드에서는 루프를 돌면서 프레임버퍼에 픽셀 값을 입력한다. 하나 몰랐던 것은 코드가 프레임버퍼에 값을 쓰는 도중에도 비디오 드라이버에서 프레임버퍼 값을 읽는다는 점이다. 우리가 입력해놓은 픽셀 값을 비디오 드라이버가 화면에 출력하면서 웃는 얼굴이 나오기 시작하지만 아직 다 입력하지 못한 버퍼 값까지 화면에 출력될 수 있다. 그 결과 그림 일부만 나타나는 오싹한 비주얼 버그인 **테어링**tearing[4]이 발생한다.

---

2 흠… 써놓고 보니 너무 '단순화'하긴 했다. 저수준 하드웨어 개발자라면 다 아는 얘기일 테니 다음 절로 넘어가자. 여기에서는 앞으로 다룰 이중 버퍼를 이해하는 데 필요한 정도의 기반 지식만 제공하는 걸 목표로 한다.

3 바이트 값이 어떻게 색을 표현하는지는 **픽셀 포맷**(pixel format)과 **색 깊이**(color depth)로 정의한다. 요즘 대부분의 게임 콘솔에서는 한 픽셀당 32비트를 사용한다. 빨강, 초록, 파랑 채널에 8비트씩을 할당하고 나머지 8비트는 기타 여러 용도로 사용한다.

4 화면 찢김 현상이라고도 한다. – 옮긴이

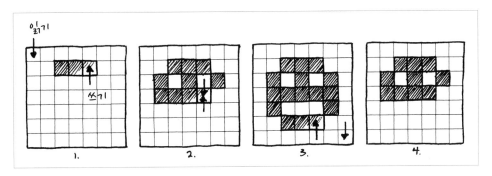

그림 8-1 렌더링 도중 나타나는 테어링[5]

이래서 이중 버퍼 패턴이 필요하다. 이 문제를 해결하려면 코드에서는 픽셀을 한 번에 하나씩 그리되, 비디오 드라이버는 전체 픽셀을 한 번에 다 읽을 수 있게 해야 한다. 즉, 이전 프레임에는 얼굴 그림이 하나도 안 보이다가, 다음 프레임에 전체가 보여야 한다. 이중 버퍼 패턴이 이런 문제를 어떻게 해결하는지를 비유로 살펴보자.

1막 1장

유저를 우리가 연출한 연극을 보는 관객이라고 상상해보자. 1장이 끝나면 2장을 시작하기 전에 무대 설치를 바꿔야 한다. 장면이 바뀔 때마다 무대 담당자들이 올라와 소도구를 옮긴다면 몰입감이 깨질 것이다. 다음 장면을 준비하는 동안 조명을 어둡게 할 수 있지만(실제로 극장에서 그렇게 하고 있다), 여전히 관객은 **뭔가**가 진행된다는 걸 알 수 있다. 끊김 없이 바로 장면을 전환할 방법은 없을까?

공간을 좀 투자하면 괜찮은 해결책을 얻을 수 있다. 무대를 **두 개** 준비해놓고 각 무대별로 조명을 설치한다. 각각을 무대 A, 무대 B라고 해보자. 1장은 무대 A에서 시작한다. 그동안 무대 B는 어둡게 해놓고 무대 담당자들이 미리 2장 무대 장치를 준비해놓는다. 1장이 끝나면 무대 A의 조명을 전부 끄고 무대 B의 조명을 켠다. 관객은 무대 B에서 2장이 시작되는 걸 곧바로 볼 수 있다.

---

5 코드에서 픽셀 값을 입력하는 동안 비디오 드라이버도 프레임버퍼를 읽기 시작한다(그림 1). 결국에는 렌더러가 입력하는 픽셀을 앞질러, 아직 입력하지 않은 픽셀까지 비디오 드라이버가 읽어 들인다(그림 2). 렌더러는 버퍼에 값을 다 그려 넣었지만(그림 3) 드라이버는 그 새로 추가된 픽셀을 읽어 들이지 않는다.
결과적으로(그림 4) 화면에는 그림이 반만 그려진다. '테어링'이란 말은 화면이 가로로 찢어진 것처럼 보인다는 점에서 유래했다.

그동안 무대 담당자들은 조명이 꺼진 무대 A로 가서 1장 무대장치를 철거하고 3장 무대장치를 설치한다. 2장이 끝나면 다시 무대 A에만 조명을 비춘다. 연극이 진행되는 동안 이런 식으로 어두워진 무대를 다음 장을 준비하는 공간으로 활용한다. 무대 조명만 바꾸면 장면을 전환할 수 있기 때문에 기다리지 않고 다음 장면을 볼 수 있다. 관객은 무대 담당자를 볼 일이 없다. [6]

다시 그래픽스로…

이중 버퍼가 바로 이런 식이다. 거의 모든 게임의 렌더링 시스템이 내부에서 이렇게 동작한다. 프레임버퍼를 **두 개** 준비해, 하나의 버퍼에는 무대 A처럼 지금 프레임에 보일 값을 둬서 GPU가 원할 때 언제든지 읽을 수 있게 한다. [7]

그동안 렌더링 코드는 **다른** 프레임버퍼를 채운다. 조명이 꺼진 무대 B라고 생각하면 된다. 렌더링 코드가 장면을 다 그린 후에는 조명을 바꾸는 것처럼 버퍼를 **교체**한 뒤에 비디오 하드웨어에 지금부터는 두 번째 버퍼를 읽으라고 알려준다. 화면 깜빡임에 맞춰 버퍼가 바뀌기 때문에 테어링은 더 이상 생기지 않고 전체 장면이 한 번에 나타나게 된다.

그 사이에 교체된 이전 프레임버퍼에 다음 프레임에 들어갈 화면을 그리면 된다. 만세!

8.3. 패턴

버퍼 클래스는 변경이 가능한 상태인 **버퍼**를 캡슐화한다. 버퍼는 점차적으로 수정되지만, 밖에서는 한 번에 바뀌는 것처럼 보이게 하고 싶다. 이를 위해서 버퍼 클래스는 **현재 버퍼**와 **다음 버퍼**, 이렇게 두 개의 버퍼를 갖는다.

정보를 읽을 때는 항상 **현재** 버퍼에 접근한다. 정보를 쓸 때는 항상 **다음** 버퍼에 접근한다. 변경이 끝나면 다음 버퍼와 현재 버퍼를 **교체**해 다음 버퍼가 보여지게 한다. 현재 버퍼는 새로운 다음 버퍼가 되어 재사용된다.

---

[6] 반투명 거울(half-silvered mirror)을 잘 배치하면 조명을 바꾸는 것만으로도 두 무대를 같은 곳에서 번갈아 가면서 보여줄 수 있다. 원리는 각자 찾아보자.

[7] **모든** 게임이나 콘솔이 그런 건 아니다. 단순한 구식 콘솔에서는 메모리가 부족해서 이중 버퍼 대신 비디오 재생 빈도에 맞춰서 화면을 그려야 한다. 쉽지 않은 일이다.

8.4. 언제 쓸 것인가?

이중 버퍼 패턴은 언제 써야 할지를 그냥 알 수 있는 패턴 중의 하나다. 이중 버퍼 시스템이 없다면 (테어링같이) 시각적으로 이상하게 보이거나 시스템이 오작동하기 때문이다. 그래도 '언제 써야 할지 그냥 알 수 있다'라고만 하고 넘어가자니 아쉽다. 더 구체적으로는 다음 같은 상황에서 적합하다.

- 순차적으로 변경해야 하는 상태가 있다.
- 이 상태는 변경 도중에도 접근 가능해야 한다.
- 바깥 코드에서는 작업 중인 상태에 접근할 수 없어야 한다.
- 상태에 값을 쓰는 도중에도 기다리지 않고 바로 접근할 수 있어야 한다.

8.5. 주의사항

다른 대규모 아키텍처용 패턴과는 달리 이중 버퍼는 코드 구현 수준에서 적용되기 때문에 코드 전체에 미치는 영향이 적은 편이고 다들 비슷비슷하게 쓰고 있다. 그래도 몇 가지 주의할 점은 있다.

교체 연산 자체에 시간이 걸린다

이중 버퍼 패턴에서는 버퍼에 값을 다 입력했다면 버퍼를 **교체**해야 한다. 교체 연산은 원자적 atomic이어야 한다. 즉 교체 중에는 두 버퍼 **모두에** 접근할 수 없어야 한다. 대부분은 포인터만 바꾸면 되기 때문에 충분히 빠르지만, 혹시라도 버퍼에 값을 쓰는 것보다 교체가 더 오래 걸린다면 이중 버퍼 패턴이 아무런 도움이 안 된다.

버퍼가 두 개 필요하다

이중 버퍼 패턴은 메모리가 더 필요하다. 이름에서 알 수 있듯이 상태를 메모리 버퍼 **두 곳에** 항상 쌍으로 가지고 있어야 하기 때문에 메모리가 부족한 기기에서는 굉장히 부담이 될 수 있다. 메모리가 부족해 버퍼를 두 개 만들기 어렵다면 이중 버퍼 패턴을 포기하고 상태를 변경하는 동안 밖에서 접근하지 못하게 할 방법을 찾아야 할 것이다.

8.6. 예제 코드

이론은 이해했으니 실제로 어떻게 동작하는지 보자. 프레임버퍼에 픽셀을 그릴 수 있는 아주 단순한 그래픽 시스템을 만들 것이다. 요즘 콘솔이나 PC는 이런 식으로 저수준에 접근할 수 있도록 비디오 드라이버에서 지원해주지만, 직접 구현해보면 어떤 식으로 돌아가는지 이해하는데 도움이 될 것이다. 버퍼부터 살펴보자.

```
class Framebuffer {
public:
  Framebuffer() { clear(); }
  void clear() {
    for (int i = 0; i < WIDTH * HEIGHT; i++) {
      pixels_[i] = WHITE;
    }
  }
  void draw(int x, int y) {
    pixels_[(WIDTH * y) + x] = BLACK;
  }
  const char* getPixels() { return pixels_; }

private:
  static const int WIDTH = 160;
  static const int HEIGHT = 120;

  char pixels_[WIDTH * HEIGHT];
};
```

Framebuffer 클래스는 clear() 메서드로 전체 버퍼를 흰색으로 채우거나, draw() 메서드로 특정 픽셀에 검은색을 입력할 수 있다. getPixels() 메서드를 통해 픽셀 데이터를 담고 있는 메모리 배열에 접근할 수도 있다. 이 예제에서는 다루지 않지만, 비디오 드라이버가 화면을 그리기 위해 버퍼 값을 읽을 때 호출하는 게 getPixels()이다.

이걸 Scene 클래스 안에 넣는다. Scene 클래스에서는 여러 번 draw()를 호출해 버퍼에 원하는 그림을 그린다.

```
class Scene {
public:
  void draw() {
    buffer_.clear();
    buffer_.draw(1, 1);  buffer_.draw(4, 1);
    buffer_.draw(1, 3);  buffer_.draw(2, 4);
    buffer_.draw(3, 4);  buffer_.draw(4, 3);
  }
  Framebuffer& getBuffer() { return buffer_; }

private:
  Framebuffer buffer_;
};
```

그림 8-2 얼굴(이려나?)[8]

게임 코드는 매 프레임마다 어떤 장면을 그려야 할지를 알려준다. 먼저 버퍼를 지운 뒤 한 번에 하나씩 그리고자 하는 픽셀을 찍는다. 동시에 비디오 드라이버에서 내부 버퍼에 접근할 수 있도록 getBuffer()를 제공한다.

별로 복잡해 보이지 않지만, 이것만으로는 문제가 생길 수 있다. 비디오 드라이버가 **아무 때**나 getPixel()를 호출해 버퍼에 접근할 수 있기 때문이다.

---

8 Scene 클래스가 그려낸 예술 작품

```
buffer_.draw(1, 1); buffer_.draw(4, 1);
// <- 이때 비디오 드라이버가 픽셀 버퍼 전체를 읽을 수도 있다!
buffer_.draw(1, 3); buffer_.draw(2, 4);
buffer_.draw(3, 4); buffer_.draw(4, 3);
```

이런 일이 벌어지면 화면에 눈만 있고 입은 없는 얼굴이 나오게 된다. 다음 프레임에서도 렌더
링하는 도중 어딘가에서 비디오 드라이버가 버퍼를 읽어버릴 수 있다. 이러면 무섭게 깜빡거리
는flickering 화면을 보게 된다. 이중 버퍼로 이 문제를 해결해보자.

```
class Scene {
public:
  Scene() : current_(&buffers_[0]), next_(&buffers_[1]) {}
  void draw() {
    next_->clear();
    next_->draw(1, 1);
    // ...
    next_->draw(4, 3);
    swap();
  }
  Framebuffer& getBuffer() { return *current_; }

private:
  void swap() {
    // 버퍼 포인터만 교체한다.
    Framebuffer* temp = current_;
    current_ = next_;
    next_ = temp;
  }
  Framebuffer buffers_[2];
  Framebuffer* current_;
  Framebuffer* next_;
};
```

이제 Scene 클래스에는 버퍼 두 개가 buffers_ 배열에 들어 있다. 버퍼에 접근할 때는 배열 대
신 next_와 current_ 포인터 멤버 변수로 접근한다. 렌더링할 때는 next_ 포인터가 가리키는
다음 버퍼에 그리고, 비디오 드라이버는 current_ 포인터로 **현재** 버퍼에 접근해 픽셀을 가져
온다.

이런 식으로 비디오 드라이버가 작업 중인 버퍼에 접근하는 걸 막을 수 있다. 이제 장면을 다
그린 후에 swap()만 호출하면 된다. swap()에서는 next_와 current_ 포인터를 맞바꾸는 게

전부다. 이제 비디오 드라이버가 getBuffer()를 호출하면 이전에 화면에 그리기 위해 사용한 버퍼 대신 방금 그린 화면이 들어 있는 버퍼를 얻게 된다. 테어링이나 꼴 보기 싫은 이상 화면은 더 이상 나오지 않는다.

그래픽스 외의 활용법

변경 중인 상태에 접근할 수 있다는 게 이중 버퍼로 해결하려는 문제의 핵심이다. 원인은 보통 두 가지다. 첫 번째는 다른 스레드나 인터럽트interrupt에서 상태에 접근하는 경우인데, 이는 그래픽스 예제에서 이미 살펴보았다.

이것만큼이나 흔한 게 **어떤 상태를 변경하는 코드**가, 동시에 지금 변경하려는 상태를 읽는 경우다. 특히 물리나 인공지능같이 객체가 서로 상호작용할 때 이런 경우를 쉽게 볼 수 있다. 이 때에도 이중 버퍼가 도움이 될 수 있다.

멍청한 인공 지능

(하필이면) 슬랩스틱 코미디 기반 게임에 들어갈 행동 시스템을 만든다고 해보자. 게임에는 무대가 준비되어 있고, 그 위에서 여러 배우들이 이런저런 몸개그를 하고 있다. 먼저 배우actor를 위한 상위 클래스를 만들자.[9]

```cpp
class Actor {
public:
  Actor() : slapped_(false) {}
  virtual ~Actor() {}
  virtual void update() = 0;
  void reset() { slapped_ = false; }
  void slap() { slapped_ = true; }
  bool wasSlapped() { return slapped_; }

private:
  bool slapped_;
};
```

---

9 전체 코드는 https://git.io/vr891에서 확인할 수 있다. – 옮긴이

매 프레임마다 배우 객체의 update()를 호출해 배우가 뭔가를 진행할 수 있게 해줘야 한다. 특히 유저 입장에서는 **모든 배우가 한 번에 업데이트되는 것처럼 보여야** 한다.[10]

배우는 서로 상호작용할 수 있다. '돌아가면서 서로 때리는' 것을 '상호작용'이라고 부를 수 있다면 말이다. update()가 호출될 때 배우는 다른 배우 객체의 slap()을 호출해 때리고, wasSlapped()를 통해서 맞았는지 여부를 알 수 있다.

배우들이 상호작용할 수 있는 무대stage를 제공하자.

```cpp
class Stage {
public:
  void add(Actor* actor, int index) {
    actors_[index] = actor;
  }
  void update() {
    for (int i = 0; i < NUM_ACTORS; i++) {
      actors_[i]->update();
      actors_[i]->reset();
    }
  }

private:
  static const int NUM_ACTORS = 3;
  Actor* actors_[NUM_ACTORS];
};
```

Stage 클래스는 배우를 추가할 수 있고, 관리하는 배우 전체를 업데이트할 수 있는 update() 메서드를 제공한다. 유저 입장에서는 배우들이 한 번에 움직이는 것처럼 보이겠지만 내부적으로는 하나씩 업데이트된다.

배우가 따귀를 맞았을 때 딱 한 번만 반응하게 하기 위해서 '맞은' 상태(slapped_)를 update() 후에 바로 초기화(reset)한다는 점에도 주의하자.

다음으로 Actor를 상속받는 구체 클래스 Comedian을 정의한다. 코미디언comedian이 하는 일은 굉장히 단순하다. 다른 배우 한 명을 보고 있다가 누구한테든 맞으면 보고 있던 배우를 때린다.

---

10 이는 업데이트 메서드 패턴(10장)의 예제이기도 하다.

```
class Comedian : public Actor {
public:
  void face(Actor* actor) { facing_ = actor; }
  virtual void update() {
    if (wasSlapped()) {
      facing_->slap();
    }
  }

private:
  Actor* facing_;
};
```

이제 코미디언 몇 명을 무대 위에 세워놓고 어떤 일이 벌어지는지 보자. 3명의 코미디언이 각자 다음 사람을 바라보게 하고, 마지막 사람은 첫 번째 사람을 볼 수 있도록 큰 원 형태로 둔다.

```
Stage stage;

Comedian* harry = new Comedian();
Comedian* baldy = new Comedian();
Comedian* chump = new Comedian();

harry->face(baldy);
baldy->face(chump);
chump->face(harry);

stage.add(harry, 0);
stage.add(baldy, 1);
stage.add(chump, 2);
```

무대는 다음 그림과 같다. 화살표는 누가 누구를 보고 있는지 보여준다. 숫자는 Stage::actors_ 배열에서의 인덱스다.

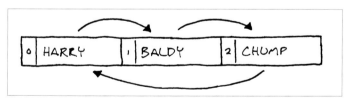

그림 8-3 게임에서 벌어지는 폭력

Harry를 때린 후에 어떤 일이 벌어지는지 보자.

```
harry->slap();
stage.update();
```

Stage 클래스의 update 메서드는 순서대로 돌아가면서 배우 객체의 update()를 호출하기 때문에, 코드가 실행된 후에는 이런 결과를 얻게 된다.

- Stage가 actor 0인 Harry를 업데이트 → Harry가 따귀를 맞았다. Harry는 Baldy를 때린다.
- Stage가 actor 1인 Baldy를 업데이트 → Baldy가 따귀를 맞았다. Baldy는 Chump를 때린다.
- Stage가 actor 2인 Chump를 업데이트 → Chump가 따귀를 맞았다. Chump는 Harry를 때린다.
- Stage 업데이트 끝.

처음에 Harry를 때린 것이 한 프레임 만에 전체 코미디언에게 전파된다. 이번에는 코미디언들이 바라보는 대상은 유지하되 Stage 배열 내에서의 위치를 바꿔보자.[11]

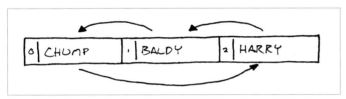

그림 8-4 폭력은 폭력을 낳는다.

무대를 초기화하는 코드에서 나머지는 그대로 두고 무대에 배우를 추가하는 코드만 다음과 같이 바꾼다.

```
stage.add(harry, 2);
stage.add(baldy, 1);
stage.add(chump, 0);
```

다시 Harry를 때린 후에 어떤 일이 벌어지는지 보자.

- Stage가 actor 0인 Chump를 업데이트 → Chump가 따귀를 맞지 않았다. Chump는 아무것도 하지 않는다.
- Stage가 actor 1인 Baldy를 업데이트 → Baldy가 따귀를 맞지 않았다. Baldy는 아무것도 하지 않는다.
- Stage가 actor 2인 Harry를 업데이트 → Harry가 따귀를 맞았다. Harry는 Baldy를 때린다.
- Stage 업데이트 끝.

---

11 전체 코드는 https://git.io/vr8Qd 에서 확인할 수 있다. – 옮긴이

저런, 전혀 다른 결과가 나왔다. 문제는 명확하다. 배우 전체를 업데이트할 때 배우의 맞은 상태(slapped_)를 바꾸는데, 그와 동시에 같은 값을 **읽기도** 하다 보니 업데이트 초반에 맞은 상태를 바꾼 게 나중에 가서 영향을 미치게 된다.[12]

결과적으로 배우가 맞았을 때 배치 순서에 따라 **이번** 프레임 내에서 반응할 수도 있고 **다음** 프레임에서야 반응할 수도 있다. 배우들이 동시에 행동하는 것처럼 보이고 싶었는데 이런 식으로 업데이트 순서에 따라 결과가 다르면 안 된다.

맞은 상태를 버퍼에 저장하기

다행히 여기에서도 이중 버퍼 패턴을 써먹을 수 있다. 이번에는 통짜 '버퍼' 객체 두 개 대신, 더 정교하게 배우의 '맞은' 상태만 버퍼에 저장한다.[13]

```
class Actor {
public:
  Actor() : currentSlapped_(false) {}
  virtual ~Actor() {}
  virtual void update() = 0;

  void swap() {
    // 버퍼 교체.
    currentSlapped_ = nextSlapped_;

    // '다음' 버퍼를 초기화.
    nextSlapped_ = false;
  }

  void slap() { nextSlapped_ = true; }
  bool wasSlapped() { return currentSlapped_; }

private:
  bool currentSlapped_;
  bool nextSlapped_;
};
```

---

12 무대를 계속 업데이트해보면 매 프레임마다 때리는 게(slap) 점차 전파되는 걸 볼 수 있다. 첫 프레임에서는 Harry가 Baldy를 때리고, 다음 프레임에서는 Baldy가 Chump를 때리는 식이다.

13 전체 코드는 https://git.io/vr8QX에서 확인할 수 있다. – 옮긴이

Actor 클래스의 slapped_ 상태가 두 개로 늘었다. 앞에서 본 그래픽스 예제처럼 현재 상태 (currentSlapped_)는 읽기 용도로, 다음 상태(nextSlapped_)는 쓰기 용도로 사용한다.

reset() 메서드가 없어지고 대신 swap() 메서드가 생겼다. swap()은 다음 상태를 현재 상태로 복사한 후 다음 상태를 초기화한다. Stage 클래스도 약간 고쳐야 한다.

```
void Stage::update() {
  for (int i = 0; i < NUM_ACTORS; i++) {
    actors_[i]->update();
  }
  for (int i = 0; i < NUM_ACTORS; i++) {
    actors_[i]->swap();
  }
}
```

이제 update() 메서드는 모든 배우를 먼저 업데이트한 **다음에** 상태를 교체한다. 결과적으로 배우 객체는 자신이 맞았다는 걸 **다음** 프레임에서야 알 수 있다. 이제 모든 배우는 배치 순서와 상관없이 똑같이 행동한다. 유저나 바깥 코드 입장에서는 모든 배우가 한 프레임에 동시에 업데이트되는 것으로 보인다.

8.7. 디자인 결정

이중 버퍼는 굉장히 단순하다. 사례 역시 앞에서 본 예제에서 크게 벗어나지 않는다. 이중 버퍼 패턴을 구현할 때 결정해야 할 중요한 점 두 가지를 살펴보자.

버퍼를 어떻게 교체할 것인가?

버퍼 교체 연산은 읽기 버퍼와 쓰기 버퍼 모두를 사용하지 못하게 한다는 점에서 매우 중요하다. 최고 성능을 얻기 위해서는 최대한 빠르게 교체해야 한다.

| 버퍼 포인터나 레퍼런스를 교체 |
그래픽스 예제에서 봤던 방식이다. 이중 버퍼 그래픽스에서는 가장 일반적으로 사용된다.

- **빠르다.** 버퍼가 아무리 커도 포인터 두 개만 바꾸면 된다. 속도나 단순성 면에서 이보다 좋은 방법을 찾기 어렵다.

- **버퍼 코드 밖에서는 버퍼 메모리를 포인터로 저장할 수 없다는 한계가 있다.** 이 방식에서는 데이터를 실제로 옮기지는 않고, 앞서 본 무대 비유에서처럼 주기적으로 다른 버퍼를 읽으라고 알려준다. 버퍼 외부 코드에서 버퍼 내 데이터를 직접 포인터로 저장하면 버퍼 교체 후 잘못된 데이터를 가리킬 가능성이 있다.

  특히 비디오 드라이버가 프레임 버퍼는 항상 메모리에서 같은 위치에 있을 거라고 기대하는 시스템에서 문제가 된다. 이런 시스템에서는 이중 버퍼를 쓸 수 없다.

- **버퍼에 남아 있는 데이터는 바로 이전 프레임 데이터가 아닌 2프레임 전 데이터다.** 버퍼끼리 데이터를 복사하지 않는 한 다음 프레임은 다음과 같이 다른 버퍼에 그려진다.

  > 버퍼 A에 프레임 1을 그린다.
  > 버퍼 B에 프레임 2를 그린다.
  > 버퍼 A에 프레임 3을 그린다.

  프레임 3을 그릴 때 버퍼 A에 남아 있는 데이터는 프레임 2가 아닌 프레임 1에서 그린 것임을 알 수 있다. 일반적으로는 그리기 전에 버퍼를 정리하기 때문에 별 문제가 안 되지만, 버퍼에 남은 데이터를 재사용할 때는 이 데이터가 2프레임 전 데이터라는 걸 감안해야 한다.[14]

| 버퍼끼리 데이터를 복사 |

유저가 다른 버퍼를 재지정하게 할 수 없다면, 다음 버퍼 데이터를 현재 버퍼로 복사해주는 수밖에 없다. 앞에서 본 슬랩스틱 코미디언 예제가 이런 식이다. 복사해야 하는 상태가 불리언 변수 하나밖에 없었기 때문에 버퍼 포인터를 교체하는 것과 속도 면에서 차이가 없어서 이런 방법을 선택했다.

- **다음 버퍼에는 딱 한 프레임 전 데이터가 들어 있다.** 이전 버퍼에서 좀 더 최신 데이터를 얻을 수 있다는 점에서 두 버퍼를 교체하는 방식보다 좋다.

- **교체 시간이 더 걸린다.** 이게 가장 큰 단점이다. 교체를 하려면 전체 버퍼를 다 복사해야 한다. 버퍼가 전체 프레임버퍼같이 크다면, 엄청난 시간이 걸릴 수 있다. 그동안 양쪽 버퍼에 읽고 쓰기가 불가능하기 때문에 제약이 크다.

얼마나 정밀하게 버퍼링할 것인가?

그다음으로 생각해볼 것은 버퍼가 어떻게 구성되어 있는가다. 버퍼가 하나의 큰 데이터 덩어

---

14 이전 프레임버퍼를 사용하는 고전적인 예가 모션 블러다. 모션 블러 효과를 주기 위해서는 현재 프레임 이미지에 이전 프레임 값을 살짝 섞어서 실제 카메라에서 보이는 것처럼 이미지를 뭉개준다.

인가, 아니면 객체 컬렉션 안에서 분산되어 있는가? 먼저 살펴본 그래픽 예제는 전자고, 배우 예제는 후자다.

대부분은 버퍼링하는 대상에 따라 대답이 달라지겠지만 일부 예외도 있다. 예를 들어 배우 객체들은 하나의 메시지 블록에 메시지를 전부 저장해놓고 인덱스로 참조할 수도 있다.

| 버퍼가 한 덩어리라면 |

- **간단히 교체할 수 있다.** 버퍼 두 개만 있기 때문에 한 번에 맞바꾸기만 하면 된다. 포인터로 버퍼를 가리키고 있다면 버퍼 크기와 상관없이 포인터 대입 두 번만으로 버퍼를 교체할 수 있다.

| 여러 객체가 각종 데이터를 들고 있다면 |

- **교체가 더 느리다.** 전체 객체 컬렉션을 순회하면서 교체하라고 알려줘야 한다.

  코미디언 예제에선 어쨌거나 다음 맞은 상태를 정리하기 위해 매 프레임마다 버퍼된 상태를 건드려줘야 했기 때문에 이 방식도 문제없었다. 만약 이전 버퍼를 건드리지 않아도 된다면, 버퍼가 여러 객체에 퍼져 있어도 단일 버퍼와 같은 성능을 낼 수 있도록 간단하게 최적화할 방법이 있다.

  아이디어는 '현재'와 '다음' 포인터 개념을 객체 상대적 **오프셋**으로 응용하는 데 있다. 다음 코드를 보자.

```cpp
class Actor {
public:
  static void init() { current_ = 0; }
  static void swap() { current_ = next(); }

  void slap() { slapped_[next()] = true; }
  bool wasSlapped() { return slapped_[current_]; }

private:
  static int current_;
  static int next() { return 1 - current_; }

  bool slapped_[2];
};
```

배우는 상태 배열(slapped_[2])의 current_ 인덱스를 통해 맞은 상태에 접근한다. 다음 상태는 배열의 나머지 한 값이므로 next()로 인덱스를 계산한다. 상태 교체는 current_ 값을 바꾸기만 하면 된다. 여기서 swap()이 '정적' 함수이기 때문에 한 번만 호출해도 '모든' 배우의 상태를 교체할 수 있다는 게 핵심이다.

8.8. 관련자료

- 이중 버퍼 패턴은 거의 모든 그래픽 관련 API에서 찾아볼 수 있다. OpenGL의 swapBuffers() 함수, Direct3D의 'swap chain', 마이크로소프트 XNA의 endDraw()에서 프레임버퍼를 교체하는 것 등을 들 수 있다.

CHAPTER 9

게임 루프

9.1. 의도

게임 시간 진행을 유저 입력, 프로세서 속도와 디커플링한다.

9.2. 동기

이 책에서 패턴을 하나만 남겨야 한다면 게임 루프 패턴을 고를 것이다. 게임 루프 패턴은 거의 모든 게임에서 사용하며, 어느 것도 서로 똑같지 않고, 게임이 아닌 분야에서는 그다지 쓰이지 않는다는 점에서 전형적인 '게임 프로그래밍 패턴'이다.

게임 루프가 얼마나 유용한지 보기 위해 잠깐 과거를 되짚어보자. 모든 프로그래머가 턱수염[1]을 기르던 시절에 프로그램은 식기세척기처럼 동작했다. 즉, 코드를 들이부은 뒤에 버튼을 누르고 한참 기다려야 결과를 볼 수 있었다. 이런 걸 **배치 모드**batch mode 프로그램이라고 하는데, 모든 작업이 끝나고 나면 프로그램은 멈췄다. 요즘도 배치 모드 프로그램이 있지만 그래도 더 이상 천공카드에 코드를 입력하지는 않아도 된다. 셸 스크립트, 명령줄 프로그램을 비롯해서, 마크다운으로 입력한 글을 책으로 변환해주는 짧은 파이썬 스크립트도 배치 모드 프로그램에 속한다.[2]

---

1 여성 프로그래머인 에이다 러브레이스와 그레이스 호퍼에게는 명예 턱수염이 있었다고 치자.

2 저자는 파이썬 스크립트를 사용해 마크다운 포맷 문서를 웹 버전용 HTML 및 PDF로 변환했다. https://git.io/vwkEs에서 코드를 확인할 수 있다. – 옮긴이

CPU와의 인터뷰

컴퓨터실에 가서 코드를 밀어 넣은 뒤 자기 자리로 돌아와 결과가 나올 때까지 몇 시간 기다리는 식으로는 디버깅이 너무 오래 걸렸다. 즉각적인 피드백을 원했던 프로그래머들은 **대화형** interactive 프로그램을 만들었다. 초기 대화형 프로그램 중에는 게임도 있었다.[3]

> 당신은 작은 벽돌 건물 앞 막다른 길에 서 있다. 주변에는 숲이 있다. 작은 물줄기가 건물에서 흘러나와 개울로 향하고 있다.
>
> > 들어간다
> 당신은 건물 안에 들어왔다. 깊은 샘 위에 지은 우물집이었다.

이제 프로그램과 실시간으로 대화를 나눌 수 있게 되었다. 프로그램은 입력을 기다렸다가 응답한다. 그 말에 내가 다시 대답한다. 이런 식으로 유치원에서 배웠던 것처럼 서로 번갈아 가며 얘기할 수 있다. 우리 차례가 되면 프로그램은 가만히 앉아서 기다린다. 코드로 표현하면 다음과 같다.[4]

```
while (true) {
  char* command = readCommand();
  handleCommand(command);
}
```

이벤트 루프

최신 GUI 애플리케이션도 내부를 들여다보면 옛날 어드벤처 게임과 놀랄 정도로 비슷하다. 워드 프로세서만 해도 사용자가 키를 누르거나 클릭하기 전에는 가만히 기다린다.

```
while (true) {
  Event* event = waitForEvent();
  dispatchEvent(event);
}
```

....

3 최초의 어드벤처 게임인 〈콜로설 케이브 어드벤처(Colossal Cave Adventure)〉의 화면이다.

4 무한루프라서 게임을 끝낼 방법이 없다. 실제 게임 코드였다면 while (!done) 식으로 루프를 빠져나갈 수 있게 만들었겠지만 코드를 간단하게 보여주기 위해 일부러 뺐다.

GUI 애플리케이션 역시 **문자 입력** 대신 마우스나 키보드 **입력 이벤트**를 기다린다는 점 외에는 기본적으로 사용자 입력을 받을 때까지 **멈춰** 있는 옛날 텍스트 어드벤처와 동작 방식에서 별 차이가 없다.

하지만 대부분의 다른 소프트웨어와는 달리, 게임은 유저 입력이 없어도 계속 돌아간다. 아무 것도 하지 않은 채로 화면만 보고 있다고 해도 게임 화면은 멈추지 않고 애니메이션과 시각적 연출을 계속한다. 재수가 없다면 몬스터가 우리 영웅을 계속 때리고 있는 모습도 볼 수 있다.[5]

루프에서 사용자 입력을 처리하지만 마냥 기다리고 있지 않는다는 점, 이게 게임 루프의 첫 번째 핵심이다. 루프는 끊임없이 돌아간다.

```
while (true) {
  processInput();
  update();
  render();
}
```

뒤에서 다듬겠지만, 기본 코드는 크게 달라지지 않는다. `processInput()`에서는 이전 호출 이후로 들어온 유저 입력을 처리한다. `update()`[6]에서는 게임 시뮬레이션을 한 단계 시뮬레이션 하는데 AI와 물리를 (보통 이 순서대로) 처리한다. 마지막으로 `render()`는 플레이어가 어떤 일이 벌어지는지 알 수 있도록 게임 화면을 그린다.

게임 월드에서의 시간

루프가 입력을 기다리지 않는다면 루프가 도는 데 시간이 **얼마나** 걸리는지 궁금할 것이다. 게임 루프가 돌 때마다 게임 상태는 조금씩 진행된다. 게임 월드 주민 입장에서는 게임 시간이 째 깍째깍 흘러가는 셈이다.[7]

그동안 **플레이어**의 실제 시간도 흘러간다. 실제 시간 동안 게임 루프가 얼마나 많이 돌았는지 를 측정하면 '초당 프레임 수$^{frames\ per\ second}$'(FPS)를 얻을 수 있다. 게임 루프가 빠르게 돌면 FPS

---

5 거의 모든 이벤트 루프 시스템에서 사용자 입력이 없을 때에도 필요한 일을 할 수 있도록 대기(idle) 이벤트를 제공하지만, 커서를 깜빡거리 거나 진행 바를 보여주는 용도로는 충분할지 몰라도 게임에서 쓰기에는 부족하다.

6 이름에서 추측할 수 있듯이 update()에는 업데이트 메서드 패턴(10장)을 쓰기 좋다.

7 게임 루프에서는 한 바퀴 도는 걸 보통 '틱(tick)'이나 '프레임(frame)'이라고 부른다.

가 올라가면서 부드럽고 빠른 화면을 볼 수 있다. 게임 루프가 느리면 스톱모션 영화처럼 뚝뚝 끊어져 보인다.

앞에서 대충 만든 루프 코드는 무조건 빠르게 루프를 돌기 때문에, 두 가지 요인이 프레임 레이트frame rate를 결정한다. 하나는 **한 프레임에 얼마나 많은 작업을 하는가**다. 물리 계산이 복잡하고 게임 객체가 많으며 그래픽이 정교해 CPU, GPU가 계속 바쁘다면 한 프레임에 걸리는 시간이 늘어난다.

다른 요인은 **코드가 실행되는 플랫폼의 속도**다. 하드웨어 속도가 빠르다면 같은 시간에 더 많은 코드를 실행할 것이다. 멀티코어, GPU, 전용 오디오 하드웨어, OS 스케줄러 등도 한 틱에 걸리는 시간에 영향을 미친다.

게임 시간 vs 실제 시간

게임 개발 초창기에는 두 번째 요인이 정해져 있었다. 패미컴(NES)이나 애플 II용 게임은 어느 CPU에서 실행될지 **정확하게** 알 수 있었기 때문에[8], 특정 CPU 전용 코드를 사용할 수 있었고 실제로도 그렇게 했다. 개발자는 한 틱에 얼마나 많은 작업을 할지만 정하면 되었다.

이 당시에는 게임이 원하는 속도를 낼 수 있도록 매 프레임마다 작업을 얼마나 할지를 고민해야 했다. 같은 게임을 더 빠른, 혹은 더 느린 기계에서 실행하면 게임 속도도 같이 빨라지거나 느려졌다.[9]

요즘은 개발 중인 게임이 정확히 어느 하드웨어에서 실행될지 알 수 있는 행복한 경우가 거의 없다. 대신, 여러 기계에서도 잘 돌아갈 수 있도록 만들어야 한다.

이와 같이, **어떤 하드웨어에서라도 일정한 속도로 실행될 수 있도록 하는 것**이 게임 루프의 또 다른 핵심 업무다.

---

8 둘 다 MOS 6502 계열의 같은 프로세서를 사용했다. – 옮긴이

9 이래서 옛날 PC에는 '터보' 버튼이 있었다. 새로 나온 빠른 PC에서 옛날 게임을 실행하면 너무 빨라서 제대로 플레이할 수 없었다. 그럴 때는 터보 버튼을 **꺼서** PC를 느리게 만들었다.

9.3. 패턴

게임 루프는 게임하는 내내 실행된다. 한 번 돌 때마다 멈춤 없이 **유저 입력을 처리**한 뒤 **게임 상태를 업데이트**하고 **게임 화면을 렌더링**한다. 시간 흐름에 따라 **게임플레이 속도를 조절**한다.

9.4. 언제 쓸 것인가?

부적합한 패턴은 안 쓰는 것만 못하기 때문에, '언제 쓸 것인가' 절은 의욕이 넘치지 않도록 주의를 주는 내용이 많았다. 패턴을 최대한 많이 적용하는 것이 디자인 패턴의 목표가 아니다.

하지만 게임 루프 패턴은 좀 다르다. 이것만큼은 무조건 사용될 거라고 자신 있게 말할 수 있다. 게임 엔진을 쓰고 있다면 직접 게임 루프를 작성하진 않을지 몰라도 여전히 어딘가에는 게임 루프가 있다.[10]

턴제 게임에는 게임 루프가 필요 없다고 생각할지도 모르겠다. 물론 유저가 턴을 끝내기 전에는 **게임 상태**가 진행되지 않겠지만, 게임의 **시각** 및 **청각** 상태는 계속 바뀌어야 한다. 유저의 턴이 끝날 때까지 게임이 '기다리는' 동안에도 애니메이션과 음악은 계속 돌아가야 한다.

9.5. 주의사항

게임 루프는 전체 게임 코드 중에서도 가장 핵심에 해당한다. 10% 코드가 프로그램 실행 시간 90%를 차지한다고들 한다. 게임 루프 코드는 분명 그 10%에 들어가기 때문에 최적화를 고려해 깐깐하게 만들어야 한다.[11]

---

10 나는 루프 코드에 따라서 '엔진'과 '라이브러리'를 나눈다. 라이브러리에서는 우리가 게임 메인 루프를 들고 있으면서 라이브러리 함수를 호출한다. 엔진은 스스로가 루프를 들고 있으면서 **우리** 코드를 호출한다.

11 이런 식으로 통계를 내다 보니 기계공학자나 전기공학자 같은 '진짜' 공학자들이 프로그래머를 공학자로 쳐주지 않는다.

플랫폼의 이벤트 루프에 맞춰야 할 수도 있다

그래픽 UI와 이벤트 루프가 들어 있는 OS나 플랫폼에서 게임을 만들 경우는, 애플리케이션 루프가 **두 개** 있는 셈이므로 서로를 잘 맞춰야 한다.

제어권을 가져와 우리 루프만 남겨놓을 수도 있다. 오래된 윈도우 API로 게임을 만든다면, `main()`에 게임 루프를 두고 루프 안에서 `PeekMessage()`를 호출해 OS로부터 이벤트를 가져와 전달하는 식으로 만들 수 있다. `GetMessage()`와는 달리 `PeekMessage()`는 유저 입력이 올 때까지 기다리지 않기 때문에, 게임 루프를 멈추지 않고 계속 돌아가게 할 수 있다.

플랫폼에 따라서는 내부 이벤트 루프를 무시하기 어려울 수도 있다. 웹 브라우저에서는 이벤트 루프가 브라우저 실행 모델 깊숙한 곳에서 모든 것을 좌우하기 때문에 이걸 게임 루프로 사용해야만 한다. 게임이 돌아가게 하려면 `requestAnimationFrame()` 같은 걸 호출한 뒤에 브라우저가 우리 코드를 콜백으로 호출해주기를 기다려야 한다.

9.6. 예제 코드

소개는 길었지만, 사실 게임 루프 코드는 굉장히 짧다. 여러 구현 방식을 각각의 장단점과 함께 알아보자.

게임 루프에서는 AI와 렌더링 같은 게임 시스템을 진행하지만 게임 루프 패턴에만 집중하기 위해 예제에서는 가상의 함수를 호출한다. `render`, `update` 같은 함수를 실제로 구현하는 것은 여러분의 몫이다.

최대한 빨리 달리기

가장 간단한 게임 루프 형태는 이미 앞에서 살펴봤다.

```
while (true) {
  processInput();
  update();
  render();
}
```

이 방식은 게임 실행 속도를 제어할 수 없다는 문제가 있다. 빠른 하드웨어에서는 무슨 일이 벌어지는지 알 수 없을 정도로 루프가 빠르게 돌아가고, 느린 하드웨어에서는 게임이 느릿느릿 기어간다. 콘텐츠, AI, 물리 계산이 많은 지역이나 레벨이 있다면, 그 부분에서만 게임이 느리게 실행될 것이다.

한숨 돌리기

첫 번째 변형에서는 이 문제를 간단하게 해결한다. 게임을 60FPS로 돌린다면 한 프레임에 16ms가 주어진다.[12] 그동안 게임 진행과 렌더링을 다 할 수 있다면 프레임 레이트를 유지할 수 있다. 다음처럼 프레임을 실행한 뒤에 다음 프레임까지 남은 시간을 **기다리면** 된다.

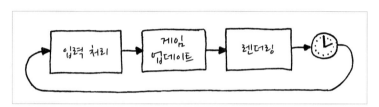

그림 9-1 진짜 간단한 게임 루프

코드는 대강 다음과 같다.

```
while (true) {
  double start = getCurrentTime();
  processInput();
  update();
  render();

  sleep(start + MS_PER_FRAME - getCurrentTime());
}
```

한 프레임이 빨리 끝나도 sleep() 덕분에 게임이 너무 **빨라지지는** 않는다. 다만 너무 **느려지는** 건 막지 **못한다**. 한 프레임을 업데이트하고 렌더링하는 데 걸리는 시간이 16ms 이상이라면 sleep 함수의 시간 인수가 **음수**여야 한다. 컴퓨터가 시간을 되돌릴 수 있다면 좋겠지만 그럴 수 없다 보니 게임이 느려진다.

------

12 FPS는 초당 프레임 수이므로, 1초를 FPS로 나누면 프레임당 초를 구할 수 있다.

그래픽과 AI 수준을 낮춰서 한 프레임에 할 일을 줄이는 식으로 문제를 회피할 수는 있다. 하지만 이러면 모든 유저, 심지어 빠른 하드웨어에서 플레이하는 유저의 게임플레이 품질에도 영향을 미친다.

한 번은 짧게, 한 번은 길게

좀 더 정교하게 만들어보자. 문제는 결국 다음 두 가지로 볼 수 있다.

1. 업데이트할 때마다 정해진 만큼 게임 시간이 진행된다.
2. 업데이트하는 데에는 **현실** 세계의 시간이 어느 정도 걸린다.

2번이 1번보다 오래 걸리면 게임은 느려진다. 게임 시간을 16ms 진행하는 데 걸리는 시간이 16ms보다 더 걸리면 따라갈 수가 없다. 하지만 한 번에 게임 시간을 16ms **이상** 진행할 수만 있다면, 업데이트 횟수가 적어도 따라갈 수 있다.

즉, 프레임 이후로 **실제** 시간이 얼마나 지났는지에 따라 시간 간격을 조절하면 된다. 프레임이 오래 걸릴수록 게임 간격을 길게 잡는다. 필요에 따라 업데이트 단계를 조절할 수 있기 때문에 실제 시간을 따라갈 수 있다. 이런 걸 **가변** 시간 간격, 혹은 **유동** 시간 간격이라고 한다.

```
double lastTime = getCurrentTime();
while (true) {
  double current = getCurrentTime();
  double elapsed = current - lastTime;
  processInput();
  update(elapsed);
  render();
  lastTime = current;
}
```

매 프레임마다 이전 게임 업데이트 이후 **실제** 시간이 얼마나 지났는지를 elapsed에 저장한다. 게임 상태를 업데이트할 때 elapsed를 같이 넘겨주면 받는 쪽에서는 지난 시간만큼 게임 월드 상태를 진행한다.

게임에서 총알이 날아다닌다고 해보자. 고정 시간 간격에서는 매 프레임마다 총알 속도에 맞춰서 총알을 움직인다. 가변 시간 간격에서는 속도와 지나간 시간을 곱해서 이동 거리를 구한다.

시간 간격이 커지면 총알을 더 많이 움직인다. 짧고 빠른 간격으로 20번 업데이트하든, 크고 느린 간격으로 4번 업데이트하든 상관없이 총알은 같은 **실제** 시간 동안 **같은** 거리를 이동한다. 이 정도면 전부 해결된 거 같아 보인다.

- 다양한 하드웨어에서 비슷한 속도로 게임이 돌아간다.
- 더 빠른 하드웨어를 사용하는 유저는 더 부드러운 게임플레이를 즐길 수 있다.

하지만 안타깝게도 한 가지 심각한 문제가 숨어 있다. 이 방식을 쓰면 게임이 비결정적이자 불안정하게 된다. 어떤 함정이 숨어 있는지 예제로 살펴보자.[13]

2인용 네트워크 게임이 있다고 하자. 프레드는 끝내주는 게임용 PC로 접속한 반면, 조지는 할머니의 오래된 PC로 들어왔다. 앞에서 예로 들었던 총알이 두 사람의 화면을 획획 날아다닌다. 프레드의 PC에서는 게임이 정말 빠르게 실행되기 때문에 시간 간격이 짧다. 총알이 화면을 지나가는 1초 동안 50프레임이 실행된다고 해보자. 불쌍한 조지의 PC에서는 1초에 5프레임밖에 보여주지 못한다.

즉, 프레드의 PC에서는 물리 엔진이 총알 위치를 50번 업데이트하는 반면, 조지의 PC에서는 5번밖에 업데이트하지 못한다. 보통 게임에서는 부동 소수점floating point을 쓰기 때문에 **반올림 오차**가 생기기 쉽다. 부동소수점 숫자를 더할 때마다 결과 값에 오차가 생길 수 있다. 프레드의 PC는 덧셈을 10배 더 많이 하기 때문에 조지의 PC보다 오차가 더 크게 쌓인다. 결국 PC에 따라 **같은** 총알의 위치가 **달라진다.**

가변 시간 간격에서 생길 수 있는 골치 아픈 문제는 이뿐만이 아니다. 실시간으로 실행하기 위해 게임 물리 엔진은 실제 물리 법칙의 근사치를 취한다. 근사치가 튀는 걸blowing up 막기 위해 감쇠damping를 적용한다.[14] 감쇠는 시간 간격에 맞춰 세심하게 조정해야 한다. 감쇠 값이 바뀌다 보면 물리가 불안정해진다.

이런 불안정성은 충분히 나쁘니 이번 예제는 경계하라는 뜻에서 이 정도로 하고, 어서 더 나은 방법으로 넘어가자.

---

13 '결정적'이라는 건 프로그램을 실행할 때마다 입력이 같으면 결과도 정확하게 같다는 뜻이다. 결정적인 프로그램에서는 버그를 유발하는 입력 값만 찾으면 버그를 반복 재현할 수 있기 때문에 버그 찾기가 훨씬 쉽다.
컴퓨터는 기계적으로 프로그램을 실행하기 때문에 원래 결정적이다. 비결정적인 현상은 골치 아픈 현실 세계가 개입될 때 생긴다. 예를 들어 네트워크, 시스템 클럭, 스레드 스케줄링 같은 것들은 어느 정도 프로그램이 완전히 제어할 수 없는 외부 세계에 의존적이다.

14 정말 말 그대로 '튀어 오를' 수 있다. 물리 엔진 상태가 맛이 가면 객체의 속도 값이 이상해지면서 객체가 하늘 높이 튀어 오를 수 있다.

따라잡기

가변 시간 간격에 영향을 받지 않는 부분 중 하나가 렌더링이다. 렌더링은 실행되는 순간을 포착할 뿐, 이전 렌더링 이후로 시간이 어느 정도 지났는지는 고려하지 않는다. 그냥 때가 되면 렌더링할 뿐이다.[15]

이 점을 활용해보자. 모든 걸 더 간단하게 만들고 물리, AI도 좀더 안정적으로 만들기 위해 고정 시간 간격으로 **업데이트**할 것이다. 하지만 **렌더링** 간격은 유연하게 만들어 프로세서 낭비를 줄일 것이다.

원리는 다음과 같다. 이전 루프 이후로 실제 시간이 얼마나 지났는지를 확인한 후, 게임의 '현재'가 실제 시간의 '현재'를 따라잡을 때까지 **고정** 시간 간격만큼 게임 시간을 **여러 번** 시뮬레이션한다.

```
double previous = getCurrentTime();
double lag = 0.0;
while (true) {
  double current = getCurrentTime();
  double elapsed = current - previous;
  previous = current;
  lag += elapsed;
  processInput();

  while (lag >= MS_PER_UPDATE) {
    update();
    lag -= MS_PER_UPDATE;
  }
  render();
}
```

프레임을 시작할 때마다 실제 시간이 얼마나 지났는지를 lag 변수에 저장한다. 이 값은 실제 시간에 비해 게임 시간이 얼마나 뒤처졌는지를 의미한다. 그다음으로 안에서 고정 시간 간격 방식으로 루프를 돌면서 실제 시간을 따라잡을 때까지 게임을 업데이트한다. 다 따라잡은 후에는 렌더링하고 다시 루프를 실행한다. 그림으로 그려보면 다음과 같다.

---

15 모션 블러같이 시간 간격에 영향받는 작업도 있지만, 이때도 약간의 시간 차이는 플레이어가 잘 알아차리지 못한다

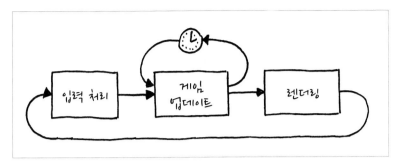

그림 9-2 핵심 루프로부터 렌더링을 분리한다.

여기에서 시간 간격(MS_PER_UPDATE)은 더 이상 **시각적** 프레임 레이트가 아니다. 게임을 얼마나 **촘촘하게** 업데이트할지에 대한 값일 뿐이다. 시간 간격이 짧을수록 실제 시간을 따라잡기가 더 오래 걸리고, 시간 간격이 길수록 게임플레이가 끊겨 보인다. 60FPS보다 더 빠르게 돌아가도록 시간 간격을 충분히 짧게 잡아, 좋은 PC에서는 게임 시뮬레이션이 훨씬 그럴싸하게 보이도록 만드는 게 이상적이다.

하지만 시간 간격이 너무 짧아지지 않도록 주의해야 한다. 가장 느린 하드웨어에서도 update()를 실행하는 데 걸리는 시간보다는 시간 간격이 커야 한다. 그렇지 않으면 게임 시간은 계속 뒤처지게 된다.[16]

다행히 렌더링을 update() 루프에서 **빼놓았기** 때문에 CPU 시간에 여유가 좀 생겼다. 느린 PC에서는 화면이 조금 끊기겠지만, 결과적으로 안전한 고정 시간 간격을 이용해 여러 하드웨어에서 일정한 속도로 게임을 **시뮬레이션**할 수 있다.[17]

중간에 끼는 경우

아직 자투리 시간residual lag 문제가 남아 있다. 업데이트는 고정 시간 간격으로 하더라도, 렌더링은 그냥 한다. 즉, 유저 입장에서는 두 업데이트 사이에 렌더링되는 경우가 종종 있다.

---

16 내부 업데이트 루프에 보호 장치를 두면 최대 횟수만큼 반복한 뒤에 빠져나가게 할 수 있다(예를 들면 이런 식이다. for (int i = 0; lag >= MS_PER_UPDATE && i < kMaxLoopTime; ++i) – 옮긴이). 게임이 느려지긴 하겠지만 영원히 멈춰 있는 것보다는 훨씬 낫다.

17 유니티의 MonoBehaviour::FixedUpdate가 이런 식이다. – 옮긴이

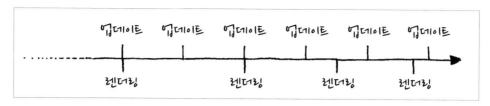

그림 9-3 시간에 따른 업데이트와 렌더링 시점

그림에서는 업데이트는 정확하게 고정 간격으로 진행하지만, 렌더링은 가능할 때마다 한다. 업데이트보다는 빈번하지 않고 간격도 일정하지 않다. 여기까지는 괜찮다. 문제는 항상 업데이트 후에 렌더링되는 건 아니라는 점이다. 예를 들어 세 번째 렌더링은 두 업데이트 사이에 일어난다.

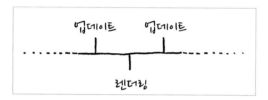

그림 9-4 두 업데이트 사이에 렌더링이 실행된다.

총알이 화면을 지나가는 걸 다시 떠올려보자. 첫 번째 업데이트에서는 총알이 화면 왼쪽에 있다. 다음 업데이트에서는 오른쪽에 가 있다. 두 업데이트 중간에 렌더링하기 때문에 유저 입장에서는 화면 가운데 있는 총알을 볼 수 있어야 한다. 하지만 지금 구현에서는 여전히 화면 왼쪽에 있다. 즉, 움직임이 튀어 보인다.

다행히 렌더링할 때 업데이트 프레임이 시간적으로 얼마나 떨어져 있는지를 lag 값을 보고 정확하게 알 수 있다. lag 값이 0이 아니고 업데이트 시간 간격보다 적을 때는 업데이트 루프를 빠져나온다. 이때 lag에 있는 값은 다음 프레임까지 남은 시간이다.

렌더링할 때는 다음 값을 인수로 넘긴다.[18]

```
render(lag / MS_PER_UPDATE);
```

----

18 코드를 보면 lag을 MS_PER_UPDATE로 나눠서 **정규화**했다. render() 인수는 업데이트 시간 간격에 상관없이 (이전 프레임이 끝난 직후인) 0부터 (다음 프레임이 시작하기 직전인) 1.0 사이가 된다. 덕분에 render()에서는 프레임 레이트는 알 필요 없이 0~1 사이의 값만 신경 쓰면 된다.

렌더러는 게임 객체들과 각각의 **현재 속도**를 안다. 총알이 화면 왼쪽으로부터 20픽셀에 있고, 오른쪽으로 프레임당 400픽셀로 이동한다고 해보자. 프레임 중간이라면 render( )는 0.5를 인수로 받아서 총알을 한 프레임의 중간인 220픽셀에 그린다. 짜잔, 움직임이 부드러워졌다.

물론 이런 보간은 틀릴 수 있다. 다음 프레임에 계산해보니 총알이 장애물에 부딪혔거나 느려졌을 수도 있다. 렌더링에서는 현재 프레임에서의 위치와 다음 프레임에서의 **예상** 위치를 이용해 위치를 보간한다. 하지만 물리와 AI를 실제로 업데이트하기 전에는 정확한 위치를 알 수 없다.

보간은 어느 정도 추측을 하기 때문에 틀릴 수 있다. 다행히 이런 위치 보간은 그다지 눈에 띄지 않는다. 적어도 보간을 하지 않아서 움직임이 튀는 것보다는 덜 거슬린다.

9.7. 디자인 결정

분량이 꽤 길었지만, 다루지 못한 내용이 더 많다. 화면 재생 빈도refresh rate와의 동기화, 멀티스레딩, GPU까지 고려할 경우 실제 게임 루프 코드는 훨씬 복잡해질 수 있다. 그나마 고수준에서 확인해야 할 질문들만 살펴보자.

게임 루프를 직접 관리하는가, 플랫폼이 관리하는가?

대부분은 선택의 여지가 없다. 웹 브라우저는 이벤트 기반이라 루프를 따로 만들지 못하게 막혀 있어서, 웹 브라우저용 게임에서 전형적인 게임 루프를 직접 만들 가능성은 **거의** 없다. 마찬가지로 기존 게임 엔진을 사용한다면 게임 루프를 직접 만들기보다는 엔진에 들어 있는 게임 루프를 그대로 쓸 가능성이 높다.

| 플랫폼 이벤트 루프 사용 |

- **간단하다.** 게임 핵심 루프 코드를 작성하고 최적화하느라 고민하지 않아도 된다.
- **플랫폼에 잘 맞는다.** 플랫폼이 자기 이벤트를 처리할 수 있도록 따로 시간을 준다거나, 이벤트를 캐시한다거나, 플랫폼 입력 모델과 우리 쪽 입력 모델이 맞지 않는 부분을 맞춰주느라고 신경 쓰지 않아도 된다.
- **시간을 제어할 수 없다.** 플랫폼은 자기가 적당하다고 생각할 때 우리 코드를 호출하는데, 원하는 만큼 자주,

부드럽게 호출되지 않으면 문제가 된다. 게다가 애플리케이션 이벤트 루프 대부분은 게임을 고려하지 않고 설계했기 때문에 느리고 뚝뚝 끊길 때가 많다.

| 게임 엔진 루프 사용 |

- **코드를 직접 작성하지 않아도 된다.** 게임 루프를 만드는 건 쉽지 않다. 루프 코드는 매 프레임마다 실행되기 때문에, 사소한 버그나 약간의 최적화 문제도 크게 영향을 미친다. 게임 루프는 이렇게 빡빡하기 때문에 게임 엔진의 루프를 그냥 쓰는 것도 좋은 생각이다.
- **코드를 직접 작성할 수 없다.** 엔진 루프에서 아쉬운 게 있어도 건드릴 수 없다는 게 단점이다.

| 직접 만든 루프 사용 |

- **완전한 제어.** 뭐든지 할 수 있다. 개발하는 게임에 딱 맞게 설계할 수 있다.
- **플랫폼과 상호작용해야 한다.** 애플리케이션 프레임워크나 OS 중에는 이벤트를 처리하고 다른 일을 하기 위해 시간을 쪼개어주기를 기대하는 경우가 있다. 핵심 루프를 직접 만들어 돌리면, 프레임워크에 시간이 주어지지 않을 수 있다. 이럴 땐 프레임워크가 행^{hang}되지 않도록 가끔 제어권을 넘겨줘야 한다.

전력 소모 문제

5년 전만 해도 전력 소모는 큰 문제가 아니었다. 그 당시에는 전원이 연결된 기계나 게임 전용 휴대 기기로 게임을 했다. 이제 스마트폰, 노트북, 모바일 게임 시대가 되면서 전력 문제를 고민해야 할 가능성이 높아졌다. 아무리 게임이 멋져도 배터리가 30분 만에 나가고 폰이 손난로가 된다면 누구도 좋아하지 않는다.

이제는 게임을 멋지게 보여주는 것뿐만 아니라 CPU를 가능한 적게 쓸 방법도 고민해야 한다. 한 프레임에 해야 할 작업이 끝나면 CPU를 쉬게 해줘야 하는 성능 상한이 있는 셈이다.

| 최대한 빨리 실행하기 |

PC 게임이 주로 이렇게 하고 있다(PC 게임이라고는 하지만 요즘은 PC 게임도 노트북에서 점점 더 많이 플레이한다). 게임 루프에서 따로 OS에 `sleep`을 호출하지 않는다. 대신 시간이 남으면 FPS나 그래픽 품질을 더 높인다.

이 방식은 최고의 게임플레이를 제공하겠지만 전력도 최대한 많이 사용한다. 노트북으로 플레이하면 성능 좋은 무릎 난로도 같이 얻게 될 것이다.

모바일 게임에서는 그래픽 품질보다는 게임플레이 품질에 더 집중하는 편이다. 프레임 레이트에 상한(30FPS 또는 60FPS)을 두는 게 보통이다. 게임 루프에서 프레임 시간 안에 할 일이 전부 끝났다면 나머지 시간 동안 sleep을 호출한다.

이러면 플레이어에게 '충분히 괜찮은' 경험을 제공하면서도, 배터리 소모를 줄일 수 있다.

게임플레이 속도는 어떻게 제어할 것인가?

게임 루프에는 비동기 유저 입력과 시간 따라잡기라는 두 가지 핵심요소가 있다. 입력은 쉽다. 시간을 다루는 게 어렵다. 게임을 실행할 수 있는 플랫폼은 굉장히 많고, 한 플랫폼에서만 돌아가는 게임은 거의 없다. 이런 다양한 플랫폼을 어떻게 지원하느냐가 핵심이다.[19]

| 동기화 없는 고정 시간 간격 방식 |

맨 처음 본 예제 코드가 이 방식이다. 게임 루프를 최대한 빠르게 실행한다.

- **간단하다.** 이게 주된(그리고 유일한) 장점이다.
- **게임 속도는 하드웨어와 게임 복잡도에 바로 영향을 받는다.** 이 방식의 주된 결함은 조그만 차이에도 게임 속도가 달라질 수 있다는 점이다. 게임 루프계의 픽시 자전거[20]인 셈이다.

| 동기화하는 고정 시간 간격 방식 |

좀 더 복잡한 방법이다. 고정 시간 간격으로 게임을 실행하되, 루프 마지막에 지연이나 동기화 지점을 넣어서 게임이 너무 빨리 실행되는 것을 막는다.

- **그래도 간단한 편이다.** 바로 앞에서 본 '너무 간단해서 써먹을 수 없는' 방식에 코드 한 줄을 더했을 뿐이다. 게임 루프에서는 어떻게든 동기화를 하기 마련이다. 이중 버퍼(8장)에 그린 후에, 화면 재생 빈도에 맞춰 버퍼를 바꿔주게 된다.
- **전력 효율이 높다.** 모바일 게임에서는 굉장히 중요하다. 쓸데없이 배터리를 낭비해서는 안 된다. 매 틱마다

---

19 게임을 만드는 건 인간의 본성일지도 모른다. 계산 기능이 있는 하드웨어가 새로 나올 때마다 가장 먼저 하는 것이 거기에서 돌아가는 게임을 만드는 것이기 때문이다. PDP-1(DEC가 1959년에 개발한 컴퓨터 - 옮긴이)는 2kHz 클럭에 메모리가 4,096워드밖에 없었지만, 스티브 러셀은 동료들과 함께 PDP-1에서 돌아가는 〈스페이스워!(Spacewar!)〉를 만들었다.

20 픽시 자전거에는 기어가 없다. - 옮긴이

좀 더 작업하기보다는 몇 밀리세컨드라도 쉬어줘야 전력을 아낄 수 있다.

- **게임이 너무 빨라지진 않는다.** '동기화 없는 고정 시간 간격 방식' 속도에서 발생하는 문제의 반이 이걸로 해결된다.
- **게임이 너무 느려질 수 있다.** 한 프레임에서 게임을 업데이트하고 렌더링하는 게 너무 오래 걸리면, 재생_{playback}이 느려질 것이다. 이 방식에서는 업데이트와 렌더링을 분리하지 않았기 때문에, 이런 상황이 발생할 가능성이 더 높다. 시간을 따라잡기 위해 렌더링 프레임을 낮추지 않다 보니 게임플레이가 느려진다.

| 가변 시간 간격 방식 |

주변 개발자들이 다들 말렸지만 이 방식을 (경고문과 함께) 여기에 넣었다. 왜 나쁜지 아는 것도 의미가 있다고 생각했기 때문이다.

- **너무 느리거나 너무 빠른 곳에서도 맞춰서 플레이할 수 있다.** 게임이 현실 시간을 따라가지 못한다면, 따라잡을 수 있도록 시간 간격을 늘린다.
- **게임플레이를 불안정하고 비결정적으로 만든다.** 이게 진짜 문제다. 특히 물리나 네트워크는 가변 시간 간격에서 훨씬 어렵다.

| 업데이트는 고정 시간 간격으로, 렌더링은 가변 시간 간격으로 |

'예제 코드' 절의 '따라잡기' 섹션에서 살펴본 마지막 방식은 가장 복잡하지만, 적응력도 가장 높다. 고정 시간 간격으로 업데이트하되, 실제 시간을 따라잡아야 한다면 렌더링 프레임을 낮출 수 있다.

- **너무 느리거나 너무 빨라도 잘 적응한다.** 게임을 실시간으로 업데이트할 수만 있다면[21] 뒤처질 일은 없다. 최고사양 하드웨어에서는 게임을 훨씬 부드럽게 보여줄 수 있다.
- **훨씬 복잡하다.** 구현이 더 복잡하다는 게 주된 단점이다. 업데이트 시간 간격을 정할 때 고사양 유저를 위해서는 최대한 짧게 해야 하지만, 저사양 유저가 너무 느려지지 않도록 주의해야 한다.

9.8. 관련자료

- 글렌 피들러_{Glenn Fiedler}가 쓴 'Fix Your Timestep'(http://goo.gl/pZRYX)은 게임 루프에 대한 고전이다. 이 글이 없었더라면 이번 장의 내용이 전혀 달랐을 것이다.

---

21 16ms 안에 모든 작업을 끝낼 수 있다면 - 옮긴이

- 쿤 비터르스Koen Witters가 쓴 'deWiTTERS Game Loop'(http://goo.gl/Hsgd4)도 좋은 글이다.
- 'MonoBehaviour Lifecycle'[22]은 복잡한 유니티 프레임워크 게임 루프를 그림으로 아주 잘 설명해놓은 글이다.

---

[22] 지금은 'Execution Order of Event Functions'으로 검색하면 된다. http://goo.gl/ewNWi2 – 옮긴이

CHAPTER 10

업데이트 메서드

10.1. 의도

컬렉션에 들어 있는 객체별로 한 프레임 단위의 작업을 진행하라고 알려줘서 전체를 시뮬레이션한다.

10.2. 동기

우리는 강력한 발키리[1]가 되어 눈부시게 아름다운 보석을 훔치는 퀘스트를 진행하고 있다. 보석은 오래전에 죽은 마술사왕의 유골에 놓여 있다. 발키리는 살금살금 마술사왕의 장엄한 무덤 입구로 다가갔고, 공격을 받⋯지 **않았다**. 저주받은 석상은 번개를 쏘지 않았고, 언데드 전사는 입구를 지키고 있지 않았다. 그냥 무덤으로 들어가 보석을 가져왔다. 게임은 끝났고, 우리는 승리했다.

흠, 이래선 안 된다.

무덤은 무찔러야 하는 경비병이 지키고 있어야 한다. 해골 병사부터 되살려서 문 주위를 순찰하게 만들자.[2] 게임 프로그래밍을 전혀 모른다고 가정했을 때 해골 병사가 비틀거리면서 왔다

---

[1] 북유럽 신화에 등장하는 여자 전사 – 옮긴이
[2] 마술사왕이 더 똑똑한 부하를 두고 싶었더라면 그나마 뇌 조직이 조금은 남아 있는 부하들을 부활시켰어야 했을 것이다.

갔다 하는 코드를 가장 간단하게 만든다면 다음과 같을 것이다.

```
while (true) {
  // 오른쪽으로 간다.
  for (double x = 0; x < 100; x++) { skeleton.setX(x); }
  // 왼쪽으로 간다.
  for (double x = 100; x > 0; x--) { skeleton.setX(x); }
}
```

물론 이 코드에는 무한루프가 있어서 해골 병사가 순찰도는 걸 플레이어는 볼 수 없다는 문제가 있다. 이런 건 전혀 재미없다. 우리가 진짜 원하는 것은 해골이 **한 프레임에 한 걸음씩** 걸어가는 것이다.

루프를 제거하고 외부 게임 루프를 통해서 반복하도록 고쳐야 한다.[3] 이러면 해골 병사가 순찰하는 동안에도 끊이지 않고 유저 입력에 반응하고 렌더링할 수 있다.

```
Entity skeleton;
bool patrollingLeft = false;
double x = 0;

// 게임 메인 루프
while (true) {
  if (patrollingLeft) {
    x--;
    if (x == 0) patrollingLeft = false;
  } else {
    x++;
    if (x == 100) patrollingLeft = true;
  }
  skeleton.setX(x);

  // 유저 입력을 처리하고 게임을 렌더링한다...
}
```

코드가 얼마나 복잡해졌는지 이전 코드와 비교해보자. 이전에는 단순 루프 두 개만 써서 좌우로 순찰했다. 이동 방향은 어느 루프가 실행 중인지를 보고 암시적으로 알 수 있었다. 이제는 매 프레임마다 외부 게임 루프로 나갔다가 직전 위치에서 다시 시작해야 하기 때문에

---

3 물론 게임 루프(9장)는 이 책에 나오는 패턴이다.

patrollingLeft 변수를 써서 방향을 명시적으로 기록해야 한다.

어쨌거나 이 코드는 동작은 하니 계속 진행해보자. 두뇌 없는 뼈다귀는 북유럽 아가씨에게는 너무 쉬운 상대니, 마법 석상을 두 개 추가해보자. 석상은 발키리가 긴장을 놓지 않도록 굉장히 자주 번개를 쏜다.

지금까지 해온 대로 '가장 간단하게' 코드를 만들어보자.

```
// 해골 병사용 변수들...
Entity leftStatue;
Entity rightStatue;
int leftStatueFrames = 0;
int rightStatueFrames = 0;

// 게임 메인 루프
while (true) {
  // 해골 병사용 코드...

  if (++leftStatueFrames == 90) {
    leftStatueFrames = 0;
    leftStatue.shootLightning();
  }
  if (++rightStatueFrames == 80) {
    rightStatueFrames = 0;
    rightStatue.shootLightning();
  }

  // 유저 입력을 처리하고 게임을 렌더링한다...
}
```

코드가 점점 유지보수하기 어려워진다. 메인 루프에는 각자 다르게 처리할 게임 개체용 변수와 실행 코드가 가득 들어 있다. 이들 모두를 한 번에 실행하려다 보니 코드를 한데 뭉쳐놔야 한다.[4]

해결책은 너무 쉽기 때문에 아마 다들 머릿속에 그리고 있을 것이다. **모든 개체가 자신의 동작을 캡슐화하면 된다.** 이러면 게임 루프를 어지럽히지 않고도 쉽게 개체를 추가, 삭제할 수 있다.

이를 위해 추상 메서드인 update()를 정의해 **추상 계층**을 더한다. 게임 루프는 업데이트가 가

---

[4] 아키텍처 문서에 '뭉쳐놨다'는 단어가 있다면 뭔가 문제가 있는 거다.

능하다는 것만 알 뿐 정확한 자료형은 모르는 채로 객체 컬렉션을 관리한다. 덕분에 각 객체의 동작을 게임 엔진과 다른 객체로부터 분리할 수 있다.

게임 루프는 매 프레임마다 객체 컬렉션을 쭉 돌면서 update()를 호출한다. 이때 각 객체는 한 프레임만큼 동작을 진행한다. 덕분에 모든 게임 객체가 동시에 동작한다.[5]

게임 루프에는 객체를 관리하는 동적 컬렉션이 있어서, 컬렉션에 객체를 추가, 삭제하기만 하면 레벨에 객체를 쉽게 넣었다 뺐다 할 수 있다. 더 이상 아무것도 하드코딩되어 있지 않기 때문에 레벨 디자이너가 원하는 대로 데이터 파일을 이용해 레벨을 찍어낼 수 있다.

10.3. 패턴

게임 월드는 **객체 컬렉션**을 관리한다. 각 객체는 **한 프레임 단위의 동작을 시뮬레이션**하기 위한 **업데이트 메서드**를 구현한다. 매 프레임마다 게임은 컬렉션에 들어 있는 모든 객체를 업데이트 한다.

10.4. 언제 쓸 것인가?

게임 루프 패턴(9장)이 가장 중요하다면, 업데이트 메서드 패턴은 그다음이다. 플레이어와 상호작용하며 살아 움직이는 개체가 많은 게임에서는 업데이트 메서드 패턴을 어떻게든 쓰기 마련이다. 게임에 우주 해병, 용, 화성인, 유령, 운동선수 같은 게 있다면 업데이트 메서드 패턴을 쓰고 있을 가능성이 높다.

하지만 게임이 더 추상적이거나 게임에서 움직이는 것들이 살아 있다기보단 체스 말에 가깝다면 업데이트 메서드가 맞지 않을 수 있다. 체스 같은 게임에서는 모든 말을 동시에 시뮬레이션 하지 않아도 되고, 매 프레임마다 모든 말을 업데이트하지 않아도 될 것이다.[6]

---

5 깐깐한 독자를 위해 미리 얘기하자면, 한 객체를 업데이트하는 동안 나머지 객체는 그냥 두기 때문에 **진짜로 동시에** 동작하는 것은 아니다. 이 부분은 뒤에서 좀 더 살펴본다.

6 보드게임에서도, 말의 **동작**은 매 프레임 업데이트할 필요가 없을지 몰라도 **애니메이션**은 매 프레임 업데이트해야 한다. 이럴 때는 업데이트 메서드 패턴이 역시 도움이 된다.

업데이트 메서드는 이럴 때 쓸 수 있다.

- 동시에 동작해야 하는 객체나 시스템이 게임에 많다.
- 각 객체의 동작은 다른 객체와 거의 독립적이다.
- 객체는 시간의 흐름에 따라 시뮬레이션되어야 한다.

10.5. 주의사항

업데이트 메서드 패턴은 단순한 편이라 딱히 조심할 건 없다. 그래도 모든 코드는 어떻게든 영향을 미치는 법이다.

코드를 한 프레임 단위로 끊어서 실행하는 게 더 복잡하다

앞의 두 예제 코드 중에서 두 번째 코드가 조금 더 복잡하다. 둘 다 해골 병사를 앞뒤로 움직이지만, 두 번째 코드는 게임 루프가 매 프레임마다 호출하도록 제어권을 넘긴다.

유저 입력, 렌더링 등을 게임 루프가 처리하려면 거의[7] 언제나 두 번째 코드처럼 만들어야 하기 때문에, 사실 첫 번째 예제는 현실성이 없다. 그래도 이런 식으로 동작 코드를 프레임마다 조금씩 실행되도록 쪼개어 넣으려면 코드가 복잡해져서 구현 비용이 더 든다는 것만 알아두자.

다음 프레임에서 다시 시작할 수 있도록 현재 상태를 저장해야 한다

첫 번째 예제에서는 해골 병사의 이동 방향을 변수에 따로 저장하지 않아도 어느 코드가 실행 중인지를 보고 유추할 수 있었다.

이걸 '한 프레임에 한 번' 실행되는 형태로 바꿨더니 이동 방향을 저장할 `patrollingLeft` 변수

---

7 '거의'라고 한 것은 도중에 반환하지 않는 직관적인 코드를 유지하면서도, 동시에 게임 루프 안에서 여러 객체를 실행할 수 있는 일석이조의 방법이 있기 때문이다.

동시에 여러 개의 실행 '스레드'를 돌릴 수 있는 시스템만 있으면 된다. 객체용 코드가 **리턴** 대신 중간에 잠시 멈췄다가 다시 실행할 수만 있다면 코드를 훨씬 직관적으로 만들 수 있다.

스레드는 이런 용도로 쓰기에는 너무 무겁다. 하지만 언어에서 제너레이터(generator), 코루틴(coroutine), 파이버(fiber) 같은 가벼운 동시성 구조물을 지원한다면 이를 활용할 수 있다.

바이트코드 패턴(11장)도 애플리케이션 수준에서 여러 실행 스레드를 만드는 방법 중 하나다.

가 필요했다. 코드가 반환하고 나면 이전 실행 위치를 알 수 없기 때문에 다음 프레임에서도 돌아갈 수 있도록 정보를 충분히 따로 저장해야 한다.

이럴 때 상태 패턴(7장)이 좋을 수 있다. 상태 기계가 게임에서 많이 쓰이는 이유 중 하나는 (이름에서 알 수 있듯이) 이전에 중단한 곳으로 되돌아갈 때 필요한 상태를 상태 기계가 저장하기 때문이다.

모든 객체는 매 프레임마다 시뮬레이션되지만 진짜로 동시에 되는 건 아니다

게임 루프는 컬렉션을 돌면서 모든 객체를 업데이트한다. update 함수에서는 다른 게임 월드 상태에 접근할 수 있는데, 특히 업데이트 중인 다른 객체에도 접근할 수 있다. 이러다 보니 객체 업데이트 **순서**가 중요하다.

객체 목록에서 A가 B보다 앞에 있다면, A는 B의 이전 프레임 상태를 본다. B 차례가 왔을 때 A는 이미 업데이트했기 때문에 A의 **현재** 프레임 상태를 보게 된다. 플레이어에게는 모두가 동시에 움직이는 것처럼 보일지 몰라도 내부에서는 순서대로 업데이트된다. 다만 한 프레임 안에 전체를 다 도는 것뿐이다.[8]

순차적으로 업데이트하면 게임 로직을 작업하기가 편하다. 객체를 병렬로 업데이트하다 보면 꼬일 수 있다. 체스에서 흑과 백이 동시에 이동할 수 있다고 해보자. 둘 다 동시에 같은 위치로 말을 이동하려 든다면 어떻게 해야 할까? 순차 업데이트에서는 이런 문제를 피할 수 있다. 게임 월드가 유효한 상태를 유지하면서 업데이트할 때마다 점진적으로 바꿔나가면 상태가 꼬이지 않아 중재할 게 없다.[9]

업데이트 도중에 객체 목록을 바꾸는 건 조심해야 한다

이 패턴에서는 많은 게임 동작이 업데이트 메서드 안에 들어가게 된다. 그중에는 업데이트 가능한 객체를 게임에서 추가, 삭제하는 코드도 포함된다.

---

8 어떤 이유에서건 이렇게 순차적으로 동작하지 **않게** 하려면 이중 버퍼 패턴(8장) 같은 게 필요하다. 이 패턴은 A, B **둘 다** 이전 프레임에서의 상태를 보도록 하기 때문에 A, B의 순서가 더 이상 문제가 되지 않게 된다.

9 또한 여러 이동을 직렬화해서 네트워크로 전송할 수 있으므로 온라인 게임 만들기에도 좋다.

해골 경비병을 죽이면 아이템이 떨어진다고 해보자. 객체가 새로 생기면 보통은 별 문제없이 객체 목록 뒤에 추가하면 된다. 계속 객체 목록을 순회하다 보면 결국에는 새로 만든 객체까지 도달해 그것까지 업데이트하게 될 것이다.

하지만 이렇게 하면 새로 생성된 객체가 스폰된 걸 플레이어가 볼 틈도 없이 해당 프레임에서 작동하게 된다. 이게 싫다면 업데이트 루프를 시작하기 전에 목록에 있는 객체 개수를 미리 저장해놓고 그만큼만 업데이트하면 된다.

```
int numObjectsThisTurn = numObjects_;
for (int i = 0; i < numObjectsThisTurn; i++) {
  objects_[i]->update();
}
```

여기에서 `objects_`는 게임에서 업데이트 가능한 객체 배열이고 `numObjects_`는 객체 개수다. 객체가 추가되면 `numObjects_`가 증가한다. 루프 시작 전에 객체 개수를 미리 `numObjectsThisTurn`에 저장했기 때문에 루프는 이번 프레임에 추가된 객체 앞에서 멈춘다.

순회 도중에 객체를 **삭제**하는 건 더 어렵다. 괴물을 죽였다면 객체 목록에서 빼야 한다. 업데이트하려는 객체 이전에 있는 객체를 삭제할 경우, 의도치 않게 객체 하나를 건너뛸 수 있다.

```
for (int i = 0; i < numObjects_; i++) {
  objects_[i]->update();
}
```

여기 간단한 루프 코드에서는 매번 루프를 돌 때마다 업데이트되는 객체의 인덱스를 증가시킨다. 영웅을 업데이트할 차례가 되었을 때 배열 내용은 다음 그림과 같다.

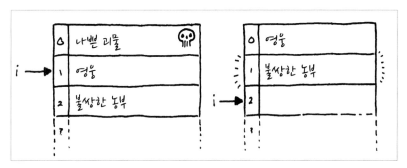

그림 10-1 순회 도중에 삭제했더니 농부를 건너뛰었다.

영웅을 업데이트할 때(i가 1일 때), 영웅이 괴물을 죽였기 때문에 괴물은 배열에서 빠진다. 영웅은 배열에서 0번째로 이동하고, 불쌍한 농부는 1번째로 올라간다. 영웅을 업데이트한 후에 i 값은 2로 증가한다. 그림 오른쪽에서 보는 것처럼 불쌍한 농부는 건너뛰었기 때문에 업데이트 되지 않는다.

이를 고려해서 객체를 삭제할 때 순회 변수 i를 업데이트하는 것도 한 방법이다. 목록을 다 순회할 때까지 삭제를 늦추는 수도 있다. 객체에 '죽었음' 표시를 하되 그대로 둬서, 업데이트 도중에 죽은 객체를 만나면 그냥 넘어간다. 전체 목록을 다 돌고 나면 다시 목록을 돌면서 시체를 제거한다.[10]

10.6. 예제 코드

업데이트 메서드 패턴은 예제 코드가 필요할까 싶을 정도로 단순하다. 이 패턴이 쓸모없다는 얘기는 아니다. 어느 정도는 단순하기 **때문에**, 따라서 깔끔하게 문제를 해결할 수 있기 때문에 이 패턴이 유용하다.

그래도 완결성을 위해 간단하게 구현해보자. 해골 병사와 석상을 표현할 Entity 클래스부터 만들어보겠다.

```cpp
class Entity {
public:
  Entity() : x_(0), y_(0) {}
  virtual ~Entity() {}
  virtual void update() = 0;

  double x() const { return x_; }
  double y() const { return y_; }

  void setX(double x) { x_ = x; }
  void setY(double y) { y_ = y; }
```

---

10 업데이트 루프에서 멀티스레드가 돌고 있다면 업데이트 도중에 비싼 스레드 동기화를 피하기 위해 더더욱 목록 변경을 지연해야 한다.

```
private:
  double x_;
  double y_;
};
```

설명에 꼭 필요한 코드만 넣었다. 실제 게임 코드였다면 그래픽스나 물리 처리를 위한 다른 코드가 더 많았을 것이다. 지금 우리에게 가장 중요한 부분은 추상 메서드인 update이다.

게임은 개체 컬렉션을 관리한다. 예제에서는 게임 월드를 대표하는 클래스에 개체 컬렉션 관리를 맡긴다.[11]

```
class World {
public:
  World() : numEntities_(0) {}
  void gameLoop();

private:
  Entity* entities_[MAX_ENTITIES];
  int numEntities_;
};
```

이제 모든 게 준비되었다. 매 프레임마다 개체들을 업데이트하면 업데이트 메서드 구현이 끝난다.[12]

```
void World::gameLoop() {
  while (true) {
    // 유저 입력 처리...

    // 각 개체를 업데이트한다.
    for (int i = 0; i < numEntities_; i++) {
      entities_[i]->update();
    }
    // 물리, 렌더링...
  }
}
```

---

11 실제라면 컬렉션 클래스를 썼겠지만, 코드를 단순하게 만들려고 평범한 배열을 썼다.
12 메서드 이름에서 알 수 있듯이 게임 루프 패턴(9장)을 썼다.

개체를 상속받는다고?!

객체별로 다른 동작을 정의하기 위해 Entity 클래스를 상속한다는 얘기를 보고 헉! 하는 독자들도 있을 것이다. 뭐가 문제인지 모른다는 독자들을 위해 상황을 간단히 설명하겠다.

6502 어셈블리 코드[13]와 VBLANK[14]라는 원시 바다에서 출현한 게임 산업이 객체지향 언어라는 육지로 올라오자, 많은 개발자가 소프트웨어 아키텍처 열풍에 뛰어들었다. 그중에서도 가장 심취한 것이 상속이다. 바벨탑처럼 쌓아 올린 클래스 상속 구조는 너무나 높고 거대해서 해를 가릴 지경이었다.

시간이 지나면서 거대한 상속 구조가 형편없다는 것을 알게 되었다. 이를 쪼개지 않고서는 유지보수가 불가능했다. GoF도 이미 1994년에 이를 알고 있었기 때문에 "'클래스 상속'보다는 '객체 조합'이 낫다"라고 썼다.[15]

이런 깨달음이 게임 산업 전반에 퍼져나갈 때쯤 등장한 해결책이 컴포넌트 패턴(14장)이다. 컴포넌트 패턴을 사용하면 update 함수는 개체 클래스가 아닌 개체 객체의 **컴포넌트**에 있게 된다. 이러면 작동을 정의하고 재사용하기 위해 개체 클래스 상속 구조를 복잡하게 만들지 않아도 된다. 대신 필요한 컴포넌트를 골라 넣으면 된다.

여기에서도 실제 게임 코드였다면 컴포넌트 패턴을 사용했을 것이다. 하지만 이번 장의 주제는 컴포넌트 패턴이 아니라 업데이트 메서드다.[16] 코드를 최대한 적게 고치면서 업데이트 메서드를 가장 단순하게 보여주기 위해 업데이트 메서드를 개체 클래스에 두고 이를 상속받았다.

개체 정의

다시 돌아와서, 순찰을 도는 해골 경비병과 번개를 쏘는 마법 석상을 정의해보자. 뼈다귀 친구부터 시작한다. 해골 경비병의 순찰을 정의하기 위해, update( )를 적당하게 구현한 새로운 개체를 만들었다.

---

13 아타리, 애플 II, 패미컴(NES)에 MOS 6502 계열 프로세서가 들어갔다. – 옮긴이

14 수직 귀선 기간(vertical blanking interval)의 약자. 수직동기화(VSync)와 관련된 용어 – 옮긴이

15 우리끼리 얘기지만 상속에 대해서는 반대 방향으로 **너무** 많이 나갔다고 생각한다. 나도 상속을 피하는 편이지만 무조건 상속을 쓰지 **않는** 것 역시 무조건 상속하는 것만큼이나 나쁘다고 생각한다. 너무 깐깐하게 굴지 말고 필요하면 적당히 쓰자.

16 이 책은 컴포넌트 패턴(14장)도 설명한다.

```
class Skeleton : public Entity {
public:
  Skeleton() : patrollingLeft_(false) {}

  virtual void update() {
    if (patrollingLeft_) {
      setX(x() - 1);
      if (x() == 0) patrollingLeft_ = false;
    } else {
      setX(x() + 1);
      if (x() == 100) patrollingLeft_ = true;
    }
  }

private:
  bool patrollingLeft_;
};
```

앞에서 본 게임 루프에 있던 코드를 update 메서드에 거의 그대로 가져왔다. 사소한 차이라면 지역 변수였던 patrollingLeft_가 멤버 변수로 바뀐 정도다. 이렇게 함으로써 update() 호출 후에도 값을 유지할 수 있다.

석상도 정의해보자.

```
class Statue : public Entity {
public:
  Statue(int delay) : frames_(0), delay_(delay) {}

  virtual void update() {
    if (++frames_ == delay_) {
      shootLightning();

      // 타이머 초기화
      frames_ = 0;
    }
  }

private:
  int frames_;
  int delay_;
```

```
    void shootLightning() {
      // 번개를 쏜다...
    }
};
```

이 클래스도 게임 루프에 있던 코드 대부분을 가져와 이름만 일부 바꿨다. 사실 코드는 더 단순해졌다. 처음 봤던 너저분한 명령형 코드에서는 석상마다 프레임 카운터와 발사 주기를 지역 변수로 따로 관리해야 했다.[17]

이들 변수를 Statue 클래스로 옮겼기 때문에 석상 인스턴스가 타이머를 각자 관리할 수 있어 석상을 원하는 만큼 많이 만들 수 있다. 이런 게 업데이트 패턴을 활용하는 진짜 숨은 동기다. 객체가 자신이 필요한 모든 걸 직접 들고 관리하기 때문에 게임 월드에 새로운 개체를 추가하기가 훨씬 쉬워진다.

업데이트 메서드 패턴은 따로 **구현**하지 않아도 개체를 게임에 **추가**할 수 있게 해준다. 덕분에 데이터 파일이나 레벨 에디터 같은 걸로 월드에 개체를 유연하게 추가할 수 있다.

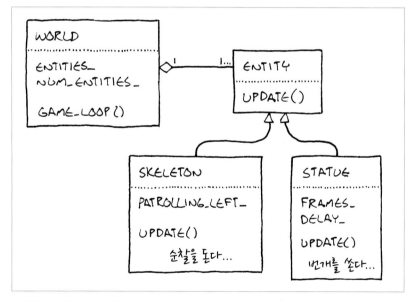

그림 10-2 요즘에도 UML을 신경 쓰는 사람이 있을지 모르겠지만 방금 만든 코드를 UML 클래스 다이어그램으로 그려봤다.

---

17 '동기' 절에 있는 코드에서는 프레임 카운터는 각각 leftStatueFrames, rightStatueFrames 지역 변수로 관리했고, 발사 주기는 각각 상수 90, 80으로 하드코딩했다. – 옮긴이

시간 전달

여기까지가 핵심이지만 좀 더 다듬어보자. 지금까지는 update()를 부를 때마다 게임 월드 상태가 동일한 고정 단위 시간만큼 진행된다고 가정하고 있었다.

나는 이 방식을 선호하지만, **가변 시간 간격**을 쓰는 게임도 많다. 가변 시간 간격에서는 게임 루프를 돌 때마다 이전 프레임에서 작업 진행과 렌더링에 걸린 시간에 따라 시간 간격을 크게 혹은 짧게 시뮬레이션한다.[18]

즉, 매번 update 함수는 얼마나 많은 시간이 지났는지를 알아야 하기 때문에 지난 시간을 인수로 받는다. 해골 경비병은 가변 시간 간격을 아래와 같이 처리한다.

```cpp
void Skeleton::update(double elapsed) {
  if (patrollingLeft_) {
    x -= elapsed;
    if (x <= 0) {
      patrollingLeft_ = false;
      x = -x;
    }
  } else {
    x += elapsed;
    if (x >= 100) {
      patrollingLeft_ = true;
      x = 100 - (x - 100);
    }
  }
}
```

해골 병사의 이동 거리는 지난 시간에 따라 늘어난다. 가변 시간 간격을 처리하느라 코드가 좀 더 복잡해졌음을 확인할 수 있다. 시간 간격이 크면 해골 경비병이 순찰 범위를 벗어날 수 있으므로 주의해야 한다.[19]

---

18 고정 시간 간격과 가변 시간 간격의 장단점에 대해서는 게임 루프 패턴(9장)에서 자세히 다룬다.

19 x = -x;와 x = 100 - (x - 100); 코드가 추가되었다. – 옮긴이

10.7. 디자인 결정

이런 단순한 패턴은 변형이 많지 않지만 여전히 조율할 여지는 있다.

업데이트 메서드를 어느 클래스에 둘 것인가?

가장 분명하면서도 가장 중요한 결정은 update()를 어느 클래스에 두느냐다.

| 개체 클래스 |

이미 개체 클래스가 있다면 다른 클래스를 추가하지 않아도 된다는 점에서 가장 간단한 방법이다. 개체 종류가 많지 않다면 괜찮겠지만, 요즘 업계는 이 방식을 서서히 멀리하고 있다.

개체 종류가 많은데 새로운 동작을 만들 때마다 개체 클래스를 상속받아야 한다면 코드가 망가지기 쉽고 작업하기가 어렵다. 언젠가 단일 상속 구조로는 코드를 매끄럽게 재사용할 수 없는 순간이 올 텐데, 이러면 방법이 없다.

| 컴포넌트 클래스 |

이미 컴포넌트 패턴(14장)을 쓰고 있다면 더 생각할 것도 없다. 컴포넌트는 알아서 자기 자신을 업데이트할 것이다. 업데이트 메서드 패턴이 게임 개체를 게임 월드에 있는 다른 개체와 디커플링하는 것과 마찬가지로, 컴포넌트 패턴은 한 개체의 일부를 **개체의 다른 부분들**과 디커플링한다. 렌더링, 물리, AI는 스스로 알아서 돌아간다.

| 위임 클래스 |

클래스의 동작 일부를 다른 객체에 위임하는 것과 관련된 패턴이 더 있다. 상태 패턴(7장)은 상태가 위임하는 객체를 바꿈으로써 객체의 동작을 변경할 수 있게 해 준다. 타입 객체 패턴(13장)은 같은 '종류'의 여러 개체가 동작을 공유할 수 있게 해준다. 이들 패턴 중 하나를 쓰고 있다면 위임 클래스에 update()를 두는 게 자연스럽다. 여전히 update() 메서드는 개체 클래스에 있지만 가상 함수가 아니며 다음과 같이 위임 객체에 포워딩forward만 한다.

```
void Entity::update() {
  // 상태 객체에 포워딩한다.
  state_->update();
}
```

새로운 동작을 정의하고 싶다면 위임 객체를 바꾸면 된다. 컴포넌트와 마찬가지로, 완전히 새로운 상속 클래스를 정의하지 않아도 동작을 바꿀 수 있는 유연성을 얻을 수 있다.

휴면 객체 처리

종종 여러 이유로 일시적으로 업데이트가 필요 없는 객체가 생길 수 있다. 사용 불능 상태이거나 화면 밖에 있거나 아직 잠금 상태일 수도 있다. 이런 객체가 많으면 매 프레임마다 쓸데없이 객체를 순회하면서 CPU 클럭을 낭비하게 된다.

한 가지 대안은 업데이트가 필요한 '살아 있는' 객체만 따로 컬렉션에 모아두는 것이다. 객체가 비활성화되면 컬렉션에서 제거한다. 다시 활성화되면 컬렉션에 추가한다. 이렇게 하면 실제로 작업이 필요한 객체만 순회할 수 있다.

| 비활성 객체가 포함된 컬렉션 하나만 사용할 경우 |

- **시간을 낭비한다.** 비활성 객체의 경우 '활성 상태인지' 나타내는 플래그만 검사하거나 아무것도 하지 않는 메서드를 호출할 뿐이다.[20]

| 활성 객체만 모여 있는 컬렉션을 하나 더 둘 경우 |

- **두 번째 컬렉션을 위해 메모리를 추가로 사용해야 한다.** 전체 개체를 대상으로 작업해야 할 수도 있기 때문에 모든 개체를 모아놓은 마스터 컬렉션도 있기 마련이다. 이때 활성 객체 컬렉션은 엄밀히 말하자면 중복 데이터이다. 메모리보다 속도가 중요하다면(보통 그렇다), 그 정도는 받아들일 만하다.

  절충하자면 컬렉션을 두 개 두되, 나머지 하나에는 전체 객체가 아닌 **비활성** 객체만 모아놓는 방법도 있다.

- **컬렉션 두 개의 동기화를 유지해야 한다.** 객체가 생성되거나 (잠시 비활성화된 게 아니라) 완전히 소멸되면 주 컬렉션과 활성 객체 컬렉션 둘 다 변경해야 한다.

---

20 객체가 사용 가능 상태인지 검사하고 아닐 경우 넘어가는 것은 CPU 클럭을 낭비할 뿐만 아니라, 의미 없이 객체를 순회하는 과정에서 데이터 캐시도 날려먹는다. CPU는 읽기를 최적화하기 위해 데이터를 RAM에서 속도가 훨씬 빠른 온칩 캐시(on-chip cache)로 가져온다. 여기에는 지금 읽으려는 데이터 옆에 있는 데이터도 같이 읽을 가능성이 높다는 가정이 깔려 있다.
객체를 건너뛰다 보면 더 이상 캐시에 데이터가 없어서 다시 느린 메모리에 접근해 데이터를 가져와야 한다.
데이터 지역성 패턴(17장)에서 이 문제를 자세히 다룬다.

보통 얼마나 많은 객체가 비활성 상태로 남아 있는가에 따라 방법을 결정하면 된다. 비활성 객체가 많을수록 컬렉션을 따로 두는 게 좋다.

10.8. 관련자료

- 업데이트 메서드 패턴은 게임 루프(9장), 컴포넌트(14장)와 함께 게임 코드의 핵심을 이룬다.
- 많은 개체나 컴포넌트를 매 프레임마다 루프에서 업데이트할 때 캐시 성능이 걱정된다면 데이터 지역성 패턴(17장)을 확인하자.
- 유니티 프레임워크는 MonoBehaviour를 포함한 여러 클래스에서 이 패턴을 쓰고 있다.
- 마이크로소프트 XNA 플랫폼은 Game, GameComponent 클래스에서 이 패턴을 쓰고 있다.
- Quintus라는 자바스크립트 게임 엔진은 주요 Sprite 클래스에서 이 패턴을 쓰고 있다.

행동 패턴

게임 무대를 설치하고 배우와 무대장치를 채웠다면. 이제 장면scene을 시작할 차례다. 이를 위해서는 게임 내 개체들이 해야 할 일을 알려주는 대본에 해당하는 행동behavior이 필요하다.

물론 모든 코드는 그 자체로 '행동'이고 모든 소프트웨어가 행동을 정의하지만, 게임은 구현해야 할 행동의 **폭**이 다른 소프트웨어보다 훨씬 넓은 편이다. 워드 프로세서도 기능이 많지만 일반적인 RPG에 들어가는 수많은 크리처, 아이템, 퀘스트에 비할 바가 아니다.

이번 파트에서 살펴볼 행동 패턴들은 수많은 행동을 유지보수하기 좋은 상태로 빠르게 정의하고 고치는 데 도움이 된다. 타입 객체 패턴(13장)을 쓰면 클래스를 실제로 정의하지 않아도 유연하게 행동 종류를 만들 수 있다. 하위 클래스 샌드박스 패턴(12장)은 다양한 행동을 정의하는 데 안전하게 사용할 수 있는 기본 기능 목록을 제공한다. 바이트코드 패턴(11장)은 행동 구현을 코드가 아닌 데이터로 정의할 수 있는 가장 진보된 방법이다.

Part IV

행동 패턴

바이트코드

11.1. 의도

가상 머신 명령어를 인코딩한 데이터로 행동을 표현할 수 있는 유연함을 제공한다.

11.2. 동기

게임 개발이 재미있을진 몰라도, 절대 쉽진 않다. 요즘 게임을 만들려면 엄청난 양의 복잡한 소스 코드를 구현해야 한다.[1] 콘솔 제조사나 앱 마켓에서 품질을 엄격하게 심사하기 때문에 한 번이라도 크래시가 나면 출시하기 어렵다.

동시에 플랫폼의 성능도 최대한 뽑아내야 한다. 게임은 다른 모든 소프트웨어보다 성능이 중요하다. 다른 게임과의 경쟁에서 뒤처지지 않기 위해서도 가차없이 최적화해야 한다.

성능과 안정성을 위해 C++ 같은 중량 언어heavyweight language를 사용한다. 이런 언어는 하드웨어 성능을 최대한 끌어낼 수 있는 저수준 표현과 버그를 막거나 적어도 가둬두기 위한 풍부한 타입 시스템을 함께 제공한다.

우리 게임 개발자들은 기술력에 자부심을 가지고 있지만 이를 위해 들이는 비용은 만만치 않

---

1 참여했던 게임 프로젝트 중에는 C++ 코드만 6백만 줄이 넘는 것도 있었다. 화성 탐사차인 큐리오시티 로버를 제어하는 소프트웨어도 이것의 절반(RAD750 프로세서용 C 코드로서 전체가 250만 줄 정도라고 한다. http://goo.gl/Pb55Va – 옮긴이)이 안 된다.

다. 숙달된 프로그래머가 되기 위해서는 몇 년간 집중 훈련을 받아야 하고, 그런 후에도 엄청난 규모의 코드를 이겨내야 한다. 규모가 큰 게임의 빌드 시간은 '커피 한잔 마시고 올' 정도에서부터 '원두를 로스팅하고, 그라인더로 분쇄한 뒤에, 에스프레소를 뽑고, 우유를 데워, 거품 위에 라떼 아트를 연습할 수 있을' 정도까지 오래 걸리기도 한다.

게임에는 골치 아프면서도 가장 중요한 제약 조건이 하나 더 있다. 바로 **재미**다. 유저들은 신선하면서도 밸런스가 잘 맞는 게임을 원한다. 이런 게임을 만들려면 반복 개발을 계속해야 하는데, 뭐든 살짝만 고치려고 해도 산더미 같은 저수준 코드를 여기저기 건드려야 하고 느려터진 빌드를 기다리는 동안 멍때려야 한다면 창조적인 몰입 상태에 빠지기 어렵다.

마법 전투!

두 마법사가 어느 한 쪽이 이길 때까지 서로에게 마법을 쓰는 대전 게임을 만든다고 해보자. 마법을 코드로 만들어도 되지만, 이러면 마법을 고쳐야 할 때마다 프로그래머가 코드를 고쳐야 한다. 기획자가 수치를 약간 바꿔서 느낌만 보고 싶을 때에도 게임 전체를 빌드한 뒤에 게임을 다시 실행해 전투를 해봐야 한다.

요즘 게임은 출시한 뒤에도 업데이트를 통해서 버그를 고치거나 콘텐츠를 추가할 수 있어야 한다. 마법이 전부 하드코딩되어 있으면, 마법을 바꿀 때마다 게임 실행 파일을 패치해야 한다.

더 나아가 **모드**mod를 지원해야 한다면? **유저**가 자신만의 마법을 만들 수 있게 하고 싶다면? 코드로 마법을 구현했다면 모드 개발자는 게임을 빌드하기 위해 컴파일러 툴체인toolchain을 다 갖춰야 하고, 개발사는 소스를 공개해야 한다. 이렇게 만든 마법에 버그라도 있다면 다른 플레이어들마저 크래시시킬 수도 있다.

데이터 〉 코드

게임 엔진에서 사용하는 개발 언어는 마법을 구현하기에 적합하지 않다. 마법 기능을 핵심 게임 코드와 안전하게 격리할 필요가 있다. 쉽게 고치고, 쉽게 다시 불러올 수 있고, 나머지 게임 실행 파일과는 물리적으로 떼어놓을 수 있으면 좋다.

나는 바로 데이터가 이렇다고 생각한다. 행동을 데이터 파일에 따로 정의해놓고 게임 코드에서 읽어서 '실행'할 수만 있다면, 앞에서 말한 모든 목표를 달성할 수 있다.

데이터를 '실행'한다는 의미를 먼저 짚고 넘어가자. 파일에 있는 바이트로 행동을 어떻게 표현할 수 있을까? 몇 가지 방법이 있다. 인터프리터 패턴[2]과의 비교를 통해 이 패턴의 장단점을 이해해보자.

인터프리터 패턴

인터프리터 패턴만으로도 한 챕터 분량이 나오겠지만, 『GoF의 디자인 패턴』에 이미 있으니 여기에서는 간략하게 소개하겠다. 실행하고 싶은 **프로그래밍** 언어가 있다고 해보자. 이 언어는 다음과 같은 수식을 지원한다.

```
(1 + 2) * (3 - 4)
```

이런 표현식을 읽어서 언어 문법에 따라 각각 **객체**로 변환해야 한다. 숫자 리터럴은 다음과 같이 각기 객체가 된다.

그림 11-1 숫자 리터럴 4개가 순서대로 놓여 있다.

숫자 상수는 단순히 숫자 값을 래핑한 객체다. 연산자도 객체로 바뀌는데, 이때 피연산자도 같이 참조한다. 괄호와 우선순위까지 고려하게 되면 표현식이 다음과 같이 작은 객체 트리로 마법처럼 바뀐다.[3]

---

2 『GoF의 디자인 패턴』에서는 '해석자 패턴'으로 옮겼다(324쪽). – 옮긴이

3 이 '마법'의 정체는 **파싱**(parsing)이다. 파서는 문자열을 읽어서 이를 문법 구조를 표현하는 객체 집합인 **추상 구문 트리**로 만든다. 이런 기능 일부를 간단하게나마 만들었다면 컴파일러를 일부 만든 셈이다.

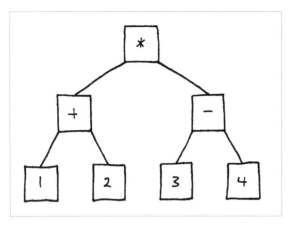

그림 11-2 추상 구문 트리로 만든 중첩 표현식

인터프리터 패턴의 목적은 이런 추상 구문 트리를 만드는 데에서 끝나지 않고 이를 실행하는 데 있다. 원리가 상당히 기발하다. 표현식 혹은 하위표현식 객체로 트리를 만든 뒤에, 진짜 객체지향 방식으로 표현식이 자기 자신을 평가하게 한다.

먼저 모든 표현식 객체가 상속받을 상위 인터페이스를 만든다.

```cpp
class Expression {
public:
  virtual ~Expression() {}
  virtual double evaluate() = 0;
};
```

우리의 언어 문법에서 지원하는 모든 표현식마다 Expression 인터페이스를 상속받는 클래스를 정의한다. 숫자가 가장 간단하므로 숫자부터 보자.

```cpp
class NumberExpression : public Expression {
public:
  NumberExpression(double value) : value_(value) {}
  virtual double evaluate() { return value_; }

private:
  double value_;
};
```

숫자 리터럴 표현식은 단순히 자기 값을 평가^{evaluate}한다. 덧셈, 곱셈에는 하위표현식이 들어 있기 때문에 좀 더 복잡하다. 이런 표현식은 자기를 평가하기 전에 먼저 포함된 하위표현식을 재귀적으로 평가한다.[4]

```cpp
class AdditionExpression : public Expression {
public:
  AdditionExpression(Expression* left, Expression* right)
  : left_(left), right_(right) {}

  virtual double evaluate() {
    // 피연산자를 실행한다.
    double left = left_->evaluate();
    double right = right_->evaluate();

    // 피연산자를 더한다.
    return left + right;
  }

private:
  Expression* left_;
  Expression* right_;
};
```

간단한 클래스 몇 개만으로 어떤 복잡한 수식 표현도 마음껏 나타내고 평가할 수 있다. 필요한 만큼 객체를 더 만들어 원하는 곳에 적절히 연결하기만 하면 된다.[5]

인터프리터 패턴은 아름답고 단순한 패턴이지만 문제도 좀 있다. 다시 그림을 보자. 뭐가 보이는가? 작은 상자와 그 사이를 잇는 화살표가 수없이 보인다. 작은 객체들로 이루어진 복잡한 프랙털 트리 모양으로 코드가 표현되기 때문에 다음과 같은 단점이 있다.

- 코드를 로딩하면서 작은 객체를 엄청 많이 만들고 연결해야 한다.
- 이들 객체와 객체를 잇는 포인터는 많은 메모리를 소모한다. 앞에서 봤던 간단한 수식을 표현하는 데에도 32비트 CPU에서 (패딩padding을 제외하고) 최소 68바이트가 필요하다.[6]
- 포인터를 따라서 하위표현식에 접근해야 하기 때문에 데이터 캐시에 치명적이다. 동시에 가상 메서드를 호출하는 것은 명령어 캐시instruction cache에 치명적이다.[7]

----

4 곱셈 구현도 이와 비슷하므로 직접 만들 수 있으리라 믿는다.

5 루비는 15년 동안이나 인터프리터 방식으로 돌아가다가, 버전 1.9가 되어서야 이번 장에서 설명하는 바이트코드 방식으로 바뀌었다. 여러분은 이 책을 통해서 정말 많은 시간을 아낄 수 있는 셈이다.

6 저런, 게다가 vtable 포인터도 있을 수 있다.

7 캐시가 무엇이고 성능에 어떤 영향을 미치는지에 대해서는 데이터 지역성 패턴(17장)을 참고하자.

결론은? 정말로 느.리.다. 너무 느린 데다가 메모리가 많이 필요하기 때문에 널리 쓰이는 대부분의 프로그래밍 언어는 인터프리터 패턴을 쓰지 않는다.

가상 기계어

일반적인 게임을 생각해보자. 게임이 실행될 때 플레이어의 컴퓨터가 C++ 문법 트리구조를 런타임에 순회하진 않는다. 대신 미리 컴파일해놓은 기계어^{machine code}를 실행한다. 기계어는 어떤 장점이 있을까?

- **밀도가 높다.** 바이너리 데이터가 연속해서 꽉 차 있어서 한 비트도 낭비하지 않는다.
- **선형적이다.** 명령어가 같이 모여 있고 순서대로 실행된다. (흐름 제어문을 실행하는 경우를 제외하면) 메모리를 넘나들지 않는다.
- **저수준이다.** 각 명령어는 비교적 최소한의 작업만 한다. 이를 결합함으로써 흥미로운 행동을 만들 수 있다.
- **빠르다.** 앞에서 본 이유로 (게다가 하드웨어로 직접 구현되어 있어서) 속도가 굉장히 빠르다.

이런 장점이 좋아 보이긴 해도 마법을 진짜 기계어로 구현하고 싶은 생각은 들지 않는다. 게임에서 실행되는 기계어를 유저에게 제공하는 것은 해커들에게 나 잡아먹으슈 하는 꼴이다.[8] 기계어의 성능과 인터프리터 패턴의 안정성 사이에서 절충해야 한다.

실제 기계어를 읽어서 바로 실행하는 대신 우리만의 **가상** 기계어를 정의하면 어떨까? 가상 기계어를 실행하는 간단한 에뮬레이터도 만든다면? 가상 기계어는 실제 기계어처럼 밀도가 높고, 선형적이고, 상대적으로 저수준이지만, 동시에 게임에서 완전히 제어하기 때문에 안전하게 격리할 수 있다.

이 에뮬레이터를 **가상 머신**^{virtual machine}(VM)이라 부르고, VM이 실행하는 가상 바이너리 기계어는 **바이트코드**라고 부르겠다. 바이트코드는 유연하고, 데이터로 여러 가지를 쉽게 정의할 수

---

8 이래서 많은 게임 콘솔과 iOS에서는 로딩하거나 런타임에 생성한 기계어를 애플리케이션에서 실행하지 못하게 한다(앱 심사 과정에서 확인하지 못한 코드를 실행할 수도 있기 때문이다. iOS에서의 JIT 제한에 대해서는 'iOS Developer Program License Agreement'의 3.3.2와 Xamarin 가이드에서 'iOS)Advanced Topics)Limitations' 페이지의 'No Dynamic Code Generation' 섹션을 참고하라. 콘솔에서의 JIT 제한에 대해서는 LuaJIT Installation 페이지에서 'Cross-compiling for consoles' 섹션을 참고한다. – 옮긴이). 이는 안타까운 일이다. 성능이 빠른 프로그래밍 언어들이 바로 이렇게 하기 때문이다. 이러한 언어에 포함된 JIT 컴파일러는 코드를 즉석에서 최적화된 기계어로 바꿔준다.

있으며, 인터프리터 패턴 같은 고수준 형식보다 성능도 좋다.[9]

막막하게 들리겠지만, 기능을 제한하기만 하면 한번 해볼 만하다는 것을 이 장에서 보여주려한다. 바이트코드 패턴을 직접 구현할 일은 없더라도, 루아같이 바이트코드로 구현된 언어를더 잘 이해할 수 있게 될 것이다.

11.3. 패턴

명령어 집합은 실행할 수 있는 저수준 작업들을 정의한다. 명령어는 **일련의 바이트**로 인코딩된다. **가상 머신**은 **중간 값들을 스택에 저장**해가면서 이들 명령어를 하나씩 실행한다. 명령어를조합함으로써 복잡한 고수준 행동을 정의할 수 있다.

11.4. 언제 쓸 것인가?

바이트코드 패턴은 수록된 패턴 중에서 가장 복잡하고 쉽게 적용하기도 어렵다. 정의할 행동은많은데 다음과 같은 이유로 게임 구현에 사용한 언어로는 구현하기 어려울 때 바이트코드 패턴을 사용한다.

- 언어가 너무 저수준이라 만드는 데 손이 많이 가거나 오류가 생기기 쉽다.
- 컴파일 시간이나 다른 빌드 환경 때문에 반복 개발하기가 너무 오래 걸린다.
- 보안에 취약하다. 정의하려는 행동이 게임을 깨먹지 않게 하고 싶다면 나머지 코드로부터 격리해야 한다.

물론, 대부분의 게임이 이에 해당한다. 모두가 빠른 반복 개발이나 안전성을 원한다. 그냥 얻을수 없다는 게 문제일 뿐이다. 바이트코드는 네이티브 코드보다는 느리므로 성능이 민감한 곳에는 적합하지 않다.

....

9 프로그래밍 세계에서는 '가상 머신'과 '인터프리터'가 동의어로 사용된다. 이 책에서도 두 단어를 번갈아 쓸 것이다. GoF의 인터프리터 패턴을 얘기할 때에는 구별을 위해 '패턴'을 뒤에 붙였다.

11.5. 주의사항

나만의 개발 언어나 시스템 안에서 돌아가는 또 다른 시스템을 만드는 데에는 알 수 없는 매력이 있다. 책에서는 예제를 정말 단순하게 만들겠지만, 실제로 적용하다 보면 점점 규모가 커지기 마련이다.[10]

다들 언어나 스크립트 시스템을 처음 만들 때는 간단할 거라고 생각하고 크게 걱정하지 않는다. 하지만 필요에 따라 계속해서 기능을 덕지덕지 붙이다 보면 어느새 완전한 언어가 되어버린다.[11] 되는 대로, 유기적으로 언어가 발전하다 보니 '판자촌에서나 볼 수 있는 구조적 우아함'을 갖게 된다는 점만 제외하면 말이다.

완전한 언어를 만들겠다는 걸 뭐라고 하는 건 **아니다**. 되는 대로 만들지 말라는 거다. 하다못해 바이트코드가 표현할 수 있는 범위라도 꼼꼼히 관리해야 한다. 고삐 풀린 망아지처럼 되지 않도록 줄을 단단히 붙잡고 있어야 한다.

프론트엔드가 필요할 것이다

저수준 바이트코드 명령어는 성능 면에서 뛰어나지만, 바이너리 바이트코드 형식은 사용자가 작성할 만한 게 **아니다**. 행동 구현을 코드에서 따로 빼낸 이유는 **고수준**으로 표현하기 위해서였다. C++이 너무 저수준이라면서 사용자에게 어셈블리 언어, 그것도 우리가 만든 어셈블리어로 행동을 구현하게 하는 건 전혀 개선이 아니다.[12]

GoF의 인터프리터 패턴에서처럼, 이 책에서도 독자가 바이트코드를 **생성**할 방법이 있다고 가정한다. 일반적으로 사용자가 고수준 형식으로 원하는 행동을 작성하면 어떤 툴이 이를 가상 머신이 이해할 수 있는 바이트코드로 변환해 준다. 이 툴이 바로 컴파일러다.

컴파일러라는 단어가 얼마나 무섭게 들릴지 잘 안다. 그래서 미리 얘기하는 것이다. 저작 툴을

---

10 나에게는 게임 개발도 같은 이유로 매력적이다. 나는 언어든, 게임이든 개발할 때는 다른 사람들이 즐기면서 창의력을 발휘할 수 있는 가상 공간으로 만들기 위해 노력한다.

11 예를 들어 머스태시(Mustache), 루비의 리퀴드(Liquid), 자바스크립트의 핸들바(Handlebars), 파이썬의 진자(Jinja) 같은 템플릿 언어가 대부분 그래왔다.

12 예외적으로 〈로보워(RoboWar)〉라는 1992년작 고전 게임이 있었다. 이 게임에서 플레이어는 로봇을 조종하기 위해 어셈블리어와 굉장히 비슷한 언어와 이 장에서 다루는 명령어 집합 같은 걸로 프로그램을 만들어야 한다.
이 게임에서 나는 처음으로 어셈블리스러운 언어를 접했다.

만들 여유가 없다면 바이트코드 패턴을 쓰기 어렵다. 하지만 좀 더 읽다 보면 저작 툴 만드는 게 생각보다 어렵지 않다는 걸 알게 될 것이다.

디버거가 그리울 것이다

프로그래밍은 어려운 일이다. 기계에 어떤 일을 시키고 싶은지는 알지만 이를 항상 정확하게 표현하지는 못하다 보니 버그가 나온다. 버그를 찾아 고치기 위해 코드가 무엇을 잘못하는지, 어떻게 고쳐야 할지를 알아보는 데 도움이 되는 툴은 많다. 이런 디버거, 정적 분석기, 디컴파일러 같은 툴은 기성 언어, 즉 어셈블리 언어나 더 고수준의 언어들에서만 사용할 수 있게 만들어졌다.

자신이 만든 바이트코드 VM에서는 이런 툴이 무용지물이다. 디버거에서 VM에 브레이크포인터를 걸고 들여다볼 수는 있지만, VM **그 자체**가 무엇을 하는지 알 수 있을 뿐 VM이 바이트코드를 어디까지 해석해 실행 중인지는 알 수 없다. 이런 식으로는 바이트코드가 컴파일되기 전인 고수준 형태를 추적할 수 없다.

정의하려는 행동이 단순하다면 디버깅 툴 없이도 어떻게든 해나갈 수 있다. 하지만 콘텐츠 규모가 커진다면 바이트코드가 뭐 하는지 확인할 수 있는 기능을 개발하는 데 시간을 투자해야 한다. 이런 기능이 반드시 게임에 포함되어 출시되는 건 아니지만, 게임 출시에 굉장히 중요한 역할을 하는 것은 분명하다.[13]

11.6. 예제 코드

앞으로 살펴볼 바이트코드 구현 예제를 보면 생각보다 구현이 쉽다고 느낄 수도 있다. 먼저 VM에 필요한 명령어 집합을 정의하자. 바이트코드니 뭐니 자세히 들어가기 전에 우리가 만들려는 게 API 같은 거라고 생각해보자.

---

13 물론 게임을 모드로 변경할 수 있게 하고 싶다면 디버깅 기능도 같이 출시해야 할 테니 그 중요성은 말할 것도 없다.

마법의 API

마법 주문을 C++ 코드로 구현하려면 어떤 API가 필요할까? 마법을 정의할 때 게임에서 필요한 기본 연산에는 어떤 게 있을까?

마법은 대개 마법사의 스탯 중 하나를 바꾼다. 그렇다면 이런 API부터 시작해보자.

```
void setHealth(int wizard, int amount);
void setWisdom(int wizard, int amount);
void setAgility(int wizard, int amount);
```

첫 번째 매개변수(wizard)는 마법을 적용할 대상이다. 0이면 우리 마법사, 1이면 상대방 마법사다. 회복 마법으로 우리 마법사의 체력은 회복하고 상대방 마법사의 체력은 깎을 수 있다. 간단한 세 가지 함수만으로도 다양한 마법 효과를 만들 수 있다.

마법이 조용히 스탯만 바꾼다면 게임 로직은 괜찮아도 플레이어는 눈물 나게 심심할 테니 뭔가 좀 더 추가하자.

```
void playSound(int soundId);
void spawnParticles(int particleType);
```

사운드를 재생하고 파티클을 보여주는 이들 함수는 게임플레이에는 영향을 미치지 않지만 긴장감을 높여 준다. 카메라 흔들기, 애니메이션 같은 것도 추가할 수 있지만 일단 이것만으로 시작해보자.

마법 명령어 집합

이들 API가 데이터에서 제어 가능한 뭔가로 어떻게 바뀌는지를 보자. 작게 시작해서 마지막까지 단계별로 만들 것이다. 우선 매개변수부터 전부 제거한다. set___() 같은 함수는 우리 마법사의 스탯을 항상 최대값으로 만든다. 이펙트 효과 역시 하드코딩된 한 줄짜리 사운드와 파티클 이펙트만 보여준다.

이제 마법은 단순한 명령어 집합이 된다. 명령어는 각각 어떤 작업을 하려는지를 나타낸다. 명령어들을 다음과 같이 열거형으로 표현할 수 있다.

```
enum Instruction {
  INST_SET_HEALTH = 0x00,
  INST_SET_WISDOM = 0x01,
  INST_SET_AGILITY = 0x02,
  INST_PLAY_SOUND = 0x03,
  INST_SPAWN_PARTICLES = 0x04
};
```

마법을 데이터로 인코딩하려면 이들 열거형 값을 배열에 저장하면 된다. 원시명령^{primitive}이 몇 개 없다 보니 한 바이트로 전체 열거형 값을 다 표현할 수 있다. 마법을 만들기 위한 코드가 실제로는 바이트들의 목록이다 보니 '바이트코드'라고 불린다.[14]

명령 하나를 실행하려면 어떤 원시명령인지를 보고 이에 맞는 API 메서드를 호출하면 된다.

```
switch (instruction) {
  case INST_SET_HEALTH:
    setHealth(0, 100);
    break;

  case INST_SET_WISDOM:
    setWisdom(0, 100);
    break;

  case INST_SET_AGILITY:
    setAgility(0, 100);
    break;

  case INST_PLAY_SOUND:
    playSound(SOUND_BANG);
    break;

  case INST_SPAWN_PARTICLES:
    spawnParticles(PARTICLE_FLAME);
    break;
}
```

이런 식으로 인터프리터는 코드와 데이터를 연결한다. 마법 전체를 실행하는 VM에서는 이 코

---

14 일부 바이트코드 VM은 2바이트 이상으로 명령어를 표현하고 디코딩 규칙도 훨씬 복잡하다. x86 같은 공용 칩에서 돌아가는 실제 기계 어만 해도 상당히 복잡하다.

하지만 자바 가상 머신이나 마이크로소프트 .NET 플랫폼의 핵심인 공통 언어 런타임(Common Language Runtime)에서는 한 바이트만으로도 충분하니, 우리도 한 바이트면 된다(2015년 기준으로 자바 바이트코드는 256개 중 198개가 사용 중이고 51개는 나중을 위해 예약되어 있다. .NET CIL의 opcode 중에는 2바이트를 쓰는 게 몇 개 있다. – 옮긴이).

드를 다음과 같이 래핑한다.

```cpp
class VM {
public:
  void interpret(char bytecode[], int size) {
    for (int i = 0; i < size; i++) {
      char instruction = bytecode[i];
      switch (instruction) {
        // 각 명령별로 case문이 들어간다...
      }
    }
  }
};
```

여기까지 입력하면 첫 번째 가상 머신 구현이 끝났다. 하지만 이 가상 머신은 전혀 유연하지 않다. 상대방 마법사를 건드리거나 스탯을 낮추는 마법도 만들 수 없다. 사운드도 하나만 출력할 수 있다.

실제 언어와 같은 표현력을 갖추려면 매개변수를 받을 수 있어야 한다.

스택 머신

복잡한 중첩식을 실행하려면 가장 안쪽 하위표현식부터 계산해, 그 결과를 이를 담고 있던 표현식의 인수로 넘긴다. 이걸 전체 표현식이 다 계산될 때까지 반복하면 된다.

인터프리터 패턴에서는 중첩 객체 트리 형태로 중첩식을 직접 표현했다. 속도를 높이기 위해 명령어를 1차원으로 나열해도 하위표현식 결과를 중첩 **순서**에 맞게 다음 표현식에 전달해야 한다. 이를 위해 CPU처럼 스택을 이용해서 명령어 실행 순서를 제어한다.[15]

```cpp
class VM {
public:
  VM() : stackSize_(0) {}
  // 그 외...
```

---

[15] 이런 아키텍처를 **스택 머신**이라고 부른다. 포스(Forth), 포스트스크립트(PostScript), 팩터(Factor) 같은 프로그래밍 언어에서는 아예 사용자가 스택에 바로 접근할 수 있게 한다(이런 언어를 스택 기반 언어라고 한다. C++ 같은 언어에서는 컴파일러가 알아서 함수 인수를 스택에 쌓아 전달하는 반면, 스택 기반 언어에서는 코드에서 직접 스택에 값을 넣어야 함수에 인수를 전달할 수 있다. – 옮긴이).

```
private:
  static const int MAX_STACK = 128;
  int stackSize_;
  int stack_[MAX_STACK];
};
```

VM 클래스에는 값 스택이 들어 있다. 예제 코드에서는 명령어가 숫자 값만 받을 수 있기 때문에 그냥 int 배열로 만들었다. 명령어들은 이 스택을 통해서 데이터를 주고 받는다. 이름에 맞게 스택에 값을 넣고push 뺄pop 수 있도록 두 메서드를 추가하자.

```
class VM {
private:
  void push(int value) {
    // 스택 오버플로를 검사한다.
    assert(stackSize_ < MAX_STACK);
    stack_[stackSize_++] = value;
  }

  int pop() {
    // 스택이 비어 있지 않은지 확인한다.
    assert(stackSize_ > 0);
    return stack_[--stackSize_];
  }
  // 그 외...
};
```

명령어가 매개변수를 받을 때는 다음과 같이 스택에서 꺼내온다.

```
switch (instruction) {
  case INST_SET_HEALTH: {
    int amount = pop();
    int wizard = pop();
    setHealth(wizard, amount);
    break;
  }

  case INST_SET_WISDOM:
  case INST_SET_AGILITY:
    // 위와 같은 식으로...
```

```
  case INST_PLAY_SOUND:
    playSound(pop());
    break;

  case INST_SPAWN_PARTICLES:
    spawnParticles(pop());
    break;
}
```

스택에서 값을 얻어오려면 리터럴 명령어가 필요하다. 리터럴 명령어는 정수 값을 나타낸다. 하지만 리터럴 명령어는 자신의 값을 어디에서 얻어오는 걸까? '밑바닥까지 전부 거북이' 같은 무한 회귀 문제[16]를 어떻게 하면 피할 수 있을까?

명령어 목록이 바이트의 나열이라는 점을 활용해, 숫자를 바이트 배열에 직접 집어넣으면 된다. 숫자 리터럴을 위한 명령어 타입은 다음과 같이 정의한다.[17]

```
case INST_LITERAL: {
  // 바이트코드에서 다음 바이트 값을 읽는다.
  int value = bytecode[++i];
  push(value);
  break;
}
```

바이트코드 스트림에서 옆에 있는 바이트를 **숫자로** 읽어서 스택에 집어넣는다.

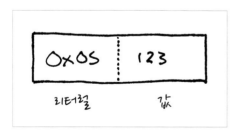

그림 11-3 바이트코드에 들어 있는 리터럴

인터프리터가 명령어 몇 개를 실행하는 과정을 보면서 스택 작동 원리를 이해해보자.

---

16 종료 조건 없는 재귀 함수와 비슷하다. 이 비유에 대해선 『짧고 쉽게 쓴 '시간의 역사'』(까치, 2006) 1장 참고 – 옮긴이

17 예제에서는 2바이트 이상의 정수를 디코딩하는 귀찮은 코드를 보여주기 싫어서 1바이트만 읽고 있다. 실제로는 자신이 사용할 전체 숫자 범위를 표현할 수 있는 리터럴을 지원해야 할 것이다.

먼저 스택이 비어 있는 상태에서 인터프리터가 첫 번째 명령을 실행한다.

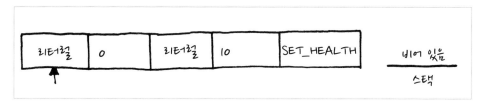

그림 11-4 아무런 명령을 실행하지 않은 상태

먼저 INST_LITERAL부터 실행한다. 이 명령은 자신의 바이트코드 바로 옆 바이트 값(0)을 읽어서 스택에 넣는다.

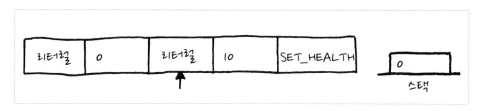

그림 11-5 첫 번째 리터럴 명령 실행 후

두 번째 INST_LITERAL을 실행한다. 10을 읽어서 스택에 넣는다.

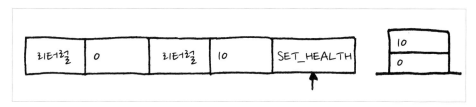

그림 11-6 마지막 명령을 실행하기 전

마지막으로 INST_SET_HEALTH를 실행한다. 스택에서 10을 꺼내와 amount 매개변수에 넣고, 두 번째로 0을 스택에서 꺼내 wizard 매개변수에 넣어 setHealth 함수를 호출한다.

짜잔! 우리 편 마법사의 체력을 10으로 만들어주는 마법을 만들었다. 이제 어느 편 마법사든 스탯을 마음대로 바꿀 수 있는 유연함을 갖췄다. 다른 사운드나 파티클도 출력할 수 있다.

하지만… 여전히 코드보다는 **데이터** 같아 보인다. 예를 들어 체력을 지혜 스탯의 반만큼 회복하는 식으로는 만들 수 없다. 기획자는 **숫자**만이 아니라 **규칙**으로 마법을 표현할 수 있기를 원한다.

행동 = 조합

지금까지 만든 VM을 프로그래밍 언어로 본다면, 아직 몇 가지 내장 함수와 상수 매개변수만 지원할 뿐이다. 바이트코드가 좀 더 **행동**을 표현할 수 있게 하려면 **조합**을 할 수 있어야 한다.

기획자는 여러 값을 이리저리 재미있게 조합하는 표현식을 만들고 싶어 한다. 예를 들어 **정해진** 값이 아니라 **지정한** 값으로 스탯을 바꿀 수 있는 마법을 만드는 식이다. 이렇게 하려면 현재 스탯을 고려해야 한다. 스탯을 **바꾸는** 명령은 이미 있으니, 스탯을 **얻어오는** 명령을 추가하자.

```
case INST_GET_HEALTH: {
  int wizard = pop();
  push(getHealth(wizard));
  break;
}

case INST_GET_WISDOM:
case INST_GET_AGILITY:
  // 뭘 하려는 건지 알 것이다...
```

보다시피 이들 명령어는 스택에 값을 뺐다 넣었다 한다. 스택에서 매개변수를 꺼내 어느 마법사의 스탯을 볼 지 확인하고, 그 스탯을 읽어와 다시 스택에 넣는다.

이제 스탯을 복사하는 마법을 만들 수 있다. 마법으로 마법사의 민첩성을 지혜와 같게 만들거나 상대방 마법사 체력을 내 체력과 같게 만들 수 있다.

전보다는 낫지만 아직 부족하다. 다음으로는 계산 능력이 필요하다. 아기 VM에게 1+1을 가르쳐줄 때다. 명령어를 좀 더 추가해보자. 이쯤 되면 어떻게 만들어야 할지 감을 잡았을 것이다. 덧셈만 살펴보자.

```
case INST_ADD: {
  int b = pop();
  int a = pop();
  push(a + b);
  break;
}
```

다른 명령어들처럼, 덧셈도 값 두 개를 스택에서 뺀 다음 작업한 결과를 스택에 집어넣는다. 이전에도 명령어를 추가할 때마다 표현력이 조금씩 좋아졌지만, 이번에는 확 좋아졌다. 아직은 눈에 잘 들어오지 않겠지만 이제는 복잡하고, 여러 단계로 중첩된 수식 표현식도 뭐든지 처리할 수 있다.

좀 더 복잡한 예제를 따라가보자. 우리 편 마법사 체력을 민첩성과 지혜의 평균만큼 더해주는 마법을 만들 것이다. 코드로 보면 다음과 같다.

```
setHealth(0, getHealth(0) + (getAgility(0) + getWisdom(0)) / 2);
```

표현식에 들어 있는 괄호를 명시적으로 묶어줄 명령어가 따로 필요하다고 생각할지 모르겠지만, 스택을 쓰면 암시적으로 괄호를 처리할 수 있다. 우리가 직접 계산하는 과정은 다음과 같다.

1. 마법사의 현재 체력을 가져와 기억한다.
2. 마법사의 민첩성을 가져와 기억한다.
3. 마법사의 지혜를 가져와 기억한다.
4. 민첩성과 지혜를 가져와 더한 뒤에 그 결과를 기억한다.
5. 결과를 2로 나눈 뒤, 그 결과를 기억한다.
6. 마법사의 체력을 떠올린 뒤 이를 결과에 더한다.
7. 결과를 가져와 마법사의 체력으로 만든다.

'기억한다'와 '떠올린다'라는 단어가 많이 보일 것이다. 모든 '기억한다'를 '스택에 넣는다'로, '떠올린다'를 '스택에서 뺀다'로 바꿔보면 쉽게 바이트코드로 변환할 수 있다. 예를 들어 1번 '현재 체력 가져오기'는 다음과 같이 변환된다.

```
LITERAL 0
GET_HEALTH
```

이 바이트코드는 우리 마법사의 체력을 스택에 넣는다. 나머지 문장도 이런 식으로 기계적으로 변환하면 원했던 표현식을 담은 바이트코드를 얻을 수 있다. 바이트코드가 어떻게 생성되는지 감을 잡을 수 있도록 전체 변환 결과를 살펴보겠다.

스택 상태가 변하는 걸 보여주기 위해 마법사의 스탯이 체력 45, 민첩성 7, 지혜 11이라고 가정하고 예제를 실행해보자. 명령어 옆의 []는 명령어 실행 후의 스택 상태를 나타낸다. 또 그 옆에는 해당 명령어의 목적을 # 주석으로 표시했다.

```
LITERAL 0      [0]                # 마법사 인덱스
LITERAL 0      [0, 0]             # 마법사 인덱스
GET_HEALTH     [0, 45]            # getHealth()
LITERAL 0      [0, 45, 0]         # 마법사 인덱스
GET_AGILITY    [0, 45, 7]         # getAgility()
LITERAL 0      [0, 45, 7, 0]      # 마법사 인덱스
GET_WISDOM     [0, 45, 7, 11]     # getWisdom()
ADD            [0, 45, 18]        # 민첩성과 지혜를 더함
LITERAL 2      [0, 45, 18, 2]     # 제수(나누는 수)
DIVIDE         [0, 45, 9]         # 민첩성과 지혜의 평균을 냄
ADD            [0, 54]            # 평균을 현재 체력에 더함
SET_HEALTH     []                 # 결과를 체력으로 만듦
```

스택 변화를 단계별로 보고 있으면 데이터가 스택을 통해서 마법처럼 왔다 갔다 하는걸 볼 수 있다.[18] 가장 먼저 마법사 인덱스용으로 스택에 넣은 0은 스택 밑바닥에 남아 있다가 끝에서 SET_HEALTH 명령을 실행할 때 사용된다.

가상 머신

이런 식으로 계속 명령어를 추가해볼 수 있겠지만 이 정도만 하자. 지금까지 만든 귀여운 VM 만으로도 단순하면서도 깔끔한 데이터 형태로 행동을 마음껏 정의할 수 있다. '바이트코드'나 '가상 머신'은 위협적으로 들리지만, 방금 본 것처럼 스택, 반복문, 다중 선택문만으로도 간단하게 만들 수 있다.

VM 구현 과정을 통해서 '행동을 안전하게 격리한다'는 원래 목표를 달성했음을 확인했다. 바이트코드에서는 정의해놓은 명령 몇 개를 통해서만 다른 코드에 접근할 수 있기 때문에 악의적인

---

18 어쩌면 내가 '마법처럼'이라는 단어를 남들보다 헤프게 쓰는지도 모르겠다.

코드를 실행하거나 잘못된 위치에 접근할 방법이 없다.

스택 크기를 통해 VM의 메모리 사용량을 조절할 수 있다. 이렇게 만든 스택이 VM에서 오버플로하지 않는지도 검사하고 있다.[19] VM이 **시간**을 얼마나 쓸지도 제어할 수 있다. VM 클래스의 interpret() 반복문에서 실행되는 명령어가 일정 개수 이상이면 빠져나오게 할 수도 있다.[20]

이제 실제로 바이트코드를 만드는 문제만 남았다. 지금까지는 사람 손으로 의사코드를 바이트코드로 컴파일했다. 시간이 남아돈다면 모를까, 이런 방식은 현실성이 없다.

마법 제작 툴

원래 목표는 행동을 **고수준**으로 제작할 수 있는 방법을 만드는 것이었지만, 지금까지는 C++보다도 **저수준** 시스템을 만들었을 뿐이다. 런타임 성능이나 안정성은 만족스럽지만, 기획자가 건드릴 만한 물건은 전혀 아니다.

이런 차이를 극복하기 위해서는 사용성을 좋게 해줄 툴이 필요하다. 툴을 이용해서 마법에 대한 행동을 고수준으로 정의하고, 이를 저수준인 스택 머신 바이트코드로 변환할 수 있어야 한다.

이건 VM을 만드는 것보다 더 어려워 보인다. 프로그래머들 중에는 대학생 때 컴파일러 수업에 끌려갔다가 뭐 하나 배운 거 없이 트라우마만 생겨서 책 표지에 용이 그려져 있거나 'lex', 'yacc' 같은 단어만 있어도 덜덜 떠는 사람이 많다.[21]

텍스트 기반 언어 컴파일은 이 책에서 다루기엔 **너무** 광범위해서 그렇지 아주 어렵지는 않다. 그리고 툴이 필요하다고 해서 꼭 **텍스트 파일**을 입력으로 받는 **컴파일러**여야 한다는 건 아니다.

특히 툴 사용자가 프로그래밍에 익숙하지 않다면 그래픽 인터페이스로 행동을 정의할 수 있는 툴을 고려해보자. 문법 오류가 생기기 쉬운 텍스트 형식으로 만드는 것은 컴파일러가 꽥꽥 뱉어내는 오류에 오랫동안 단련된 프로그래머가 아니고서는 쉬운 일이 아니다.

---

19 VM 클래스의 push 메서드에서 assert(stackSize_ < MAX_STACK);으로 스택 오버플로를 검사한다. – 옮긴이

20 우리가 만든 VM에는 반복문 관련 명령어가 없기 때문에 실행 시간을 따로 제어하지 않고 실행할 바이트코드 크기만 제한하면 된다. 이는 우리가 만든 바이트코드가 튜링 완전하지 않다는 뜻이기도 하다.

21 물론 '용책'이란 그 유명한 『Compilers: Principles, Techniques, and Tools』(사이버출판사, 2000)를 가리킨다.

대신 클릭해서 작은 상자를 드래그 앤 드롭하거나 메뉴를 선택하는 식으로 행동을 조립할 수 있는 툴을 만들어보자.[22]

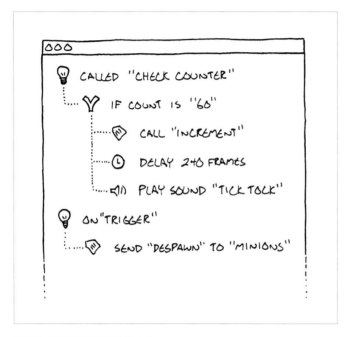

그림 11-7 행동 제작을 위한 GUI 예

GUI 툴에서는 사용자가 '잘못된' 코드를 아예 만들 수 없다. 오류를 토해내기보다 아예 버튼을 못 누르게 하거나 기본값을 넣으면 제작하는 동안 오류 없는 상태를 유지할 수 있다.[23]

이러면 우리가 만든 언어를 위한 문법이나 파서를 만들지 않아도 된다. 물론 UI 프로그래밍도 컴파일러 만드는 것만큼이나 껄끄러워하는 사람들이 있다는 걸 안다. 뭐, 그렇다면야 나도 더는 도와줄 방법이 없다.

....

22 내가 〈헨리 해츠워스 인 더 퍼즐링 어드벤처(Henry Hatsworth in the Puzzling Adventure)〉 개발팀에서 만들었던 스크립팅 시스템이 이런 식이었다(비슷한 예로 〈아키에이지〉 개발팀은 웹 기반 콘텐츠 개발 툴 DDCMS을 만들었다. 『위대한 게임의 탄생 3』(지앤선, 2013) 175쪽 참고. 한편 〈최강의 군단〉 개발팀은 언리얼 엔진에 있는 그래프 편집 인터페이스를 활용해 스킬 개발 툴을 만들었다. NDC 16 '캐릭터 한 달에 하나씩 업데이트 하기' 발표 참고 – 옮긴이).

23 다시 강조하지만 오류 처리는 굉장히 중요하다. 프로그래머는 사람이 하는 실수를 꾸준히 노력해 없애야 하는 인격적인 결함으로 보는 경향이 있다.

하지만 사용자가 시스템을 좋아하게 만들려면 사람들의 인간적인 면모와 실수까지도 받아들여야 한다. 실수는 누구나 한다. 특히 창조하는 과정에서는 실수가 필수 불가결하다. 실행취소 같은 기능으로 실수를 매끄럽게 처리해주면 훨씬 창조적이고 멋진 결과를 만드는 데 도움을 줄 수 있다.

바이트코드 패턴의 궁극적인 목표는 사용자가 행동을 고수준 형식으로 편하게 표현할 수 있도록 하는 데 있다. 먼저 사용성을 좋게 만드는 데 공을 들여야 한다. 그다음으로 코드 실행을 최적화하기 위해, 이를 저수준 형태로 변환해야 한다. 보통 일은 아니지만 만들기만 한다면 노력에 걸맞은 결실을 얻을 수 있다.

11.7. 디자인 결정

이번 장을 최대한 단순하게 쓰려고 노력했지만[24] 언어 창조를 다루다 보니 쉽지 않았다. 언어를 새로 만드는 데에는 제약이 거의 없다. 언어를 갖고 노는 신선놀음에 빠져서 게임 출시라는 최종 목표를 잊어버리지 않도록 조심하자. 명령어는 스택에 어떻게 접근하는가?

바이트코드 VM은 보통 스택 기반과 레지스터 기반으로 나뉜다. 스택 기반 VM에서는 예제에서 본 것처럼 항상 스택 맨 위만 접근한다. 예를 들어 INST_ADD 명령어는 스택에서 값 두 개를 꺼내어 더한 후에 결과 값을 다시 스택에 넣는다.

레지스터 기반 VM에도 스택은 있다. 명령어가 스택 깊숙한 곳에서도 입력 값을 읽어올 수 있다는 점만 다르다. INST_ADD 연산은 피연산자 두 개를 항상 스택 **맨 위에서 꺼내오는** 게 아니라 바이트코드에 인덱스가 두 개 들어 있어서 스택 어디에서나 읽어올 수 있다.

| 스택 기반 VM |

- **명령어가 짧다.** 모든 명령어들이 암시적으로 인수를 스택 맨 위에서 얻기 때문에, 명령어에 데이터를 따로 인코딩하지 않아도 된다. 즉, 명령어를 짧게 만들 수 있다. 대부분은 한 바이트면 충분하다.

- **코드 생성이 간단하다.** 바이트코드 컴파일러나 바이트코드 생성 툴을 한번 만들어보면 스택 기반 바이트코드가 만들기 더 쉽다는 걸 알 수 있다. 모든 명령어가 암시적으로 스택 맨 위 값을 가지고 작업하기 때문에, 순서만 잘 맞춰서 명령어를 배치하면 명령어들끼리 매개변수를 주고받게 할 수 있다.

- **명령어 개수가 많다.** 모든 명령어는 스택 맨 위만 볼 수 있다. a = b + c 같은 코드를 만들려면, b와 c를 스택 위에 넣고, 더하기를 한 다음 결과를 a로 옮기는 식으로 명령어가 여러 개 필요하다.

---

24 책에서 이번 장이 가장 긴 걸 보면, 단순하게 쓰기는 실패한 거 같다.

| 레지스터 기반 VM |

- **명령어가 길다.** 명령어가 스택 오프셋 값을 인수로 들고 있기 때문에 하나의 명령어를 표현하는 데 비트가 더 많이 필요하다. 레지스터 기반 VM을 사용하는 언어 중 가장 잘 알려진 루아에서는 한 명령어가 32비트를 다 사용한다. 6비트를 명령어 종류가 차지하고, 나머지에는 인수들이 들어간다.[25]
- **명령어 개수는 줄어든다.** 한 명령어에서 더 많은 일을 할 수 있기 때문에, 명령어가 많이 필요하지 않다. 스택에 값을 주고받는 횟수가 줄기 때문에 성능 향상을 기대할 수도 있다.

그래서 어떤 걸 선택해야 할까? 가능하면 스택 기반 VM을 쓰는 게 좋다. 스택 기반 VM은 구현하기 쉽고, 코드 생성도 훨씬 간단하다. 루아 이후로 레지스터 기반 VM이 속도가 빠르다고 알려졌지만, 그건 명령어를 어떻게 만드느냐, VM을 어떻게 구현하느냐에 따라 더 많이 달라진다.

어떤 명령어를 만들어야 하는가?

명령어 집합은 바이트코드로 할 수 있는 일의 범위를 결정하고, VM의 성능에 큰 영향을 미친다. 다음은 필요한 명령어 종류들이다.

| 외부 원시명령 |

VM 외부 게임 코드에 접근하고, 유저가 볼 수 있는 일들을 처리한다. 바이트코드로 어떤 행동을 표현할 수 있는지를 제어한다. 외부 원시명령이 없다면 VM은 CPU 공회전 외에는 할 수 있는 게 없다.

| 내부 원시명령 |

리터럴, 연산, 비교, 그 외 스택에 값을 주고받는 명령어들로 VM 내부 값을 다룬다.

---

25 루아 개발팀은 루아 바이트코드 포맷을 따로 명시하지 않고, 버전업할 때 바이트코드 포맷도 바꾸는 편이다. 지금 여기에서 설명한 것은 루아 5.1을 기준으로 한다. 루아 내부를 깊숙이 들여다보고 싶다면 'A No-Frills Introduction to Lua 5.1 VM Instructions' 문서를 읽어보자. http://goo.gl/OwucNi

| 흐름 제어 |

예제에서는 다루지 않았지만, 명령어를 조건에 따라 실행하거나 여러 번 반복하고 싶다면 흐름 제어가 필요하다. 바이트코드 같은 저수준 언어에서 흐름 제어는 그냥 점프^{jump}를 쓰면 된다.

반복문 명령어에는 어느 바이트코드를 실행하고 있는지를 기록하는 인덱스 변수가 있다. 점프 명령어가 하는 일이라고는 이 변수 값을 바꿔서 실행 위치를 옮기는 것뿐이다. 즉, goto문이 하는 일과 같다. 온갖 고수준의 흐름 제어를 점프만으로 만들 수 있다.

| 추상화 |

사용자가 작성하는 데이터가 **매우** 커지다 보면 결국에는 바이트코드를 매번 복사 & 붙여넣기 하는 대신 재사용할 수 있기를 바라게 된다. 이럴 때 호출할 수 있는 프로시저 같은 게 있었으면 할 것이다.

단순히 형태만 놓고 보면, 프로시저가 점프보다 더 복잡할 것도 없다. 차이점이라면 VM이 별도의 **반환** 스택을 관리한다는 점이다. '호출^{call}' 명령을 만나면 현재 실행 인덱스를 반환 스택에 넣고 호출된 바이트코드로 점프한다. '반환^{return}' 코드에 도달하면 VM은 반환 스택으로부터 실행 인덱스를 받아서 그 위치로 점프한다.

값을 어떻게 표현할 것인가?

예제에서 본 VM에서는 자료형으로 정수형 하나만 사용한다. 덕분에 스택도 정수형으로만 되어 있다. 더 제대로 된 VM이라면 문자열, 객체, 리스트 같은 여러 다른 자료형도 지원해야 한다. 이때 이들 자료형을 내부적으로 어떻게 저장할지를 결정해야 한다.

| 단일 자료형 |

- **간단하다.** 태깅이나 변환, 자료형 검사 같은 걸 신경 쓰지 않아도 된다.
- **다른 자료형을 다룰 수 없다.** 이건 분명한 단점이다. 여러 가지 자료형을 한 가지 데이터 자료형 형태로 저장하는 것은 골치 아픈 일이다. 숫자를 문자열로 저장해야 한다고 생각해보라.

| 태그 붙은 변수 |

동적 자료형 언어에서 흔한 방식이다. 모든 값은 두 부분으로 나뉜다. 앞에는 어떤 자료형을 저장했는지를 열거형을 이용해 자료형 태그로 표시한다. 나머지 비트는 다음과 같은 식으로 자료형에 따라 적당하게 해석된다.[26]

```
enum ValueType {
  TYPE_INT,
  TYPE_DOUBLE,
  TYPE_STRING
};

struct Value {
  ValueType type;
  union {
    int intValue;
    double doubleValue;
    char* stringValue;
  };
};
```

- **값이 자신의 자료형을 안다.** 런타임에서 값의 자료형을 확인할 수 있다는 장점이 있다. 이는 동적 디스패치에 중요하며 지원하지 않는 타입에 대한 연산을 막을 수 있다.
- **메모리가 더 필요하다.** 값의 자료형을 구분하기 위해 모든 값에 비트를 추가해야 한다. VM 정도의 저수준에서는 비트가 조금만 늘어도 전체적으로 필요한 메모리 양이 엄청나게 늘어난다.

| 태그가 붙지 않은 공용체 |

앞에서처럼 공용체union를 사용하되, 자료형 태그는 따로 **없다.** 데이터 비트만 봐서는 어떤 자료형인지 알 수 없기 때문에 우리가 알아서 해석해야 한다.

정적 자료형 언어가 데이터를 이런 식으로 메모리에 표현한다. 컴파일할 때 타입 시스템이 값을 제대로 해석하도록 보장하기 때문에 런타임에 따로 검증하지 않아도 된다.[27]

- **작다.** 값만 비트로 저장했기 때문에 더 이상 효율적으로 작을 수 없다.
- **빠르다.** 자료형 태그가 없다는 것은 런타임에 타입을 검사하느라 클럭을 낭비하지 않아도 된다는 뜻이다. 정적 자료형 언어가 동적 자료형 언어보다 빠른 이유 중 하나다.
- **안전하지 않다.** 이건 큰 손실이다. 잘못된 바이트코드가 값을 잘못 해석해 숫자를 포인터로, 또는 포인터를

---

26 옛날 COM 개발자라면 VARIANT 자료형이 이런 식이었다는 걸 기억할 것이다. – 옮긴이

27 어셈블리어나 포스처럼 **자료형이 없는** 언어에서도 값을 이렇게 저장한다. 이런 언어에서는 값의 자료형을 제대로 해석할 수 있도록 **개발자**가 알아서 코딩해야 한다. 마음 약한 사람들이 건드릴 만한 언어가 아니다.

숫자로 처리하면 해킹에 노출되거나 크래시를 발생시킬 수 있다.[28]

| 인터페이스 |

객체지향에서는 여러 자료형 중에 무엇인지를 모르는 값이 있으면 다형성으로 처리한다. 인터페이스는 여러 자료형을 테스트하고 변환하는 가상 메서드를 다음과 같이 제공한다.

```
class Value {
public:
  virtual ~Value() {}
  virtual ValueType type() = 0;
  virtual int asInt() {
    // 이 가상 함수는 정수형에서만 호출해야 한다.
    assert(false);
    return 0;
  }
  // 다른 변환 메서드들...
};
```

그다음, 각 자료형마다 구체 클래스를 아래와 같이 정의한다.

```
class IntValue : public Value {
public:
  IntValue(int value) : value_(value) {}

  virtual ValueType type() { return TYPE_INT; }
  virtual int asInt() { return value_; }

private:
  int value_;
};
```

- **제한이 없다.** 기본 인터페이스만 구현한다면 핵심 VM과는 상관없이 어떤 자료형이라도 정의할 수 있다.
- **객체지향적이다.** OOP 원리주의자에게는 자료형 태그에 따라 다중 선택문을 타는 것보다 다형성 디스패치를 사용하는 것이 '올바른' 방식이다.
- **번거롭다.** 자료형마다 클래스와 온갖 장황한 행사코드를 정의해야 한다. 앞에서 본 예제는 전체 자료형 중

---

28 바이트코드를 정적 자료형 언어를 통해서 컴파일했다면, 컴파일러가 안전한 바이트코드만 작성했을 테니 안전하다고 생각할지도 모르겠다. 아주 틀린 얘기는 아니지만 악의적인 유저는 컴파일러를 통하지 않고 수동으로 악성 바이트코드를 집어넣을 수 있다는 걸 잊어서는 안 된다.
자바 VM이 프로그램을 로딩할 때 **바이트코드 검증**을 괜히 하는 게 아니다.

에서 겨우 하나 만든 데 불과하다는 걸 잊지 말자!

- **비효율적이다.** 다형성은 포인터를 통해서 동작하기 때문에, 불리언이나 숫자 같은 단순한 값도 힙에 할당된 객체로 래핑해야 한다. 또한 값에 접근할 때마다 가상 함수를 호출해야 한다.

  가상 머신의 핵심 코드 같은 곳에서는 이런 약간의 성능 문제만으로도 성능이 크게 떨어진다. 코드가 아닌 값을 표현하는 방식으로 문제가 옮겨갔다는 것 외에는 인터프리터 패턴을 기피하게 만드는 여러 문제가 인터페이스 방식에도 거의 그대로 남아 있다.

할 수만 있다면 자료형은 하나만 쓰길 권한다. 아니면 태그 붙은 변수를 쓰자. 다른 언어 인터프리터들도 대부분 그렇게 하고 있다.

바이트코드는 어떻게 만들 것인가?

마지막으로 가장 중요한 문제를 생각해보자. 바이트코드를 읽어서 해석하는 코드는 예제로 봤지만, 바이트코드를 생성하는 방법은 따로 보여주지 않았다. 보통은 컴파일러를 만들지만 다른 방법도 있다.

| 텍스트 기반 언어를 정의할 경우 |

- **문법을 정의해야 한다.** 비전문가뿐만 아니라 언어 설계 전문가조차도 문법 정의를 과소평가하는 경향이 있다. 파서를 만족시키는 문법을 만들기는 쉬울지 몰라도, 사용자를 만족시키는 문법은 만들기 어렵다.

  문법 설계는 사용자 인터페이스를 설계하는 것과 같다. 문자열만으로 사용자 인터페이스를 표현해야 하기 때문에 만들기가 쉽지 않다.

- **파서를 구현해야 한다.** 알려진 것만큼 어렵진 않다. ANTLR나 Bison 같은 파서 생성기를 이용하거나, (내가 한 것처럼) 간단하게 재귀 하향 파서recursive descent parser 를 직접 만들면 된다.[29]

- **문법 오류를 처리해야 한다.** 가장 중요하면서도 가장 어려운 부분이다. 문법상, 의미상의 오류가 있다면(사람은 언제나 실수를 하기 마련이다), 올바른 방향으로 이끌어줘야 한다. 파서가 예상치 못한 구두점에 막혀 있다는 정도밖에 모른다면 사용자들에게 유용한 피드백을 주기 어렵다.

- **비-프로그래머는 쓰기 어려울 것이다.** 우리 프로그래머들은 텍스트 파일을 좋아한다. 강력한 콘솔용 툴과 결합하면 텍스트를 마치 레고 블록처럼 쉽고 간단하게 온갖 방법으로 조합할 수 있어서다.

  대부분의 비-프로그래머는 텍스트 파일을 그렇게 보지 않는다. 세금신고 자료를 전부 입력했는데 숫자에

---

29 저자는 렌(Wren) 언어를 개발하면서 재귀 하향 파서를 만들었다. https://git.io/vwkEW – 옮긴이

쉼표 하나 빠졌다고 짜증나게 팝업창 뜨면서 처음부터 다시 입력하게 만드는 국세청 홈택스에서 작업하는 것처럼 느낀다.

| UI가 있는 저작 툴을 만들 경우 |

- **UI를 구현해야 한다.** 버튼, 클릭, 드래그 같은 것들 말이다. 누군가는 이런 작업을 싫어하겠지만, 나는 좋아 한다. UI가 있는 저작 툴을 만들기로 결정했다면, UI 설계를 싫은데 억지로 해야 하는 일이 아니라 일을 잘 하기 위해 해야 하는 핵심 작업으로 받아들이는 게 중요하다.

  UI에 정성을 쏟을수록 툴은 더 쉽고, 더 편해진다. 따라서 게임 콘텐츠도 개선된다. 좋아하는 게임의 개발 후일담을 찾아보면 재미의 비결로 저작 툴을 많이 꼽을 것이다.

- **오류가 적다.** 행동을 상호작용 방식으로 한 단계씩 만들기 때문에. 오류가 생기면 툴에서 바로 고쳐줄 수 있다.

  텍스트 기반 언어로 만들 경우, 사용자가 파일을 툴에 전달하기 전에는 파일에 **어떤** 내용이 있는지를 툴이 알 수 없다. 이러다 보니 오류를 처리하고 방지하기가 더 어렵다.

- **이식성이 낮다.** 텍스트 컴파일러의 장점은 텍스트가 보편적이라는 점이다. 간단한 컴파일러로 파일을 읽어 서 결과물을 출력하기만 하면 된다. 즉 쉽게 다른 OS로 포팅할 수 있다.[30]

  UI 프로그램을 만들 경우 프레임워크를 정해야 하는데, 많은 프레임워크가 특정 OS에 종속되어 있다. 크로 스 플랫폼 UI 툴킷도 있지만 어느 OS에서나 동일하게 동작하게 하기 위해 친숙함을 포기한 것들이 많다. 즉, 이런 툴킷은 어느 플랫폼에서나 어색해 보인다.

11.8. 관련자료

- 이 패턴은 GoF의 인터프리터 패턴과 형제 관계라고 보면 된다. 둘 다 데이터로 행동을 조합할 수 있는 방 법을 제공한다.

  사실 두 패턴을 **다** 사용하는 경우가 많다. 바이트코드 생성 툴은 안에서 코드를 표현하는 객체 트리를 만들 게 될 텐데, 이게 인터프리터 패턴과 동일하다.

  이걸 바이트코드로 컴파일하려, 인터프리터 패턴에서 해석할 때 그러는 것처럼 재귀적으로 트리를 타고 들어가야 한다. **유일한** 차이점은 행동 관련 코드를 바로 실행하지 않고, 나중에 실행할 수 있도록 바이트코 드 명령어로 출력한다는 것뿐이다.

- 루아 프로그래밍 언어는 게임 쪽에서 가장 널리 사용중인 스크립트 언어다. 레지스터 기반 바이트코드 VM 으로 굉장히 간결하게 구현되어 있다.

---

30 개행 문자와 인코딩은 제외다.

- 키즈멧Kismet은 언리얼 에디터에 포함된 그래픽 스크립트 툴이다.

- 내가 만든 스크립트 언어인 렌은 단순한 스택 기반 바이트코드 인터프리터다.

CHAPTER 12

하위 클래스 샌드박스

12.1. 의도

상위 클래스가 제공하는 기능들을 통해서 하위 클래스에서 행동을 정의한다.

12.2. 동기

아이들은 누구나 슈퍼히어로가 되고 싶어 하지만, 지구에는 우주 광선이 공급 부족 상태다. 이런 아이들이 슈퍼히어로를 가장 그럴싸하게 체험할 수 있는 수단이 바로 게임이다. 기획자는 게임으로 뭐든 만들 수 있다고 생각하는 사람들이기 때문에, **우리가** 만들 슈퍼히어로 게임에서는 수십 개가 넘는 다양한 초능력을 선택할 수 있어야 한다.

먼저 Superpower라는 상위 클래스를 만든 후에 초능력별로 이를 상속받는 클래스를 정의하려한다. 기획서를 나눠서 받은 프로그래머들이 구현을 마치고 나면 수십 개가 넘는 초능력 클래스가 만들어져 있을 것이다.[1]

우리는 유저가 어릴 때 꿈꿔왔던 어떤 초능력이라도 다 쓸 수 있는 풍부한 게임 월드를 제공하고 싶다. 이를 위해서는 Superpower를 상속받은 초능력 클래스에서 사운드, 시각 이펙트, AI와의 상호작용, 다른 게임 개체의 생성과 파괴, 물리 작용 같은 모든 일을 할 수 있어야 한다.

---

[1] 지금처럼 하위 클래스가 **많아질** 거 같으면, 수많은 초능력을 길게 **하드코딩**하는 것보다 **데이터** 기반으로 구현하는 게 나을 때가 많다. 타입 객체(13장), 바이트코드(11장), 인터프리터 같은 패턴들을 참고하자.

초능력 클래스는 온갖 코드를 건드리게 된다.

이런 식으로 개발팀이 초능력 클래스를 구현하기 시작하면 어떤 일이 벌어질까?

- **중복 코드가 많아진다.** 초능력은 다양하겠지만 여러 부분이 겹칠 가능성이 높다. 많은 초능력이 시각 이펙트와 사운드를 같은 방식으로 출력한다. 냉동 광선, 열 광선, 심지어 머스터드 광선(?)도 만들어놓고 보면 서로 비슷할 것이다. 프로그래머들이 조율 없이 구현한다면 중복 코드를 잔뜩 만드느라 중복으로 헛고생할 것이다.

- **거의 모든 게임 코드가 초능력 클래스와 커플링된다.** 좀 더 알아보지 않는 이상, 초능력 클래스와 직접 엮일 의도가 전혀 없었던 하부시스템subsystem을 바로 호출하도록 코드를 짤 것이다. 렌더러를 여러 계층으로 깔끔하게 나눠놓고, 밖에서는 그중 한 계층으로만 접근하게 했다고 해보자. 초능력 클래스들을 다 구현해놓고 보면 모든 렌더러 계층에 중구난방으로 접근하게 해놨을 가능성이 굉장히 높다.

- **외부 시스템이 변경되면 초능력 클래스가 깨질 가능성이 높다.** 여러 초능력 클래스가 게임 내 다양한 코드와 커플링되다 보니 이런 코드가 변경될 때 초능력 클래스에도 영향을 미친다. 그래픽, 오디오, UI 프로그래머들은 대부분 게임플레이 프로그래머 역할까지 맡는 걸 원치 않기 때문에 이래선 곤란하다.

- **모든 초능력 클래스가 지켜야 할 불변식invariant을 정의하기 어렵다.** 초능력 클래스가 재생하는 모든 사운드를 항상 큐를 통해 적절히 우선순위를 맞추고 싶다고 해보자. 수백 개가 넘는 초능력 클래스가 사운드 엔진에 직접 접근한다면 이를 강제하기가 쉽지 않다.

초능력 클래스를 구현하는 게임플레이 프로그래머가 사용할 원시명령 집합을 제공하는 게 좋겠다. 사운드를 출력하고 싶다면 `playSound` 함수를, 파티클을 보여주고 싶다면 `spawnParticles` 함수를 호출하면 된다. 초능력을 구현하는 데 필요한 모든 기능을 원시명령이 제공하기 때문에 초능력 클래스가 이런저런 헤더를 `include`하거나, 다른 코드를 찾아 헤매지 않아도 된다.

이를 위해 원시명령을 Superpower의 `protected` 메서드로 만들어 모든 하위 초능력 클래스에서 쉽게 접근할 수 있게 한다. 원시명령을 `protected`(와 일반적으로 비–가상 함수)로 만드는 이유는 이들 함수가 하위 클래스용이라는 걸 알려주기 위해서다.

가지고 놀 수 있는 원시명령을 준비하고 나면, 이를 사용할 공간을 제공해야 한다. 이를 위해 하위 클래스가 구현해야 하는 **샌드박스 메서드**를 순수 가상 메서드로 만들어 `protected`에 둔다. 이제 새로운 초능력 클래스를 구현하려면 다음과 같이 한다.

1. Superpower를 상속받는 새로운 클래스를 만든다.

2. 샌드박스 메서드인 activate()를 오버라이드한다.

3. Superpower 클래스가 제공하는 protected 메서드를 호출하여 activate()를 구현한다.

이렇게 상위 클래스가 제공하는 기능을 최대한 고수준 형태로 만듦으로써 중복 코드 문제를 해결할 수 있다. 여러 초능력 클래스에서 중복되는 코드가 있다면, 언제든지 Superpower 클래스로 옮겨서 하위 클래스에서 재사용할 수 있게 할 수 있다.[2]

커플링 문제는 커플링을 한곳으로 몰아서 해결했다. Superpower 클래스는 여러 게임 시스템과 커플링된다. 하지만 수많은 하위 클래스는 상위 클래스와만 커플링될 뿐 다른 코드와는 커플링되지 않는다. 게임 시스템이 변경될 때 Superpower 클래스를 고치는 건 피할 수 없다 해도 나머지 많은 하위 클래스는 손대지 않아도 된다.

하위 클래스 샌드박스 패턴을 쓰면 클래스 상속 구조가 얕게 퍼진다. 많은 클래스가 Superpower를 상위 클래스로 두기 때문에 코드 입장에서는 전략적 요충지를 확보할 수 있다. 즉, Superpower 클래스에 시간과 정성을 쏟으면 하위 클래스 모두가 그 혜택을 받을 수 있다.[3]

12.3. 패턴

상위 클래스는 추상 **샌드박스 메서드**와 여러 **제공 기능**provided operation을 정의한다. 제공 기능은 protected로 만들어져 **하위 클래스**용이라는 걸 분명히 한다. 각 하위 클래스는 제공 기능을 이용해 샌드박스 메서드를 구현한다.

12.4. 언제 쓸 것인가?

하위 클래스 샌드박스 패턴은 굉장히 단순하고 일반적이라 게임이 아닌 곳에서도 알게 모르게

---

2 이를 리팩토링에서는 풀업(Pull Up) 기법이라고 부른다. – 옮긴이

3 요즘 들어 객체지향 언어에서 상속을 비판하는 목소리가 높아졌다. 상위-하위 클래스 코드가 다른 무엇보다 커플링이 가장 강하다는 점에서 상속은 문제가 있다. 그나마 **깊은** 상속 구조보다는 얕고 **넓은** 상속 구조로 만들면 작업하기가 한결 낫다.

많이 사용하고 있다. 클래스에 protected인 비-가상 함수가 있다면 이 패턴을 쓰고 있을 가능성이 높다. 하위 클래스 샌드박스 패턴은 이럴 때 좋다.

- 클래스 하나에 하위 클래스가 많이 있다.
- 상위 클래스는 하위 클래스가 필요로 하는 기능을 전부 제공할 수 있다.
- 하위 클래스 행동 중에 겹치는 게 많아, 이를 하위 클래스끼리 쉽게 공유하고 싶다.
- 하위 클래스들 사이의 커플링 및 하위 클래스와 나머지 코드와의 커플링을 최소화하고 싶다.

12.5. 주의사항

요즘은 여러 프로그래머 집단에서 '상속'을 나쁘게 생각한다. 그 이유 중 하나는 상위 클래스에 코드가 계속 쌓이는 경향이 있어서다.[4] 특히 하위 클래스 샌드박스 패턴에서는 그럴 여지가 많다.

하위 클래스는 상위 클래스를 통해서 나머지 게임 코드에 접근하기 때문에 상위 클래스가 하위 클래스에서 접근해야 하는 **모든** 시스템과 커플링된다. 하위 클래스 역시 상위 클래스와 밀접하게 묶이게 된다. 이런 거미줄 같은 커플링 관계에서는 상위 클래스를 조금만 바꿔도 어딘가가 깨지기 쉽다. 소위 '깨지기 쉬운 상위 클래스$^{fragile\ base\ class}$' 문제에 빠지게 된다.

반대로 좋은 점은 커플링 대부분이 상위 클래스에 몰려 있기 때문에 하위 클래스를 나머지 코드와 깔끔하게 분리할 수 있다는 것이다. 이상적이라면 동작 대부분이 하위 클래스에 있을 것이다. 즉, 많은 코드가 격리되어 있어 유지보수하기 쉽다.

그럼에도, 상위 클래스 코드가 거대한 스파게티 덩어리가 되어간다면 제공 기능 일부를 별도 클래스로 뽑아내 책임을 나눠 갖게 할 수도 있다. 컴포넌트 패턴(14장)이 도움이 될 것이다.

....
4 『게임 엔진 아키텍처』(에이콘, 2013)에서는 '버블업 효과'라고 부른다. – 옮긴이

12.6. 예제 코드

굉장히 간단한 패턴이기 때문에 예제 코드도 간단하다. 그렇다고 이 패턴이 별로 쓸모없다는 얘기는 아니다. 패턴은 **의도**가 중요하지, 구현이 얼마나 복잡한지는 중요하지 않다.

Superpower 상위 클래스부터 보자.

```
class Superpower {
public:
  virtual ~Superpower() {}

protected:
  virtual void activate() = 0;
  void move(double x, double y, double z) {
    // 코드...
  }
  void playSound(SoundId sound, double volume) {
    // 코드...
  }
  void spawnParticles(ParticleType type, int count) {
    // 코드...
  }
};
```

activate()는 샌드박스 메서드다. 순수 가상 함수로 만들었기 때문에 하위 클래스가 **반드시** 오버라이드해야 한다. 덕분에 초능력 클래스를 구현하려는 개발자는 어디에 작업을 해야 할지를 분명히 알 수 있다.

나머지 protected 메서드인 move, playSound, spawnParticles는 제공 기능이다. 하위 클래스에서 activate 메서드를 구현할 때 호출한다.

예제에서는 제공 기능을 따로 구현하지 않지만, 실제 프로젝트에서는 여기에 진짜 코드가 들어간다. Superpower 클래스는 제공 기능을 통해서 게임 내 다른 시스템에 접근한다. move()는 물리 코드를, playSound()는 오디오 엔진 함수를 호출하는 식이다. Superpower 클래스에서만 다른 시스템에 접근하기 때문에 Superpower 안에 모든 커플링을 캡슐화할 수 있다.

자, 그럼 이제 방사능 거미를 꺼내 초능력을 부여해보자.[5]

---

5 뭐, **점프** 능력이 대단한 **초능력**은 아니겠지만 예제를 최대한 간단하게 만들고 싶었다.

```
class SkyLaunch : public Superpower {
protected:
  virtual void activate() {
    // 하늘로 뛰어오른다.
    playSound(SOUND_SPROING, 1.0f);
    spawnParticles(PARTICLE_DUST, 10);
    move(0, 0, 20);
  }
};
```

점프 능력은 소리와 함께 바닥에 흙먼지를 남긴 채 슈퍼히어로를 하늘 높이 뛰어오르게 한다.
모든 초능력 클래스 코드가 단순히 사운드, 파티클 이펙트, 모션 조합만으로 되어 있다면 하
위 클래스 샌드박스 패턴을 쓸 필요가 없다. 대신, 초능력 클래스에서는 정해진 동작만 하도록
activate()를 구현해놓고, 초능력별로 다른 사운드 ID, 파티클 타입, 움직임을 사용하게 만
들면 된다. 하지만 이런 건 모든 초능력이 본질적으로 동작은 같으면서 데이터가 다를 때만 가
능하다. 코드를 좀 더 정교하게 만들어보자.

```
class Superpower {
protected:
  double getHeroX() { /* 코드... */ }
  double getHeroY() { /* 코드... */ }
  double getHeroZ() { /* 코드... */ }
  // 나머지 코드...
};
```

히어로 위치를 얻을 수 있는 메서드를 몇 개 추가했다. 이제 SkyLaunch 클래스에서 이들 메서
드를 사용할 수 있다.

```
class SkyLaunch : public Superpower {
protected:
  virtual void activate() {
    if (getHeroZ() == 0) {
      // 땅이라면 공중으로 뛴다.
      playSound(SOUND_SPROING, 1.0f);
      spawnParticles(PARTICLE_DUST, 10);
      move(0, 0, 20);
    } else if (getHeroZ() < 10.0f) {
      // 거의 땅에 도착했다면 이중 점프를 한다.
      playSound(SOUND_SWOOP, 1.0f);
      move(0, 0, getHeroZ() - 20);
```

```
      } else {
        // 공중에 높이 떠 있다면 내려찍기 공격을 한다.
        playSound(SOUND_DIVE, 0.7f);
        spawnParticles(PARTICLE_SPARKLES, 1);
        move(0, 0, -getHeroZ());
      }
    }
  };
```

어떤 상태에 대해 접근할 수 있게 만들었기 때문에 샌드박스 메서드에서 실제적이고 흥미로운 제어 흐름을 만들 수 있게 되었다. 예제에는 간단한 **if**문 몇 개만 사용했지만, 샌드박스 메서드에는 아무 코드나 넣을 수 있기 때문에 마음대로 구현할 수 있다.[6]

12.7. 디자인 결정

지금까지 본 것처럼 하위 클래스 샌드박스 패턴은 상당히 '부드러운*soft*' 패턴이다. 이런 패턴은 기본 아이디어는 제공하되 구체적인 부분은 많이 언급하지 않는다. 즉, 패턴을 적용할 때마다 흥미로운 선택거리가 있다는 뜻이다. 어떤 결정을 내려야 하는지 보자.

어떤 기능을 제공해야 하나?

가장 중요한 질문이다. 이걸 어떻게 하느냐에 따라 패턴의 느낌이나 사용성이 전혀 달라진다. 기능을 제공하는 정도에 따라 스펙트럼을 나눈다고 해보자. 기능을 적게 제공하는 방향 맨 끝에서는 상위 클래스에 제공 기능은 **전혀** 없고 샌드박스 메서드 하나만 달랑 들어 있다. 하위 클래스에서는 상위 클래스가 아닌 외부 시스템을 직접 호출해야 한다. 이걸 하위 클래스 샌드박스 패턴이라고 부를 수 있는지조차 의문이다.

반대편 끝에서는 하위 클래스가 필요로 하는 **모든** 기능을 상위 클래스에서 제공한다. 하위 클래스는 상위 클래스와만 커플링될 뿐, 그 외 외부 시스템에는 전혀 접근하지 않는다.[7]

---

6 앞에서는 데이터 주도 방식을 권했지만, 기능이 복잡해 데이터로 정의하는 게 코드로 구현하는 것보다 더 어렵다면 데이터 주도 방식이 맞지 않을 수도 있다.

7 구체적으로는 하위 클래스를 구현한 소스 파일들에는 #include가 상위 클래스 헤더 파일용으로 딱 하나만 있으면 된다.

이들 양 극단 사이에서는, 정도의 차이는 있지만 일부 기능은 상위 클래스에서 제공받고 나머지 기능은 하위 클래스가 직접 접근하는 외부 시스템에서 제공받을 것이다. 제공 기능이 많을수록 하위 클래스는 외부 시스템과 적게 커플링되겠지만 상위 클래스와는 **더 많이** 커플링된다. 하위 클래스에 있던 커플링을 상위 클래스로 옮겨놓는 셈이다.

많은 하위 클래스가 일부 외부 시스템과 커플링되어 있다면, 커플링을 상위 클래스의 제공 기능으로 옮김으로써 커플링을 상위 클래스 한곳에 모아둘 수 있다는 장점이 있다. 하지만 그럴수록 상위 클래스는 커지고 유지보수하기 어려워진다.

그렇다면 어느 정도가 적당할까? 일반적인 원칙은 다음과 같다.

- 제공 기능을 몇 안 되는 하위 클래스에서만 사용한다면 별 이득이 없다. 모든 하위 클래스가 영향을 받는 상위 클래스의 복잡도는 증가하는 반면, 혜택을 받는 클래스는 몇 안 되기 때문이다.

  다른 제공 기능과 일관성을 유지하는 것도 의미는 있겠지만, 이들 특수한 하위 클래스에서 외부 시스템에 직접 접근하는 것이 더 간단하고 명확할 수 있다.

- 다른 시스템의 함수를 호출할 때에도 그 함수가 상태를 변경하지 않는다면 크게 문제가 되지 않는다. 커플링은 생기겠지만 게임 내에서 다른 걸 망가뜨리지 않는다는 점에서 '안전한' 커플링이다.[8]

  외부 시스템의 상태를 변경하는 함수를 호출한다면 그 시스템과 더 강하게 결합된다는 점을 좀 더 분명히 인지해야 한다. 이런 것들은 눈에 더 잘 들어오는 상위 클래스의 제공 기능으로 옮겨주는 게 나을 수 있다.

- 제공 기능이 단순히 외부 시스템으로 호출을 넘겨주는 일밖에 하지 않는다면 있어봐야 좋을 게 없다. 그럴 때는 하위 클래스에서 외부 메서드를 직접 호출하는 게 더 깔끔할 수 있다.

  다만, 단순히 포워딩만 하는 메서드도 하위 클래스에 특정 상태를 숨길 수 있다는 장점이 있다. Superpower 클래스에 다음과 같은 제공 기능이 있다고 해보자.

```
void playSound(SoundId sound, double volume) {
  soundEngine_.play(sound, volume);
}
```

playSound 함수는 Superpower의 멤버 변수인 soundEngine_의 함수로 포워딩할 뿐이다. 그럼에도 soundEngine_을 하위 클래스에서 함부로 접근할 수 없도록 캡슐화한다는 장점이 있다.

---

8 꼭 '안전한' 것만은 아니다. 기술적으로는 데이터를 읽는 것만으로도 문제가 생길 수 있다. 멀티스레딩에서는 수정 중인 값을 읽을 수 있다. 주의하지 않는다면 깨진 데이터를 얻어올 수 있다.

이는 게임 상태가 엄격하게 결정적일 때도 까다롭다(플레이어 상태를 동기화해야 하는 온라인 게임이 그렇다). 동기화되어 있지 않은 게임 상태에 접근하다 보면 비-결정적 버그(예를 들어 NPC가 스폰될 때 아직 NPC 모델은 화면에 보이지 않는데 사운드가 먼저 출력된다거나, 애니메이션은 아직 나오지 않았는데 비주얼 이펙트가 먼저 보인다든가 하는 게 있을 수 있다. – 옮긴이)에 시달릴 수 있다.

메서드를 직접 제공할 것인가? 이를 담고 있는 객체를 통해서 제공할 것인가?

하위 클래스 샌드박스 패턴의 골칫거리 하나는 상위 클래스의 메서드 수가 끔찍하게 늘어난다는 점이다. 이들 메서드 일부를 다른 클래스로 옮기면 이런 문제를 완화할 수 있다. 상위 클래스의 제공 기능에서는 이들 객체를 반환하기만 하면 된다.

예를 들어 초능력을 쓸 때 사운드를 내기 위해 Superpower 클래스에 메서드를 직접 추가할 수 있다.

```
class Superpower {
protected:
  void playSound(SoundId sound, double volume) { /* 코드... */ }
  void stopSound(SoundId sound) { // 코드... }
  void setVolume(SoundId sound) { // 코드... }

  // 샌드박스 메서드와 그 외 다른 기능들...
};
```

하지만 Superpower 클래스가 이미 크고 복잡하다면 메서드를 이렇게 추가하고 싶진 않을 것이다. 대신 사운드 기능을 제공하는 SoundPlayer 클래스를 만들자.

```
class SoundPlayer {
  void playSound(SoundId sound, double volume) { // 코드... }
  void stopSound(SoundId sound) { // 코드... }
  void setVolume(SoundId sound) { // 코드... }
};
```

다음으로 Superpower 클래스가 SoundPlayer 객체에 접근할 수 있게 한다.

```
class Superpower {
protected:
  SoundPlayer& getSoundPlayer() {
    return soundPlayer_;
  }

  // 샌드박스 메서드와 그 외 다른 기능들...

private:
  SoundPlayer soundPlayer_;
};
```

이런 식으로 제공 기능을 보조 클래스로 옮겨놓으면 다음과 같은 이점이 있다.

- **상위 클래스의 메서드 개수를 줄일 수 있다.** 예제에서는 메서드 세 개를 게터^{getter} 하나로 줄였다.
- **보조 클래스에 있는 코드가 유지보수하기 더 쉬운 편이다.** Superpower 같은 핵심 상위 클래스는 자기를 의존하는 코드가 많다 보니 아무리 조심해도 변경하기가 쉽지 않다. 상위 클래스의 기능 일부를 커플링이 적은 보조 클래스로 옮기면 기능을 망치지 않고도 쉽게 고칠 수 있다.
- **상위 클래스와 다른 시스템과의 커플링을 낮출 수 있다.** playSound()를 Superpower 클래스 메서드에 만들면, Superpower 클래스는 SoundId와 그 외 구현에서 호출하는 오디오 코드와 직접 결합된다. 이를 SoundPlayer 클래스로 옮기면 사운드와 관련된 모든 의존 관계를 SoundPlayer 클래스 하나에 전부 캡슐화할 수 있다.

상위 클래스는 필요한 객체를 어떻게 얻는가?

상위 클래스 멤버 변수 중에는 캡슐화하고 하위 클래스로부터 숨기고 싶은 데이터가 있을 수 있다. 처음 본 예제에서 Superpower 클래스의 제공 기능 중에 spawnParticles()가 있었다. 이 함수를 구현하기 위해서 파티클 시스템 객체가 필요하다면 어떻게 얻을 수 있을까?

| 상위 클래스의 생성자로 받기 |

상위 클래스의 생성자 인수로 받으면 가장 간단하다.

```
class Superpower {
public:
  Superpower(ParticleSystem* particles) : particles_(particles) {}
  // 샌드박스 메서드와 그 외 다른 기능들...

private:
  ParticleSystem* particles_;
};
```

이제 모든 초능력 클래스는 생성될 때 파티클 시스템 객체를 참조하도록 강제할 수 있다. 하지만 하위 클래스를 생각해보자.

```
class SkyLaunch : public Superpower {
public:
  SkyLaunch(ParticleSystem* particles) : Superpower(particles) {}
};
```

저런, 문제가 있다. 모든 하위 클래스 생성자는 파티클 시스템을 인수로 받아서 상위 클래스 생성자에 전달해야 한다. 원치 않게 모든 하위 클래스에 상위 클래스의 상태가 노출된다.

상위 클래스에 다른 상태를 추가하려면 하위 클래스 생성자도 해당 상태를 전달하도록 전부 바꿔야 하기 때문에 유지보수하기에도 좋지 않다.

| 2단계 초기화 |

초기화를 2단계로 나누면 생성자로 모든 상태를 전달하는 번거로움을 피할 수 있다. 생성자는 매개변수를 받지 않고 그냥 객체를 생성한다. 그 후에 상위 클래스 메서드를 따로 실행해 필요한 데이터를 제공한다.

```
Superpower* power = new SkyLaunch();
power->init(particles);
```

SkyLaunch 클래스 생성자에는 인수가 없기 때문에 Superpower 클래스가 private으로 숨겨놓은 멤버 변수와 전혀 커플링되지 않는다. 단, 까먹지 말고 init()를 호출해야 한다는 문제가 있다. 이걸 빼먹으면 초능력 인스턴스의 상태가 완전치 않아 제대로 작동하지 않을 것이다.

이런 문제는 객체 생성 과정 전체를 한 함수로 캡슐화하면 해결할 수 있다.[9]

```
Superpower* createSkyLaunch(ParticleSystem* particles) {
    Superpower* power = new SkyLaunch();
    power->init(particles);
    return power;
}
```

| 정적 객체로 만들기 |

앞에서는 초능력 인스턴스별로 파티클 시스템 초기화를 했다. 모든 초능력 인스턴스가 별도의 파티클 객체를 필요로 한다면 말이 된다. 하지만 파티클 시스템이 싱글턴(6장)이라면 어차피 모든 초능력 인스턴스가 같은 상태를 공유할 것이다.

이럴 때는 상태를 상위 클래스의 private 정적 멤버 변수로 만들 수 있다. 여전히 초기화는 필

---

9 생성자를 private에 두고 friend 클래스를 잘 활용하면 createSkylaunch()에서만 SkyLaunch 객체를 생성할 수 있도록 보장할 수 있다. 이러면 초기화 단계를 빼먹을 일이 없다.

요하지만 인스턴스마다 하지 않고 초능력 **클래스**에서 한 번만 초기화하면 된다.[10]

```
class Superpower {
public:
  static void init(ParticleSystem* particles) {
    particles_ = particles;
  }
  // 샌드박스 메서드와 그 외 다른 기능들...

private:
  static ParticleSystem* particles_;
};
```

여기에서 init()과 particles_은 모두 정적이다. Superpower::init()를 미리 한 번 호출해놓으면 모든 초능력 인스턴스에서 같은 파티클 시스템에 접근할 수 있다. 하위 클래스 생성자만 호출하면 Superpower 인스턴스를 그냥 만들 수 있다.

particles_가 **정적** 변수이기 때문에 초능력 인스턴스별로 파티클 객체를 따로 저장하지 않아 메모리 사용량을 줄일 수 있다는 것도 장점이다.

| 서비스 중개자를 이용하기 |

앞에서는 상위 클래스가 필요로 하는 객체를 먼저 넣어주는 작업을 밖에서 잊지 말고 해줘야 했다. 즉, 초기화 부담을 외부 코드에 넘기고 있다. 만약 상위 클래스가 원하는 객체를 직접 가져올 수 있다면 스스로 초기화할 수 있다. 이런 방법 중의 하나가 서비스 중개자 패턴(16장)이다.

```
class Superpower {
protected:
  void spawnParticles(ParticleType type, int count) {
    ParticleSystem& particles = Locator::getParticles();
    particles.spawn(type, count);
  }
  // 샌드박스 메서드와 그 외 다른 기능들...
};
```

---

10 이 방식에서는 어떤 상태가 굉장히 많은 객체(여기에서는 모든 초능력 인스턴스)에 공유되기 때문에 싱글턴의 여러 문제가 따라온다는 점에 유의해야 한다. 파티클 시스템을 private으로 캡슐화하기 때문에 전역적으로 보이지 않는다는 점은 좋다. 하지만 여러 초능력 인스턴스가 같은 객체를 건드리기 때문에 코드를 이해하기가 전보다 더 어려워진다.

여기서 spawnParticles()는 필요로 하는 파티클 시스템 객체를 외부 코드에서 **전달받지** 않고 직접 서비스 중개자(Locator 클래스)에서 가져온다.

12.8. 관련자료

- 업데이트 메서드 패턴(10장)에서 업데이트 메서드는 흔히 샌드박스 메서드이기도 하다.
- 이와 상반된 패턴이 GoF의 템플릿 메서드 패턴이다. 두 패턴 모두 원시명령들로 메서드를 구현한다. 하위 클래스 샌드박스 패턴에서는 구현해야 하는 메서드가 하위 클래스에 있고 원시명령은 상위 클래스에 있다. 템플릿 메서드 패턴에서는 구현해야 하는 메서드가 **상위** 클래스에 있고 원시명령은 **하위** 클래스에서 구현한다.
- 이 패턴을 GoF의 파사드 패턴[11]의 일종으로 볼 수도 있다. 파사드 패턴을 사용하면 여러 다른 시스템을 하나의 단순화된 API 뒤로 숨길 수 있다. 하위 클래스 샌드박스 패턴에서 상위 클래스는 전체 게임 코드를 하위 클래스로부터 숨겨주는 일종의 파사드처럼 동작한다.

---

11 『GoF의 디자인 패턴』에서는 발음에 따라 '퍼사드 패턴'으로 표기했다(245쪽). – 옮긴이

타입 객체

13.1. 의도

클래스 하나를 인스턴스별로 다른 객체형으로 표현할 수 있게 만들어, 새로운 '클래스들'을 유연하게 만들 수 있게 한다.

13.2. 동기

개발 중인 판타지 RPG에서, 우리의 용맹한 영웅을 쓰러뜨리기 위해 헤매는 포악한 몬스터 무리를 구현해야 한다고 해보자. 몬스터는 체력, 공격, 그래픽 리소스, 사운드 등 다양한 속성이 있지만 예제에서는 체력과 공격 속성만 고려하기로 한다.

모든 몬스터에는 체력 값이 있다. 체력은 최대 체력에서 시작해서 피해를 입을 때마다 조금씩 줄어든다. 몬스터에게는 공격 문구^{attack string} 속성도 있다. 몬스터가 영웅을 공격할 때, 이 공격 문구는 유저에게 어떤 식으로든 표시된다(어떻게 표시되는지는 여기에서 고려하지 않는다).

기획자는 '용'이나 '트롤'같이 몬스터 **종족**^{breed}을 다양하게 만들고 싶어 한다. 각 종족은 몬스터의 **특징**을 나타내고, 던전에는 같은 종족 몬스터가 여러 마리 동시에 돌아다닐 수 있다.

종족은 몬스터의 최대 체력을 결정한다. 용은 트롤보다 시작 체력이 높아서 죽이기가 훨씬 어렵다. 종족은 공격 문구도 결정한다. 종족이 같은 몬스터는 공격하는 방식도 모두 같다.

전형적인 OOP 방식

이런 기획을 염두에 두고 코드를 만들어보자. 기획서에 따르면 용, 트롤 등은 모두 몬스터의 일종이다. 이럴 때 객체지향 방식에서는 Monster라는 상위 클래스를 만드는 게 자연스럽다.[1]

```
class Monster {
public:
  virtual ~Monster() {}
  virtual const char* getAttack() = 0;

protected:
  Monster(int startingHealth) : health_(startingHealth) {}

private:
  int health_; // 현재 체력
};
```

public에 있는 getAttack()은 몬스터가 영웅을 공격할 때 보여줄 문구를 반환한다. 하위 클래스는 이 함수를 오버라이드해서 다른 공격 문구를 보여준다.

생성자는 protected이고 몬스터의 최대 체력을 인수로 받는다. 각각의 종족을 정의한 하위 클래스에서는 public 생성자를 정의해 상위 클래스의 생성자를 호출하면서 종족에 맞는 최대 체력을 인수로 전달한다.

종족을 표현한 하위 클래스들을 한번 보자.[2]

```
class Dragon : public Monster {
public:
  Dragon() : Monster(230) {}
  virtual const char* getAttack() {
    return "용이 불을 뿜습니다!";
  }
};

class Troll : public Monster {
public:
```

---

1 이런 걸 is–a 관계라고 한다. 전통적인 OOP에서 용은 몬스터이기 때문에(dragon 'is–a' monster) Dragon 클래스를 Monster 클래스의 하위 클래스로 모델링한다. 뒤에서 보겠지만 이런 관계를 코드로 표현하는 방법이 상속뿐인 건 아니다.

2 어디든지 느낌표를 붙이면 더 신난다!

```
    Troll() : Monster(48) {}
    virtual const char* getAttack() {
      return "트롤이 당신을 곤봉으로 내리칩니다!";
    }
};
```

`Monster`의 하위 클래스는 몬스터의 최대 체력을 전달하고, `getAttack()`을 오버라이드해서 종족에 맞는 공격 문구를 반환한다. 지금까지는 모든 게 계획대로다. 머잖아 영웅이 돌아다니면서 다양한 몬스터를 죽일 수 있는 상태까지 개발이 진행될 텐데, 이런 식으로 몬스터 클래스를 만들다 보면 어느 순간에 산성 슬라임부터 좀비 염소까지 `Monster` 하위 클래스가 굉장히 많아져 있을 것이다.

이쯤 되면 작업이 이상하게 느려진다. 몬스터를 **수백** 종 이상 만드는 게 목표다 보니, 프로그래머들은 하루 종일 몇 줄 안 되는 `Monster` 하위 클래스를 계속 작성한 후 컴파일해야 한다. 이런 상황은 기획자들이 이미 만들어놓은 종족을 다듬으려 할 때 더 나빠진다. 이전에는 좋았던 작업 생산성이 어떤 식으로 악화되는지 사례로 보자.

1. 기획자로부터 트롤의 최대 체력을 48에서 52로 바꿔달라는 이메일을 받는다.
2. Troll.h 파일을 체크아웃한 뒤에 수정한다.
3. 컴파일한다.
4. 변경사항을 체크인한다.
5. 이메일에 답장한다.
6. 1부터 5를 계속 반복한다.

프로그래머들은 데이터 멍키[3]가 되어버린 자기 자신에게 좌절한다. 기획자들 역시 숫자 몇 개만 바꾸는 데에도 하루 종일 걸리는 것에 좌절한다. 종족 상태 값은 게임 코드를 빌드하지 않고도 변경할 수 있어야 한다. 더 나아가 프로그래머 도움 없이 기획자가 새로운 종족을 만들고 값을 수정할 수 있어야 한다.

---

3 위에서 시키는 대로 코드만 입력하는 프로그래머를 비하할 때 '코드 멍키'라고 부른다. 마찬가지로 '데이터 멍키'는 생각 없이 데이터만 입력하는 사람을 의미한다. – 옮긴이

클래스를 위한 클래스

개요만 놓고 보면 해결하고자 하는 문제는 간단하다. 게임에 몬스터가 여러 종 있으니 몇몇 속성은 여러 몬스터가 공유하게 만들면 된다. 예를 들어 몬스터가 영웅을 공격할 때 일부 몬스터들은 같은 공격 문구를 공유해서 보여주고 싶다. 이런 몬스터를 같은 '종족'이라고 정의하고, 종족이 같으면 공격 문구를 같게 만든다.

앞에서는 이 개념을 반사적으로 클래스 상속으로 구현했다. 용은 몬스터이고, 게임에 스폰된 용은 용 '클래스'의 인스턴스다. 종족별로 Monster라는 추상 상위 클래스의 하위 클래스를 정의하고, 게임에 스폰된 몬스터를 종족 클래스의 인스턴스로 만든다. 클래스 상속 구조는 다음과 같다.

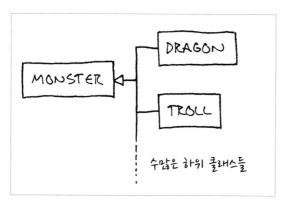

그림 13-1 하위 클래스가 너무 많다.[4]

게임에 스폰된 모든 몬스터 인스턴스의 타입은 몬스터 클래스를 상속받는다. 종족이 많아질수록 클래스 상속 구조도 커진다. 종족을 늘릴 때마다 코드를 추가하고 컴파일해야 하는 문제도 있다.

다른 방법도 있다. 몬스터마다 종족에 대한 정보를 두는 것이다. 종족마다 Monster 클래스를 상속받게 하지 않고, Monster 클래스 하나와 Breed 클래스 하나만 만든다.

---

4 세모 화살표(◁—)는 '~로부터 상속받다'라는 뜻이다.

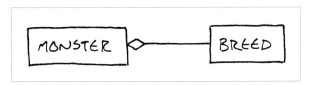

그림 13-2 클래스 두 개로 무한대의 종족을 표현한다.[5]

자, 이제는 상속 없이 클래스 두 개만으로 해결할 수 있다. 모든 몬스터를 Monster 클래스의 인스턴스로 표현할 수 있다. Breed 클래스에는 종족이 같은 몬스터가 공유하는 정보인 최대 체력과 공격 문구가 들어 있다.

몬스터와 종족을 결합하기 위해 모든 Monster 인스턴스는 종족 정보를 담고 있는 Breed 객체를 참조한다. 몬스터가 공격 문구를 얻을 때는 종족 객체 메서드를 호출한다. Breed 클래스는 본질적으로 몬스터 '타입'을 정의한다. 각각의 종족 **객체**는 개념적으로 다른 **타입**을 의미한다. 그래서 패턴 이름이 '타입 객체'다.

타입 객체 패턴은 코드 수정 없이 새로운 **타입**을 정의할 수 있다는 게 장점이다. 코드에서 클래스 상속으로 만들던 타입 시스템의 일부를 런타임에 정의할 수 있는 데이터로 옮긴 셈이다.

새로 Breed 인스턴스를 만들어 다른 값을 입력하기만 해도 또 다른 종족을 계속 만들 수 있다. 설정 파일에서 읽은 데이터로 종족 객체를 생성하게 만들고 나면, 데이터만으로 전혀 다른 몬스터를 정의할 수 있다. 이제는 기획자도 쉽게 새로운 몬스터를 만들 수 있다.

13.3. 패턴

타입 객체type object 클래스와 **타입 사용 객체**typed object 클래스를 정의한다. 모든 타입 객체 인스턴스는 논리적으로 다른 타입을 의미한다. 타입 사용 객체는 **자신의 타입을 나타내는 타입 객체를 참조**한다.

인스턴스별로 다른 데이터는 타입 사용 객체 인스턴스에 저장하고, 개념적으로 같은 타입끼리 공유하는 데이터나 동작은 타입 객체에 저장한다. 같은 타입 객체를 참조하는 타입 사용 객체

---

5 마름모 화살표(◇—)는 '~를 참조하다'라는 뜻이다.

는 같은 타입인 것처럼 동작한다. 이러면 상속 처리를 하드코딩하지 않고서도 마치 상속받는 것처럼 비슷한 객체끼리 데이터나 동작을 공유할 수 있다.

13.4. 언제 쓸 것인가?

타입 객체 패턴은 다양한 '종류'를 정의해야 하는데 개발 언어의 타입 시스템이 유연하지 않아 코드로 표현하기 어려울 때 적합하다. 특히 다음 중 하나라도 해당한다면 그렇다.

- 나중에 어떤 타입이 필요할지 알 수 없다(새로운 몬스터가 등장하는 DLC downloadable content를 제공해야 할지도 모른다).
- 컴파일이나 코드 변경 없이 새로운 타입을 추가하거나 타입을 변경하고 싶다.

13.5. 주의사항

타입 객체 패턴의 핵심은, 표현력은 좋지만 뻑뻑한 코드 대신 표현력은 좀 떨어져도 훨씬 유연한 데이터로 '타입'을 표현하는 데 있다. 유연성을 얻는 건 좋지만, 타입을 코드가 아닌 데이터로 표현하면서 잃는 것도 있다.

타입 객체를 직접 관리해야 한다

C++ 같은 타입 시스템은 컴파일러가 클래스를 위한 온갖 잡무를 알아서 해준다는 장점이 있다.[6] 각각의 클래스를 정의하는 데이터는 컴파일될 때 자동으로 실행 파일의 정적 메모리 영역[7]에 들어가 동작한다.

타입 객체 패턴에서는 몬스터 인스턴스뿐만 아니라 타입 객체도 직접 관리해야 한다. 타입 객

---

6 C++ 가상 함수는 내부적으로 vtable로 구현된다. vtable은 단순히 구조체에 클래스의 가상 함수들을 함수 포인터로 저장해놓은 것으로, 클래스마다 하나씩 존재한다. 클래스 인스턴스는 자기 클래스의 vtable을 포인터로 가리킨다.
가상 함수를 호출할 때에는 먼저 객체로부터 vtable을 찾은 뒤에 여기에 저장된 함수 포인터를 찾아 호출한다.
어디서 들어본 얘기 같지 않은가? vtable은 종족 객체와 같고, vtable에 대한 포인터는 몬스터에 있는 종족 객체 레퍼런스와 같다. 이런 면에서 C++ 클래스는 컴파일러가 C 언어에 내부적으로 타입 객체 패턴을 적용한 것이라고 볼 수 있다.
7 예를 들어 클래스 메서드는 실행 파일의 code segment에 들어 있다. – 옮긴이

체를 생성하고, 이를 필요로 하는 몬스터가 있는 한 메모리에 유지해야 한다. 몬스터 인스턴스를 생성할 때 알맞은 종족 객체 레퍼런스로 초기화하는 것도 우리의 몫이다.

컴파일러의 한계를 일부 뛰어넘는 대가로 컴파일러가 해주던 일을 우리가 직접 구현해야 한다.

타입별로 동작을 표현하기가 더 어렵다

상속 방식에서는 메서드를 오버라이드해서 코드로 값을 계산하거나 다른 코드를 호출하는 등 마음대로 할 수 있다. 달 모양에 따라서 공격 문구가 달라지는 몬스터도 만들 수 있다(늑대인간 몬스터를 만들 때 좋을지도).

타입 객체 패턴에서는 Monster 클래스를 상속받아 메서드 오버라이드로 공격 문구를 표현하는 게 아니라 종족 객체 변수에 공격 문구를 저장하는 식으로 표현한다.

타입 객체로 타입 종속적인 **데이터**를 정의하기는 쉽지만 타입 종속적인 **동작**을 정의하기는 어렵다. 종족이 다른 몬스터에게는 다른 AI 알고리즘을 적용하고 싶다면? 타입 객체로는 구현하기가 더 어렵다.

이런 한계를 우회할 방법이 몇 가지 있다. 가장 간단한 방법은 미리 동작 코드를 여러 개 정의해놓은 뒤에 타입 객체 데이터에서 이 중 하나를 **선택**하는 것이다. 예를 들어 몬스터 AI 상태가 '가만히 서 있기', '영웅을 쫓아가기', '무서워서 벌벌 떨기'(에이, 몬스터가 전부 힘 센 용인 건 아니다) 중에서 하나라고 해보자. 먼저 이들 동작을 각각 구현한 함수를 정의한다. 타입 객체가 적당한 함수 포인터를 저장하게 하면 타입 객체를 AI 알고리즘과 연계할 수 있다.[8]

더 나아가 데이터만으로 동작을 정의할 수도 있다. 바이트코드 패턴(11장)과 GoF의 인터프리터 패턴을 이용하면 동작을 표현하는 객체를 만들 수 있다. 파일에서 데이터를 읽어 이들 패턴으로 자료구조를 만들면 동작 정의를 코드에서 데이터로 완전히 옮길 수 있다.[9]

---

8 이것도 들어본 얘기 같지 않은가? **우리의** 타입 객체에서 vtable을 구현하고 있는 것이다.

9 게임은 점점 데이터 주도 방식으로 변화해왔다. 하드웨어가 좋아짐에 따라 '하드웨어를 얼마나 최적화 할 수 있는가'보다 '콘텐츠를 얼마나 많이 만들 수 있는가'에서 한계에 부딪치고 있다. 64k 카트리지 시절에는 게임을 그 안에 **집어넣을** 수 있게 만드는 게 일이었지만, 요즘 같은 양면 DVD 시대에는 그 안에 게임플레이를 가득 **채우는** 게 일이다.
스크립트 언어 같은 고수준 방식으로 게임 동작을 정의하면 실행 성능은 좀 떨어지더라도 생산성을 엄청 높일 수 있다. 하드웨어는 꾸준히 좋아지지만 인간의 두뇌는 그렇지 않다는 점에서 이런 절충을 점점 많이 하고 있다.

13.6. 예제 코드

첫 단계로 앞에서 본 시스템을 기본만 간단하게 구현해보자. Breed 클래스부터 보겠다.

```
class Breed {
public:
  Breed(int health, const char* attack)
  : health_(health),
    attack_(attack) {
  }
  int getHealth() { return health_; }
  const char* getAttack() { return attack_; }

private:
  int health_; // 최대(초기) 체력
  const char* attack_;
};
```

Breed 클래스에는 최대 체력(health_)와 공격 문구(attack_) 필드 두 개만 있다. Monster 클래스에서 Breed 클래스를 어떻게 쓰는지 보자.

```
class Monster {
public:
  Monster(Breed& breed)
  : health_(breed.getHealth()),
    breed_(breed) {
  }
  const char* getAttack() { return breed_.getAttack(); }

private:
  int health_; // 현재 체력
  Breed& breed_;
};
```

Monster 클래스 생성자는 Breed 객체를 레퍼런스로 받는다. 이를 통해 상속 없이 몬스터 종족을 정의한다. 최대 체력은 생성자에서 breed 인수를 통해 얻는다. 공격 문구는 breed_에 포워딩해서 얻는다.

여기까지가 타입 객체 패턴의 핵심이다. 나머지 내용은 덤이라고 생각하고 읽어보자.

생성자 함수를 통해 타입 객체를 좀 더 타입같이 만들기

이제까지는 몬스터를 만들고 그 몬스터에 맞는 종족 객체도 직접 전달했다. 이런 방식은 메모리를 먼저 할당한 후에 그 메모리 영역에 클래스를 할당하는 것과 다를 바 없다. 대부분의 OOP 언어에서는 이런 식으로 객체를 만들지 않는다. 대신, 클래스의 생성자 함수[10]를 호출해 클래스가 알아서 새로운 인스턴스를 생성하게 한다.

타입 객체에도 이 패턴[11]을 적용할 수 있다.

```cpp
class Breed {
public:
  Monster* newMonster() {
    return new Monster(*this);
  }
  // 나머지는 동일하다...
};
```

Monster 클래스는 다음과 같이 바뀐다.

```cpp
class Monster {
  friend class Breed;

public:
  const char* getAttack() { return breed_.getAttack(); }

private:
  Monster(Breed& breed)
  : health_(breed.getHealth()),
    breed_(breed) {
  }
  int health_; // 현재 체력
  Breed& breed_;
};
```

가장 큰 차이점은 Breed 클래스의 newMonster 함수다. 이게 팩토리 메서드 패턴의 '생성자'다.

---

10 C++ 클래스의 생성자보다는 팩토리 함수에 가깝다. – 옮긴이

11 GoF의 고전적인 팩토리 메서드 패턴을 말한다.
일부 언어에서는 팩토리 메서드 패턴이 모든 객체를 생성할 때 적용된다. 루비, 스몰토크, 오브젝티브-C같이 클래스가 객체인 언어에서는 새로운 인스턴스를 생성하기 위해 클래스 객체의 메서드를 호출한다.

이전 코드에서는 몬스터를 다음과 같이 생성했다.[12]

```
Monster* monster = new Monster(someBreed);
```

수정하고 나면 다음과 같다.

```
Monster* monster = someBreed.newMonster();
```

이러면 뭐가 좋아지는 걸까? 객체는 메모리 할당과 초기화 2단계로 생성된다. Monster 클래스 생성자 함수에서는 필요한 모든 초기화 작업을 다 할 수 있다. 예제에서는 breed 객체를 전달하는 게 초기화의 전부지만, 실제 프로젝트에서는 그래픽을 로딩하고, 몬스터 AI를 설정하는 등 다른 초기화 작업이 많이 있을 수 있다.

하지만 이런 초기화 작업은 메모리를 할당한 **다음에** 진행된다. 아직 제대로 초기화되지 않은 몬스터가 메모리에 먼저 올라가 있는 것이다. 게임에서는 객체 생성 과정을 제어하고 싶을 때가 종종 있다. 그럴 때는 보통 커스텀 할당자나 객체 풀 패턴(19장)을 이용해 객체가 메모리 어디에 생성될지를 제어한다.

Breed 클래스에 '생성자' 함수를 정의하면 이런 로직을 둘 곳이 생긴다. 그냥 new를 호출하는 게 아니라 newMonster 함수를 호출하면 Monster 클래스에 초기화 제어권을 넘겨주기 전에 메모리 풀이나 커스텀 힙에서 메모리를 가져올 수 있다. 몬스터를 생성할 수 있는 **유일한** 곳인 Breed 클래스 안에 이런 로직을 둠으로써, 모든 몬스터가 정해놓은 메모리 관리 루틴을 따라 생성되도록 강제할 수 있다.

상속으로 데이터 공유하기

지금까지 다룬 것만 해도 실무에서 쓸 만한 타입 객체 시스템을 만들기에는 충분하다. 하지만 이건 기본일 뿐이다. 게임을 개발하다 보면 종족이 **수백 개**가 넘어가고 속성도 훨씬 많아질 것이다. 기획자가 30개가 넘는 트롤 종족을 조금 더 강하게 만들어달라고 한다면, 상당히 많은 데이터를 반복해서 고쳐야 한다.

---

12 그 외에도 C++ 코드의 friend 클래스 기능을 활용했다는 사소한 차이점이 있다. Monster 클래스 생성자는 private이므로 밖에서는 직접 호출할 수 없다. Breed 클래스는 friend 클래스이므로 이 제한을 무시할 수 있다. 즉 newMonster()를 통해서만 몬스터를 생성할 수 있다.

이럴 땐 종족을 통해 **여러 몬스터**가 속성을 공유했던 것처럼 **여러 종족**이 속성 값을 공유할 수 있게 만들면 좋다. 맨 처음 본 OOP 방식처럼 상속을 사용해 속성 값을 공유할 수 있다. 다만 이번에는 프로그래밍 언어의 상속 기능이 아닌 타입 객체끼리 상속할 수 있는 시스템을 직접 구현할 것이다.

간단하게 단일 상속만 지원해보자. 클래스가 상위parent 클래스를 갖는 것처럼 종족 객체도 상위 parent 종족 객체를 가질 수 있게 만든다.

```cpp
class Breed {
public:
  Breed(Breed* parent, int health, const char* attack)
  : parent_(parent),
    health_(health),
    attack_(attack) {
  }
  int getHealth();
  const char* getAttack();

private:
  Breed* parent_;
  int health_; // 최대 체력
  const char* attack_;
};
```

Breed 객체를 만들 땐 상속받을 종족 객체를 넘겨준다. 상위 종족이 없는 최상위 종족은 parent에 NULL을 전달한다.

하위 객체는 어떤 속성을 상위 객체로부터 받을지, 자기 값으로 오버라이드할지를 제어할 수 있어야 한다. 예제에서는 최대 체력이 0이 아닐 때, 공격 문구가 NULL이 아닐 때는 자기 값을 쓰고, 아니면 상위 객체 값을 쓰기로 한다.

두 가지 방식으로 구현할 수 있다. 속성 값을 요청받을 때마다 동적으로 위임하는 방식부터 살펴보자.

```
int Breed::getHealth() {
  // 오버라이딩
  if (health_ != 0 || parent_ == NULL) {
    return health_;
  }

  // 상속
  return parent_->getHealth();
}

const char* Breed::getAttack() {
  // 오버라이딩
  if (attack_ != NULL || parent_ == NULL) {
    return attack_;
  }

  // 상속
  return parent_->getAttack();
}
```

이 방법은 종족이 특정 속성 값을 더 이상 오버라이드하지 않거나 상속받지 않도록 런타임에 바뀔 때 좋다. 메모리를 더 차지하고(상위 객체 포인터를 유지해야 한다), 속성 값을 반환할 때마다 상위 객체들을 줄줄이 확인해보느라 더 느리다는 단점은 있다.

종족 속성 값이 바뀌지 않는다면 **생성 시점**에 바로 상속을 적용할 수 있다. 이런 걸 '카피다운 copy-down' 위임이라고 한다. 객체가 생성될 때 상속받는 속성 값을 하위 타입으로 **복사**해서 넣기 때문이다.

```
Breed(Breed* parent, int health, const char* attack)
: health_(health),
  attack_(attack) {
    // 오버라이드하지 않는 속성만 상속받는다.
    if (parent != NULL) {
      if (health == 0)
        health_ = parent->getHealth();
      if (attack == NULL)
        attack_ = parent->getAttack();
    }
  }
}
```

더 이상 상위 종족 객체를 포인터로 들고 있지 않아도 된다. 생성자에서 상위 속성을 전부 복사했기 때문에 더 이상 신경 쓰지 않아도 된다. 종족 속성 값을 반환할 때에는 필드 값을 그대로 쓰면 된다.

```cpp
int getHealth() { return health_; }
const char* getAttack() { return attack_; }
```

훨씬 깔끔하고 빠르다!

게임에서 JSON 파일로 종족을 정의한다고 해보자.[13]

```json
{
  "트롤": {
    "체력": 25,
    "공격문구": "트롤이 당신을 때립니다!"
  },
  "트롤 궁수": {
    "부모": "트롤",
    "체력": 0,
    "공격문구": "트롤 궁수가 활을 쏩니다!"
  },
  "트롤 마법사": {
    "부모": "트롤",
    "체력": 0,
    "공격문구": "트롤 마법사가 마법 공격을 합니다!"
  }
}
```

이 코드는 종족 데이터를 읽어서 새로운 종족 인스턴스를 만든다. "부모": "트롤" 필드에서 볼 수 있듯이, 트롤 궁수와 트롤 마법사 종족은 트롤 종족으로부터 값을 상속받는다.

둘 다 체력이 0이기 때문에, 체력은 상위 종족인 트롤로부터 얻는다. 즉, 기획자가 트롤 종족의 체력만 바꾸면 세 가지 트롤 종족 체력을 전부 바꿀 수 있다. 종족과 종족별 속성 개수가 늘어날 수록 상속으로 시간을 많이 아낄 수 있다. 우리는 얼마 안 되는 코드로 기획자가 자유롭게 제어할 수 있는 열린 시스템을 만들었다. 기획자는 시간을 최대한 활용할 수 있게 되었고, 프로그래머도 다른 기능 구현에 집중할 수 있게 되었다.

---

13 프로토타입 패턴(5장)에서도 비슷한 예제를 다룬다. – 옮긴이

13.7. 디자인 결정

타입 객체 패턴에서는 프로그래밍 언어를 새로 만드는 것처럼 타입 시스템을 마음대로 만들 수 있어서, 설계의 폭이 넓고 여러 가지 재미있는 시도를 해볼 수 있다.

하지만 현실적으로는 몇몇 이유 때문에 가능성이 많이 제한된다. 시스템이 복잡하면 개발 기간이 늘어나고 유지보수하기 어려워진다. 게다가 타입 객체 시스템은 프로그래머가 만들더라도, 사용자는 프로그래머가 아닌 경우가 많아서 이해하기 쉽게 만들어야 한다. 간단할수록 사용성이 좋다. 그런 이유로 여기에서는 검증된 방식만 살펴보고 나머지는 학계와 탐구자들에게 맡겨둔다.

타입 객체를 숨길 것인가? 노출할 것인가?

앞에서 Monster 클래스는 Breed 객체를 참조하지만 이를 외부에 노출하지 않아 외부 코드에서 몬스터 종족 객체를 직접 접근할 수 없었다. 몬스터가 종족 객체를 들고 있다는 사실은 상세 구현에 해당하기 때문에 외부 코드 입장에서는 몬스터에 따로 타입이 없어 보인다.

물론 Monster 클래스가 Breed 객체를 반환하도록 쉽게 바꿀 수 있다.[14]

```
class Monster {
public:
  Breed& getBreed() { return breed_; }
  // 나머지 코드...
};
```

이러면 Monster 클래스의 설계가 바뀐다. 모든 몬스터에 종족 객체가 있다는 사실이 공개 API에 포함된다. 둘 다 장단점이 있다.

| 타입 객체를 캡슐화하면 |

- **타입 객체 패턴의 복잡성이 나머지 다른 코드에는 드러나지 않는다.** 이런 구현 상세는 타입 사용 객체에서만 고민하면 된다.

----

14 이 책 예제에서는 함수가 NULL을 반환하지 않을 경우 이를 사용자가 알 수 있도록 포인터 대신 레퍼런스를 반환하는 것이 코딩 규약(convention)이다.

- **타입 사용 객체는 타입 객체로부터 동작을 선택적으로 오버라이드할 수 있다.** 몬스터가 거의 죽어갈 때 다른 공격 문구를 보여주고 싶다고 해보자. 공격 문구는 언제나 Monster 클래스를 통해서 얻기 때문에 다음과 같은 코드를 쉽게 추가할 수 있다.

```cpp
const char* Monster::getAttack() {
  if (health_ < LOW_HEALTH) {
    return "몬스터가 힘없이 팔을 휘두릅니다.";
  }

  return breed_.getAttack();
}
```

외부 코드에서 Breed 객체의 getAttack()을 바로 호출하는 경우는 이런 코드를 추가할 만한 곳이 없다.

- **타입 객체 메서드를 전부 포워딩해야 한다.** 굉장히 귀찮은 일이다. 타입 객체 클래스에 메서드가 많다면 타입 사용 객체 클래스에서 외부에 공개하고 싶은 메서드 전부에 대해 포워딩 메서드를 만들어야 한다.

| 타입 객체를 노출하면 |

- **타입 사용 클래스 인스턴스를 통하지 않고도 외부에서 타입 객체에 접근할 수 있다.** 이래야만 앞서 본 생성자 타입에서처럼 타입 사용 객체 없이도 타입 객체인 Breed의 메서드를 호출해 새로운 몬스터를 생성할 수 있다.
- **타입 객체가 공개 API의 일부가 된다.** 일반적으로 인터페이스를 적게 노출할수록 복잡성은 줄어들고 유지보수하기는 좋아진다. 타입 객체를 노출함으로써, 타입 객체가 제공하는 모든 것이 객체 API에 포함된다.

타입 사용 객체를 어떻게 생성할 것인가?

타입 객체 패턴에서 '객체'는 타입 객체와 타입 사용 객체의 쌍으로 존재한다. 이 둘은 어떻게 생성하고 결합하는 게 좋을까?

| 객체를 생성한 뒤에 타입 객체를 넘겨주는 경우 |

- **외부 코드에서 메모리 할당을 제어할 수 있다.** 두 객체 모두 외부에서 생성하기 때문에, 메모리 어디에서 할당할지를 결정할 수 있다. 덕분에 객체를 여러 다른 메모리(커스텀 메모리 할당자, 스택 등)에 둘 수 있다.

| 타입 객체의 '생성자' 함수를 호출하는 경우 |

- **타입 객체에서 메모리 할당을 제어한다.** 아까와는 반대 개념이다. 외부에서 타입 객체를 어느 메모리에

13장 - 타입 객체 **253**

생성할지 선택권을 주고 싶지 않다면, 타입 객체 팩토리 메서드를 통해서 객체를 만들게 해 메모리를 제어할 수 있다. 모든 객체를 특정 객체 풀(19장)이나 다른 메모리 할당자에서만 생성하도록 제한하고 싶을 때 좋다.

타입을 바꿀 수 있는가?

지금까지는 한번 객체가 만들어지고 나면 연결된 타입 객체가 절대 바뀌지 않는다고 가정했다. 생성될 때 결정된 타입은 죽을 때까지 바꿀 수 없었다. 꼭 그래야 하는 건 아니다. 객체가 필요하면 타입을 변경하게 **할 수도 있다.**

어떤 몬스터는 죽은 뒤에 좀비로 되살아나게 하고 싶다고 해보자. 물론 몬스터가 죽을 때 종족이 좀비인 몬스터를 새로 만들 수도 있지만, 기존 몬스터의 종족을 좀비로 바꾸는 방법도 있다.

| 타입을 바꿀 수 없다면 |

- **코드를 구현하고 이해하기가 더 쉽다.** 개념상 '타입'은 바뀌지 않는다고 다들 생각하는데, 이런 가정을 코드로 못 박는다.
- **디버깅하기 쉽다.** 몬스터의 상태가 이상해지는 버그를 찾아야 할 때 종족은 변하지 않는다고 가정할 수 있다면 일이 한결 수월하다.

| 타입을 바꿀 수 있다면 |

- **객체 생성 횟수가 줄어든다.** 방금 예제에서 타입을 바꿀 수 없다면 먼저 좀비 몬스터를 생성하고 기존 몬스터로부터 유지해야 할 속성 값을 가져온 뒤에 기존 몬스터를 삭제해야 하는 낭비가 발생한다. 타입을 바꿀 수 있다면 타입 객체 포인터 값만 바꾸면 된다.
- **가정을 깨지 않도록 주의해야 한다.** 타입 사용 객체와 타입 객체는 상당히 강하게 커플링된다. 예를 들어 몬스터의 **현재** 체력이 해당 종족의 최대 체력보다는 더 클 수 없다고 가정할 수 있다.

  종족 타입을 바꿀 수 있다면 기존 객체 상태를 새로운 타입의 요구사항에 맞춰야 한다. 이를 위해 검증 코드가 필요할 수도 있다.

상속을 어떻게 지원할 것인가?

| 상속 없음 |

- **단순하다.** 단순한 게 최고일 때가 많다. 타입 객체끼리 공유해야 할 데이터가 그리 많지 않다면 코드를 복잡

하게 만들 필요가 없다.

- **중복 작업을 해야 할 수도 있다.** 나는 콘텐츠 저작 툴에 상속 개념이 들어가는 걸 **싫어하는** 기획자를 아직 보지 못했다. 엘프가 50종류나 있을 때, 이들의 최대 체력을 조정하기 위해 데이터에서 같은 값을 50군데 찾아서 고쳐야 하는 것은 굉장한 **고역**이다.

| 단일 상속 |

- **그나마 단순한 편이다.** 구현하기도 쉽지만 이해하기 쉽다는 게 더 중요하다. 사용자의 기술적 이해도가 낮다면 손댈 곳이 적을수록 좋다. 많은 프로그래밍 언어가 단일 상속만 지원한다. 단일 상속이 상속의 장점을 취하면서도 코드가 너무 복잡해지지 않는 균형점이라고 보는 시각이 많기 때문이다.
- **속성 값을 얻는 데 오래 걸린다.** 타입 객체로부터 원하는 데이터를 얻으려면 실제로 값을 정의한 타입을 찾을 때까지 상속 구조를 타고 올라가야 한다. 성능이 민감한 코드에서 이런 식의 런타임 낭비는 바람직하지 않다.

| 다중 상속 |

- **거의 모든 데이터 중복을 피할 수 있다.** 제대로 된 다중 상속 시스템에서는 사용자가 타입 객체 상속 구조만 잘 만들면 데이터 중복을 거의 제거할 수 있다. 수많은 복사 & 붙여넣기 없이도 수치를 조정할 수 있다.
- **복잡하다.** 다중 상속의 장점은 실무보다는 이론에 가깝다. 다중 상속은 이해하기가 더 어렵다.

  좀비 용_zombie dragon_ 타입은 좀비와 용을 상속받는다고 해보자. 어떤 속성은 좀비로부터 받고, 어떤 속성은 용으로 받아야 할까? 다중 상속 시스템을 사용하려면 사용자가 상속 그래프의 흐름을 이해할 수 있어야 하고, 상속 구조를 잘 설계할 수 있는 선견지명을 가져야 한다.

  요즘 나와 있는 대부분의 C++ 코딩 표준에서는 다중 상속을 금지한다.[15] 자바와 C#에서는 아예 다중 상속을 할 수 없다. 제대로 만들기 어렵다면 아예 못 쓰게 하는 게 낫다는 슬픈 사실을 증명해 보여주는 셈이다. 고민해볼 가치는 있겠지만, 게임에서 타입 객체에 다중 상속이 필요한 경우는 굉장히 드물 것이다. 언제나 그렇듯이 단순한 게 낫다.

13.8. 관련자료

- 고수준에서 봤을 때 타입 객체 패턴이 해결하려고 하는 문제는 여러 객체끼리 데이터와 동작을 공유하려는 것이다. 프로토타입 패턴(5장)은 같은 문제를 다른 식으로 접근하고 있다.
- 타입 객체 패턴은 경량 패턴(3장)과 굉장히 비슷하다. 둘 다 여러 인스턴스가 데이터를 공유할 수 있게 한

---

15 구글 코딩 컨벤션(https://goo.gl/wDN1kN)에서는 `interface`에 한해서 다중상속을 허용한다. 다른 규약들도 비슷하다. – 옮긴이

다. 경량 패턴의 목표는 메모리 절약이다. 공유 데이터는 객체의 개념적인 '타입'을 나타낼 수도 있고 아닐 수도 있다. 타입 객체 패턴은 조직화와 유연성에 더 집중한다.

- 타입 객체 패턴은 상태 패턴(7장)과도 비슷한 점이 많다. 두 패턴 모두 다른 객체에 자기를 정의하는 부분 일부를 위임한다. 타입 객체에서는 넓은 의미에서 해당 객체를 나타내는 **불변** 데이터를 주로 위임한다. 상 태 패턴에서는 객체의 **현재** 상태가 어떤지를 나타내는 임시 데이터를 주로 위임한다.

타입 객체 패턴에서 타입 객체를 교체할 수 있다면, 타입 객체가 상태 패턴 역할도 겸한다고 볼 수 있다.

디커플링 패턴

프로그래밍 언어를 익히고 나면, 원하는 기능을 코드로 작성하는 건 그렇게 어렵지 않다. 진짜 어려운 것은 요구사항이 바뀌었을 때 코드를 고치기 쉽게 만드는 일이다. 구현 전에 기능 요구사항이 모두 완벽하게 준비되어 있는 경우는 거의 없다.

이럴 때 도움받을 수 있는 강력한 도구가 디커플링decoupling이다. 어떤 코드를 수정했을 때 다른 코드를 거의 바꾸지 않아도 된다면, 이 두 코드는 서로 '디커플링'되어 있다고 한다. 게임에서 기능을 변경해야 할 때 고쳐야 할 코드가 적으면 적을수록 수정하기가 쉽다.

컴포넌트 패턴(14장)은 한 개체에 들어 있는 코드들을 기능별로 서로 디커플링한다. 이벤트 큐 패턴(15장)은 서로 통신을 주고받는 두 객체를 코드뿐만 아니라 시간 측면에서도 디커플링한다. 서비스 중개자 패턴(16장)은 코드가 실제로 그 기능을 제공하는 코드와 결합하지 않고도 특정 기능에 접근할 수 있게 해준다.

Part V

디커플링 패턴

컴포넌트

14.1. 의도

한 개체가 여러 분야를 서로 커플링 없이 다룰 수 있게 한다.

14.2. 동기

플랫포머 게임을 만든다고 해보자. 이탈리아인 배관공(마리오)이 주인공인 게임은 이미 있으니, 덴마크인 제빵사 비외른Bjørn을 주인공으로 하겠다.[1] 그럼 우리의 제빵사를 대표하는 클래스를 하나 만들어서 여기에 주인공이 게임에서 하는 모든 것들을 넣는 게 당연해 보인다.

주인공을 조정해야 하니 컨트롤러 입력 값을 읽어 행동으로 바꿔야 한다. 지형이나 플랫폼(발판) 같은 레벨과도 상호작용할 수 있도록 물리 및 충돌 처리도 필요하다. 주인공이 화면에 나와야 하니 애니메이션과 렌더링도 넣자. 당연히 소리도 들려야 한다.

흠… 점점 엉망진창이 되어간다. 소프트웨어 구조 입문 수업에서 분야가 다른 코드는 서로 격리해야 한다고 배웠다. 워드 프로세서라면 인쇄 코드가 문서를 열고 저장하는 코드에 영향을 받으면 안 된다. 게임은 사무용 소프트웨어와는 다르지만, 이런 규칙은 똑같이 적용된다.

AI, 물리, 렌더링, 사운드처럼 분야가 다른 코드끼리는 최대한 서로 모르는 게 좋다. 이런 코드

---

1 이런 천재적인(?) 아이디어를 보면 내가 왜 기획자가 아니라 프로그래머인지를 알 수 있다.

를 한 클래스 안에 전부 욱여넣는다면 결과는 뻔하다. 클래스 하나가 5천 줄 넘는 거대한 쓰레기 코드로 뒤덮여버려, 팀에서 가장 용감한 닌자코더[2]나 감히 건드릴 수 있게 될 것이다.

이런 코드에 적응하는 일부 프로그래머는 직업 안정성을 확보할 수 있을지 몰라도, 나머지 사람들에게는 지옥이나 다를 바 없다.[3] 클래스가 크다는 것은 정말 사소한 걸 바꾸려고 해도 엄청난 작업이 필요할 수 있음을 의미한다. 이런 클래스는 머잖아 **기능**보다 **버그**가 더 빨리 늘어나게 된다.

고르디우스의 매듭

코드 길이보다 더 큰 문제가 커플링이다. 여러 게임 시스템이 주인공 클래스 안에서 실타래처럼 얽혀 있다.

```
if (collidingWithFloor() && (getRenderState() != INVISIBLE)) {
  playSound(HIT_FLOOR);
}
```

이 코드를 문제없이 고치려면 물리(collidingWithFloor), 그래픽(getRenderState), 사운드(playSound)를 전부 알아야 한다.[4]

커플링과 코드 길이 문제는 서로 악영향을 미친다. 한 클래스가 너무 많은 분야를 건드리다 보니 모든 프로그래머가 그 클래스를 작업해야 하는데, 클래스가 너무 크다 보니 작업하기가 굉장히 어렵다. 이런 상황이 심해지면 프로그래머들이 뒤죽박죽이 된 Bjorn 클래스를 손대기 싫어서 다른 곳에 땜빵 코드를 넣기 시작한다.

---

2 어려운 일을 조용하고 깔끔하게 처리하는 실력 좋은 프로그래머 – 옮긴이
3 『유지보수하기 어렵게 코딩하는 방법』(한빛미디어, 2012) 참고 – 옮긴이
4 이런 커플링은 어느 게임에서나 문제이지만, 요즘 같은 멀티스레드 환경에서는 더 심각하다. 멀티코어 하드웨어에서는 멀티스레딩이 거의 필수다. 이럴 때 보통 쓰는 방법 하나가 게임 코드를 분야별로 스레드에 분배하는 것이다. 즉 AI, 사운드, 렌더링을 각자 스레드에서 실행시킨다.
이렇게 스레드를 나눴다면, 분야별로 디커플링해야 교착상태 같은 골치 아픈 동시성 버그를 피할 수 있다. UpdateSound()나 RenderGraphics()같이 서로 다른 스레드에서 실행되어야 하는 메서드를 한 클래스 안에 모아두는 것은 동시성 버그를 조장하는 짓이다.

매듭 끊기

이 문제는 알렉산더 대왕이 고르디우스의 매듭을 칼로 끊었던 것처럼 풀 수 있다. 한 덩어리였던 Bjorn 클래스를 분야에 따라 여러 부분으로 나누면 된다. 예를 들어 사용자 입력에 관련된 코드는 InputComponent 클래스로 옮겨둔 뒤에, Bjorn 클래스가 InputComponent 인스턴스를 갖게 한다. Bjorn 클래스가 다루는 나머지 분야에 대해서도 이런 작업을 반복한다.

이러고 나면 컴포넌트들을 묶는 얇은 껍데기 코드 외에는 Bjorn 클래스에 남는 게 거의 없게 된다. 클래스 코드 크기 문제는 클래스를 여러 작은 클래스로 나누는 것만으로 해결했고, 소득은 이뿐만이 아니다.

열린 구조

컴포넌트 클래스들은 디커플링되어 있다. PhysicsComponent와 GraphicsComponent는 Bjorn 클래스 안에 들어 있지만 서로에 대해 알지 못한다. 즉, 물리 프로그래머는 화면 처리는 신경 쓰지 않고 자기 코드를 수정할 수 있다. 반대도 마찬가지다.

현실적으로는 컴포넌트끼리 상호작용이 필요할 **수도** 있다. 예를 들어 AI 컴포넌트는 비외른이 가려는 곳을 물리 컴포넌트를 통해서 알아내야 할 수도 있다. 다만 모든 코드를 한곳에 섞어놓지 않았기 때문에 서로 통신이 **필요한** 컴포넌트만으로 결합을 제한할 수 있다.

다시 합치기

컴포넌트 패턴의 다른 특징은 이렇게 만든 컴포넌트를 재사용할 수 있다는 점이다.[5] 이제부터는 주인공 제빵사 외에도 게임에 필요한 다른 객체들을 생각해보자. **데커레이션**decoration은 덤불이나 먼지같이 볼 수는 있으나 상호작용은 할 수 없는 객체다. **프랍**prop은 상자, 바위, 나무같이 볼 수 있으면서 상호작용도 할 수 있는 객체다. **존**zone은 데커레이션과는 반대로 보이지는 않지만 상호작용은 할 수 있는 객체다. 예를 들어 비외른이 특정 영역에 들어올 때 컷신을 틀고 싶

---

5 객체지향 프로그래밍 초창기 시절에 상속은 가장 매력적인 도구였다. 코드 재사용을 위한 궁극의 망치로 생각했기 때문에 많은 프로그래머들이 상속이라는 망치를 너무 자주 휘둘렀다. 삽질 끝에 상속은 너무 무거운 망치라는 교훈을 나중에야 체득할 수 있었다. 상속은 나름 쓰임새가 있지만, 단순한 코드를 재사용하는 용도로는 번거로울 때가 많다.
대신 요즘 소프트웨어 설계에서는 상속 대신 조합(composition)이 대세다. 두 클래스에서 같은 코드를 공유하고 싶다면 같은 클래스를 **상속**받는 게 아니라 같은 클래스의 **인스턴스를 갖게 한다**.

다면 존을 써먹을 수 있다.

컴포넌트를 쓰지 않는다면 이들 클래스를 어떻게 상속해야 할까? 먼저 이렇게 할 듯하다.

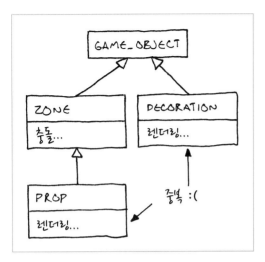

그림 14-1 단일 상속으로는 두 갈래를 동시에 재사용할 수 없다.

GameObject 클래스에는 위치나 방향 같은 기본 데이터를 둔다. Zone은 GameObject을 상속받은 뒤에 충돌 검사를 추가한다. Decoration도 GameObject를 상속받은 뒤 렌더링 기능을 추가한다. Prop은 충돌 검사 기능을 재사용하기 위해 Zone을 상속받는다. 하지만 Prop이 렌더링 코드를 재사용하기 위해 Decoration 클래스를 상속하려는 순간 '죽음의 다이아몬드Deadly Diamond'라고 불리는 다중 상속 문제를 피할 수 없다.[6]

뒤집어서 Prop이 Decoration을 상속받게 만들어봐야 충돌 처리 코드 중복은 피할 수 없다. 어떻게 해도 다중 상속 없이는 충돌 처리 코드와 렌더링 코드를 깔끔하게 재사용할 수 없다. 아니면 모든 기능을 GameObject 클래스에 올려놔야 하는데, 그러면 Zone에는 필요 없는 렌더링 데이터가 들어가고 Decoration에는 쓰지 않는 물리 기능이 들어가게 된다.

이제 컴포넌트로 만들어보자. 상속은 전혀 필요가 없다. GameObject 클래스 하나와 PhysicsComponent, GraphicsComponent 클래스 두 개만 있으면 된다. 데커레이션은 GraphicsComponent는 있고 PhysicsComponent는 없는 GameObject다. 반대로 존에는

---

6 다중 상속에서 둘 이상의 상속 계통 경로가 같은 상위 클래스에서 만나는 것을 '죽음의 다이아몬드'라고 한다. 이 책에서 더 자세히 얘기하기에는 좀 그렇고, 괜히 '죽음의'라는 형용사를 붙인 게 아니라는 사실만 알고 있으면 된다.

PhysicsComponent가 있고 GraphicsComponent는 없다. 프랍에는 둘 다 있다. 여기에는 코드 중복도, 다중 상속도 없다. 클래스 개수도 네 개에서 세 개로 줄었다.[7]

컴포넌트는 기본적으로 객체를 위한 플러그 앤 플레이라고 볼 수 있다. 개체 소켓에 재사용 가능한 여러 컴포넌트 객체를 꽂아 넣음으로써 복잡하면서 기능이 풍부한 개체를 만들 수 있다. 미래용사 볼트론처럼 말이다.[8]

14.3. 패턴

여러 분야를 다루는 하나의 개체가 있다. 분야별로 격리하기 위해, 각각의 코드를 별도의 **컴포넌트 클래스**에 둔다. 이제 개체 클래스는 단순히 이들 **컴포넌트들의 컨테이너** 역할만 한다.[9]

14.4. 언제 쓸 것인가?

컴포넌트는 게임 개체를 정의하는 핵심 클래스에서 가장 많이 사용되지만, 다음 조건 중 하나라도 만족한다면 다른 분야에서도 유용하게 쓸 수 있다.

- 한 클래스에서 여러 분야를 건드리고 있어서, 이들을 서로 디커플링하고 싶다.
- 클래스가 거대해져서 작업하기가 어렵다.
- 여러 다른 기능을 공유하는 다양한 객체를 정의하고 싶다. 단, 상속으로는 딱 원하는 부분만 골라서 재사용할 수가 없다.

---

7 식당 메뉴와 비슷하다. 각 개체가 통짜 클래스인 경우는 세트 메뉴만 있는 식당과 같다. 이 경우 다양한 손님을 만족시키려면 수많은 세트 메뉴를 만들어야 하는 것처럼, 다양한 기능을 조합하려면 **조합**별로 별개의 클래스를 준비해야 한다.
컴포넌트는 단품 선택 메뉴(알 라 카르트)와 같다. 메뉴판은 선택할 수 있는 요리들의 목록이고, 손님은 기호에 따라 원하는 메뉴를 이것저것 고를 수 있다.

8 안타깝게도 미래용사 볼트론은 한 가지 방식으로만 합체할 수 있다. – 옮긴이

9 프로그래밍에서 '컴포넌트'는 '객체'와 마찬가지로 온갖 이런저런 것을 의미하는 단어 중의 하나다. 그러다 보니 컴포넌트가 의미하는 개념이 한두 가지가 아니다. 기업용 소프트웨어에서는 웹을 통해서 통신하도록 서비스를 디커플링하는 것을 '컴포넌트' 디자인 패턴이라고 부르기도 한다(컴포넌트 기반 개발(component based development)을 의미한다. – 옮긴이).
게임에서는 이와 개념이 다르기 때문에 다른 용어를 만들어보려 했지만, 이미 '컴포넌트'라는 이름이 가장 대중적으로 많이 사용되고 있었다. 디자인 패턴은 기존 개발 방식을 문서화하는 것이기 때문에 신조어를 만드는 사치를 누릴 수 없었다. 그래서 XNA, Delta3D 같은 곳에서처럼 '컴포넌트'라고 부르기로 했다.

14.5. 주의사항

컴포넌트 패턴을 적용하면 클래스 하나에 코드를 모아놨을 때보다 더 복잡해질 가능성이 높다. 한 무리의 객체를 생성하고 초기화하고 알맞게 묶어줘야 하나의 개념적인 '객체'를 만들 수 있기 때문이다. 컴포넌트끼리 통신하기도 더 어렵고, 컴포넌트들을 메모리 어디에 둘지 제어하는 것도 더 복잡하다.

코드베이스 규모가 크면 이런 복잡성에서 오는 손해보다 디커플링과 컴포넌트를 통한 코드 재사용에서 얻는 이득이 더 클 수 있다. 하지만 컴포넌트 패턴을 적용하기 전에 아직 있지도 않은 문제에 대한 '해결책'을 오버엔지니어링하려는 것은 아닌지 주의해야 한다.

컴포넌트 패턴의 또 다른 문제는 무엇이든지 하려면 한 단계를 거쳐야 할 때가 많다는 점이다. 무슨 일이든 컨테이너 객체에서 원하는 컴포넌트부터 얻어야 할 수 있다. 성능이 민감한 내부 루프 코드에서 이런 식으로 포인터를 따라가다 보면 성능이 떨어질 수 있다.[10]

14.6. 예제 코드

패턴을 어떻게 격리해서 보여줄지가 이 책을 쓰는 내내 골칫거리였다. 많은 디자인 패턴에 해당 패턴에 속하지 않는 코드가 포함되어 있다. 패턴을 핵심만 남기기 위해 나머지 코드는 최대한 줄여보려 했지만, 너무 줄이다 보면 옷은 하나도 보여주지 않은 채로 옷장 정리하는 방법을 설명하려는 것같이 되곤 했다.

컴포넌트 패턴이 특히 이런 면에서 어려웠다. 분야별로 디커플링하려는 코드 없이는 컴포넌트 패턴을 감 잡기 어려웠기 때문에 원했던 것보다 코드가 커졌다. 패턴은 단순히 컴포넌트 클래스가 전부이지만, 컴포넌트 클래스에 코드를 넣어 그 클래스가 어떤 기능을 하는지를 명확하게 보여주어야 했다. 실제로는 예제에서 제공하지 않는 다른 클래스 메서드를 호출하는 가짜 코드이지만, 이를 통해 무엇을 하려는지를 이해하는 데에는 도움이 될 것이다.

---

[10] 반대로 컴포넌트 패턴이 성능이나 캐시 일관성을 **향상**해줄 때도 많다. 컴포넌트는 CPU에서 필요로 하는 순서대로 데이터를 조직하는 데이터 지역성 패턴(17장)을 쓰기 쉽게 만들어준다.

통짜 클래스

컴포넌트 패턴을 어떻게 적용할지를 더 명확하게 알 수 있도록, 먼저 컴포넌트 패턴을 아직 적용하지 **않아** 모든 기능이 통짜 클래스에 다 들어 있는 Bjorn 클래스부터 보자.[11]

```cpp
class Bjorn {
public:
  Bjorn() : velocity_(0), x_(0), y_(0) {}
  void update(World& world, Graphics& graphics);

private:
  static const int WALK_ACCELERATION = 1;

  int velocity_;
  int x_, y_;

  Volume volume_;

  Sprite spriteStand_;
  Sprite spriteWalkLeft_;
  Sprite spriteWalkRight_;
};
```

Bjorn 클래스의 update 메서드는 매 프레임마다 호출된다.

```cpp
void Bjorn::update(World& world, Graphics& graphics) {
  // 입력에 따라 주인공의 속도를 조절한다.
  switch (Controller::getJoystickDirection()) {
    case DIR_LEFT:
      velocity_ -= WALK_ACCELERATION;
      break;

    case DIR_RIGHT:
      velocity_ += WALK_ACCELERATION;
      break;
  }
```

---

11 코드에 캐릭터 이름을 직접 사용하는 것은 그리 좋은 생각이 아니다. 사업팀은 짜증나게 꼭 출시를 며칠 남겨놓고서야 캐릭터 이름을 바꾸는 습성이 있다. "포커스 테스트를 해봤더니 11세에서 15세 남자 아이들이 '비외른'이라는 이름에 거부감을 표시했습니다. '스벤'으로 바꿉시다."

이래서 많은 소프트웨어 프로젝트에서는 내부 코드명을 사용한다. '포토샵 다음 버전'보다는 '큰 전기 고양이(Big Electric Cat)'를 개발하고 있다고 얘기하는 게 더 재미있기도 하고 말이다('큰 전기 고양이'는 1996년에 나온 Adobe Photoshop 4.0 버전의 코드명이다. – 옮긴이).

```
    // 속도에 따라 위치를 바꾼다.
    x_ += velocity_;
    world.resolveCollision(volume_, x_, y_, velocity_);

    // 알맞은 스프라이트를 그린다.
    Sprite* sprite = &spriteStand_;
    if (velocity_ < 0) { sprite = &spriteWalkLeft_; }
    else if (velocity_ > 0) { sprite = &spriteWalkRight_; }
    graphics.draw(*sprite, x_, y_);
  }
```

이 코드는 조이스틱 입력에 따라 주인공을 가속한다. 다음으로 물리 엔진을 통해 주인공의 다음 위치를 구한다. 마지막으로 화면에 주인공인 비외른을 그린다.

구현은 굉장히 간단하다. 중력도 없고, 애니메이션도 없고, 캐릭터를 재미있게 만드는 여러 상세한 구현도 다 빠져 있다. 그럼에도 코드를 보면 update 함수 하나를 여러 분야의 프로그래머가 작업해야 하고 코드가 더러워지기 시작했다는 것을 알 수 있다. 이런 코드가 몇천 줄이 넘어가면 얼마나 괴로울지 짐작이 갈 것이다.

분야별로 나누기

먼저 분야 하나를 정해서 관련 코드를 Bjorn에서 별도의 컴포넌트 클래스로 옮긴다. 가장 먼저 처리되는 입력 분야부터 시작한다. Bjorn 클래스가 처음 하는 일은 사용자 입력에 따라 주인공의 속도를 조절하는 처리다. 그에 해당하는 로직을 별개의 클래스로 옮겨보자.

```
class InputComponent {
public:
  void update(Bjorn& bjorn) {
    switch (Controller::getJoystickDirection()) {
      case DIR_LEFT:
        bjorn.velocity -= WALK_ACCELERATION;
        break;

      case DIR_RIGHT:
        bjorn.velocity += WALK_ACCELERATION;
        break;
    }
  }
```

```
  private:
    static const int WALK_ACCELERATION = 1;
  };
```

어려울 거 없다. Bjorn 클래스의 update 메서드에서 앞부분을 InputComponent 클래스로 옮겼다. Bjorn 클래스는 다음과 같이 바뀐다.

```
class Bjorn {
public:
  int velocity;
  int x, y;

  void update(World& world, Graphics& graphics) {
    input_.update(*this);

    // 속도에 따라 위치를 바꾼다.
    x += velocity;
    world.resolveCollision(volume_, x, y, velocity);

    // 알맞은 스프라이트를 그린다.
    Sprite* sprite = &spriteStand_;
    if (velocity < 0) {
      sprite = &spriteWalkLeft_;
    } else if (velocity > 0) {
      sprite = &spriteWalkRight_;
    }
    graphics.draw(*sprite, x, y);
  }

private:
  InputComponent input_;

  Volume volume_;

  Sprite spriteStand_;
  Sprite spriteWalkLeft_;
  Sprite spriteWalkRight_;
};
```

Bjorn 클래스에 InputComponent 객체가 추가되었다. 이전에는 사용자 입력을 update()에서 직접 처리했지만, 지금은 입력 컴포넌트에 위임한다.

```
  input_.update(*this);
```

이제 시작일 뿐인데도 벌써 Bjorn 클래스가 더 이상 Controller를 참조하지 않도록 커플링을 일부 제거했다. 이 점은 뒤에서 유용하게 써먹을 것이다.

나머지도 나누기

이제 남아 있는 물리 코드와 그래픽스 코드도 같은 식으로 복사 & 붙여넣기를 한다. PhysicsComponent부터 보자.

```
class PhysicsComponent {
public:
  void update(Bjorn& bjorn, World& world) {
    bjorn.x += bjorn.velocity;
    world.resolveCollision(volume_, bjorn.x, bjorn.y, bjorn.velocity);
  }

private:
  Volume volume_;
};
```

물리 **코드**를 옮기고 보니 물리 **데이터**도 같이 옮겨졌다. 이제 Volume 객체는 Bjorn이 아닌 PhysicsComponent에서 관리한다.

마지막으로 렌더링 코드를 옮긴다.

```
class GraphicsComponent {
public:
  void update(Bjorn& bjorn, Graphics& graphics) {
    Sprite* sprite = &spriteStand_;
    if (bjorn.velocity < 0) {
      sprite = &spriteWalkLeft_;
    } else if (bjorn.velocity > 0) {
      sprite = &spriteWalkRight_;
    }
    graphics.draw(*sprite, bjorn.x, bjorn.y);
  }
```

```
private:
  Sprite spriteStand_;
  Sprite spriteWalkLeft_;
  Sprite spriteWalkRight_;
};
```

Bjorn 클래스에서 거의 모든 코드를 뽑아냈다. 탈탈 털린 주인공 클래스에는 코드가 거의 남아 있지 않다.

```
class Bjorn {
public:
  int velocity;
  int x, y;

  void update(World& world, Graphics& graphics) {
    input_.update(*this);
    physics_.update(*this, world);
    graphics_.update(*this, graphics);
  }

private:
  InputComponent input_;
  PhysicsComponent physics_;
  GraphicsComponent graphics_;
};
```

이렇게 바뀐 Bjorn 클래스는 두 가지 역할을 한다. 먼저 자신을 정의하는 컴포넌트 집합을 관리하고 컴포넌트들이 공유하는 상태를 들고 있는 역할이다. 위치(x, y)와 속도(velocity) 값을 Bjorn 클래스에 남겨놓은 이유는 두 가지다. 먼저, 이들 상태는 '전 분야'에서 사용된다. 컴포넌트로 옮기고 싶어도 거의 모든 컴포넌트에서 이 값을 사용하다 보니 어느 컴포넌트에 둘지 애매하다.

그보다 더 중요한 이유는 이렇게 하면 컴포넌트들이 서로 커플링되지 않고도 쉽게 통신할 수 있기 때문이다. 이를 어떻게 활용할 수 있는지 살펴보자.

오토-비외른

동작 코드를 별도의 컴포넌트 클래스로 옮겼지만 아직 **추상화**하진 않았다. Bjorn 클래스는 자신의 동작을 어떤 구체 클래스에서 정의하는지를 정확하게 알고 있다. 이걸 바꿔보자.

사용자 입력 처리 컴포넌트를 인터페이스 뒤로 숨기려고 한다. InputComponent을 다음과 같이 추상 상위 클래스로 바꿔보자.

```
class InputComponent {
public:
  virtual ~InputComponent() {}
  virtual void update(Bjorn& bjorn) = 0;
};
```

사용자 입력을 처리하던 코드는 InputComponent 인터페이스를 구현하는 클래스로 끌어내린다.

```
class PlayerInputComponent : public InputComponent {
public:
  virtual void update(Bjorn& bjorn) {
    switch (Controller::getJoystickDirection()) {
      case DIR_LEFT:
        bjorn.velocity -= WALK_ACCELERATION;
        break;

      case DIR_RIGHT:
        bjorn.velocity += WALK_ACCELERATION;
        break;
    }
  }

private:
  static const int WALK_ACCELERATION = 1;
};
```

Bjorn 클래스는 InputComponent 구체 클래스의 인스턴스가 아닌 인터페이스의 포인터를 들고 있게 바꾼다.

```
class Bjorn {
public:
  int velocity;
  int x, y;

  Bjorn(InputComponent* input) : input_(input) {}

  void update(World& world, Graphics& graphics) {
    input_->update(*this);
    physics_.update(*this, world);
    graphics_.update(*this, graphics);
  }

private:
  InputComponent* input_;
  PhysicsComponent physics_;
  GraphicsComponent graphics_;
};
```

이제는 Bjorn 객체를 생성할 때, Bjorn이 사용할 입력 컴포넌트를 다음과 같이 전달할 수 있다.

```
Bjorn* bjorn = new Bjorn(new PlayerInputComponent());
```

어떤 클래스라도 InputComponent 추상 인터페이스만 구현하면 입력 컴포넌트가 될 수 있다. update()는 가상 메서드로 바뀌면서 속도는 조금 느려졌다. 대신 무엇을 얻을 수 있었을까?

대부분의 콘솔 게임에서는 '데모 모드'를 지원해야 한다. 플레이어가 주 메뉴에서 아무것도 안 하고 가만히 앉아 있을 때, 대신 컴퓨터가 자동으로 게임을 플레이하는 모드다. 화면에 주 메뉴만 계속 나오는 것을 막을 수 있고, 매장에서도 게임을 근사하게 보여줄 수 있다.

입력 컴포넌트 클래스를 인터페이스 밑에 숨긴 덕분에 이런 걸 만들 수 있게 되었다. PlayerInputComponent는 실제로 게임을 플레이할 때 사용하는 클래스이니, 다른 클래스를 만들어보자.

```
class DemoInputComponent : public InputComponent {
public:
  virtual void update(Bjorn& bjorn) {
    // AI가 알아서 Bjorn을 조정한다...
  }
};
```

데모 모드용으로 비외른 객체를 생성할 때에는 새로 만든 컴포넌트를 연결한다.

```
Bjorn* bjorn = new Bjorn(new DemoInputComponent());
```

단순히 컴포넌트를 교체했을 뿐인데 완벽하게 돌아가는 데모 모드용 인공지능 플레이어를 만들 수 있었다. 나머지 코드는 그대로 재사용하면 된다. 물리 컴포넌트와 그래픽스 컴포넌트는 뭐가 바뀌었는지 전혀 모른다. 나만 그런지 몰라도 이런 멋진 구조를 떠올린 날에는 출근 시간이 기다려진다.

꼭 비외른일 필요는 없잖아?

이제 Bjorn 클래스는 컴포넌트 묶음일 뿐 딱히 '비외른'에 관련된 코드가 남아 있지 않다. 그보다는 게임에서 **모든** 객체가 기본으로 사용하는 게임 객체(GameObject) 클래스로 바꾸는 게 더 좋을 거 같다. 프랑켄슈타인이 피조물을 만들 때처럼 원하는 컴포넌트만 선택하면 온갖 객체를 만들 수 있다.

나머지 물리와 그래픽스 컴포넌트도 입력에서 그랬던 것처럼 인터페이스와 구현부를 나눠보자.

```
class PhysicsComponent {
public:
  virtual ~PhysicsComponent() {}
  virtual void update(GameObject& obj, World& world) = 0;
};

class GraphicsComponent {
public:
  virtual ~GraphicsComponent() {}
  virtual void update(GameObject& obj, Graphics& graphics) = 0;
};
```

Bjorn 클래스는 이름을 범용적인 GameObject로 바꾸고 내부적으로 다음과 같은 인터페이스들을 사용하게 한다.[12]

```cpp
class GameObject {
public:
  int velocity;
  int x, y;

  GameObject(InputComponent* input,
             PhysicsComponent* physics,
             GraphicsComponent* graphics)
  : input_(input),
    physics_(physics),
    graphics_(graphics) {
  }

  void update(World& world, Graphics& graphics) {
    input_->update(*this);
    physics_->update(*this, world);
    graphics_->update(*this, graphics);
  }

private:
  InputComponent* input_;
  PhysicsComponent* physics_;
  GraphicsComponent* graphics_;
};
```

기존 구체 클래스 역시 이름을 바꾸고 인터페이스를 구현하도록 한다.

```cpp
class BjornPhysicsComponent : public PhysicsComponent {
public:
  virtual void update(GameObject& obj, World& world) {
    // 물리 코드...
  }
};
```

---

12 일부 컴포넌트 시스템은 여기에서 한발 더 나아간다. 게임 개체는 GameObject처럼 컴포넌트 포인터를 들고 있는 클래스가 아니라 그냥 ID, 즉 숫자로만 표현된다. 개별 컬렉션에 들어 있는 컴포넌트들은 개체 ID를 통해서 자신이 어느 개체에 속해 있는지를 안다. 이런 **개체 컴포넌트 시스템**은 극단적으로 컴포넌트 간의 커플링을 막는다. 개체는 컴포넌트가 추가되는지를 전혀 알 수 없다. 데이터 지역성 패턴(17장)에서 더 자세히 살펴본다.

```
class BjornGraphicsComponent : public GraphicsComponent {
public:
  virtual void update(GameObject& obj, Graphics& graphics) {
    // 그래픽스 코드...
  }
};
```

비외른만을 위한 별도 클래스 없이도 비외른의 원래 기능을 그대로 유지하는 객체를 다음과 같이 만들 수 있다.[13]

```
GameObject* createBjorn() {
  return new GameObject(
    new PlayerInputComponent(),
    new BjornPhysicsComponent(),
    new BjornGraphicsComponent());
}
```

다른 컴포넌트를 조합한 `GameObject`를 생성하는 함수를 정의하면, 게임에 필요한 온갖 객체를 만들 수 있다.

14.7. 디자인 결정

컴포넌트 패턴에서 가장 중요한 질문은 '어떤 컴포넌트 집합이 필요한가?'다. 대답은 만들고 있는 게임 장르와 필요에 따라 다르다. 게임 코드가 크고 복잡할수록 컴포넌트를 더 세분화해야 할 것이다.

그 밖에도 고려해야 할 것들이 있다.

객체는 컴포넌트를 어떻게 얻는가?

통짜 클래스를 몇 개의 컴포넌트로 나눴다면, 누가 이들 컴포넌트를 하나로 합쳐줄지를 정해야 한다.

---

13 createBjorn()는 GoF의 고전적인 팩토리 메서드 패턴이다.

| 객체가 필요한 컴포넌트를 알아서 생성할 때 |

- **객체는 항상 필요한 컴포넌트를 가지게 된다.** 컨테이너 객체에서 모든 걸 다 처리하기 때문에 실수로 잘못된 컴포넌트를 객체에 연결하거나 컴포넌트 연결을 잊어버려서 게임이 깨질 일이 없다.
- **객체를 변경하기가 어렵다.** 컴포넌트 패턴의 강점 중 하나는 컴포넌트 재조합만으로 새로운 종류의 객체를 만들 수 있다는 점이다. 어떤 컴포넌트를 사용할지를 하드코딩해놓으면, 이런 유연성을 잃게 된다.

| 외부 코드에서 컴포넌트를 제공할 때 |

- **객체가 훨씬 유연해진다.** 컴포넌트만 바꿔도 전혀 다르게 동작하는 객체를 만들 수 있다. 극단적으로 유연하게 만든다면, 객체는 일반적인 컴포넌트 컨테이너가 되어 다른 용도로도 계속해서 재사용할 수 있다.
- **객체를 구체 컴포넌트 자료형으로부터 디커플링할 수 있다.** 밖에서 컴포넌트를 전달할 수 있다면, 인터페이스를 **상속받은** 컴포넌트 객체를 전달할 가능성이 높다. 객체는 컴포넌트의 **인터페이스만** 알지, 이게 어떤 구체 클래스인지는 모르기 때문에 구조를 캡슐화하기 더 좋다.

컴포넌트들끼리는 어떻게 통신할 것인가?

컴포넌트들이 서로 완전히 격리된 채로 동작하는 게 이상적이겠지만, 실제로 그렇게 만들기는 어렵다. 이들 컴포넌트들은 **한** 객체를 이루는 부분이기 때문에 조정, 즉 서로 간의 통신이 필요하다.

컴포넌트는 몇 가지 방식으로 서로 통신할 수 있다. 이들 방식은 다른 설계 '대안'과는 달리 서로 배타적이지 않다. 보통은 여러 방식을 동시에 지원해야 할 것이다.

| 컨테이너 객체의 상태를 변경하는 방식 |

- **컴포넌트들은 서로 디커플링 상태를 유지한다.** InputComponent에서 비외른의 속도를 변경하고, PhysicsComponent에서는 그 값을 사용하면, 이들 두 컴포넌트는 서로를 몰라도 된다. 그저 비외른의 속도가 알 수 없는 무엇인가에 의해 변경되었다고 짐작만 할 뿐이다.
- **컴포넌트들이 공유하는 정보를 컨테이너 객체에 전부 넣어야 한다.** 어떤 상태는 일부 컴포넌트에서만 사용하기도 한다. 예를 들어 애니메이션 컴포넌트와 렌더링 컴포넌트는 객체의 그래픽 관련 상태를 공유해야 하는데, 이런 상태를 다른 **모든** 컴포넌트가 접근할 수 있는 컨테이너 객체로 올려놓는다면 객체 클래스가 지저분해질 수 있다.

  심지어 컴포넌트 조합에 따라 컨테이너 객체의 상태를 전혀 사용하지 않을 수도 있다. 보이지 않는^{invisible} 객체에는 컨테이너 객체에 들어 있는 렌더링 관련 데이터가 메모리 낭비일 뿐이다.
- **컴포넌트끼리 암시적으로 통신하다 보니 컴포넌트 실행 순서에 의존하게 된다.** 예제 코드에 있는 원래 통짜

update 메서드에서는 코드 실행 순서를 굉장히 신경 썼다. 사용자 입력은 속도를 바꾸고, 이 값을 물리 코드에서 보고 위치를 변경한다. 마지막으로 렌더링 코드에서는 위치 값을 보고 비외른을 올바른 위치에 그린다. 코드를 여러 컴포넌트로 나눈 뒤에도 실행 순서는 바뀌지 않도록 주의해야 한다. 그렇지 않으면 미묘하게 찾기 어려운 버그가 생길 수 있다. 그래픽스 컴포넌트를 **먼저** 업데이트하면 비외른을 이번 프레임이 아닌 **이전** 프레임 위치에 잘못 그리게 된다. 컴포넌트 개수와 코드가 많을수록 이런 버그를 피하기 어렵다.[14]

| 컴포넌트가 서로 참조하는 방식 |

서로 통신해야 하는 컴포넌트들이 컨테이너 객체를 통하지 않고 직접 참조하게 만들자는 얘기다. 비외른이 점프를 할 수 있게 만든다고 해보자. 그래픽스 코드는 점프 스프라이트를 그려야 할지 여부를 판단해야 한다. 이를 위해 주인공이 땅에 서 있는지를 물리 엔진에 물어봐야 한다. 그래픽스 컴포넌트가 물리 컴포넌트를 직접 알고 있다면 이를 쉽게 해결할 수 있다.

```cpp
class BjornGraphicsComponent {
public:
  BjornGraphicsComponent(BjornPhysicsComponent* physics)
  : physics_(physics) {}

  void Update(GameObject& obj, Graphics& graphics) {
    Sprite* sprite;
    if (!physics_->isOnGround()) {
      sprite = &spriteJump_;
    } else {
      // 나머지 그래픽스 코드...
    }
    graphics.draw(*sprite, obj.x, obj.y);
  }

private:
  BjornPhysicsComponent* physics_;

  Sprite spriteStand_;
  Sprite spriteWalkLeft_;
  Sprite spriteWalkRight_;
  Sprite spriteJump_;
};
```

비외른의 GraphicsComponent를 생성할 때 이에 맞는 PhysicsComponent를 생성자 인수에 레

---

14 이런 식으로 여러 코드에서 같은 데이터를 동시에 읽고 쓴다면 코드를 제대로 작성하기가 진짜 어렵다. 그래서 학계에서는 하스켈 같이 변경 가능한 상태가 전혀 없는 순수 함수형 언어를 연구하고 있다.

퍼런스로 제공한다.

- **간단하고 빠르다**. 한 객체가 다른 객체 메서드를 직접 호출해 통신한다. 컴포넌트는 자기가 참조하는 컴포넌트에서 제공하는 어떤 메서드라도 아무런 제한 없이 호출할 수 있다.
- **두 컴포넌트가 강하게 결합된다**. 아무런 제한이 없다 보니 생기는 단점이다. 처음 형태로 조금 되돌아간 셈이다. 다만 서로 통신하는 컴포넌트끼리만 커플링이 생기기 때문에 통짜 클래스 형태일 때보다는 낫다.

| 메시지를 전달하는 방식 |

가장 복잡한 대안이다. 컨테이너 객체에 간단한 메시징 시스템을 만든 뒤에, 각 컴포넌트들이 서로에게 정보를 뿌리게^{broadcast} 할 수 있다.

구현을 보자. 먼저 모든 컴포넌트가 상속받아야 하는 기본 인터페이스인 Component를 정의한다.

```cpp
class Component {
public:
  virtual ~Component() {}
  virtual void receive(int message) = 0;
};
```

인터페이스에는 들어오는 메시지를 들을 수 있도록 컴포넌트 클래스가 구현해야 하는 `receive` 메서드 하나만 들어 있다. 지금은 `int`만으로 메시지를 구별하지만, 제대로 구현하려면 데이터를 추가로 보낼 수 있어야 할 것이다.

컨테이너 객체에는 메시지를 보내는 메서드를 추가한다.

```cpp
class ContainerObject {
public:
  void send(int message) {
    for (int i = 0; i < MAX_COMPONENTS; i++) {
      if (components_[i] != NULL) {
        components_[i]->receive(message);
      }
    }
  }

private:
  static const int MAX_COMPONENTS = 10;
  Component* components_[MAX_COMPONENTS];
};
```

컴포넌트가 컨테이너에 메시지를 보내면, 컨테이너는 자기에게 있는 모든 컴포넌트에 이를 전파한다(여기에는 처음 메시지를 보낸 컴포넌트도 포함된다. 피드백 루프[15]에 빠지지 않도록 조심하자!) 이러면 다음과 같은 결과를 얻는다.[16]

- **하위 컴포넌트들은 디커플링된다.** 상태 공유 방식에서처럼 상위 컨테이너 객체를 통해서 통신하기 때문에, 컴포넌트들은 메시지 값과 커플링될 뿐 컴포넌트끼리는 디커플링 상태를 유지한다.[17]
- **컨테이너 객체는 단순하다.** 상태 공유 방식에서는 컨테이너 객체가 데이터를 소유하고 컴포넌트들이 이를 어떻게 사용하는지를 알아야 했지만, 여기에서는 메시지만 무작정 전달하면 된다. 특정 분야에 한정된 정보를 컨테이너 객체에 노출하지 않고도 컴포넌트끼리 주고받을 수 있다.

예상했겠지만, 세 가지 통신 방식 중에서 정답은 따로 없다. 하다 보면 셋 다 조금씩 쓰게 된다. 상태 공유 방식은 위치나 크기같이 모든 객체에서 당연히 있을 거라고 생각하는 기본적인 정보를 공유하기에 좋다.

어떤 분야들은 서로 별개이나 꽤나 가깝게 연관될 수 있다. 애니메이션과 렌더링, 사용자 입력과 AI, 물리와 충돌 같은 게 그렇다. 이런 쌍이 서로 다른 컴포넌트로 존재한다면 각자 자신의 짝꿍 컴포넌트를 직접 알게 하는 게 작업하기에 가장 편할 수 있다.

메시징은 호출하고 나서 신경 안 써도 되는 '사소한' 통신에 쓰기 좋다. 예를 들어 물리 컴포넌트에서 객체가 무엇인가와 충돌했다고 전파하면 오디오 컴포넌트가 이를 받아서 소리를 내는 식이다.

언제나 그렇지만 먼저 쉬운 것부터 해본 다음에 필요하면 다른 통신 방법을 추가하자.

---

15 이벤트 큐 패턴(15장)에서 더 자세히 다룬다. – 옮긴이

16 더 멋지게 만들고 싶다면, 메시지 시스템이 메시지를 나중에 보낼 수 있도록 큐에 담을 수도 있다. 이벤트 큐 패턴(15장)에서 자세히 살펴본다.

17 GoF에서는 둘 이상의 객체가 중간 객체를 통해서 메시지를 간접적으로 전달해 통신하는 방식을 중재자(mediator) 패턴이라고 한다. 여기에서는 컨테이너 객체가 중재자에 해당한다.

14.8. 관련자료

- 유니티 프레임워크의 핵심 클래스인 GameObject는 전적으로 컴포넌트 방식에 맞춰 설계되었다.

- 오픈소스 엔진인 Delta3D(http://delta3d.org)에서는 ActorComponent 상위 클래스로 컴포넌트 패턴을 구현한 GameActor 상위 클래스가 있다.

- 마이크로소프트 XNA 게임 프레임워크에는 Game이라는 핵심 클래스가 있는데, 여기에는 GameComponent 객체 컬렉션이 들어 있다. 우리 예제에서 컴포넌트를 개별 게임 개체 수준에서 사용했다면, XNA에서는 컴포넌트 패턴을 메인 게임 객체 수준에서 적용했다는 차이점만 있을 뿐 목적은 같다.

- 컴포넌트 패턴은 GoF의 전략 패턴과 비슷한 데가 있다. 두 패턴 모두 객체의 동작 일부를 별도의 하위 객체에 위임한다. 다만 전략 객체는 상태가 없는stateless 경우가 대부분이다. 즉, 알고리즘은 들고 있지만 데이터는 없다. 객체가 **어떻게** 동작할지는 정의하나 객체가 **무엇**인지는 정의하지 않는다.

    컴포넌트 객체는 객체를 표현하는 상태를 가질 때도 많고, 객체의 정체성을 정의하는 데 쓰이기도 한다는 점에서, 말하자면 좀 더 자부심이 있다. 하지만 두 패턴이 딱 나뉘지는 않는다. 내부 상태가 필요 없는 컴포넌트는 **인스턴스** 하나를 여러 컨테이너 객체에서 공유할 수 있다. 이러면 전략 패턴과 다를 게 없다.

CHAPTER 15

이벤트 큐

15.1. 의도

메시지나 이벤트를 보내는 시점과 처리하는 시점을 디커플링한다.

15.2. 동기

인터넷이 들어오지 않는 산골짜기에서 사는 게 아니라면 '이벤트 큐'라는 말을 들어봤을 것이다. '메시지 큐', '이벤트 루프', '메시지 펌프' 같은 거라도 말이다. 기억을 되살리기 위해 이벤트 큐의 일반적인 특징들을 훑어보자.[1]

GUI 이벤트 루프

UI 프로그래밍을 한 번이라도 해봤다면 **이벤트**를 잘 알 것이다. 버튼을 클릭하거나 메뉴를 선택하거나 키보드를 눌러서 프로그램과 상호작용할 때마다, 운영체제는 이벤트를 만들어 프로그램 쪽으로 전달한다. 프로그램에서는 이를 받아서 원하는 행위를 처리하도록 이벤트 핸들러 코드에 전달해야 한다.[2]

---

1 이 장에서는 '이벤트'와 '메시지'를 같이 사용한다. 정확하게 구별해야 할 때는 따로 언급하겠다.

2 이런 구조는 워낙 일반적이어서 이벤트 주도 프로그래밍(event-driven programming)이라는 하나의 패러다임이 되었다.

이벤트를 받기 위해서는 코드 깊숙한 곳 어딘가에 **이벤트 루프**가 있어야 한다. 이벤트 루프 코드는 대강 이렇게 생겼다.

```
while (running) {
  Event event = getNextEvent();
  // 이벤트를 처리한다...
}
```

getNextEvent()는 아직 처리하지 않은 사용자 입력을 가져온다. 이를 이벤트 핸들러로 보내면 마법처럼 애플리케이션이 살아 움직인다. 여기에서 재미있는 점은 애플리케이션이 **자기가 원할 때** 이벤트를 **가져온다**는 사실이다. 사용자가 주변기기를 눌렀다고 해서 OS에서 우리 쪽 애플리케이션 코드를 바로 호출하는 것은 아니다.[3]

이벤트를 원할 때 가져올 수 있다는 얘기는 OS가 디바이스 드라이버로부터 입력 값을 받은 뒤 애플리케이션에서 getNextEvent()로 가져갈 때까지 그 값을 어디엔가에 저장해 둔다는 뜻이다. 그 '어딘가'가 바로 **큐**^{queue}이다.

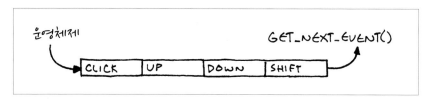

그림 15-1 이벤트는 큐를 통해 OS로부터 애플리케이션으로 전달된다.

사용자 입력이 들어오면, OS는 이를 아직 처리 안 된 이벤트 큐에 추가한다. getNextEvent()는 가장 먼저 들어온 이벤트부터 큐에서 꺼내 애플리케이션에 전달한다.

중앙 이벤트 버스

이런 이벤트 주도 방식으로 구현된 게임은 거의 없지만,[4] 게임에서 자체 이벤트 큐를 만들어 중추 통신 시스템으로 활용하는 경우는 흔하다. 여기에는 '중앙', '전역', '메인' 같은 형용사가 흔

---

3 이런 식으로 작동하는 게 **인터럽트**다. 인터럽트가 발생하면 OS는 애플리케이션이 하던 작업을 중지한 후에 인터럽트 핸들러로 실행 위치를 옮겨버린다. 이런 갑작스러움 때문에 인터럽트 관련 코드는 다루기가 굉장히 어렵다.

4 왜 게임에서 이벤트 주도 방식을 쓰지 않는지 알고 싶다면 게임 루프(9장)를 열어보자.

히 붙는다. 게임 시스템들이 디커플링 상태를 유지한 채로 서로 고수준 통신을 하고 싶을 때 이를 사용한다.

특정 인–게임 이벤트가 발생할 때 풍선 도움말을 보여주는 튜토리얼 시스템을 만든다고 해보자. 예를 들어, 플레이어가 괴물을 처음으로 잡으면 'X를 눌러 전리품을 획득하세요'라는 말풍선을 보여주고 싶다고 해보자.[5]

게임플레이 코드와 전투 코드는 이미 충분히 복잡할 것이다. 그런 코드에다가 튜토리얼을 보여줄지 검사하는 코드를 여기저기 끼워 넣고 싶진 않을 것이다. 대신 중앙 이벤트 큐를 만들면 어느 게임 시스템에서도 큐에 이벤트를 보낼 수 있다. 전투 코드라면 매번 적을 죽일 때마다 '적이 죽었음' 이벤트를 보내는 식이다.

마찬가지로 모든 게임 시스템은 큐로부터 이벤트를 받을 수 있다. 튜토리얼 코드는 '적이 죽었음' 이벤트를 받으면 알려달라고 큐에 자기 자신을 등록해둔다. 이렇게 하면 서로를 모르더라도 전투 시스템으로부터 튜토리얼 코드로 적이 죽었다는 사실을 전달할 수 있다.[6]

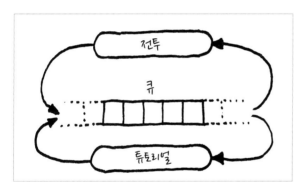

그림 15–2 전투 시스템과 튜토리얼 시스템은 공유 큐를 통해서 서로 상호작용한다.

이렇게 튜토리얼 시스템을 예제 삼아 이번 장을 설명해볼까도 생각해봤지만, 나는 기본적으로 거대한 전역 시스템을 좋아하지 않는다. 이벤트 큐가 언제나 게임 전체 통신 시스템으로만 사용되어야 하는 건 아니다. 클래스 하나, 분야 하나에서도 유용하게 사용할 수 있다.

---

5 튜토리얼 시스템은 깔끔하게 구현하기가 어렵고, 전체 플레이 시간에 비해 튜토리얼이 차지하는 구간이 얼마 안 되기 때문에 의욕이 잘 나지 않는다. 하지만 그 얼마 안 되는 튜토리얼 구간이 플레이어가 게임에 쉽게 적응하는 데에는 매우 중요할 수 있다.

6 개체가 정보를 보내고 통지를 받을 수 있는 공용 공간이 있다는 점에서, AI 분야의 흑판(blackboard) 시스템(http://goo.gl/hGn2M1 참고 – 옮긴이)과 비슷하다.

진짜?

그런 의미에서 튜토리얼 시스템 대신 사운드 시스템을 예제로 보자. 인간은 주로 시각에 의존하지만, 청각 역시 감정과 공간지각에 강하게 연결되어 있다. 실감 나는 울림 소리를 들려주면 검은 화면만으로도 거대한 동굴 속에 들어와 있는 것 같은 착각을 불러일으킬 수 있다. 적절한 타이밍에 들려오는 바이올린 소리는 플레이어의 마음을 울릴 수 있다.

사운드 시스템을 추가하기 위해 가장 간단한 방법부터 적용해본 뒤에 어떻게 돌아가는지를 볼 것이다. 아이디와 볼륨을 받아 사운드를 출력하는 API를 제공하는 단순한 '오디오 엔진'부터 만들어보자.[7]

```
class Audio {
public:
  static void playSound(SoundId id, int volume);
};
```

오디오 엔진은 적당한 사운드 리소스를 로딩하고 이를 출력할 수 있는 채널을 찾아서 틀어준다. 특정 플랫폼용 오디오 API를 설명하는 것은 이 책의 목적이 아니기 때문에, 오디오 시스템이 어딘가에 구현되어 있다고 가정하겠다. 메서드 구현은 다음과 같다.

```
void Audio::playSound(SoundId id, int volume) {
  ResourceId resource = loadSound(id);
  int channel = findOpenChannel();
  if (channel == -1) return;
  startSound(resource, channel, volume);
}
```

위 코드를 소스 관리 툴에 체크인하고 사운드 파일을 만들고 나면 오디오 요정처럼 코드 여기 저기에서 playSound()를 호출할 수 있다. 예를 들어 UI 코드에서 선택한 메뉴가 바뀔 때 작게 삑삑 소리를 내고 싶다면 다음과 같이 하면 된다.

---

7 나는 싱글턴 패턴(6장)은 최대한 피하는 편이지만, 사운드 시스템은 하드웨어에 보통 오디오 출력이 하나밖에 없기 때문에 싱글턴 패턴이 유용할 수 있다. 여기에서는 최대한 단순하게 구현하기 위해서 정적 메서드로 만들겠다.

```
class Menu {
public:
  void onSelect(int index) {
    Audio::playSound(SOUND_BLOOP, VOL_MAX);
    // 그 외...
  }
};
```

이 상태에서 메뉴를 옮겨다니다 보면 화면이 몇 프레임 정도 멈출 때가 있다. 뭐가 문제일까?

| 문제 1: API는 오디오 엔진이 요청을 완전히 처리할 때까지 호출자를 블록block한다 |

playSound()는 동기적synchronous이다. 스피커로부터 삑 소리가 나기 전까지 API는 블록된다. 사운드 파일을 먼저 디스크에서 로딩하기라도 해야 한다면 더 오래 기다려야 한다. 그동안 게임은 멈춘다.

문제는 이뿐만이 아니다. 몹이 플레이어에게 피해를 입으면 비명 소리를 내도록 AI 코드를 추가했다고 해보자. 가상 생명체가 고통에 차 지르는 비명보다 플레이어의 피를 들끓게 하는 건 없다.

처음에는 문제없어 보인다. 그런데 영웅이 강공격을 하면 몹 두 마리가 한 프레임에 같이 맞을 수 있다. 그러면 같은 비명 소리를 동시에 두 개 틀어야 한다. 사운드에 대해 조금이라도 안다면 여러 소리가 섞일 때 파형이 더해진다는 사실을 알 것이다. **같은** 소리 파형 두 개를 동시에 출력하면, **하나의** 소리를 **두 배 크기**로 트는 것과 같아서 더더욱 거슬리게 들린다.[8]

부하들이 우르르 몰려나오는 보스전에도 비슷한 문제가 있다. 하드웨어적으로 동시에 출력할 수 있는 소리에는 한계가 있다. 그 이상이 되면 사운드 출력이 무시되거나 끊긴다.

이런 문제를 해결하려면 **전체** 사운드 호출을 취합하고 우선순위에 따라 나열해야 한다. 하지만 우리의 오디오 API는 playSound()를 하나씩 처리하기 때문에 사운드 요청을 한 번에 하나밖에 볼 수 없다.

| 문제 2: 요청을 모아서 처리할 수가 없다 |

이런 문제는 지금부터 볼 문제에 비하면 그냥 성가실 뿐이다. 이제까지는 여러 다른 게임 시스템에서 playSound()를 마음대로 호출했다. 하지만 최신 멀티코어 하드웨어에서 실행된다면

---

8 〈헨리 해츠워스 인 더 퍼즐링 어드벤처〉에서 똑같은 문제를 겪은 적이 있다. 그 해결책 역시 이제 얘기할 방법과 거의 비슷했다.

어떨까? 멀티코어를 최대한 활용하려면 렌더링용 스레드, AI용 스레드처럼 게임 시스템들을 별도의 스레드로 나눠야 한다.

playSound API가 동기식이기 때문에 코드는 **호출한 쪽** 스레드에서 실행된다. 여러 다른 게임 시스템에서 playSound를 호출하면 여러 스레드에서 동시에 실행된다. playSound 예제 코드에 동기화 처리가 있었던가? 없다.

오디오용 스레드를 **별도**로 만들면 문제가 더 심각해진다. 오디오용 스레드는 다른 스레드가 바쁘게 서로를 침범하고 깨먹는 동안 아무것도 하지 않고 멍하니 있을 뿐이다.

| 문제 3: 요청이 원치 않는 스레드에서 처리된다 |

이 모든 문제의 원인은 오디오 엔진이 playSound() 호출을 '하던 일을 멈추고 당장 사운드를 틀어!'라고 해석하는 데 있다. **즉시성**이 문제다. 다른 게임 시스템에서는 **자기가** 편할 때 playSound()를 호출한다. 하지만 오디오 엔진 입장에서는 playSound()를 호출받았을 때가 사운드 요청을 처리하기에 항상 적당한 것은 아니다. 이를 해결하기 위해 요청을 **받는** 부분과 요청을 **처리하는** 부분을 분리하려 한다.

15.3. 패턴

큐는 요청이나 알림을 들어온 순서대로 저장한다. 알림을 보내는 곳에서는 **요청을 큐에 넣은 뒤에 결과를 기다리지 않고 리턴한다.** 요청을 처리하는 곳에서는 **큐에 들어 있는 요청**을 나중에 **처리한다.** 요청은 그곳에서 **직접 처리될 수도 있고, 다른 여러 곳**으로 보내질 수도 있다. 이를 통해 **요청을 보내는 쪽과 받는 쪽을 코드뿐만 아니라 시간 측면에서도 디커플링한다.**

15.4. 언제 쓸 것인가?

메시지를 보내는 **곳**과 받는 곳을 분리하고 싶을 뿐이라면 관찰자 패턴(4장)이나 명령 패턴(2장) 같은 걸로 덜 복잡하게 이를 처리할 수 있다. 메시지를 보내는 **시점**과 받는 시점을 분리하

고 싶을 때만 큐가 필요하다.[9]

밀어 넣기pushing와 가져오기pulling라는 면에서 생각해보자. A 코드는 B 코드에 일을 요청한다. 이때 A 입장에서는 B에게 요청을 **밀어 넣는** 게 자연스럽다.

반대로 B 입장에서는 **자기가** 편할 때 요청을 **가져와서** 처리하는 게 편하다. 한쪽에서는 밀어 넣고, 다른 쪽에서는 가져온다면 이들 사이에 버퍼가 필요하다. 이게 바로 다른 디커플링 패턴 은 제공하지 못하고 큐만 제공할 수 있는 기능이다.

큐는 요청을 받는 쪽에 제어권을 제공한다. 받는 쪽은 처리를 지연할 수도 있고, 요청을 모아서 처리하거나 전부 다 버릴 수도 있다. 요청을 보내는 쪽으로부터 제어권을 **뺏어왔기** 때문에 이 런 게 가능하다. 보내는 쪽에서 할 수 있는 일이라고는 요청을 큐에 넣은 뒤에 잘 처리해주기를 바라는 것밖에 없다. 보내는 쪽에서 처리 응답을 받아야 한다면 큐를 쓰는 게 적합하지 않다.

15.5. 주의사항

이 책에 있는 다른 단순한 패턴과는 달리, 이벤트 큐는 복잡하고 게임 구조에 전반적으로 영향 을 미치는 경향이 있다. 그렇기 때문에 이벤트 큐 패턴을 어떻게 사용할지, 혹은 정말 쓸 것인 지를 잘 생각해야 한다.

중앙 이벤트 큐는 전역 변수와 같다

이벤트 큐는 모든 게임 시스템에서 서로 메시지를 주고받는 복잡한 중앙역 같은 역할로 많이 사용된다. 강력한 기반 시스템이지만 **강력하다는 게** 항상 좋은 것은 아니다.

우리 대부분은 오랜 경험 끝에 전역 변수가 나쁘다는 것을 알게 되었다. 어떤 상태가 프로그램 어디에서나 접근 가능하다면, 온갖 미묘한 상호의존성 문제가 생기기 마련이다. 이벤트 큐 패 턴에서는 중앙 이벤트 큐를 간단한 프로토콜로 깔끔하게 래핑하지만 그래도 전역이다 보니 관 련 문제가 여전히 존재한다.

---

9 반복되는 얘기지만 중요하니까 또 반복하겠다. 복잡하면 작업이 느려진다. 단순함을 귀한 자원으로 취급하라.

월드 상태는 언제든 바뀔 수 있다

게임 속 가상 생명체가 번뇌를 벗고 세상을 떠날 때 AI 코드에서 '개체가 죽었음' 이벤트를 큐에 넣는다고 해보자. 이벤트를 큐에서 꺼내 처리할 때쯤이면 몇 프레임 정도가 지나 있을 것이다.

동시에 경험치 시스템에서는 주인공이 몹을 얼마나 효율적으로 죽였는지에 따라 보상을 주려고 한다. '개체가 죽었음' 이벤트를 받으면 어떤 개체가 죽었는지, 얼마나 어려운 상대였는지에 따라 적절한 보상을 제공한다.

이를 위해서는 다양한 월드 상태를 알아야 한다. 어떤 개체가 죽었는지를 알아야 전투 난이도를 알 수 있다. 전투 당시 근처에 어떤 다른 장애물이나 몹이 있었는지에 대한 정보도 필요할수 있다. 하지만 이벤트는 바로 처리되지 않기 때문에 이런 정보가 사라질 수 있다. 개체가 할당 해제되었을 수도 있고, 주변 적이 떠났을 수도 있다.

이벤트를 받았을 때는 **현재** 월드 상태가 **이벤트가 만들어진 당시** 상태와는 다를 수 있다는 점을 주의해야 한다. 그렇기 때문에 동기적으로 처리되는 이벤트보다 큐에 들어가는 이벤트에는 데이터가 훨씬 많이 필요하다. 동기 이벤트에서는 '뭔가 발생했다'는 알림을 받는 쪽에서 바로 상황을 확인할 수 있다. 큐를 사용하게 되면 이런 일시적인 정보를 이벤트와 함께 담아야 나중에 쓸 수 있다.

피드백 루프에 빠질 수 있다

모든 이벤트, 메시지 시스템은 다음과 같은 순환이 생기지 않도록 주의해야 한다.

1. A가 이벤트를 보낸다.
2. B가 이벤트를 받아 응답으로 다른 이벤트를 보낸다.
3. 이 이벤트가 우연찮게 A에서 처리해줘야 하는 작업이라 A가 이벤트를 받는다. 그에 대한 응답으로 다른 이벤트를 보낸다.
4. 2번으로 간다.

메시징 시스템이 **동기적**이라면 스택 오버플로 크래시가 나기 때문에 순환을 금방 찾을 수 있다. 문제는 큐 시스템일 때다. 비동기다 보니 콜스택이 풀려서[10] A와 B가 쓸데없이 계속 이벤

---

10 함수 호출이 끝난 다음에 자기가 쌓아놓은 콜스택을 제거하는 걸 의미 – 옮긴이

트를 주고받는데도 게임은 계속 실행된다. 이런 문제를 피하는 일반적인 규칙은 이벤트를 **처리하는** 코드 내에서는 이벤트를 **보내지** 않는 것이다.[11]

15.6. 예제 코드

앞에서 본 Audio::playSound()는 완벽하지는 않지만 공개 API를 통해 적절한 저수준 오디오 시스템을 호출한다는 기본 기능은 제공한다. 이제 앞에서 봤던 문제들만 해결하면 된다.

첫 번째 문제는 API가 **블록**된다는 점이다. 사운드 함수를 실행하면 playSound()에서 리소스를 로딩해 실제로 스피커에서 소리가 나오기 전에는 아무것도 못 하고 기다려야 했다.

playSound()가 바로 리턴하게 만들려면 사운드 출력 작업을 지연시킬 수 있어야 한다. 요청을 보류해놨다가 나중에 사운드를 출력할 때 필요한 정보를 **저장**할 수 있도록 간단한 구조체부터 정의한다.

```
struct PlayMessage {
  SoundId id;
  int volume;
};
```

Audio 클래스가 보류된 사운드 관련 메시지를 저장해둘 수 있도록 저장 공간을 만들자. 알고리즘 전공 교수라면 피보나치 힙[Fibonacci heap]이나 스킵 리스트[skip list], 하다못해 **연결** 리스트 같은 걸 추천할지도 모르겠다.[12] 하지만 실무에서 동일한 데이터들을 저장하는 가장 좋은 방법은 대부분 기본 배열을 쓰는 것이다. 기본 배열의 장점은 다음과 같다.

- 동적 할당이 필요 없다.
- 메모리에 추가 정보나 포인터를 저장하지 않아도 된다.
- 메모리가 이어져 있어서 캐시하기 좋다.[13]

---

11 이벤트 시스템에 간단한 디버깅용 로거를 집어넣는 것도 괜찮은 방법이다.

12 아무래도 알고리즘 연구자는 최신 자료구조를 연구하는 게 업이다 보니 기본 자료구조에 대해서는 언급을 덜 하게 된다.

13 '캐시하기 좋은' 방법에 대해서는 데이터 지역성 패턴(17장)을 참고한다.

다음 코드를 보자.

```cpp
class Audio {
public:
  static void init() { numPending_ = 0; }

  // 그 외...
private:
  static const int MAX_PENDING = 16;
  static PlayMessage pending_[MAX_PENDING];
  static int numPending_;
};
```

배열 크기는 최악의 경우에 맞춰서 조정하면 된다. 소리를 내려면 배열 맨 뒤에 메시지를 넣으면 된다.

```cpp
void Audio::playSound(SoundId id, int volume) {
  assert(numPending_ < MAX_PENDING);
  pending_[numPending_].id = id;
  pending_[numPending_].volume = volume;
  numPending_++;
}
```

이렇게 하면 playSound()를 바로 리턴시킬 수 있다. 물론 아직 사운드를 출력하지 않았다. 사운드 출력 코드는 update 메서드로 옮겨놓는다.[14]

```cpp
class Audio {
public:
  static void update() {
    for (int i = 0; i < numPending_; i++) {
      ResourceId resource = loadSound(pending_[i].id);
      int channel = findOpenChannel();
      if (channel == -1) return;
      startSound(resource, channel, pending_[i].volume);
    }
    numPending_ = 0;
  }
  // 그 외...
};
```

---

14 이름에서 알 수 있듯이, 업데이트 메서드 패턴(10장)이 사용되었다.

이제 Audio::update()를 어딘가 적당한 곳에서 호출하면 된다. '적당한 곳'은 상황에 따라 다르다. 메인 게임 루프(9장)에서 호출해도 되고, 별도의 오디오 스레드에서 호출해도 된다.

이렇게 하면 동작은 하지만, update()를 한 번 호출해서 **모든** 사운드 요청을 다 처리할 수 있다고 가정하고 있다. 사운드 리소스가 로딩된 다음에 비동기적으로 요청을 처리해야 한다면 이렇게는 안 된다. update()에서 한 번에 하나의 요청만 처리하게 하려면 버퍼에서 요청을 하나씩 꺼낼 수 있어야 한다. 즉, 진짜 큐가 필요하다.

원형 버퍼

큐를 구현하는 방법은 다양하지만, 개인적으로는 **원형 버퍼**를 가장 좋아한다. 원형 버퍼는 일반 배열의 장점은 다 있으면서도 큐 앞에서부터 순차적으로 데이터를 가져올 수 있다.

원형 버퍼를 처음 들어본 독자라면 이렇게 생각할 수 있다. '배열 앞에서부터 데이터를 꺼내려면 나머지 데이터를 앞으로 옮겨줘야 할 텐데? 느리지 않나?'

그래서 우리는 연결 리스트를 배웠다. 연결 리스트에서는 나머지 값을 앞으로 옮기지 않아도 노드를 제거할 수 있다. 하지만 배열로도 나머지 값을 옮겨줄 필요 없이 큐를 구현할 수 있다. 이를 살펴보기에 앞서, 용어부터 분명히 하고 넘어가자.

- **머리**head는 큐에서 요청을 **읽을** 위치다. 가장 먼저 보류된 요청을 가리킨다.
- **꼬리**tail는 반대다. 배열에서 새로운 요청이 **들어갈** 자리를 가리킨다. 꼬리는 큐에 있는 마지막 요청의 **다음** 칸을 가리킨다는 점에 주의하자. 수학 용어로 반열린 구간[15] 같은 거라고 생각해도 되겠다.

playSound()는 배열 맨 뒤에 요청을 추가한다. 머리는 0번 인덱스에 있고 꼬리는 오른쪽으로 증가한다.

---

15 한쪽 끝점이 포함되지 않는 구간을 뜻한다. 이 예제의 경우 [head, tail)이라고 쓸 수 있고, 이는 배열 인덱스 i의 범위가 head <= i < tail이라는 뜻이다. – 옮긴이

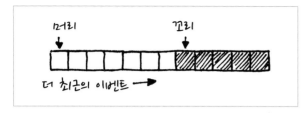

그림 15-3 배열을 이벤트로 채운다.

코드를 보자. 먼저 원래 있던 인덱스 대신 머리(head_)와 꼬리(tail_)를 멤버 변수로 추가한다.

```cpp
class Audio {
public:
  static void init() {
    head_ = 0;
    tail_ = 0;
  }
  // 메서드...

private:
  static int head_;
  static int tail_;
  // 배열...
};
```

playSound()에서는 numPending_이 tail_로 바뀌었을 뿐 나머지는 그대로다.

```cpp
void Audio::playSound(SoundId id, int volume) {
  assert(tail_ < MAX_PENDING);
  // 배열 맨 뒤에 추가한다.
  pending_[tail_].id = id;
  pending_[tail_].volume = volume;
  tail_++;
}
```

update()의 변경사항이 더 흥미롭다.

```
void Audio::update() {
  // 보류된 요청이 없다면 아무것도 하지 않는다.
  if (head_ == tail_) return;
  ResourceId resource = loadSound(pending_[head_].id);
  int channel = findOpenChannel();
  if (channel == -1) return;
  startSound(resource, channel, pending_[head_].volume);
  head_++;
}
```

머리가 가리키는 요청을 처리한 후에는 머리 포인터를 오른쪽으로 옮겨서 요청 값을 버린다. 머리와 꼬리가 겹쳤는지를 보고 큐가 비었는지를 확인할 수 있다.[16]

값을 뒤로 추가하고 앞에서 꺼낼 수 있는 큐가 만들어졌다. 물론 문제가 있다. 큐를 통해서 요청을 처리하는 동안 머리와 꼬리는 계속 오른쪽으로 이동한다. 언젠가 tail_이 배열 끝에 도달하면 더 이상 추가할 수가 없다. 이제부터 원형 버퍼의 진가가 드러난다.

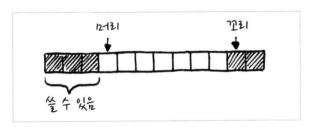

그림 15-4 큐는 빈칸을 뒤로 남겨둔 채로 배열을 따라 이동한다.

생각해보면 꼬리뿐만 아니라 **머리**도 오른쪽으로 움직인다. 더 이상 사용하지 않는 배열 값이 배열 **앞**에 쌓여 있는 셈이다. 그러니 꼬리가 배열 끝에 도달하면 다시 배열 앞으로 보내면 된다. 마치 원형 배열같이 작동하기 때문에 이런 큐를 **원형** 버퍼라고 부른다.

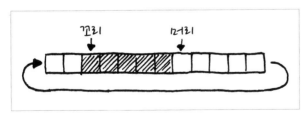

그림 15-5 꼬리는 배열 맨 앞으로 되돌아간다.

....

16 이래서 꼬리를 마지막 데이터 다음 위치에 둔다. 머리와 꼬리가 같은 인덱스를 가리킨다면 큐가 비어 있다는 뜻이다.

구현은 굉장히 쉽다. 데이터를 큐에 넣을 때 꼬리가 배열 끝까지 가면 다시 배열 앞으로 보내면 된다.

```
void Audio::playSound(SoundId id, int volume) {
  assert((tail_ + 1) % MAX_PENDING != head_);

  // 배열 맨 뒤에 추가한다.
  pending_[tail_].id = id;
  pending_[tail_].volume = volume;
  tail_ = (tail_ + 1) % MAX_PENDING;
}
```

원래 tail_++였던 코드를 tail_에 1을 더한 뒤에 배열 크기로 나눈 나머지 값을 받게 바꿔서, 끝에 도달하면 맨 앞으로 가게 했다. 단언문도 추가했다. 큐는 오버플로되면 안 된다. 큐에 요청이 MAX_PENDING개 미만으로 들어 있다면, 머리와 꼬리 사이에 칸이 남아 있게 된다. 큐가 가득 찬 뒤에는 마치 뒤집어진 우로보로스Ouroboros[17]처럼 꼬리가 머리와 충돌한 뒤에 값을 덮어쓰기 시작한다. 단언문을 통해서 이런 일이 벌어지지 않게 한다.

update()에서는 머리도 배열을 순회하도록 처리한다.

```
void Audio::update() {
  // 보류된 요청이 없다면 아무것도 하지 않는다.
  if (head_ == tail_) return;
  ResourceId resource = loadSound(pending_[head_].id);
  int channel = findOpenChannel();
  if (channel == -1) return;
  startSound(resource, channel, pending_[head_].volume);
  head_ = (head_ + 1) % MAX_PENDING;
}
```

드디어 동적 할당도 필요 없고 데이터를 옮길 필요도 없고 단순 배열만큼이나 캐시하기 좋은 큐가 완성되었다.[18]

---

17 '꼬리를 삼키는 자'라는 뜻으로, 뱀이나 용이 원형으로 자기 꼬리를 먹는 모습으로 표현된다. – 옮긴이

18 큐의 최대 용량(MAX_PENDING)이 신경 쓰인다면 늘어나는 배열을 사용하면 된다. 큐가 꽉 차면 현재 큐의 두 배(혹은 몇 배든지) 크기로 배열을 새로 만들어 데이터를 옮기는 방식이다. 배열이 늘어날 때 데이터를 복사해야 하는 단점은 있지만, 큐에 데이터를 넣는 작업은 여전히 **평균적으로**(amortized) 상수 시간 안에 가능하다.

요청 취합하기

큐는 만들었으니 다음 문제로 넘어가자. 첫 번째 문제는 같은 소리를 동시에 틀면 소리가 너무 커지는 현상이었다. 이제는 대기 중인 요청을 확인할 수 있기 때문에 같은 요청이 있다면 병합해버리면 된다.

```
void Audio::playSound(SoundId id, int volume) {
  // 보류 중인 요청을 쭉 살펴본다.
  for (int i = head_; i != tail_; i = (i + 1) % MAX_PENDING) {
    if (pending_[i].id == id) {
      // 둘 중에 소리가 큰 값으로 덮어쓴다.
      pending_[i].volume = max(volume, pending_[i].volume);
      // 이 요청은 큐에 넣지 않는다.
      return;
    }
  }
  // 이전 코드...
}
```

같은 소리를 출력하려는 요청이 먼저 들어와 있다면, 둘 중 소리가 큰 값 하나로 합쳐진다. 이런 '취합' 과정은 굉장히 기초적이지만, 더 재미있는 배치batch 작업도 같은 방식으로 처리할 수 있다.

요청을 **처리**할 때가 아니라, **큐에 넣기 전에** 취합이 일어난다는 점에 주의하자. 어차피 취합하면서 없어질 요청을 큐에 둘 필요도 없고, 구현하기도 더 쉽다.

호출하는 쪽의 처리 부담이 늘어난다는 단점은 있다. playSound()는 전체 큐를 쭉 돈 다음에야 리턴하기 때문에 큐가 크면 느릴 수 있다. 그럴 때는 update()에서, 그러니까 요청을 처리할 때 취합하는 게 나을 수도 있다.[19]

여기에서 꼭 알아둘 게 있다. 취합 가능한 최대 '동시' 요청 수는 큐의 크기와 같다. 요청을 너무 빨리 처리하는 바람에 큐가 거의 비어 있다면 요청을 합칠 가능성이 그만큼 줄어든다. 반대로 요청 처리가 늦어져 큐가 거의 차 있다면 합칠 만한 요청을 찾을 가능성이 더 높다.

이벤트 큐 패턴은 요청자가 실제로 요청이 언제 처리되는지를 모르게 막는다. 하지만 큐가 이런 식으로 상황에 따라 다르게 반응한다면, 큐에 넣은 요청이 실제로 처리될 때까지 걸리는 시

----

19 자료구조를 바꾸면 큐 확인 비용을 O(n)보다 줄일 수 있다. SoundId를 키로 하는 해시 테이블 같은 걸 쓰면 상수 시간에 중복 여부를 확인할 수 있다.

간이 동작에 영향을 미칠 수 있다.[20] 먼저 이래도 괜찮은지를 확인하고 이 방법을 쓰자.

멀티스레드

마지막으로 가장 골치 아픈 문제다. 동기식으로 만든 오디오 API에서는 `playSound()`를 호출한 스레드에서 요청도 같이 처리해야 했다. 그리 바람직하진 않다.

요즘 같은 멀티코어 하드웨어에서는 멀티스레드를 사용해 하드웨어의 성능을 최대한 끌어내야 한다. 스레드에 코드를 분배하는 방법은 다양하지만, 오디오, 렌더링, AI같이 분야별로 할당하는 전략을 많이 쓴다.[21]

우리는 이미 멀티코어를 적용하기 위한 세 가지 주요 조건을 준비해두었다.

1. 사운드 요청 코드와 사운드 재생 코드가 분리되어 있다.
2. 양쪽 코드 사이에 마샬링marshalling을 제공하기 위한 큐가 있다.
3. 큐는 나머지 코드로부터 캡슐화되어 있다.

이제 큐를 변경하는 코드인 `playSound()`와 `update()`를 스레드 안전하게 만들기만 하면 된다. 보통은 이에 대한 코드도 간단하게 살펴봤겠지만, 특정 API나 동기화 기법을 상세하게 보여주는 것은 설계를 주제로 하는 이 책과는 거리가 멀어서 넘어가기로 한다.

고수준에서만 언급하자면 큐가 동시에 수정되는 것만 막으면 된다. `playSound()`는 몇몇 필드에 값만 할당할 뿐 작업이 많지 않기 때문에 블록을 해도 그리 오래 걸리지 않는다. `update()`에서는 조건 변수condition variable 같은 것으로 기다리게 만들면 처리할 요청이 없는 동안 CPU 낭비를 막을 수 있다.

---

20 너무 오랫동안 큐에 요청이 들어 있다면 나중에 들어온 큐에 의해서 이전 큐가 취합되거나 뒤에 들어온 큐가 버려질 수 있기 때문에 동작이 달라질 수 있다는 의미다. – 옮긴이

21 직선형 코드(straight–line code)는 한 번에 한 코어에서만 실행된다. 멀티스레드를 쓰지 않는다면 아무리 요즘 유행하는 비동기 방식으로 만들어봐야 CPU 코어 하나만 바쁠 뿐 전체 CPU 능력은 동원하지 못한다.

서버 프로그래머들은 애플리케이션을 여러 **프로세스**로 나눠서 이를 보완한다. 이러면 OS에서 프로세스들을 별도 코어에서 병렬적으로 실행시켜준다. 게임 클라이언트는 대부분 프로세스를 하나만 쓰므로, 멀티스레딩을 적용하면 많은 도움을 얻을 수 있다.

15.7. 디자인 결정

많은 게임이 이벤트 큐를 통신 구조의 핵심 요소로 사용한다. 메시지를 분산하고 필터링하는 온갖 복잡한 구조를 엄청난 시간을 써가면서 만들 수도 있다. 하지만 LA 전화 교환대같이 복잡한 것부터 무작정 만들지 말고, 간단한 것부터 만들어보는 게 좋다. 시작할 때 고민할 것들을 살펴보자.

큐에 무엇을 넣을 것인가?

여기까지는 '이벤트'와 '메시지' 둘 다 비슷한 개념이라 섞어 써왔다. 둘 중 무엇을 큐에 넣더라도 디커플링과 취합 작업을 할 수 있지만 둘은 개념적으로 약간 다르다.

| 큐에 이벤트를 넣는 경우 |

'이벤트' 혹은 '통지'는 '몬스터가 죽었음'같이 **이미** 발생한 사건을 표현한다. 이벤트를 큐에 넣으면, 다른 객체가 비동기 관찰자 패턴(4장) 같은 방식으로 이벤트에 대해 **반응**할 수 있다.

- **복수 개의 리스너**listener**를 지원해야 할 때도 많다.** 큐에는 이미 발생한 일이 들어 있기 때문에, 보내는 쪽에서는 누가 그걸 받는지 신경 쓰지 않는다. 이런 면에서 이벤트는 과거의 일이자 이미 잊혀진 일이다.
- **큐의 범위가 더 넓은 편이다.** 이벤트 큐는 이벤트를 원하는 누구에게든지 전파하는 용도로 사용된다. 리스너가 최대한 유연할 수 있도록, 큐를 더 전역적으로 노출하는 편이다.

| 큐에 메시지를 넣는 경우 |

'메시지' 또는 '요청'은 '사운드 틀기'같이 **나중에** 실행했으면 하는 행동을 표현한다. 서비스에 비동기적으로 API를 호출하는 것과 비슷하다고 보면 된다.[22]

- **대부분은 리스너가 하나다.** 예제에서 큐에 넣은 메시지는 **오디오 API**가 소리를 틀라고 만든 요청이다. 다른 게임 코드 여기저기에서 이 큐에 들어 있는 메시지를 가져가버릴 수 있다면 좋을 게 없다.[23]

---

22 '요청'은 명령 패턴(2장)에서의 '명령'이기도 하다. 명령 패턴에서도 큐를 사용하기도 한다.

23 '대부분'이라고 한 이유는 원하는 **대로** 처리되기만 한다면 어느 코드가 처리할지 상관하지 않고 메시지를 큐에 넣을 수도 있기 때문이다. 서비스 중개자 패턴(16장) 비슷한 걸 쓰는 셈이다.

누가 큐를 읽는가?

예제에서는 큐가 캡슐화되어 있어서 Audio 클래스에서만 읽을 수 있었다. UI의 이벤트 시스템 같은 곳에서는 원하는 대로 리스너를 등록할 수 있다. 이들을 구별하기 위해 '싱글캐스트 singlecast'나 '브로드캐스트broadcast' 같은 용어를 쓰며, 두 방식 모두 쓸모가 있다.

| 싱글캐스트 큐 |

큐가 어떤 클래스의 API 일부일 때 적합하다. 앞에서 본 오디오 예제에서처럼 호출하는 쪽에서는 playSound 메서드만 보일 뿐이다.

- **큐는 밖에서는 보이지 않는 내부 구현이 된다.** 보내는 쪽에서는 메시지를 보냈다는 것만 안다.
- **큐가 더 캡슐화되어 있다.** 다른 조건이 같다면 캡슐화가 더 되어 있을수록 좋다.
- **리스너 간에 경쟁을 고민하지 않아도 된다.** 리스너가 여러 개라면 **모든** 리스너에 이벤트를 보낼지(브로드캐스트), **하나의** 리스너에 이벤트를 **하나씩** 나눠줄지(이러면 작업 큐에 더 가깝다) 정해야 한다.

  어느 쪽이든 리스너들은 중복 작업을 하거나 서로 간섭하기 때문에, 원하는 대로 동작하도록 신경 써야 한다. 리스너가 하나라면 이런 복잡성이 사라진다.

| 브로드캐스트 큐 |

대부분의 '이벤트' 시스템이 이런 식이다. 리스너가 10개 있다면 이벤트가 하나 들어왔을 때 10개의 리스너 모두가 그 이벤트를 볼 수 있다.

- **이벤트가 무시될 수 있다.** 리스너가 **하나도 없다면** 어느 누구도 이벤트를 볼 수 없다. 대부분의 브로드캐스트 시스템에서는 리스너가 **없을** 때 발생한 이벤트는 그대로 버려진다.
- **이벤트 필터링이 필요할 수 있다.** 거의 모든 코드에서 브로드캐스트 큐에 접근할 수 있는 경우가 많고, 리스너도 많이 두는 편이다. 그러다 보니 이벤트 개수 × 리스너 개수만큼 이벤트 핸들러가 자주 호출된다.

  이벤트 핸들러 호출 횟수를 줄이기 위해 대부분의 브로드캐스트 이벤트 시스템에서는 리스너가 받고 싶은 이벤트 집합을 조절할 수 있게 한다. 예를 들어 마우스 이벤트만 받고 싶다든지, 특정 영역 안에 있는 UI 이벤트만 받는다든지 하는 식이다.

| 작업 큐 |

브로드캐스트 큐와 마찬가지로 작업 큐에도 리스너가 여러 개 있다. 차이점은 큐에 들어 있는 데이터가 리스너 중에서 **한곳**에만 간다는 점이다. 스레드 여러 개가 동시에 실행 중인 스레드 풀에 작업을 나눠줘야 할 때 일반적으로 사용하는 패턴이다.

- **작업을 분배해야 한다.** 큐에 들어 있는 데이터가 하나의 리스너에만 가기 때문에 큐는 어느 리스너에 보내면 좋을지 알아야 한다. 단순하게 라운드 로빈round-robin이나 랜덤으로 선택해도 되고, 좀 더 복잡한 우선순위 시스템을 적용해도 된다.

누가 큐에 값을 넣는가?

아까와는 반대 질문이다. 이벤트 큐 패턴은 일대일, 일대다, 다대일, 다대다 등 모든 읽기/쓰기 조합으로 사용할 수 있다.[24]

| 넣는 측이 하나라면 |

동기형 관찰자 패턴(4장)에 가장 가까운 형태다. 하나의 특정 객체에서만 이벤트를 만들 수 있고, 나머지는 이벤트를 받을 수만 있다.

- **어디에서 이벤트가 오는지를 암시적으로 안다.** 큐에 값을 추가할 수 있는 객체가 하나밖에 없기 때문에, 모든 리스너는 누가 데이터를 보냈는지를 안전하게 추측할 수 있다.
- **보통 리스너가 여러 개다.** 일대일 큐를 만들 수도 있지만 이러면 이벤트 큐로 제공하는 통신 시스템이라기보다는 단순한 큐 자료구조에 가깝다.

| 넣는 측이 여러 개라면 |

예제 코드에서 본 오디오 엔진이 이런 예다. playSound( )는 공개 함수이기 때문에, 코드 어디에서나 큐에 요청을 넣을 수 있다. '전역' 혹은 '중앙' 이벤트 버스도 이런 식으로 작동한다.

- **이벤트 순환을 주의해야 한다.** 어디에서나 큐에 데이터를 넣을 수 있기 때문에 이벤트 처리 도중에 실수로 큐에 데이터를 넣기 쉽다. 잘못하면 피드백 루프가 생길 수 있다.
- **이벤트를 보낸 객체에 대한 레퍼런스를 이벤트에 추가해야 할 필요가 있을 수 있다.** 이벤트는 누구나 보낼 수 있기 때문에 리스너가 이벤트를 받아도 누가 보냈는지를 알 수 없다. 리스너에서 보낸 쪽의 정보가 필요하다면 나중에 리스너에서 사용할 수 있도록 이벤트 객체에 보낸 객체의 정보를 같이 넣어줘야 한다

큐에 들어간 객체의 생명주기는 어떻게 관리할 것인가?

동기형 알림에서는 받는 쪽에서 메시지 처리를 끝내기 전에는 리턴하지 않기 때문에 보내는 쪽에서 기다리고 있어야 한다. 즉, 메시지는 스택에 들어가는 지역 변수이기만 해도 충분하다. 큐

---

24 다대일 통신 시스템을 '팬-인(fan-in)', 일대다 통신을 '팬-아웃'(fan-out)'이라고 부르기도 한다.

에서는 큐에다 메시지를 추가하는 함수 호출이 끝난 후에도 메시지 객체가 유지되어야 한다.

GC를 지원하는 언어에서는 이런 문제를 크게 신경 쓰지 않아도 된다. 큐에 들어 있는 데이터는 필요한 만큼 메모리에 유지된다. C나 C++에서는 객체 생명을 우리가 직접 관리해야 한다.

| 소유권을 전달한다 |

메모리를 직접 관리하는 언어에서 가장 전통적으로 사용하는 방식이다. 메시지가 큐에 들어가고 나면, 메시지의 소유권을 큐가 가져가고 보내는 쪽에서는 더 이상 메시지를 소유하지 않는다. 데이터를 처리할 때는 받는 쪽에서 메시지 소유권을 가져가고 메시지 해제도 해야 한다.[25]

| 소유권을 공유한다 |

요즘은 C++프로그래머조차 GC에 익숙하기 때문에 소유권 공유가 훨씬 받아들여지기 쉽다. 소유권 공유 방식에서는 메시지를 참조하는 곳이 어디 하나라도 있다면 계속 메모리에 남아 있다가 아무도 자신을 참조하지 않으면 알아서 해제된다.[26]

| 큐가 소유권을 가진다 |

메시지 큐가 메시지의 생명을 관리하는 방법도 있다. 보내는 쪽에서는 메시지를 직접 생성하지 않고, 큐에 '새로운' 메시지를 하나 달라고 요청한다. 큐는 미리 할당해놓은 메시지의 레퍼런스를 반환하고 보내는 쪽에서는 여기에 값을 채운다. 처리가 끝나고 나면 받는 쪽에서 이 메시지를 참조한다.[27]

15.8. 관련자료

- 앞에서 몇 번 얘기했지만, 이벤트 큐는 잘 알려진 관찰자 패턴(4장)의 비동기형이다.

- 다른 많은 패턴과 마찬가지로, 이벤트 큐 패턴도 여러 가지 다른 이름으로 불린다. 그중 하나가 '메시지 큐'다. 메시지 큐는 좀 더 고수준의 구조를 부를 때 흔히 사용된다. 이벤트 큐가 애플리케이션 **내부**에 있다면,

---

25 C++에서는 unique_ptr<T>가 이런 식으로 동작한다.
26 C++의 shared_ptr<T>가 이런 식이다.
27 말하자면 객체 풀(19장)이 큐의 보조 기억장치(backing store) 장치가 되는 셈이다.

메시지 큐는 여러 애플리케이션**끼리** 통신하는 용도로 사용된다.

다른 말로 '발행자/구독자publish/subscribe' 혹은 줄여서 'pubsub'이라고 부르기도 한다. 메시지 큐와 마찬가지로, 우리가 살펴본 예제보다 더 대규모 분산처리 시스템을 가리키는 용도로 많이 사용된다.

- GoF의 상태 패턴(7장)과 유사한 유한 상태 기계(FSM)에서는 입력 값을 스트림stream으로 받는다. FSM이 입력에 비동기적으로 응답하게 하고 싶다면 입력을 큐에 넣어야 한다.

  서로 통신을 주고받는 상태 기계가 여러 개 있고, 각자 입력을 보류하기 위해 (**우체통**mailbox이라고 불리는) 소형 큐를 사용한다면, 계산 액터 모델actor model을 만든 셈이 된다.

- 프로그래밍 언어인 Go에서는 이벤트 큐나 메시지 큐로 사용하는 'channel'이라는 자료형을 언어 차원에서 지원한다.

CHAPTER 16

서비스 중개자

16.1. 의도

서비스를 구현한 구체 클래스는 숨긴 채로 어디에서나 서비스에 접근할 수 있게 한다.

16.2. 동기

객체나 시스템 중에는 거의 모든 코드에서 사용되는 것들이 있다. 게임 코드 중에서 메모리 할당, 로그, 난수 생성을 쓰지 않는 곳은 찾아보기 **어렵다**. 이런 시스템은 게임 전체에서 사용 가능해야 하는, 일종의 **서비스**라고 볼 수 있다.

예를 들어 오디오 시스템만 해도 메모리 할당 같은 저수준 시스템만큼은 아니지만 여러 게임 시스템과 연결되어 있다. 돌이 땅으로 굴러 떨어지면서 깨진다든지(물리), 저격수 NPC가 총을 쏜다든지(AI), 사용자가 메뉴를 고를 때 확인음을 낸다든지(사용자 인터페이스) 하는 식이다.

이런 코드에서는 다음과 같이 오디오 시스템을 호출할 수 있어야 한다.

```
// 정적 클래스를 쓸 수도 있고
AudioSystem::playSound(VERY_LOUD_BANG);

// 싱글턴을 쏠 수도 있다.
AudioSystem::instance()->playSound(VERY_LOUD_BANG);
```

둘 다 원하는 결과는 얻을 수 있지만 강한 커플링도 함께 생긴다. 오디오 시스템을 접근하는 모든 곳에서 AudioSystem이라는 구체 클래스뿐만 아니라 정적 클래스 또는 싱글턴으로 만든 접근 메커니즘까지 직접 참조하게 된다.

물론 사운드를 출력하려면 **어느 정도** 커플링은 피할 수 없다. 하지만 오디오를 구현한 구체 클래스를 바로 접근할 수 있게 하는 건 우편물 하나 받겠다고 수많은 이방인에게 집 주소를 알려주는 것과 다를 바 없다. 개인정보가 **너무** 노출되기도 하거니와, 이사라도 가게 되면 모두에게 바뀐 주소를 알려줘야 하는 불편함이 있다.

그보다는 전화번호부라는 더 좋은 방법이 있다. 누군가의 연락처를 알고 싶다면 전화번호부에서 이름으로 주소를 찾을 수 있다. 이사 갈 때는 전화국을 통해 전화번호부를 업데이트하면, 사람들이 새로운 주소를 찾아볼 수 있다. 꼭 진짜 주소가 필요한 건 아니다. 우편 사서함이나 기타 '대리' 주소를 써도 된다. 호출하는 쪽에서 전화번호부를 통해서 우리를 찾게 함으로써, **우리를 찾을 방법을 한곳에서 편리하게 관리**할 수 있다.

이게 서비스 중개자 패턴의 핵심이다. 서비스 중개자 패턴은 서비스를 사용하는 코드로부터 서비스가 **누구**인지(서비스를 구현한 구체 클래스 자료형이 무엇인지), **어디**에 있는지(클래스 인스턴스를 어떻게 얻을지)를 몰라도 되게 해준다.

16.3. 패턴

서비스service는 여러 기능을 추상 인터페이스로 정의한다. 구체 **서비스 제공자**service provider는 이런 서비스 인터페이스를 상속받아 구현한다. 이와 별도인 **서비스 중개자**service locator는 서비스 제공자의 실제 자료형과 이를 등록하는 과정은 숨긴채 적절한 서비스 제공자를 찾아 서비스에 대한 접근을 제공한다.

16.4. 언제 쓸 것인가?

무엇이든지 프로그램 어디에서나 접근할 수 있게 하면 문제가 생기기 쉽다. 싱글턴 패턴(6장)에서도 이 점이 가장 큰 문제였고, 서비스 중개자 패턴도 마찬가지다. **절제해서** 사용하는 게 좋다.

접근해야 할 객체가 있다면 전역 메커니즘 대신, 필요한 **객체를 인수로 넘겨줄** 수는 없는지부터 생각해보자. 이 방법은 굉장히 쉬운 데다가 커플링을 명확하게 보여줄 수 있다. 대부분은 이렇게만 해도 충분하다.

하지만⋯ 직접 객체를 넘기는 방식이 불필요하거나 도리어 코드를 읽기 어렵게 하기도 한다. 로그나 메모리 관리 같은 시스템이 모듈의 공개 API에 포함되어 있어선 안 된다. 렌더링 함수 매개변수에는 **렌더링**에 관련된 것만 있어야지 로그 같은 게 섞여 있어서는 곤란하다.

또한 어떤 시스템은 본질적으로 하나뿐이다. 대부분의 게임 플랫폼에는 오디오나 디스플레이 시스템이 하나만 있다. 이런 환경적인 특징을 10겹의 메서드 계층을 통해서 가장 깊숙이 들어 있는 함수에 전달하는 것은 쓸데없이 복잡성만 늘리는 셈이다.

이럴 때 서비스 중개자 패턴으로부터 도움을 받을 수 있다. 뒤에서 보겠지만 이 패턴은 더 유연하고 더 설정하기 좋은 싱글턴 패턴이다. 잘만 사용하면 런타임 비용은 거의 들이지 않고도 코드를 훨씬 유연하게 만들 수 있다.[1]

16.5. 주의사항

서비스 중개자 패턴에서는 두 코드가 커플링되는 의존성을 런타임 시점까지 미루는 부분이 가장 어렵다. 유연성은 얻을 수 있지만, 코드만 봐서는 어떤 의존성을 사용하는지를 알기 어렵다는 비용이 발생한다.

서비스가 실제로 등록되어 있어야 한다

싱글턴이나 정적 클래스에서는 인스턴스가 **항상** 준비되어 있다. 코드를 호출할 때 그 객체가

---

[1] 반대로, 잘못 사용하면 싱글턴 패턴의 나쁜 점은 전부 다 있으면서 실행 성능까지 떨어진다.

존재한다는 게 보장된다. 하지만 서비스 중개자 패턴에서는 서비스 객체를 등록해야 하기 때문에, 필요한 객체가 없을 때를 대비해야 한다. 이런 문제를 어떻게 해결할지, 필요한 서비스를 어떻게 하면 항상 제공할 수 있을지에 대한 전략은 뒤에서 다룬다.

서비스는 누가 자기를 가져다가 놓는지 모른다

서비스 중개자는 전역에서 접근 가능하기 때문에 모든 코드에서 서비스를 요청하고 접근할 수 있다. 즉, 서비스는 어느 환경에서나 문제없이 동작해야 한다. 어떤 클래스를 게임 루프에서 시뮬레이션할 때만 사용해야 하고 렌더링 중에는 사용하면 안 된다면, 서비스로는 적합하지 않다. 서비스는 정확히 정해진 곳에서만 실행되는 걸 보장할 수 없기 때문이다. 어떤 클래스가 특정 상황에서만 실행되어야 한다면, 전체 코드에 노출되는 서비스 중개자 패턴은 적용하지 않는 게 안전하다.

16.6. 예제 코드

이벤트 큐(15장)에서 다룬 오디오 시스템 문제로 돌아가보자. 이번에는 서비스 중개자를 통해서 다른 코드에 오디오 시스템을 제공하게 하겠다.

서비스

오디오 API부터 시작한다. 오디오 API는 오디오 서비스가 제공할 인터페이스다.

```
class Audio {
public:
  virtual ~Audio() {}
  virtual void playSound(int soundID) = 0;
  virtual void stopSound(int soundID) = 0;
  virtual void stopAllSounds() = 0;
};
```

실제 오디오 엔진은 훨씬 복잡할 테지만, 이 정도로도 기본적인 아이디어는 알 수 있다. 중요한 것은 이 클래스가 추상 인터페이스일 뿐 실제 구현은 바인딩되어 않다는 점이다.

서비스 제공자

오디오 인터페이스만으로는 아무것도 할 수 없다. 구체 클래스를 구현해야 한다. 이 책은 특정 게임 콘솔의 오디오 코드 만드는 법은 다루지 않기 때문에, 실제 코드는 함수 본체에 있다고 가정한다. 그래도 내용을 이해하는 데에는 전혀 문제가 되지 않는다.

```cpp
class ConsoleAudio : public Audio {
public:
  virtual void playSound(int soundID) {
    // 콘솔의 오디오 API를 이용해 사운드를 출력한다...
  }
  virtual void stopSound(int soundID) {
    // 콘솔의 오디오 API를 이용해 사운드를 중지한다...
  }
  virtual void stopAllSounds() {
    // 콘솔의 오디오 API를 이용해 모든 사운드를 중지한다...
  }
};
```

인터페이스와 구현 클래스는 준비되었다. 이제 이 둘을 묶어주는 서비스 중개자를 보자.

단순한 중개자

가장 단순한 형태의 중개자 코드부터 살펴본다.[2]

```cpp
class Locator {
public:
  static Audio* getAudio() { return service_; }
  static void provide(Audio* service) { service_ = service; }

private:
  static Audio* service_;
};
```

---

2 이런 기법을 의존성 주입이라고 한다. 처음 들으면 무슨 소린가 싶은 용어지만 알고 보면 간단하다. 어떤 클래스가 다른 클래스에 의존한다고 해보자. 예제로 치자면 Locator 클래스는 Audio 서비스의 인스턴스가 필요하다. 보통은 중개자가 서비스 인스턴스를 직접 생성해준다. 이를 의존성 주입에서는 특정 객체가 필요로 하는 의존 객체를 외부 코드에서 주입해준다고 한다.

정적 함수인 getAudio()가 중개 역할을 한다. 어디에서나 부를 수 있는 getAudio 함수는 다음과 같이 Audio 서비스 인스턴스를 반환한다.

```
Audio *audio = Locator::getAudio();
audio->playSound(VERY_LOUD_BANG);
```

Locator가 오디오 서비스를 '등록하는' 방법은 굉장히 단순하다. 어디에서 getAudio를 호출하기 전에 먼저 서비스 제공자를 외부 코드에서 등록해주면 된다. 게임이 시작될 때 다음과 같은 코드를 실행한다.

```
ConsoleAudio *audio = new ConsoleAudio();
Locator::provide(audio);
```

playSound()를 호출하는 쪽에서는 Audio라는 추상 인터페이스만 알 뿐 ConsoleAudio라는 구체 클래스에 대해서는 전혀 모른다는 게 핵심이다. Locator 클래스 역시 서비스 제공자의 구체 클래스와는 커플링되지 않는다. 어떤 구체 클래스가 실제로 사용되는지는 서비스를 제공하는 초기화 코드에서만 알 수 있다.

디커플링은 이뿐만이 아니다. Audio 인터페이스도 자기가 서비스 중개자를 통해서 여기저기로부터 접근된다는 사실을 모른다. Audio 인터페이스만 놓고 보면 일반적인 추상 상위 클래스다. 즉, 꼭 서비스 중개자 패턴용으로 만들지 않은 **기존** 클래스에도 이 패턴을 적용할 수 있다. 이런 점은 '서비스'를 제공하는 클래스의 형태 자체에 영향을 미치는 싱글턴 패턴(6장)과 정반대다.

널 서비스

지금 본 코드는 단순하면서도 충분히 유연하다. 다만, 한 가지 큰 단점이 있다. 만약 서비스 제공자가 서비스를 등록하기 전에 서비스를 사용하려고 시도하면 NULL을 반환한다. 이때 호출하는 쪽에서 NULL 검사를 하지 않으면 크래시된다.[3]

이럴 때 써먹을 수 있는 '널 객체Null Object' 디자인 패턴이 있다. 핵심은 객체를 찾지 못하거나 만

---

3 이렇게 두 가지 다른 코드를 정해진 순서대로 실행해야만 제대로 동작하는 것을 '시간적 결합(temporal coupling)'이라고도 한다(『실용주의 프로그래머』(인사이트, 2014) 28장 '시간적 결합' 참고 – 옮긴이). 복잡한 소프트웨어에는 시간적 결합이 어느 정도 있기 마련이지만, 다른 커플링과 마찬가지로 최대한 제거하는 게 유지보수하기에 좋다.

들지 못해 NULL을 반환해야 할 때, 대신 같은 인터페이스를 구현한 특수한 객체를 반환하는 데 있다. 이런 특수 객체에는 아무런 구현이 되어 있지 않지만, 객체를 반환받는 쪽에서는 '진짜' 객체를 받은 것처럼 안전하게 작업을 진행할 수 있다.

널 객체 패턴을 사용하려면 다음과 같이 '널null' 서비스 제공자를 정의한다.

```cpp
class NullAudio : public Audio {
public:
  virtual void playSound(int soundID) { /* 아무것도 하지 않는다. */ }
  virtual void stopSound(int soundID) { /* 아무것도 하지 않는다. */ }
  virtual void stopAllSounds() { /* 아무것도 하지 않는다. */ }
};
```

NullAudio는 Audio 서비스 인터페이스를 상속받지만 아무 기능도 하지 않는다. 이제 Locator 클래스를 다음과 같이 바꾼다.[4]

```cpp
class Locator {
public:
  static void initialize() {
    service_ = &nullService_;
  }
  static Audio& getAudio() { return *service_; }
  static void provide(Audio* service) {
    if (service == NULL) {
      // 널 서비스로 돌려놓는다.
      service_ = &nullService_;
    } else {
      service_ = service;
    }
  }
private:
  static Audio* service_;
  static NullAudio nullService_;
};
```

---

4 getAudio()가 서비스를 포인터가 아닌 레퍼런스로 반환하게 바꾸었다. C++에서 레퍼런스는 (이론적으로는!) 절대 NULL이 될 수 없기 때문에, 레퍼런스를 반환한다는 것은 코드를 사용하는 쪽에서 항상 객체를 받을 수 있다고 기대해도 된다는 의미다.

또한 NULL를 검사하는 코드가 getAudio()가 아닌 provide()에 있다는 점도 놓치지 말자. 대신 Locator가 기본값을 널 객체로 초기화할 수 있도록 initialize() 함수를 먼저 호출해야 한다. 덕분에 분기문을 getAudio()가 아닌 provide()에 둘 수 있어서 서비스에 접근할 때마다 생길 수 있었던 CPU 낭비를 조금 줄일 수 있다.

호출하는 쪽에서는 '진짜' 서비스가 준비되어 있는지를 신경 쓰지 않아도 되고 NULL 반환 처리도 필요 없다. Locator는 항상 유효한 객체를 반환한다는 점을 보장한다.

널 서비스는 **의도적으로** 특정 서비스를 못 찾게 하고 싶을 때에도 유용하다. 어떤 시스템을 잠시 못 쓰게 하고 싶다면 서비스를 그냥 등록하지 않으면 된다. 그러면 서비스 중개자는 기본값으로 널 객체를 반환한다.[5]

로그 데커레이터

이제 시스템이 꽤나 안정되었다. 지금부터는 서비스 중개자 패턴을 활용한 '데커레이션으로 감싼 서비스decorated service'를 예제와 함께 살펴보자.

개발하다 보면, 게임 코드 안에서 어떤 일이 벌어지는지를 알기 위해 원하는 이벤트에 간단하게 로그를 설치해야 할 때가 있다. AI 프로그래머라면 개체가 AI 상태를 언제 바꾸는지를 알고 싶을 수 있다. 사운드 프로그래머라면 모든 사운드가 출력될 때 로그를 남겨서 정확한 순서로 실행되는지를 확인하고 싶을 수 있다.

이럴 때는 보통 log() 함수를 코드 여기저기에 집어넣는데, 이러다 보면 로그가 **너무 많아지는** 문제가 생긴다. AI 프로그래머는 사운드 출력에 관심이 없고, 사운드 개발자는 AI 상태 변화에 관심이 없다. 하지만 둘 다 로그를 추가했기 때문에 원하는 로그를 보기 위해 다른 사람 로그까지 같이 뒤져봐야 한다.

원하는 로그만 켰다 껐다 할 수 있고, 최종 빌드에는 로그를 전부 제거할 수 있다면 가장 이상적이다. 조건적으로 로그를 남기고 싶은 시스템이 서비스로 노출되어 있다면, GoF의 데커레이터decorator 패턴[6]으로 이를 해결할 수 있다. 사운드 서비스 제공자를 다음과 같이 정의해 보자.

---

5 개발하는 동안 오디오 기능을 끌 수 있으면 그만큼 메모리나 CPU 사용량을 줄일 수 있다. 더 중요한 것은 큰 소리가 나는 순간에 디버거 중단점이 걸려도 우리의 고막을 지킬 수 있다는 점이다. 아침부터 20ms짜리 괴성 소리를 최고 볼륨으로 한 프레임씩 끊어서 듣기를 반복하다 보면 피가 거꾸로 솟을 것이다.

6 『GoF의 디자인 패턴』에서는 '장식자 패턴'이라고 옮겼다(241쪽). – 옮긴이

```
class LoggedAudio : public Audio {
public:
  LoggedAudio(Audio &wrapped) : wrapped_(wrapped) {}
  virtual void playSound(int soundID) {
    log("사운드 출력");
    wrapped_.playSound(soundID);
  }
  virtual void stopSound(int soundID) {
    log("사운드 중지");
    wrapped_.stopSound(soundID);
  }
  virtual void stopAllSounds() {
    log("모든 사운드 중지");
    wrapped_.stopAllSounds();
  }

private:
  void log(const char* message) {
    // 로그를 남기는 코드...
  }
  Audio &wrapped_;
};
```

LoggedAudio 클래스는 다른 오디오 서비스 제공자를 래핑하는 동시에 같은 인터페이스를 상속받는다. 실제 기능 요청은 내부에 있는 서비스에 전달하고, 대신 사운드가 호출될 때마다 로그를 남긴다. 오디오 로그 기능을 켜고 싶다면 다음과 같이 하면 된다.

```
void enableAudioLogging() {
  // 기존 서비스를 데커레이트한다.
  Audio *service = new LoggedAudio(Locator::getAudio());
  // 이 값으로 바꿔치기한다.
  Locator::provide(service);
}
```

이제부터는 어디에서든 오디오 서비스를 호출하면 진행하기 전에 로그가 남는다. 데커레이터 패턴을 널 서비스에 적용하면 사운드는 **비활성화**해놓고도 정상적으로 사운드가 활성화되었다면 어떤 사운드가 출력**되었을지**를 로그로 확인할 수 있다.

16.7. 디자인 결정

지금까지는 전형적인 구현 방식을 살펴보았다. 하지만 구현은 다음과 같은 핵심적인 질문들을 고려해 다양하게 달라질 수 있다.

서비스는 어떻게 등록되는가?

| 외부 코드에서 등록 |

예제 코드에서 서비스를 등록하는 방식이 이에 해당한다. 내가 지금까지 본 게임 프로젝트에서 가장 일반적으로 사용되는 방법이기도 하다.

- **빠르고 간단하다.** getAudio()는 단순히 포인터만 반환하면 된다. 이런 함수는 컴파일러에서 인라인시킬 수 있기 때문에, 성능 손해 없이 깔끔한 추상 계층을 둘 수 있다.
- **서비스 제공자를 어떻게 만들지 제어할 수 있다.** 게임 컨트롤러 서비스를 구현하는 구체 클래스가 두 종류 있다고 해보자. 하나는 일반 게임용이고 다른 하나는 온라인용이다. 온라인용 서비스 제공자는 컨트롤러 입력을 네트워크를 통해 반대편에 전달하지만 다른 코드에서는 온라인용 컨트롤러와 로컬 컨트롤러를 구별하지 못한다.

  온라인 플레이 서비스 제공자는 원격 플레이어의 IP 주소를 알아야 한다. 서비스 중개자 안에서 서비스 제공자 객체를 직접 생성할 수 있을까? Locator 클래스는 다른 유저 IP 주소는커녕 원격인지조차 전혀 모르기 때문에 서비스 제공자에 어떤 값을 전달해야 하는지를 알 수 없다.

  외부에서 서비스 제공자를 등록하면 이런 문제를 해결할 수 있다. 서비스 중개자에서 클래스를 생성하지 않고, 게임 네트워크 코드에서 온라인용 서비스 제공자 객체를 IP 주소와 함께 생성한 뒤에 서비스 중개자에 전달하면 된다. 이러면 서비스의 추상 인터페이스만 알지 어떤 구체 클래스인지는 전혀 모르는 서비스 중개자도 문제없이 온라인 플레이 서비스를 중개할 수 있다.
- **게임 실행 도중에 서비스를 교체할 수 있다.** 최종 빌드에서는 이런 기능이 필요 없겠지만, 개발 중에는 요긴하게 사용할 수 있다. 앞에서 본 것처럼 테스트 도중에 서비스 오디오를 널 서비스로 교체하면 게임 실행 도중에도 서비스를 잠시 끌 수 있다.
- **서비스 중개자가 외부 코드에 의존한다는 단점이 있다.** 서비스를 사용하는 코드에서는 이미 어디에선가 다른 코드에서 서비스를 등록해놓았을 거라고 기대한다. 초기화가 제대로 안 되어 있다면 크래시가 나거나 이상하게 서비스가 동작하지 않는다.

| 컴파일할 때 바인딩 |

다음과 같은 식으로 전처리기 매크로를 이용해 컴파일할 때 '등록'한다.

```
class Locator {
public:
  static Audio& getAudio() { return service_; }

private:
#if DEBUG
  static DebugAudio service_;
#else
  static ReleaseAudio service_;
#endif
};
```

이런 식으로 서비스를 등록할 때의 결과는 다음과 같다.

- **빠르다.** 모든 작업이 컴파일할 때 끝나기 때문에 런타임에 따로 할 일이 없다. 컴파일러가 getAudio()를 인라인으로 바꾼다면 속도 측면에서도 더 바랄 게 없다.
- **서비스는 항상 사용 가능하다.** 서비스 중개자는 컴파일할 때 선택된 서비스를 소유하기 때문에, 컴파일만 된다면 서비스가 준비되어 있지 않을까 봐 걱정할 필요가 없다.
- **서비스를 쉽게 변경할 수 없다.** 가장 큰 단점이다. 컴파일하면서 바인딩되기 때문에 서비스를 바꾸고 싶다면 재컴파일한 뒤에 게임을 다시 시작해야 한다.

| 런타임에 설정 값 읽기 |

양복쟁이들이 득실거리는 기업용 소프트웨어 분야 쪽에서 생각하는 '서비스 중개자'가 이런 방식이다. 서비스가 요청되면, 중개자는 요청받은 실제 구현을 런타임에 마법처럼 찾아낸다.[7]

보통은 서비스 제공자 설정 파일을 로딩한 뒤에, 리플렉션reflection으로 원하는 서비스 제공자 클래스 객체를 런타임에 생성한다. 이 방식은 다음과 같은 장단점이 있다.

- **다시 컴파일하지 않고도 서비스를 교체할 수 있다.** 매크로로 컴파일할 때 서비스를 바인딩하는 방식보다는 좀 더 유연하지만, 바꾼 설정 값을 적용하려면 게임을 재시작해야 하기 때문에 실행 도중에 서비스를 교체

---

7 일부 프로그래밍 언어에서는 **리플렉션**을 이용해 런타임에 타입 시스템과 상호작용할 수 있다. 이름만으로 클래스를 찾은 뒤에 생성자를 호출해 인스턴스를 생성할 수 있다.
리스프, 스몰토크, 파이썬 같은 동적 타이핑 언어는 기본적으로 이런 기능을 가지고 있다. 정적 언어에서도 C#이나 자바 같은 최신 언어에서는 리플렉션을 지원한다.

할 수 있는 방식보다는 덜 유연하다.

- **프로그래머가 아니어도 서비스를 바꿀 수 있다.** 기획자들이 소스 코드를 손대지 않고도 특정 게임 기능을 켰다 껐다 하기를 원할 때 좋다(프로그래머들은 기획자가 코드에 손대는 걸 싫어한다는 게 더 정확하겠다).

- **등록 과정을 코드에서 완전히 빼냈기 때문에 하나의 코드로 여러 설정을 동시에 지원할 수 있다.** 앱을 하나 배포한 후에는 설정 값만 고쳐도 여러 다른 서버 환경에서 사용할 수 있기 때문에 기업형 웹 소프트웨어에서 이 방식을 많이 사용한다. 게임이야 이전에는 콘솔 하드웨어 표준화가 잘된 편이었기 때문에 이게 큰 장점이 아니었다. 하지만 게임이 점점 다양한 모바일 디바이스를 대상으로 하게 되면서 이 방식이 더욱 적합해지고 있다.

- **복잡하다.** 파일을 로딩해서 파싱한 뒤에 서비스를 등록하는 설정 시스템을 만들어야 하기 때문에 다른 방식보다 상당히 무겁다. 설정 시스템이 게임에 직접적인 요소는 아니다 보니 개발 기간을 오래 투자하기도 부담스럽다.

- **서비스 등록에 시간이 걸린다는 단점이 있다.** 런타임에 설정 값을 사용하려면 서비스를 등록하기 위해 CPU 사이클을 낭비해야 한다. 캐시하면 이런 낭비를 최소화할 수 있을지 몰라도, 적어도 처음 서비스를 사용할 때에는 서비스를 찾기 위해 시간을 약간 소모해야 한다. 게임 개발자들은 플레이어의 게임 경험 향상과 상관없는 곳에서 CPU 사이클을 낭비하는 것을 **정말 싫어한다.**

서비스를 못 찾으면 어떻게 할 것인가?

| 사용자가 알아서 처리하게 한다 |

가장 간단한 방법은 사용자에게 책임을 떠넘기는 것이다. 중개자는 서비스를 찾지 못하면 NULL을 반환한다.

- **실패했을 때 어떻게 처리할지를 사용자 쪽에서 정할 수 있다.** 서비스를 못 찾으면 굉장히 큰 문제가 발생했다고 보고 게임을 끝낼 수도 있고, 그냥 무시한 뒤에 계속 진행할 수도 있다. 중개자가 모든 경우에 대해 일반적인 정책을 정할 수 없다면 실패 결과를 호출하는 쪽으로 넘겨서 각자 적당하게 반응하도록 한다.

- **서비스 사용자 쪽에서 실패를 처리해야 한다.** 반대급부로 호출하는 쪽에서는 항상 서비스를 찾았는지를 검사**해야 한다.** 모든 호출하는 쪽에서 거의 같은 방식으로 오류를 처리하다 보면 굉장히 많은 중복 코드가 코드베이스 전반에 퍼지게 된다. 게다가 서비스를 사용하는 코드 중에서 하나라도 검사를 제대로 안 했다면 크래시가 생길 수 있다.

| 게임을 멈춘다 |

앞에서 컴파일 시간에 서비스가 항상 사용 가능함을 **보장**하지는 못한다고 했다. 그렇다고 서비스 존재 여부를 중개자의 런타임 계약contract 일부로 **선언**할 수 없다는 뜻은 아니다. 그렇게 하는 가장 간단한 방법은 단언문 추가다.

```
class Locator {
public:
  static Audio& getAudio() {
    Audio* service = NULL;
    // 서비스를 찾는 코드가 들어간다...

    assert(service != NULL);
    return *service;
  }
};
```

서비스를 찾지 못하면, 다음 코드에서 서비스를 사용하기 전에 게임이 중단된다. assert()는 서비스를 찾지 못하는 문제를 해결하지는 못하지만, 누구에게 문제가 있는지는 분명하게 보여준다. 단언문을 넣음으로써 '서비스를 찾지 못하는 것은 중개자의 버그'라는 걸 분명히 할 수 있다.[8]

이 방식의 장점은 무엇일까?

- **사용자 측에서는 서비스가 없는 경우를 처리하지 않아도 된다.** 하나의 서비스가 수많은 곳에서 사용될 수 있기 때문에, 코드를 굉장히 줄일 수 있다. 중개자는 항상 서비스를 제공한다고 선언함에 따라, 서비스 사용 측의 부담을 줄일 수 있다.

- **서비스를 찾지 못하면 게임이 중단된다.** 혹시라도 정말로 서비스를 찾지 못하면 게임이 중단된다. (초기화 코드 일부가 제때 실행되지 않았다던가 하는 이유로) 서비스가 등록되어 있지 않은 문제를 최대한 빨리 해결하도록 강제한다는 점은 좋지만, 문제가 생기면 고쳐지기 전까지 다른 팀원들이 아무것도 할 수 없다. 규모가 큰 개발팀에서 이런 일이 일어나면 다른 프로그래머들 모두가 손 놓고 갑갑하게 기다려야 한다.

| 널 서비스를 반환한다 |

널 서비스를 사용하는 방법은 앞에서 예제로 살펴보았다.

- **외부 코드에서는 서비스가 없는 경우를 처리하지 않아도 된다.** 단언문 방식과 마찬가지로 항상 사용 가능한 서비스를 반환하기 때문에, 서비스를 사용하는 쪽의 코드를 간단하게 만들 수 있다.

- **서비스를 사용할 수 없을 때에도 게임을 계속 진행할 수 있다.** 이건 장점이자 단점이다. 어떤 서비스가 아직 준비되어 있지 않아도 게임을 계속 진행할 수 있다는 점은 장점이다. 규모가 큰 팀에서 작업 중인 기능이 아직 구현되지 않은 다른 시스템에 의존할 때 특히 유리하다.

  단점은 **의도치 않게** 서비스를 찾지 못할 때에도 디버깅하기가 쉽지 않다는 점이다. 게임에서 어떤 서비스를

---

8 assert()에 대해서 처음 듣는다면 싱글턴(6장) 챕터를 읽어보자.

통해 특정 데이터에 접근해 그 값에 따라 결정을 내린다고 해보자. 진짜 서비스를 등록하지 못해 널 서비스가 대신 사용되면 원하는 대로 게임이 동작하지 않을 수 있다. 이때 문제의 원인이 기대한 서비스가 준비되어 있지 않아서였다는 걸 파악하려면 작업을 좀 해야 한다.[9]

셋 중에서 서비스가 항상 있을 거라고 단언문을 거는 형태가 경험상 가장 많이 사용된다. 게임이 출시될 쯤이면 이미 빡센 테스트를 통과했을 테고 게임이 실행될 하드웨어도 대강 알 수 있다. 이때쯤이면 서비스를 찾지 못할 가능성은 굉장히 적다.

규모가 큰 팀이라면 널 서비스를 추천한다. 구현도 그리 어렵지 않고, 서비스를 사용하지 못하는 동안에도 멈추지 않고 계속 개발할 수 있다. 서비스에 버그가 있거나 다른 작업을 하는 동안 서비스가 귀찮게 굴면 쉽게 끌 수도 있다.

서비스의 범위는 어떻게 잡을 것인가?

지금까지는 **어디에서나** 중개자를 통해서 서비스를 접근할 수 있다고 가정해왔다. 이게 서비스 중개자 패턴에서 일반적이기는 하나, 다음과 같이 특정 클래스 및 그 클래스의 하위 클래스에만 접근을 제한할 수도 있다.

```cpp
class Base {
  // 서비스를 찾아 service_에 등록하는 코드...

protected:
  // 서비스를 제공하는 정적 메서드는 하위 클래스에서만 접근할 수 있다.
  Audio& getAudio() { return *service_; }

private:
  static Audio* service_;
};
```

이렇게 하면 Base 클래스를 상속받는 클래스에서만 오디오 서비스에 접근할 수 있다. 어느 방법이나 장단점이 있다.

---

9 널 서비스가 사용될 때마다 디버깅용 로그를 출력하게 하면 이런 문제를 줄일 수 있다.

| 전역에서 접근 가능한 경우 |

- **전체 코드에서 같은 서비스를 쓰도록 한다.** 보통 이런 서비스 객체는 단 하나만 존재하는 게 맞다. 모든 코드에서 같은 서비스에 접근하게 하고 '진짜' 서비스 제공자는 접근하지 못하게 하면, 아무 데서나 제공자를 생성하지 못하게 막을 수 있다.[10]

- **언제 어디에서 서비스가 사용되는지를 제어할 수 없다.** 무엇인가를 어디에서나 접근 가능한 전역으로 만들면서 생기는 비용이다. 싱글턴(6장) 챕터를 보면 전역에서 접근할 수 있을 때 어떤 문제가 생길 수 있는지를 확인할 수 있다.

| 접근이 특정 클래스에 제한되면 |

- **커플링을 제어할 수 있다.** 주된 장점이다. 서비스를 특정 클래스를 상속받는 클래스들에게만 제한함으로써 다른 시스템으로부터는 디커플링 상태를 유지할 수 있다.

- **중복 작업을 해야 할 수 있다는 단점이 있다.** 둘 이상의 서로 상관없는 클래스에서 같은 서비스에 접근해야 한다면 각자 그 서비스를 참조해야 한다. 방법이야 어떻든지 간에 서비스를 찾거나 등록하는 작업을 이들 클래스에 대해 중복으로 해줘야 한다(이들 클래스가 공통 상위 클래스를 상속받도록 바꾸는 것도 한 방법이지만, 이러면 얻는 것보다 잃을 게 많다).

개인적으로는 서비스가 게임의 특정 분야에 한정되어 있다면 하나의 클래스로 접근 범위를 좁히는 편이다. 예를 들어 네트워크에 접근하기 위한 서비스는 온라인 클래스에서만 사용하게 하고, 로그같이 훨씬 다양한 곳에서 사용하는 서비스는 전역에 둔다.

16.8. 관련자료

- 서비스 중개자 패턴은 여러 면에서 싱글턴 패턴(6장)과 비슷하다. 어느 쪽이 더 필요에 맞는지 살펴본 뒤에 결정하자.

- 유니티 프레임워크에서는 GetComponent()에서 컴포넌트 패턴(14장)과 함께 서비스 중개자 패턴을 사용한다.

---

10 서비스 인터페이스가 공개되어 있기 때문에, 이를 구현하는 서비스 클래스를 따로 정의하면 서비스 객체를 두 개 이상 생성할 수는 있다. 하지만 전역에서 서비스에 접근할 수 있기 때문에 단위 테스트용 모의 객체를 만드는 게 아니라면 굳이 이런 귀찮은 짓은 하지 않을 것이다. – 옮긴이

- 마이크로소프트 XNA 프레임워크의 핵심 클래스인 Game에 서비스 중개자 패턴이 포함되어 있다. 이 클래스에는 Game.Services 속성이 들어 있어서 어떤 종류의 서비스라도 등록해 쓸 수 있다.

VI

최적화 패턴

계속해서 더 빠른 하드웨어가 등장함에 따라 소프트웨어의 성능 고민은 많이 줄었지만, 게임은 얘기가 다르다. 유저는 항상 더 풍부하고, 더 현실적이고, 더 신나는 플레이 경험을 원한다. 유저의 관심(과 돈)을 원하는 게임은 항상 넘쳐나지만, 그중 하드웨어 성능을 가장 잘 끌어내는 게임이 대박 날 때가 많다.

성능 최적화는 소프트웨어를 전반적으로 다뤄야 하는 심오한 기술이다. 저수준 프로그래머들은 여러 특이한 하드웨어 아키텍처들을 꿰고 있다. 반면 연구자들은 가장 효율적인 알고리즘이 무엇인지를 수학적으로 증명하기 위해 경쟁한다.

이 책에서는 게임 속도를 높이는 데 사용되는 중간 수준의 패턴들을 살펴보려 한다. 데이터 지역성 패턴(17장)에서는 요즘 컴퓨터의 메모리 계층에 대해 소개하고, 이를 어떻게 활용할 수 있는지를 살펴본다. 더티 플래그 패턴(18장)은 불필요한 계산을, 객체 풀 패턴(19장)은 불필요한 객체 할당을 피할 수 있게 해준다. 공간 분할 패턴(20장)은 게임 월드 공간 내에서 객체들을 빠르게 배치할 수 있게 해준다

Part VI

최적화 패턴

데이터 지역성

17.1. 의도

CPU 캐시를 최대한 활용할 수 있도록 데이터를 배치해 메모리 접근 속도를 높인다.

17.2. 동기

지금껏 우리는 속아왔다. 매년 증가하는 CPU 속도 그래프는 무어의 법칙을 단순한 관찰의 결과가 아닌 절대불변의 법칙인 양 보여줬다. 우리 소프트웨어 개발자들은 하드웨어 발전 덕분에 손가락만 빨고 있어도 프로그램이 저절로 빨라지는 걸 보아왔다.

(요즘은 발전 속도가 더디지만) 칩은 계속해서 빨라져**왔다**. 하지만 무어의 법칙이 말하지 않은 것이 있다. 분명 이전보다 데이터 **연산**은 훨씬 빨라졌지만, 데이터를 **가져오는** 건 그다지 빨라지지 않았다.

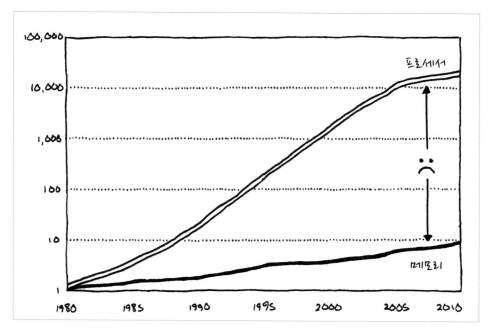

그림 17-1 1980년대를 기준으로 봤을 때 프로세서와 RAM의 속도 변화[1]

초고속 CPU는 수많은 계산을 빠르게 처리하지만, 이를 위해서는 먼저 데이터를 주메모리에서 레지스터로 가져와야 한다. 하지만 위에서 본 것처럼 RAM은 CPU 속도를 전혀 따라잡지 못했다.

최신 하드웨어에서는 RAM[2]에서 데이터를 한 바이트 가져오는 데 몇백 CPU 사이클 정도가 걸린다. 대부분의 명령어가 데이터를 필요로 한다면, 데이터를 가져올 때마다 수백 사이클씩 걸릴 텐데 어째서 CPU는 99%의 시간을 데이터를 기다리며 대기 상태로 있지 않는 걸까?

실제로도 CPU는 엄청나게 많은 시간을 메모리 응답을 기다리며 멈춰 있긴 하지만 최악까지는 아니다. 어떤 수를 썼는지를 상당히 긴 비유로 설명해보려 한다.

---

1 CPU 성능은 급격하게 증가한 반면, RAM 접근 속도는 훨씬 뒤처진다.
  토니 알브레히트(Tony Albrecht)의 'Pitfalls of Object–Oriented Programming'(http://goo.gl/jVmFHV) 중에서(『Computer Architecture: A Quantitative Approach』(Morgan Kaufmann, 2011)를 재인용)

2 RAM은 디스크 드라이브와는 달리 이론적으로는 어느 데이터나 같은 시간 안에 접근할 수 있어서 '임의접근기억장치(random access memory)'라고 부른다. RAM은 디스크처럼 순차 읽기를 걱정하지 않아도 된다.
  아니, 적어도 걱정하지 않았었다. 뒤에서 보겠지만, RAM도 그다지 임의 접근이 가능한 건 아니다.

데이터 창고

우리가 작은 회사의 회계원이라고 상상해보자. 업무는 서류가 가득 든 상자를 받아온 뒤에 숫자를 빽빽이 써넣는 회계스러운 작업을 하는 일이다. 회계원끼리만 아는 순서에 따라 특정한 이름표가 붙어 있는 상자를 찾아서 작업을 진행해야 한다.[3]

원래 성실한 데다가 카페인 음료까지 마셔가며 열심히 일하기 때문에 1분이면 서류 상자 하나를 끝낼 수 있다. 하지만 진짜 문제는 따로 있다. 모든 서류 상자는 다른 건물에 있는 창고에 보관되어 있다. 상자를 가져오려면 창고지기에게 부탁해야 한다. 창고지기는 지게차로 통로를 다니며 부탁받은 상자를 찾아다닌다.

이렇게 창고지기가 상자를 찾아서 가져오는 데에는 하루가 꼬박 걸린다. 우리와는 달리 창고지기가 '이달의 직원'상을 받을 가능성은 앞으로도 전혀 없어 보인다. 즉, 우리가 아무리 빨리 일해도 하루에 처리 가능한 서류 상자는 한 개뿐이다. 나머지 시간 동안 할 수 있는 일이라고는 사무실에 앉아서 이런 지루하기 짝이 없는 일을 계속해야 하는지 고민하는 것뿐이다.

하루는 산업 디자이너 여러 명이 찾아왔다. 이들 업무는 공장 생산 라인을 빠르게 만들듯 작업 효율성을 높여주는 것이다. 우리가 일하는 모습을 며칠 관찰하더니 다음을 지적했다.

- 다음 작업에 필요한 서류 상자가 이전 서류 상자와 같은 선반 위에 있을 가능성이 높다.[4]
- 지게차로 서류 상자를 하나만 가져오는 건 바보짓이다.
- 여기 사무실 구석에 작은 공간이 있다.

그러면서 다음과 같은 멋진 해결책을 제시했다. 서류 상자를 창고지기에게 하나 요청할 때, 팰릿^{pallet}[5]을 통째로 가져오게 하라. 그럼 창고지기는 필요한 서류 상자 외에도 옆에 있는 서류 상자 전부를 같이 가져올 것이다. 창고지기는 우리가 나머지 서류 상자를 필요로 하는지는 모르지만(업무 태도로 봐서는 신경 쓰지도 않을 것이다), 그냥 최대한 많은 상자를 얹은 팰릿을 통째로 지게차로 들어서 가져올 것이다.

안전사고 따위는 무시하고 지게차를 건물 안까지 몰고 와서 팰릿을 사무실에 내려놓게 한다.

---

3 잘 모르는 직업을 비유로 들지 말았어야 했는데…
4 방금 사용한 데이터 근처에 있는 데이터를 바로 다음에 사용하는 것을 기술 용어로 **참조 지역성**(locality of reference)이라고 한다.
5 지게차 따위로 물건을 실어 나를 때 물건을 안정적으로 옮기기 위해 사용하는 틀 같은 구조물 – 옮긴이

이제 새로운 서류 상자가 필요하다면 먼저 사무실에 있는 팰릿에 원하는 상자가 있는지를 확인한다. 만약 있다면 야호! 1초도 안 걸려서 새로운 서류 상자를 가져와 숫자를 기입할 수 있다. 팰릿 하나에 서류 상자가 50개 놓여 있는데, 운 좋게도 **전체** 서류 상자가 다 필요한 것이었다면, 이전에 비해서 50배 많은 일을 해낼 수 있다.

원하는 서류 상자가 팰릿에 **없다면** 이전대로 하면 된다. 사무실에는 팰릿을 하나밖에 둘 수 없기 때문에 창고지기는 먼저 팰릿을 가져간 뒤에 새로운 팰릿을 가져와야 한다.

CPU를 위한 팰릿

이 이야기는 CPU 동작 방식과 비슷하다. 회계원은 CPU, 책상은 CPU 레지스터, 서류 상자는 데이터, 창고는 RAM, 짜증 나는 창고지기는 주메모리에서 레지스터로 데이터를 옮기는 버스^{data bus}와 같다.

30년 전이었다면 비유는 여기까지였을 것이다. 하지만 CPU 속도 증가를 RAM이 따라가지 **못하자** 하드웨어 개발자들은 다른 해결책을 찾기 시작했다. 그래서 나온 것이 **CPU 캐싱**이다.

요즘은 CPU 안에 작은 메모리가 따로 들어 있다. 이 메모리는 주메모리보다 훨씬 빠르게 CPU에 데이터를 전달할 수 있다. 이 메모리의 용량이 작은 이유는 칩 안에 집어넣어야 하기 때문이기도 하고, 훨씬 빠르면서 동시에 비싼 메모리 소자(정적 램^{static RAM} 혹은 'SRAM'이라고 부른다)를 사용하기 때문이다.

이런 작은 크기의 메모리를 **캐시**(특히 칩 안에 들어 있는 건 **L1 캐시**)라고 한다.[6] 비유에서 캐시는 서류 상자 팰릿을 의미한다. 칩이 RAM으로부터 데이터를 한 바이트라도 가져와야 할 경우, RAM은 (보통 64~128바이트 정도의) 연속된 메모리를 선택해 캐시에 복사한다. 이런 메모리 덩어리를 **캐시 라인**^{cache line}이라고 한다.

---

6 요즘은 캐시도 L1, L2, L3와 같이 여러 계층으로 나뉜다. 숫자가 올라갈수록 크기는 커지지만 속도는 느려진다. 이번 장에서 메모리 계층을 따로 다루진 않지만 중요하니 잘 알아놓자.

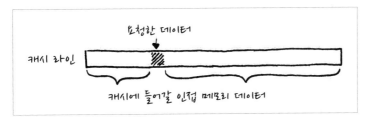

그림 17-2 1바이트 데이터와 그 데이터가 들어 있는 캐시 라인

다음에 필요한 데이터가 캐시 라인 안에 들어 있다면 CPU는 RAM보다 **훨씬** 빠른 캐시로부터 데이터를 바로 가져온다.[7] 캐시에서 원하는 데이터를 찾는 것을 **캐시 히트**cache hit, 데이터를 찾지 못해 주메모리에서 데이터를 가져오는 것을 **캐시 미스**cache miss라고 한다.

캐시 미스가 발생하면 CPU는 **멈춘다**. 필요한 데이터가 없기 때문에 다음 명령어를 진행할 수가 없어서 데이터가 도착할 때까지 수백 사이클을 멍하니 기다려야 한다. 이렇게 기다리는 시간을 최대한 피해야 한다. 다음과 같은 코드를 최적화한다고 해보자.

```
for (int i = 0; i < NUM_THINGS; i++) {
  sleepFor500Cycles();
  things[i].doStuff();
}
```

어떤 코드부터 바꿔야 할까? 당연히 의미도 없고 비싸기만 한 `sleepFor500Cycles()`부터 없애야 한다. 캐시 미스의 성능 비용이 `sleepFor500Cycles()`와 같다. 매번 주메모리에서 데이터를 꺼낼 때마다 코드에 지연 함수를 추가해 넣는 것과 다를 바 없다.

데이터 = 성능?

이번 장을 쓰면서 게임과 비슷한 프로그램을 캐시 라인을 최적으로 사용할 때와 최악으로 사용할 때로 나누어 만들어보았다. 캐시를 뒤엎는thrash[8] 코드를 벤치마킹해서 문제가 어느 정도인지를 직접 확인해보고 싶었다.

---

7 비유에서는 (적어도) 한 가지 세부적인 부분을 대강 얼버무리고 넘어갔다. 사무실에는 팰릿이 들어갈 공간이 하나밖에 없었다. 즉, 캐시 라인을 하나밖에 못 넣었다. 실제 캐시에는 더 많은 캐시 라인을 넣을 수 있다. 이에 대해서는 '캐시 집합(cache associativity)'을 검색해보자.

8 캐시 무효화가 계속 반복되는 현상을 캐시 뒤엎기(cache thrash)라고 한다. – 옮긴이

결과는 놀라웠다. 캐시가 중요하다는 건 이미 머리로 알고 있었지만, 직접 만들어봤더니 느낌이 확 달랐다. 두 프로그램은 캐시 미스가 발생하는 횟수만 다를 뿐 하는 일은 **완전히 같았음에도** 속도가 **50배**[9]나 차이가 났다.[10]

이 실험은 나에게 큰 깨달음을 주었다. 이전까지는 성능을 **데이터**가 아닌 **코드** 측면에서만 생각해왔다. 데이터라는 게 어딘가에 저장되어 있는 값일 뿐 바이트가 느리네, 빠르네 같은 말은 안 하니까 말이다. 하지만 캐시 때문에 **데이터를 어떻게 두느냐가 성능에 직접적인 영향을 미친다**는 걸 알게 되었다.

지금은 캐시에 대한 내용을 어떻게 한 장 분량으로 맞출지가 고민이다. 캐시 최적화는 굉장히 큰 주제다. 심지어 **명령어 캐시**instruction cache는 아직 건드리지도 않았다. 코드 역시 메모리에 존재하고, 실행하려면 먼저 CPU에 로드해야 한다는 점을 잊지 말자. 전문가라면 캐시만으로 책한 권은 쓸 수 있을 것이다.[11]

그래도 독자 여러분을 위해, 자료구조가 성능에 어떻게 영향을 미치는지 길잡이가 될 수 있는 간단한 기법 몇 가지를 소개하려고 한다.

모든 기법의 결론은 결국 다음과 같다. 칩이 어떤 데이터를 읽을 때마다 캐시 라인을 같이 읽어온다. 캐시 라인에 있는 값을 더 많이 사용할수록 더 빠르게 만들 수 있다. 즉, **자료구조를 잘 만들어서 처리하려는 값이 메모리 내에서 서로 가까이 붙어 있도록 하는 것이 목표다.**[12]

다시 말해 코드가 '이것', '저것', '그것'을 순서대로 처리해야 한다면, 이들을 메모리에 다음과 같이 배치하는 게 좋다.

---

9 컴퓨터마다 캐시가 다르기 때문에 내 컴퓨터에서의 결과가 여러분의 결과와 다를 수 있다. 게임 전용 기기에서의 결과가 PC와 전혀 다를 수 있고, 마찬가지로 모바일 기기에서도 결과가 확연히 다를 수 있다. 차량 광고가 항상 하는 말처럼 '실제 연비는 다를 수 있습니다.'

10 코드는 https://git.io/vwkE4에서 확인할 수 있다. 역자 컴퓨터에서는 성능 차이가 최대 20배 정도 났다. – 옮긴이

11 이미 리처드 파비앙(Richard Fabian)이 『Data–Oriented Design』이라는 책 한 권을 썼다(http://goo.gl/1xUvk2).

12 여기에서는 스레드가 하나라는 가정을 하고 있다. 만약 멀티스레드 애플리케이션에서 근처 데이터를 고쳐야 한다면, 코어마다 **다른** 캐시 라인에 데이터를 두는 게 빠르다. 두 스레드에서 같은 캐시 라인에 들어 있는 데이터를 고치려 든다면 두 코어 모두 비싼 캐시 동기화 작업을 해야 한다(캐시 일관성 프로토콜(coherence protocol)에 대해서는 『프로그래머가 몰랐던 멀티코어 CPU 이야기』(한빛미디어, 2010) 'Story 12'에서 자세히 설명한다. – 옮긴이).

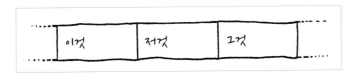

그림 17-3 세 객체가 메모리에 서로 나란히 붙어 있다.

'이것', '저것', '그것'이 **포인터**가 아니라는 점에 주의하자. 실제 객체 데이터가 순서대로 들어 있다. CPU는 '이것'을 읽으면서, '저것'과 '그것'도 같이 얻는다(객체 크기와 캐시 라인 크기에 따라 차이가 있을 수 있다). 다음 객체를 처리할 때 이미 캐시에 값이 들어 있기 때문에 CPU도 우리도 모두 만족할 수 있다.

17.3. 패턴

요즘 CPU는 **메모리 접근 속도를 높이기 위한 캐시를 여러 개 둔다. 캐시를 사용하면 최근에 접근한 메모리 근처에 있는 메모리를 훨씬 빠르게** 접근할 수 있다. **데이터 지역성을 높일수록, 즉 데이터를 처리하는 순서대로 연속된 메모리에 둘수록** 캐시를 통해서 성능을 향상할 수 있다.

17.4. 언제 쓸 것인가?

다른 최적화 기법과 마찬가지로, 데이터 지역성 패턴은 **성능 문제가 있을 때** 써야 한다. 거의 실행되지 않는 코드에 이 패턴을 적용하겠다고 시간을 낭비하지 말자. 필요 없는 곳을 최적화해 봐야 코드만 복잡해지고 유연성만 떨어져서 삶을 힘들게 할 뿐이다.

특히 데이터 지역성 패턴은 성능 문제가 **캐시 미스** 때문인지를 확인해야 한다. 다른 이유 때문이라면 데이터 지역성 패턴이 전혀 도움이 안 된다.

보통 간단하게 프로파일링할 때에는 코드 두 지점 사이에 얼마나 시간이 지났는지를 직접 타이머 코드를 넣어서 확인한다. 하지만 캐시 사용량을 확인하려면 좀 더 복잡한 방법이 필요하다. 제대로 하려면 캐시 미스가 얼마나 많이 발생했는지, 어디에서 발생했는지를 알 수 있어야 한다.

다행히 캐시 미스를 분석할 수 있는 프로파일러들이 이미 나와 있다. 대대적으로 자료구조를 뜯어고치기 전에 먼저 프로파일러를 하나 선택해 실행해보고 프로파일러가 뱉어내는 (굉장히 복잡한) 숫자가 무엇을 의미하는지 먼저 이해하는 게 좋다.[13]

분명히 캐시 미스는 게임 성능에 영향을 **미친다**. 미리부터 캐시 최적화를 하겠다고 많은 시간을 낭비해서는 안 되겠지만, 개발하는 내내 자료구조를 캐시하기 좋게 만들려고 노력할 필요는 있다.

17.5. 주의사항

소프트웨어 아키텍처의 전형적인 특징 하나가 **추상화**다. 이 책에서도 코드를 쉽게 바꿀 수 있도록 디커플링해주는 패턴에 많은 분량을 할애했다. 객체지향 언어에서는 거의 언제나 인터페이스를 사용해 디커플링한다.

C++에서 인터페이스를 사용하려면 포인터나 레퍼런스를 통해 객체에 접근해야 한다. 하지만 포인터를 쓰게 되면 메모리를 여기저기 찾아가야 하기 때문에 데이터 지역성 패턴을 통해서 피하고자 했던 캐시 미스가 발생한다.[14]

데이터 지역성 패턴을 위해서는 소중한 추상화를 일부 희생해야 한다. 데이터 지역성에 맞춰서 구조를 잡을수록 상속, 인터페이스와 이로부터 얻을 수 있는 이득을 포기해야 한다. 고민해가면서 절충하는 것 외에 정답은 따로 없다. 이런 게 프로그래밍의 재미다!

---

13 안타깝게도 캐시 미스를 측정할 수 있는 프로파일러들은 대부분 비싸다. 콘솔 게임 개발팀에 있다면 팀에 하나쯤은 라이센스가 있을 것이다.
그렇지 않다면 Cachegrind라는 끝내주는 무료 툴을 써보자. 이 툴은 우리 프로그램을 가상의 CPU와 캐시 계층 위에서 실행한 뒤에 모든 캐시 상호작용 결과를 알려준다.

14 인터페이스를 쓰게 되면 **가상 함수 호출**도 피할 수 없다. 가상 함수를 호출하려면 CPU가 객체의 vtable에서 실제로 호출할 함수 포인터를 찾아야 한다. 이 과정에서 또다시 포인터 추적이 일어나 캐시 미스가 생길 수 있다.

17.6. 예제 코드

데이터 지역성을 위한 최적화라는 힘든 길을 가기로 마음먹고 나면, 자료구조를 CPU가 처리하기 좋게 나눌 방법을 수없이 찾을 수 있다. 맛보기로 데이터를 조직하는 가장 일반적인 방법 몇 개를 예제와 함께 보자. 여기에서는 게임 코드 구현을 예로 들어 설명하지만, (다른 패턴과 마찬가지로) 일반적인 기법은 적당한 곳이라면 어디에나 적용할 수 있다는 것을 잊지 말자.

연속 배열

많은 게임 개체를 다루는 게임 루프(9장)부터 시작해보자. 게임 개체는 컴포넌트 패턴(14장)을 이용해 AI, 물리, 렌더링과 같은 분야로 나뉜다. GameEntity 클래스는 다음과 같다.

```
class GameEntity {
public:
  GameEntity(AIComponent* ai,
             PhysicsComponent* physics,
             RenderComponent* render)
  : ai_(ai), physics_(physics), render_(render) {}
  AIComponent* ai() { return ai_; }
  PhysicsComponent* physics() { return physics_; }
  RenderComponent* render() { return render_; }

private:
  AIComponent* ai_;
  PhysicsComponent* physics_;
  RenderComponent* render_;
};
```

각 컴포넌트에는 벡터 몇 개 또는 행렬 한 개 같은 몇몇 상태와 이를 업데이트하기 위한 메서드가 들어 있다. 상세한 구현보다는, 대강 이렇게 되어 있다는 것만 알고 있으면 된다.[15]

```
class AIComponent {
public:
  void update() { /* 작업 후 상태를 변경한다... */ }
```

----

15 이름에서 알 수 있듯이 업데이트 메서드 패턴(10장)을 사용한다. render() 함수도 이름만 다를 뿐 마찬가지다.

```
private:
  // 목표, 기분 등등...
};

class PhysicsComponent {
public:
  void update() { /* 작업 후 상태를 변경한다... */ }

private:
  // 강체(rigid body), 속도, 질량 등등...
};

class RenderComponent {
public:
  void render() { /* 작업 후 상태를 변경한다... */ }

private:
  // 메시, 텍스처, 셰이더 등등...
};
```

월드에 있는 모든 개체는 거대한 포인터 배열 하나로 관리한다. 매번 게임 루프를 돌 때마다 다음과 같은 작업을 한다.

1. 모든 개체의 AI 컴포넌트를 업데이트 한다.
2. 모든 개체의 물리 컴포넌트를 업데이트한다.
3. 렌더링 컴포넌트를 통해서 모든 개체를 렌더링한다.

많은 게임 코드가 이를 다음과 같이 구현한다.

```
while (!gameOver) {
  // AI를 처리한다.
  for (int i = 0; i < numEntities; i++) {
    entities[i]->ai()->update();
  }
  // 물리를 업데이트한다.
  for (int i = 0; i < numEntities; i++) {
    entities[i]->physics()->update();
  }
  // 화면에 그린다.
  for (int i = 0; i < numEntities; i++) {
    entities[i]->render()->render();
```

```
    }
    // 그 외 게임 루프에서 실행해야 할 작업들...
}
```

CPU 캐시를 알기 전에는 이 코드가 전혀 문제 없어 보인다. 하지만 이제는 뭔가 잘못되었다는 것을 느낄 수 있다. 이 코드는 단순히 캐시를 뒤엎는 정도가 아니라, 형체를 알아볼 수 없을 정도로 두들겨 패고 있다.[16] 무슨 일이 벌어지는지 보자.

1. 게임 개체가 배열에 **포인터**로 저장되어 있어서, 배열 값에 접근할 때마다 포인터를 따라가면서 캐시 미스가 발생한다.
2. 게임 개체는 컴포넌트를 포인터로 들고 있어서 다시 한 번 캐시 미스가 발생한다.
3. 컴포넌트를 업데이트한다.
4. **모든 개체의 모든 컴포넌트**에 대해서 같은 작업을 반복한다.

무서운 점은 이들 객체가 메모리에 어떻게 배치될지를 메모리 관리자만 알고 우리는 전혀 모른다는 점이다. 개체가 할당, 해제를 반복할수록 힙은 점점 어질러진다.

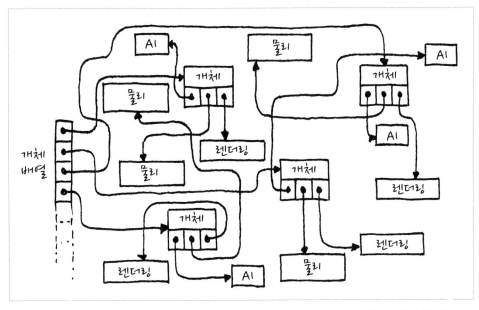

그림 17-4 매 프레임 게임 루프가 실행될 때마다 필요한 데이터를 찾기 위해 이들 화살표를 전부 따라다녀야 한다.

---

16 thrash의 뜻인 '매질, 몽둥이질'을 이용한 말장난이다. – 옮긴이

'4박 5일 256MB RAM 관광' 같은 싸구려 패키지 여행처럼 메모리 주소 공간을 여기저기 끌려 다니길 원했다면 이렇게 해도 된다. 하지만 게임을 빠르게 만들고 싶다면 메모리를 어슬렁거리는 건 좋은 방법이 **아니다**. 이 코드에서는 `sleepFor500Cycles()`를 **여기저기에서** 호출하고 있는 셈이다.[17]

좀 더 개선해보자. 포인터를 통해 게임 개체에 접근하는 유일한 이유가 게임 개체에 있는 **또 다른** 포인터를 통해 컴포넌트에 곧바로 접근하기 위해서라는 게 먼저 눈에 띈다. GameEntity 클래스에는 흥미로운 상태나 유용한 메서드가 전혀 없다. 게임 루프에는 **컴포넌트**만 있으면 된다.

캄캄한 주소 공간에 거대한 별자리 모양으로 흩뿌려져 있는 게임 개체와 컴포넌트들을 땅으로 끌어내려보자. 다음과 같이 AI, 물리, 렌더링 컴포넌트 자료형별로 큰 배열을 준비한다.[18]

```
AIComponent* aiComponents = new AIComponent[MAX_ENTITIES];
PhysicsComponent* physicsComponents = new PhysicsComponent[MAX_ENTITIES];
RenderComponent* renderComponents = new RenderComponent[MAX_ENTITIES];
```

배열에 컴포넌트 **포인터**가 아닌 컴포넌트 **객체**가 들어간다는 점이 중요하다. 모든 데이터가 배열 안에 나란히 들어 있기 때문에 게임 루프에서는 객체에 바로 접근할 수 있다.[19]

```
while (!gameOver) {
  // AI를 처리한다.
  for (int i = 0; i < numEntities; i++) {
    aiComponents[i].update();
  }
  // 물리를 업데이트한다.
  for (int i = 0; i < numEntities; i++) {
    physicsComponents[i].update();
  }
  // 화면에 그린다.
  for (int i = 0; i < numEntities; i++) {
    renderComponents[i].render();
```

---

17 포인터를 따라다니느라 시간을 낭비하는 것을 '포인터 추적'이라고 부른다. 이름은 멋있지만 실상은 전혀 좋은 게 아니다.

18 컴포넌트 패턴에서 그나마 맘에 안 드는 점이 있다면 '컴포넌트(component)'라는 단어가 길다는 것이다.

19 간접 참조 연산자(->)의 개수를 얼마나 줄였는지를 보면 개선된 정도를 알 수 있다. 데이터 지역성을 높이고 싶다면 제거할 수 있는 -> 연산자가 없는지 찾아보자.

```
    }
    // 그 외 게임 루프에서 실행해야 할 작업들...
  }
```

포인터 추적을 전부 제거했다. 메모리를 여기저기 뒤지지 않고 연속된 배열 세 개를 쭉 따라갈 수 있게 되었다.

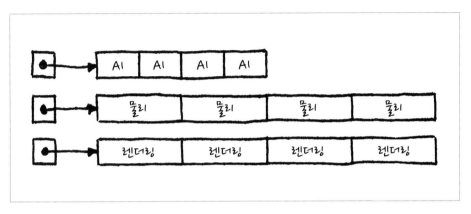

그림 17-5 아름답게 이어진 단일 자료형 컴포넌트 배열

바뀐 코드는 쭉 이어져 있는 바이트 스트림을 굶주린 CPU에 계속 밀어 넣는다. 테스트해본 결과 업데이트 루프가 **50배** 빨라졌다.

캡슐화를 많이 깨먹지 않았다는 점도 흥미롭다. 물론 게임 루프에서 게임 개체를 통하지 않고 컴포넌트를 직접 업데이트하기는 한다. 하지만 그 전에도 게임 루프는 컴포넌트들을 AI, 물리, 렌더링 순서대로 업데이트하기 위해서 `entities[i]->ai()->update();` 같은 식으로 컴포넌트에 직접 접근하고 있었다. 컴포넌트는 자기 데이터와 메서드가 있다는 점에서 여전히 잘 캡슐화되어 있다. 단순히 컴포넌트가 사용되는 방식만 바꿨을 뿐이다.

`GameEntity` 클래스를 없앨 필요는 없다. `GameEntity`가 자기 컴포넌트에 대한 포인터를 가지도록 만들 수 있다. 이때 포인터는 이들 배열에 있는 객체를 가리킨다. 개념적인 '게임 개체'와 개체에 포함되어 있는 것 전부를 한 객체로 다른 코드에 전달할 수 있다는 점에서 게임 개체는 여전히 쓸모가 있다. 게임 루프가 성능에 민감하기 때문에 게임 개체를 우회해서 게임 개체 내부 데이터(컴포넌트)에 직접 접근했다는 점이 중요하다.

정렬된 데이터

이번에는 파티클 시스템을 살펴보자. 앞에서 본 것처럼 모든 파티클을 하나의 연속적인 배열에 두고, 이를 간단한 관리 클래스로 래핑한다.[20]

```cpp
class Particle {
public:
  void update() { /* 중력 등등... */ }
  // 위치, 속도, 등등...
};

class ParticleSystem {
public:
  ParticleSystem() : numParticles_(0) {}
  void update();

private:
  static const int MAX_PARTICLES = 100000;
  int numParticles_;
  Particle particles_[MAX_PARTICLES];
};
```

파티클 시스템의 업데이트 메서드는 다음과 같은 기본 기능만 한다.

```cpp
void ParticleSystem::update() {
  for (int i = 0; i < numParticles_; i++) {
    particles_[i].update();
  }
}
```

하지만 생각해보면 파티클 객체를 매번 **전부** 처리할 필요는 없다. 파티클 시스템에는 고정 크기 객체 풀이 있지만, 풀에 들어 있는 파티클이 전부 화면에서 반짝거리는 건 아니다. 이럴 때 쉬운 해결책은 다음과 같다.

```cpp
for (int i = 0; i < numParticles_; i++) {
  if (particles_[i].isActive()) {
    particles_[i].update();
  }
}
```

---

20 ParticleSystem 클래스는 하나의 자료형만을 위해 별도로 만든 객체 풀(19장)의 일종이다.

Particle 클래스에 플래그를 둬서 현재 사용 중인지를 알 수 있게 했다. 업데이트 루프에서는 모든 파티클에 대해서 이 값을 검사한다.[21] 루프가 플래그 값을 캐시에 로딩하면서 나머지 파티클 데이터도 같이 캐시에 올린다. 파티클이 **비활성** 상태라면 다음 파티클로 넘어간다. 이때 같이 로딩했던 나머지 파티클 데이터는 무용지물이 된다.

활성 파티클이 적을수록, 메모리를 더 자주 건너뛰게 된다. 그럴수록 실제로 활성 파티클을 업데이트하기까지 더 많은 캐시 미스가 발생한다. 배열이 크고, 비활성 파티클이 **많이** 있다면 또다시 캐시 뒤엎기 문제가 발생한다.

아무리 객체를 연속적인 배열에 둔다고 해도, 실제로 처리할 객체가 배열에 연속되어 있지 않다면 큰 도움이 되지 않는다. 배열에 건너뛰어야 할 비활성 객체가 많이 어질러져 있다면, 이전과 다를 게 없다.

이번 절의 제목인 '정렬된 데이터'가 해결책을 알려주고 있다. 활성 여부를 플래그로 **검사**하지 않고, 활성 파티클만 맨 앞으로 **모아두면** 된다. 이미 앞에 모아놓은 파티클이 활성 상태라는 걸 안다면 따로 플래그를 검사하지 않아도 된다. 더해서 얼마나 많은 파티클이 활성 상태인지도 쉽게 알 수 있다. 업데이트 루프도 다음과 같이 아름답게 바꿀 수 있다.

```
for (int i = 0; i < numActive_; i++) {
  particles[i].update();
}
```

더 이상 **어떤** 데이터도 건너뛰지 않아도 된다. 캐시에 올라오는 모든 바이트는 처리가 필요한 활성 파티클 데이터다.

그렇다고 매 프레임마다 배열 전체를 퀵소트하라는 얘기는 아니다. 그랬다가는 득보다 실이 많

---

[21] 저수준 프로그래밍에 해박한 프로그래머라면 다른 문제도 발견했을 것이다. 모든 파티클에 대해 if 검사를 하다 보면 CPU가 **분기 예측 실패**(branch misprediction)를 겪으면서 **파이프라인 지연**(pipeline stall)이 생길 수 있다. 요즘 CPU에서는 하나의 '명령'을 수행하기 위해서 실제로는 여러 클럭을 소모한다. CPU를 계속 바쁘게 유지하기 위해 명령어들을 **파이프라인**으로 나눠서 첫 번째 명령어가 끝나기도 전에 다음 명령어를 진행한다.

이렇게 하려면 CPU는 어떤 명령어가 다음에 실행될지를 예측해야 한다. 선형적인 코드는 예측하기가 쉽지만, 흐름 제어가 있는 코드는 그렇지 않다. if문이 있는 명령어들을 실행할 때 CPU는 파티클이 활성 상태라고 예측하고 update 코드를 실행해야 할 것인가, 아니면 비활성 상태라고 예측해야 할 것인가?

이를 위해 CPU는 **분기 예측**을 한다. 즉, 코드에서 이전에 어떻게 분기했는지를 보고 다음에도 이를 반복할 거라고 예측한다. 하지만 루프에서 활성, 비활성 파티클을 반복해서 왔다 갔다 하게 되면 이런 예측은 실패하게 된다.

분기 예측을 실패하면 CPU는 지금까지 추측에 근거해 실행했던 명령어들을 전부 버리고, 즉 파이프라인을 비우고(pipeline flush) 새로 시작해야 한다. 분기 예측 실패가 성능에 미치는 영향은 기기마다 다르지만 이런 이유로 성능이 중요한 코드에는 흐름 제어 코드를 쓰지 않으려는 개발자들도 있다.

다. 활성 객체를 앞에 모아**두기만** 하면 된다.

이미 배열이 활성, 비활성 상태로 정리되어 있다고 해보자. 당연히 처음에는 모든 파티클이 비활성 상태로 정리되어 있다. 배열의 정리 상태는 어떤 파티클이 활성, 비활성으로 바뀔 때만 **깨진다.** 이 둘 모두 쉽게 처리할 수 있다. 파티클이 활성화되면, 이를 **비활성** 파티클 중에서 맨 앞에 있는 것과 맞바꿔서 활성 파티클 맨 뒤로 옮긴다.[22]

```
void ParticleSystem::activateParticle(int index) {
  // 비활성 상태이어야 함!
  assert(index >= numActive_);

  // 새로 활성화된 파티클을 비활성 파티클 중 맨 앞에 있는 것과 바꿔서
  // 활성 파티클 중에서 맨 뒤에 가게 한다.
  Particle temp = particles_[numActive_];
  particles_[numActive_] = particles_[index];
  particles_[index] = temp;

  // 이제 활성 파티클이 하나 늘었다.
  numActive_++;
}
```

파티클을 비활성으로 바꿀 때는 반대로 하면 된다.

```
void ParticleSystem::deactivateParticle(int index) {
  // 활성 파티클이어야 한다!
  assert(index < numActive_);

  // 파티클이 하나 줄었다.
  numActive_--;

  // 마지막 활성 파티클과 맞바꿔서
  // 비활성 파티클 중에서 맨 앞에 가게 한다.
  Particle temp = particles_[numActive_];
  particles_[numActive_] = particles_[index];
  particles_[index] = temp;
}
```

(나를 포함한) 많은 프로그래머들은 메모리에서 객체를 복사로 옮기기를 꺼린다. 여러 바이트

---

[22] numActive_가 index와 같은 경우, 그러니까 비활성 파티클 중에서 맨 앞에 있는 파티클이 활성으로 바뀌는 경우에는 temp를 복사하는 교체 과정이 필요 없다. – 옮긴이

를 옮기는 것이 포인터를 할당하는 것에 비해서 무겁다고 **느끼기** 때문이다. 하지만 포인터 추적 비용까지 놓고 보면 직감이 틀릴 수도 있다. 캐시를 계속 채워놓을 수만 있다면 메모리 복사가 더 쌀 때도 있다.[23]

파티클을 활성 상태에 따라 **정렬**하면 파티클마다 활성 상태를 플래그에 저장하지 않아도 된다는 장점도 있다. 배열에서의 위치와 numActive_ 값으로 활성 여부를 유추할 수 있어 파티클 객체 크기를 더 줄일 수 있고, 이로 인해 캐시 라인에 객체를 더 많이 넣을 수 있어 속도를 늘릴 수 있다.

모든 게 만족스럽진 않다. API를 보면 알겠지만 객체지향성을 어느 정도 포기해야 한다. Particle 클래스는 자신의 활성 상태를 스스로 제어할 수 없다. 자신의 인덱스를 모르기 때문에 activate() 같은 메서드를 스스로 호출할 수가 없다. 파티클을 활성화하려면 꼭 ParticleSystem **클래스**를 통해야 한다.

지금 예에서는 ParticleSystem과 Particle 클래스가 강하게 결합되어도 문제가 없다고 생각한다. 나는 파티클이라는 하나의 **개념**이 두 개의 **클래스**에 물리적으로 나뉘어 있을 뿐이라고 생각한다. 즉, 파티클은 파티클 시스템 안context에서**만** 의미가 있다. 파티클을 생성하고 죽이는 것도 파티클 시스템을 통해서만 가능하다.

빈번한 코드와 한산한 코드 나누기

간단한 기법으로 캐시를 활용할 수 있는 마지막 예제를 살펴보자. 어떤 게임 개체에 AI 컴포넌트가 있다. 여기에는 현재 재생 중인 애니메이션, 이동 중인 목표 지점, 에너지 값 등이 들어 있어서 프레임마다 이 값을 확인하고 변경해야 한다.

```cpp
class AIComponent {
public:
  void update() { /* ... */ }

private:
  Animation* animation_;
  double energy_;
  Vector goalPos_;
```

---

23 다시 얘기하지만 **프로파일링**을 먼저 해보자.

하지만 AIComponent에는 사용 빈도수가 훨씬 적은 상태도 들어 있다. 재수 없게 산탄총을 쏘는 적을 만나서 죽었을 때 아이템을 떨어뜨렸을 때 데이터가 그렇다. 이런 '드랍' 데이터는 개체가 죽었을 때에만 딱 한 번 사용된다.

```
class AIComponent {
public:
  void update() { /* ... */ }

private:
  // 이전 필드들...
  LootType drop_;
  int minDrops_;
  int maxDrops_;
  double chanceOfDrop_;
};
```

아까와 마찬가지로, AI 컴포넌트를 정렬된 연속 배열을 따라가면서 업데이트한다고 해보자. 저런, 데이터에 아이템 드랍 정보가 들어 있다 보니 컴포넌트 크기가 커져서 캐시 라인에 들어갈 컴포넌트 개수가 줄어들었다. 읽어야 할 전체 데이터 크기가 크다 보니 캐시 미스가 더 자주 발생한다. 드랍 아이템 정보는 업데이트에서는 쓰지 않는데도 불구하고 매 프레임마다 캐시로 읽어와야 한다.

해결책은 '빈번한 코드와 한산한 코드를 나누는 것$^{hot/cold\ splitting}$'이다. 데이터를 두 개로 분리해 한곳에는 매 프레임마다 필요로 하는 '빈번한^{hot}' 데이터와 상태를 두고, 다른 곳에는 '한산한^{cold}' 데이터, 즉 자주 사용하지 않는 것들을 모아둔다.

빈번한 부분은 **주요** AI 컴포넌트에 해당한다. 이들 값은 가장 자주 사용하기 때문에 포인터를 거치지 않고 바로 데이터를 얻는 게 좋다. 한산한 부분은 옆으로 치워놓되 필요할 때를 위해 빈번한 부분에서 포인터로 가리키게 한다.

```
class AIComponent {
public:
  // 메서드들...

private:
  Animation* animation_;
  double energy_;
  Vector goalPos_;
```

```
    LootDrop* loot_;
  };

  class LootDrop {
    friend class AIComponent;
    LootType drop_;
    int minDrops_;
    int maxDrops_;
    double chanceOfDrop_;
  };
```

이제 AI 컴포넌트를 매 프레임마다 순회할 때 실제로 사용할 데이터만 캐시에 올라간다(한산한 데이터를 가리키는 포인터 하나는 예외로 하자).[24]

하지만 데이터를 이렇게 나누기는 굉장히 애매하다. 예제에서는 빈번한 데이터와 한산한 데이터가 분명하게 나뉘지만, 실제 게임 코드에서는 분간하기가 쉽지 않다. 어떤 필드는 개체가 특정 모드일 때에만 사용된다. 특정 레벨에서만 사용되는 데이터도 있을 수 있다.

이런 류의 최적화는 흑마술과 삽질의 중간 영역에 속한다. 중독되기 쉽고, 한번 중독되면 데이터를 이래저래 바꿔가면서 속도가 어떻게 바뀌는지를 보느라고 시간 가는 줄 모르기 쉽다. 어느 곳을 최적화하는 게 좋을지 알기 위해서는 연습이 필요하다.

17.7. 디자인 결정

이번 패턴은 데이터를 메모리에 어떻게 배치하느냐에 따라 성능이 크게 영향을 받는다는 사고 방식을 갖게 하는 게 목적이다. 실제 구현은 다양하게 할 수 있다. 데이터 지역성[25]을 개선하기 위해 전체 구조를 바꿀 수도 있고, 일부 핵심 자료구조에만 적용할 수도 있다.

가장 중요한 질문은 언제 어디에 이 패턴을 쓸 것인가 하는 것이겠지만, 그 외에도 어떤 것들을 신경 써야 하는지 살펴보자.

---

24 빈번한 데이터와 한산한 데이터를 두 개의 배열에 나란히 두면 포인터도 제거할 수 있다. 두 데이터는 각자의 배열에서 같은 인덱스 위에 있기 때문에 한산한 AI 데이터를 쉽게 찾을 수 있다.

25 많은 사람이 캐시를 활용할 수 있도록 게임 코드를 디자인하게 만든 노엘 로피스(Noel Llopis)의 유명한 글(http://goo.gl/leNQe)에서는 이런 걸 '데이터 중심 디자인(data-oriented design)'이라고 부른다(김학규 님은 이 글을 '데이터 중심 디자인 (혹은 OOP의 위험성)'이란 제목으로 번역해 웹에 올려놓았다. http://goo.gl/3trNir – 옮긴이).

다형성은 어떻게 할 것인가?

이번 장에서는 상속과 가상 함수 사용을 피했다. 또한 정렬된 **단일 자료형** 객체 배열에 객체가 들어 있다고 가정했다. 즉, 우리는 배열에 들어 있는 객체 크기가 모두 같다는 것을 안다.[26] 하지만 다형성, 동적 디스패치 역시 유용한 도구다. 이것들도 같이 사용할 수는 없을까?

| 사용하지 않는다 |

가장 단순한 방법은 상속을 하지 않는 것이다. 하다못해 캐시를 최적화하려는 곳에서만이라도 말이다. 어쨌거나 요즘은 상속을 과하게 사용하지 않는 편이다.[27]

- **안전하고 쉽다.** 어떤 클래스를 다루고 있는지를 정확하게 안다. 모든 객체는 정확하게 같은 크기이다.
- **더 빠르다.** 동적 디스패치를 하려면 vtable에서 메서드를 찾아본 다음에 포인터를 통해서 실제 코드를 찾아가야 한다. 하드웨어마다 차이는 있겠지만 이런 작업은 성능 비용이 든다.[28]
- **유연하지 않다.** 동적 디스패치는 객체 간 동작을 다르게 할 수 있는 강력한 도구다. 개체 자료형별로 렌더링 방식이나, 이동, 공격을 다르게 하고 싶을 때 가상 함수는 검증된 해결 방법을 제공한다. 이를 대신하기 위해 함수 안에 거대한 다중 선택문 같은 걸 넣는다면 코드가 금방 지저분해진다.

| 종류별로 다른 배열에 넣는다 |

어떤 자료형인지 모르는 객체의 특정 행동을 호출하고 싶을 때 다형성을 사용한다. 즉, 여러 종류의 객체를 한곳에 모아놓고, 필요할 때 모든 객체에 각자 알아서 작업하라고 지시할 수 있다.

하지만 꼭 한곳에 여러 종류의 객체를 모아놔야 하는 걸까? 종류별로 다른 컬렉션에 나눠 담으면 어떨까?

- **객체를 빈틈없이 담을 수 있다.** 모든 배열에는 한 가지 클래스 객체만 들어가기 때문에 패딩[29]도 없고 그 외 이상한 것도 들어갈 틈이 없다.
- **정적 디스패치를 할 수 있다.** 종류별로 객체를 나눠놨기 때문에 다형성을 쓰지 않고 그냥 일반적인 비-가상

---

26 '배열에는 모두 같은 자료형이 들어 있다'가 아니라 '객체 크기가 모두 같다'고 하는 이유는 멤버 변수가 추가되지 않은 하위 클래스는 상위 클래스와 크기가 같기 때문에 억지로 배열에 집어넣을 수 있어서다. 하지만 이런 방법은 절대로 추천하지 않는다. – 옮긴이

27 상속 없이 다형성의 유연함을 얻고 싶다면 타입 객체 패턴(13장)도 한 방법이다.

28 항상 그렇듯이 예외는 있다. 보통 C++ 컴파일러에서는 가상 메서드를 호출하기 위해 한 단계를 거쳐야 한다. 하지만 컴파일러가 호출하려는 객체의 정확한 자료형을 알고 있다면 **탈가상화**(devirtualization)를 통해 정적으로 원하는 메서드를 바로 호출할 수도 있다. 탈가상화는 자바나 자바스크립트 같은 JIT 컴파일러에서는 더 일반적이다(GCC 5에서는 speculative devirtualization이나 dynamic type detection 같은 기법으로 탈가상화를 지원한다고 한다. https://goo.gl/M10Y25 참고 – 옮긴이).

29 패딩을 언급한 이유는 공용체를 이용해 한 클래스 안에 여러 자료형을 저장할 수도 있기 때문이다. – 옮긴이

함수를 호출할 수 있다.

- **여러 컬렉션을 관리해야 한다.** 객체 종류가 많다면 종류별로 배열을 관리하는 부담이 커질 수 있다.
- **모든 자료형을 알고 있어야 한다.** 자료형마다 컬렉션을 두기 때문에 **전체** 클래스 자료형과 커플링된다. 다형성이 제공하는 마법 중의 하나는 **확장성**open-ended이다. 즉, 어떤 인터페이스와 상호작용하는 코드는 해당 인터페이스를 구현하는 구체 클래스가 아무리 많아도 이들과 전혀 커플링되지 않는다.

| 하나의 컬렉션에 포인터를 모아놓는다 |

캐시를 신경 쓰지 않는다면 이게 자연스러운 방식이다. 배열 하나에 상위 클래스나 인터페이스의 포인터를 저장한다. 다형성을 최대한 활용할 수 있고, 어떤 크기의 객체라도 배열에서 포인터로 가리킬 수 있다.

- **유연하다.** 정해놓은 인터페이스를 구현하기만 한다면 어떤 종류의 객체라도 컬렉션에 들어가 기존 코드와 상호작용할 수 있다는 점에서 열려 있다.
- **캐시 친화적이지 않다.** 앞에서 이런 저런 방법을 고민한 이유가 포인터 접근이 캐시 친화적이지 않기 때문이었다. 하지만 코드가 딱히 성능에 민감하지 않다면 이래도 큰 문제 없다.

게임 개체는 어떻게 정의할 것인가?

컴포넌트 패턴(14장)도 같이 사용하고 있다면, 게임 개체를 이루는 모든 컴포넌트들이 종류별로 연속된 배열에 들어 있을 것이다. 게임 루프는 컴포넌트들을 직접 순회하기 때문에, 게임 개체 자체는 그다지 중요하지 않다. 하지만 다른 코드에서 하나의 개념적인 '개체'를 표현하고 싶을 때에는 여전히 게임 개체 객체가 쓸모 있다.

그렇다면 게임 개체를 어떻게 표현하는 게 좋을까? 게임 개체는 어떻게 컴포넌트들을 관리해야 할까?

| 게임 개체 클래스가 자기 컴포넌트를 포인터로 들고 있을 때 |

처음 본 예제가 이런 식이다. 일반적인 OOP식 해결 방법이기도 하다. GameEntity 클래스는 자신의 컴포넌트들을 포인터로 들고 있다. 포인터다 보니 실제로 컴포넌트가 메모리 어디에, 어떻게 들어 있는지는 전혀 알 수 없다.

- **컴포넌트들을 연속된 배열에 저장할 수 있다.** 게임 개체는 컴포넌트가 실제로 어디에 있는지 신경 쓰지 않기 때문에, 컴포넌트들을 정렬된 배열에 둬서 순회 작업을 최적화할 수 있다.

- **개체로부터 개체 컴포넌트를 쉽게 얻을 수 있다.** 컴포넌트를 포인터로 가리키고 있기 때문이다.
- **컴포넌트를 메모리에서 옮기기가 어렵다.** 컴포넌트가 활성/비활성 상태로 바뀔 때, 컴포넌트 배열에서 항상 활성 컴포넌트가 앞에 모여 있도록 유지하려면 해당 컴포넌트를 배열에서 자리 이동을 시켜야 한다. 개체가 컴포넌트를 포인터로 가리키고 있기 때문에, 자리를 옮긴 후 포인터가 다른 컴포넌트를 가리키지 않도록 같이 바꿔야 한다.

| 게임 개체 클래스가 컴포넌트를 ID로 들고 있을 때 |

컴포넌트를 포인터로 들고 있다면, 컴포넌트의 메모리 위치를 옮기기가 쉽지 않다. 이럴 때 한 단계 추상화해서 컴포넌트를 ID나 인덱스를 통해서 찾게 만들 수 있다.

ID로 어떻게 컴포넌트를 찾을지는 원하는 대로 하면 된다. 컴포넌트별로 유일한 ID를 발급한 뒤에 배열에서 찾아도 되고, 더 복잡하게는 컴포넌트 배열에서의 현재 위치를 ID와 매핑하는 해시 테이블로 관리해도 된다.

- **더 복잡하다.** 그렇게까지 복잡한 건 아니지만, 그래도 그냥 포인터를 쓰는 것보다는 할 일이 많다. 시스템을 구현하고 디버깅해야 하고, 메모리도 더 필요하다.
- **더 느리다.** 아무래도 컴포넌트를 찾으려면 검색이나 해싱 작업이 필요하기 때문에 그냥 포인터를 따라가는 것보다는 느릴 수밖에 없다.
- **컴포넌트 '관리자' 같은 것에 접근해야 한다.** 기본 아이디어는 ID를 컴포넌트의 추상 식별자로 사용해 실제 컴포넌트 객체 레퍼런스를 얻는 것이다. 그러려면 무엇인가가 ID를 받아서 컴포넌트를 찾아줘야 한다. 컴포넌트 배열을 래핑한 클래스가 그 역할을 맡는다.

  포인터 방식에서는 게임 개체에서 컴포넌트를 바로 얻을 수 있었다. 이 방법에서는 게임 개체뿐만 아니라 **컴포넌트 등록소**^{registry}도 있어야 한다.[30]

| 게임 개체가 단순히 ID일 때 |

몇몇 게임에서 사용하는 최신 방식이다. 개체의 동작과 상태를 클래스로부터 전부 컴포넌트로 옮겨버리면 무엇이 남을까? 개체 클래스에는 컴포넌트 집합만 겨우 남게 된다. 단순히 이 AI 컴포넌트와 저 물리 컴포넌트와 그 렌더링 컴포넌트가 모여서 하나의 개체를 이룬다는 걸 정의하는 용도로만 쓰일 뿐이다.

컴포넌트들끼리 상호작용해야 하기 때문에 개체는 여전히 필요하다. 렌더링 컴포넌트는 (아마 물리 컴포넌트에 들어 있을) 개체 위치를 알아야 한다. AI 컴포넌트에서 개체를 움직이려면 물

---

30 어쩌면 '싱글턴으로 만들면 간단하지 뭐'라고 생각할지도 모르겠다. 글쎄… 싱글턴 패턴(6장)부터 읽어본 뒤에 다시 생각해보자.

리 컴포넌트에 힘을 적용할 수 있어야 한다. 모든 컴포넌트는 자신이 속한 개체의 형제 컴포넌트에 접근할 수 있어야 한다.

몇몇 똑똑한 사람들은 이럴 때 ID만 있으면 된다는 걸 깨달았다. 개체가 자기 컴포넌트를 아는게 아니라, 컴포넌트가 자기 개체를 알게 만든다. 모든 컴포넌트는 자신을 소유하는 개체의 ID를 기억한다. AI 컴포넌트에서 자기 개체의 물리 컴포넌트에 접근하려면, 자기와 같은 개체 ID를 가진 물리 컴포넌트를 찾으면 된다.

개체 **클래스**는 완전히 사라지고, 숫자만으로 컴포넌트들을 묶을 수 있다.

- **개체가 단순해진다.** 숫자 하나로 게임 개체 레퍼런스를 주고받을 수 있다.
- **개체가 비어 있다.** 개체의 모든 것을 컴포넌트로 옮겼을 때의 단점은 당연히 모든 것이 컴포넌트로 옮겨졌다는 점이다. 여러 컴포넌트가 공유하는 상태나 작동을 둘 곳이 없어진다. 이 방식에서는 컴포넌트 패턴(14장)에 더 집중하게 된다.
- **개체 생명주기를 관리하지 않아도 된다.** 개체는 단순한 값이어서 따로 메모리에 할당하거나 해제하지 않아도 된다. 그냥 자기를 구성하고 있는 모든 컴포넌트가 파괴될 때 조용히 '죽는다'.
- **특정 개체의 컴포넌트를 찾는 게 느릴 수 있다.** '개체가 컴포넌트를 ID로 관리할 때'와 같은 문제지만 방향이 정반대다. 특정 개체의 컴포넌트를 얻으려면 ID로 찾아야 하는데 이 작업이 비쌀 수 있다.

  게다가 성능에 민감하다. 컴포넌트는 업데이트될 때 형제 컴포넌트들과 상호작용이 많아서, 자주 컴포넌트를 찾아야 할 수 있기 때문이다. 한 가지 해결 방법은 컴포넌트를 종류별로 들고 있는 배열에서의 인덱스를 개체 ID로 삼는 것이다.

  만약 모든 개체가 같은 컴포넌트들을 가진다면, 컴포넌트 배열들을 완전히 병렬로 둘 수 있다. AI 컴포넌트 배열 3번 칸에 있는 컴포넌트는 물리 컴포넌트 배열 3번 칸에 있는 컴포넌트와 함께 하나의 개체를 이룬다.

  하지만 이렇게 하면 모든 배열을 병렬로 유지**해야 한다.** 배열을 서로 다른 방식으로 정렬하거나 모아두기가 어렵다. 물리를 안 쓰거나 보이지 않는 개체를 만들고 싶을 수도 있는데, 모든 컴포넌트들이 배열 안에서 같은 위치에 있어야 한다면 물리 컴포넌트 배열과 렌더링 컴포넌트 배열을 적합하게 정렬할 방법이 없다.

17.8. 관련자료

- 이번 장은 많은 부분에서 컴포넌트 패턴(14장)과 관련이 있다. 컴포넌트 패턴은 분명 캐시 사용 최적화를 위해 가장 많이 사용되는 자료구조 중 하나다. 개체를 한 번에 한 '분야'(AI, 물리 등등)씩 업데이트하기 때문에, 이를 컴포넌트로 분리하면 큰 덩어리의 개체를 캐시에 적합한 크기로 나눌 수 있어서다.

  그렇다고 데이터 지역성 패턴을 꼭 컴포넌트 패턴과 함께 써야 한다는 건 아니다! 성능이 민감한 코드에서 많은 데이터를 작업해야 한다면 데이터 지역성을 고려하는 게 중요하다.

- 토니 알브레히트Tony Albrecht가 쓴 'Pitfalls of Object-Oriented Programming'(http://goo.gl/9VAM)는 캐시 최적화에 적합한 자료구조 설계를 소개하는 아마도 가장 유명한 글일 것이다. (나를 포함한) 많은 사람들이 이 글을 통해서 데이터 지역성이 성능에 얼마나 중요한지를 알게 되었다.

- 비슷한 시기에 노엘 로피스Noel Llopis도 'Data-Oriented Design (Or Why You Might Be Shooting Yourself in The Foot With OOP)'(http://goo.gl/leNQe)이라는 굉장히 영향력 있는 블로그 글을 올렸다.

- 데이터 지역성 패턴에서는 거의 언제나 단일 자료형을 하나의 연속된 배열에 나열하는 방식을 활용하고 있다. 객체는 시간이 지남에 따라 배열에 추가되거나 제거된다. 이런 면에서는 객체 풀 패턴(19장)이라고도 볼 수 있다.

- Artemis 게임 엔진(http://gamadu.com/artemis)은 거의 처음으로 ID만 가지고 게임 개체를 표현한 것으로 잘 알려진 프레임워크다.

CHAPTER 18

더티 플래그

18.1. 의도

불필요한 작업을 피하기 위해 실제로 필요할 때까지 그 일을 미룬다.

18.2. 동기

많은 게임에서 월드에 들어 있는 모든 객체를 **장면 그래프**scene graph라는 큰 자료구조에 저장한다. 렌더링 코드에서는 장면 그래프를 이용해서 어떤 것을 화면에 그려야 하는지를 결정한다.

장면 그래프를 가장 간단하게 만들겠다면 그냥 객체 리스트 하나만 있으면 된다. 모든 객체에는 모델 혹은 그래픽에 관련된 기본단위 데이터와 함께 **변환 값**transform이 들어 있다. 변환 값은 객체의 위치, 회전, 크기 조절scale 정도를 표현한다. 변환 값만 바꾸면 쉽게 객체를 옮기거나 회전시킬 수 있다.[1]

렌더러가 객체를 그릴 때에는 먼저 객체 모델을 받아서 변환을 적용한 뒤에 화면에 그린다. 장면 **그래프**가 아닌 단순한 장면 **집합**scene bag이었다면 더 이상 고민할 것 없이 이걸로 구현이 끝났을 것이다.

---

[1] 변환 값을 어떻게 저장하고 바꾸는지는 이 책에서 다루지 않는다. 반 농담 삼아 얘기하자면 '4 × 4 행렬' 한 단어로 요약할 수 있다. 변환 두 개를 합치면 변환 한 개로 만들 수 있다. 객체를 이동한 후에 회전하려면 이들 행렬을 곱해 하나의 변환을 얻을 수 있다. 왜, 어떻게 그렇게 되는지는 직접 연습해보기 바란다.

하지만 장면 그래프는 거의가 **계층형**이다. 장면 그래프의 객체는 자신에게 붙어 있는 객체의 상위 객체가 될 수 있다. 이럴 때 하위 객체의 변환 값은 절대 위치가 아닌 **상위** 위치에 상대적인 값으로 저장된다.

게임에서 해적선이 바다에 떠 있다고 해보자. 돛대에는 망대가 달려 있다. 망대 위에는 해적이 구부정하게 서 있다. 앵무새는 해적 어깨에 앉아 있다. 배의 변환 값은 바다에서의 배의 위치를 보여주고, 망대의 변환 값은 배에서의 망대 위치를 보여주는 식이다.

그림 18-1 프로그래머가 그린 예술 작품!

이때 상위 객체가 이동하면 하위 객체들도 따라서 같이 움직인다. 즉, 배의 지역 변환 값이 바뀌면, 망대, 해적, 앵무새도 같이 움직인다. 이걸 배가 이동할 때마다 모든 하위 객체가 미끄러지지 않도록 직접 변환 값을 바꿔줘야 한다면 골치 아플 것이다.[2]

하지만 화면에 앵무새를 그리기 위해서는 앵무새의 절대 위치를 알아야 한다. 즉, 객체를 그리기 위해서는 객체의 **지역 변환 값**local transform이 아닌 **월드 변환 값**world transform을 알아야 한다.

----

2 사실 배 위에서는 파도가 출렁거릴 때마다 **실제로** 미끄러지지 않도록 계속 균형을 잡아줘야 한다. 좀 더 단순한 예를 들었어야 했을지도 모르겠다.

지역 변환과 월드 변환

객체의 월드 변환 계산은 간단하다. 최상위 노드로부터 내려오는 동안 계속해서 변환 값을 합치면 된다. 즉, 앵무새의 월드 변환은 다음과 같다.[3]

그림 18-2 상위 객체의 지역 변환 값으로부터 앵무새의 월드 변환 값을 계산한다.[4]

모델별로 필요한 행렬 곱셈은 몇 안 된다고 해도 모든 객체에 대해서 매 프레임마다 월드 변환 계산을 해야 한다면 성능에 크게 영향을 준다. 상위 객체가 이동하면 자신의 월드 변환뿐만 아니라 전체 하위 객체에게도 재귀적으로 영향을 미치기 때문에 객체 행렬 값을 최신으로 유지하기가 쉽지 않다.

가장 간단한 방법은 렌더링할 때마다 새로 계산하는 것이다. 프레임마다 장면 그래프를 최상위 노드부터 순회할 텐데, 그때마다 객체의 월드 변환 값을 계산해 그리면 된다.

하지만 이렇게 하면 귀중한 CPU 자원을 엄청나게 낭비한다. 매 프레임마다 움직이는 객체는 많지 않다. 레벨을 구성하는 정적 지형을 생각해보라. 이렇게 전혀 움직이지 **않는** 지형에 대해서 매번 월드 변환을 재계산하는 것은 낭비다.

월드 변환 값 캐싱

확실한 방법은 변환 값을 **캐시**하는 것이다. 모든 객체의 지역 변환 값과 파생 월드 변환 값을 저장한다. 렌더링할 때에는 미리 계산해놓은 월드 변환 값을 사용한다. 객체가 전혀 움직이지 않았다면 캐시해놓은 변환 값을 그냥 쓰면 된다.

객체가 움직이면 월드 변환 값도 같이 업데이트하면 된다. 하지만 계층구조를 잊지 말자! 상위 객체가 움직이면 상위 객체의 월드 변환 값만 재계산하는 게 아니라 **하위 객체들의 월드 변환**

---

3 객체에 상위 객체가 없다면, 지역 변환 값과 월드 변환 값이 같다.
4 배는 상위 노드가 없기 때문에 지역 변환 값이 월드 변환 값과 동일하다. – 옮긴이

값도 재귀적으로 전부 재계산해야 한다.

굉장히 복잡한 장면을 상상해보자. 한 프레임에서 배는 바다 위에서 출렁이고, 망대는 바람에 흔들거린다. 해적은 망대 위에 있고 앵무새는 해적의 머리 위를 왔다 갔다 한다. 이를 위해서는 4개의 지역 변환 값을 바꿔야 한다. 지역 변환이 바뀔 때마다 관련된 모든 월드 변환을 매번 재계산한다면 어떤 일이 벌어질까?

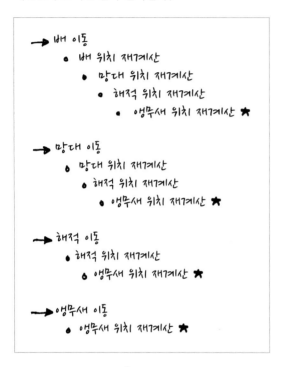

그림 18-3 중복 계산이 많다.[5]

객체는 4개가 움직였을 뿐인데 월드 변환 계산은 **10번** 해야 했다. 그중 6번의 계산 결과는 렌더링에서 사용되기도 전에 버려졌다. 앵무새를 한 번 그리기 위해서 월드 변환을 **4번**이나 계산했다.

문제는 월드 변환이 여러 개의 지역 변환에 의존한다는 점이다. 상위 객체의 지역 변환 중 **하나**라도 바뀌면 바로 재계산하다 보니 한 프레임 내에서 같은 변환을 여러 번 재계산하게 된다.

....

5 ★ 표시를 보면 앵무새의 월드 변환을 **네 번** 계산한다는 것을 알 수 있다. 실제로는 마지막 값만 있으면 된다.

재계산 미루기

이 문제를 해결하기 위해서 지역 변환 값 변경과 월드 변환 값 업데이트를 분리하려 한다. 이러면 필요한 지역 변환 값부터 한 번에 전부 변경한 **뒤에** 업데이트해야 하는 월드 변환 값을 렌더링 직전에 한 번만 재계산하면 된다.[6]

이를 위해서 장면 그래프에 들어가는 객체에 **플래그**^{flag}'를 추가한다. 프로그래밍에서 '플래그'와 '비트'는 둘 중 하나의 상태만 될 수 있는 작은 데이터를 뜻하는 동의어다. 이들 상태는 참과 거짓, 또는 켜져 있음과 꺼져 있음 등으로 부른다. 이 책에서는 이들을 모두 혼용하겠다.

지역 변환 값이 바뀌면 플래그를 켠다. 객체의 월드 변환 값이 필요할 때에는 플래그를 검사한다. 플래그가 켜져 있으면 월드 변환을 계산한 뒤에 플래그를 끈다. 이때 플래그는 '월드 변환 값이 더 이상 맞지 않음'을 의미한다. 유래가 분명하진 않지만, 이렇게 '더 이상 맞지 않음'을 나타내는 플래그를 전통적으로 더럽다는 뜻의 '더티^{dirty}'라고 부른다. 그래서 이번 패턴의 이름이 더티 플래그인 것이다.

더티 플래그 패턴을 적용한 뒤 객체를 이동하면 다음과 같이 된다.

그림 18-4 더 이상 중복 계산을 하지 않는다.

이동해야 하는 객체의 월드 변환을 한 번만 계산하면 된다는 점에서 이보다 더 나은 결과는 없

---

6 많은 소프트웨어 아키텍처가 의도적으로 뭔가를 약간 지연시킨다는 점이 흥미롭다.

다. 더티 플래그 패턴에서는 1비트만으로 다음과 같은 결과를 얻을 수 있다.

- 상위 노드를 따라가면서 여러 번 지역 변환을 곱하던 것을 객체당 한 번의 재계산으로 합친다.
- 움직이지 않는 객체는 변환 계산을 하지 않는다.
- 그 외에도 렌더링 전에 제거될 객체는 월드 변환 계산을 하지 않아도 된다는 장점이 있다.

18.3. 패턴

계속해서 변경되는 **기본 값**primary data이 있다. **파생 값**derived data은 기본 값에 **비싼 작업**을 거쳐야 얻을 수 있다. '**더티**' 플래그는 파생 값이 참조하는 기본 값의 변경 여부를 추적한다. 즉 더티 플래그는 **기본 값이 변경되면 켜진다**. 파생 값을 써야 할 때 더티 플래그가 켜져 있다면 **다시 계산한 뒤에 플래그를 끈다**. 플래그가 꺼져 있다면 **이전에 캐시해놓은 파생 값**을 그대로 사용한다.

18.4. 언제 쓸 것인가?

이 책에 있는 다른 패턴에 비해서 더티 플래그는 상당히 구체적이다. 또한 대부분의 최적화와 마찬가지로, 코드가 복잡해지는 걸 감수할 정도로 성능 문제가 심할 때에만 사용해야 한다.

더티 플래그 패턴은 **계산**과 **동기화**라는 두 종류의 작업에 사용한다. 둘 다 기본 값으로부터 파생 값을 얻는 게 오래 걸리거나 다른 이유로 비용이 크다는 문제가 있다.

장면 그래프 예제에서는 계산 양이 많아서 처리가 느렸다. 한편 동기화는 파생 값이 디스크나 네트워크상에 있는 다른 기기 등 **원격**에 있다 보니 이를 가져오는 비용이 크다.

다른 요구사항들은 다음과 같다.

- **파생 값이 사용되는 횟수보다 기본 값이 더 자주 변경되어야 한다.** 이 패턴은 도중에 기본 값이 바뀌는 바람에 계산해놓은 파생 값이 사용 전에 무효화되는 걸 막는다. 기본 값이 바뀔 때마다 파생 값이 항상 필요하다면 더티 플래그 패턴은 전혀 쓸모가 없다.
- **점진적으로 업데이트하기가 어려워야 한다.** 해적선이 선창에 가득 실은 전체 노획물의 무게를 알고 싶다고 해보자. 노획물의 전체 무게에 더티 플래그 패턴을 적용한다면 매번 노획물을 추가, 제거할 때마다 플래그를 켜놓은 뒤에 전체 무게가 필요할 때 노획물을 전부 합계한 다음 플래그를 꺼야 한다.

하지만 **전체 무게 값을 유지한 상태에서** 노획물을 추가, 삭제할 때마다 그 무게를 전체 무게 값에 더하거나 빼는 게 더 간단하다. 이렇게 '물건을 사지 않고 대여료를 내듯이' 변동사항이 있을 때마다 파생 값을 업데 이트해둘 수만 있다면 더티 플래그로 필요할 때마다 모든 아이템 무게를 합산하는 것보다 나을 때가 많다.

요구사항만 보면 더티 플래그를 적용할 만한 곳이 거의 없어 보인다. 하지만 앞으로 더티 플래그가 유용한 곳을 계속 보게 될 것이다. 현재 작업 중인 게임 코드에서도 'dirty'로 검색해보면 더티 플래그 패턴을 쉽게 찾아볼 수 있을 것이다.[7]

18.5. 주의사항

지금 고민 중인 문제에 더티 플래그가 딱이라고 해도, 더티 플래그 패턴에는 몇 가지 주의해야 할 점이 있다.

너무 오래 지연하려면 비용이 든다

더티 플래그 패턴은 오래 걸리는 작업을 결과가 실제로 필요할 때까지 지연하지만, 막상 그때가 되면 결과가 **당장** 필요할 때가 많다. 하지만 애초에 이 패턴을 사용한 이유는 결과 계산이 느려서다!

예제 같은 월드 좌표 계산은 한 프레임 안에서도 금방 할 수 있기 때문에 크게 문제가 되지 않는다. 하지만 전체를 처리하는 데 상당한 시간이 걸리는 작업이 있다고 해보자. 이런 작업을 지연해놨다가 플레이어가 결과를 보고 싶어 할 때에야 처리를 **시작**한다면, 짜증나는 화면 멈춤 현상이 생길 수 있다.[8]

---

7 내가 'dirty'로 검색해봤을 때에는 '지저분한(dirty)' 꼼수를 쓴 것에 대해 변명하는 주석도 많이 볼 수 있었다.

8 자동으로 메모리를 관리하는 가비지 컬렉션 정책에서도 비슷한 모습을 볼 수 있다. 레퍼런스 횟수를 보고 메모리가 더 이상 사용하지 않으면 바로 해제할 수도 있지만, 그러려면 참조 상태가 바뀔 때마다 모든 레퍼런스 횟수를 업데이트하느라고 CPU가 낭비될 수 있다.

단순한 GC에서는 더 이상 새로운 메모리를 할당할 수 없을 때까지 메모리 회수를 늦추기도 하는데, 이럴 경우 정작 메모리가 필요할 때에는 GC가 전체 힙을 다 뒤져서 정리할 때까지 게임이 완전히 멈추는 무시무시한 'GC 멈춤(GC pause)' 현상을 피할 수 없다 (Full GC를 할 때 생기는 'GC 멈춤'을 'stop-the-world'(STW)라고 부르기도 한다. – 옮긴이).

지연 레퍼런스 카운팅(deferred ref-counting)과 증분(incremental) GC 같은 더 복잡한 GC에서는 이 두 방식을 절충한다. 즉 순수 참조 카운팅 방식보다는 드물게, GC 멈춤을 유발하는 전체 GC 방식보다는 더 자주 메모리를 회수한다.

작업 지연의 또 다른 문제는 뭔가 잘못되었을 때 작업이 전부 날아갈 수 있다는 점이다. 영속적인 상태 저장에 더티 플래그 패턴을 사용할 때는 더 그렇다.

예를 들어 텍스트 편집기는 '변경된 내용이 저장되지 않았음'을 안다. 편집기 제목 표시줄에서 파일 이름 옆에 보이는 * 표시는 말 그대로 더티 플래그를 눈으로 보여주는 표시다. 여기에서 기본 값은 메모리에 열려 있는 문서이고, 파생 값은 디스크에 있는 파일이다.

그림 18-5 GUI로 보는 더티 플래그

많은 편집기가 문서를 닫거나 애플리케이션을 종료하기 전에는 문서를 디스크에 저장하지 않는다. 보통은 이래도 상관없지만, 만에 하나 전원 케이블이 뽑히기라도 한다면 힘들게 작업해 놓은 게 날아간다.

편집기에 있는 백그라운드 백업 자동 저장 기능은 이런 단점을 보완한다. 크래시가 발생했을 때 날려먹는 작업량을 줄이고 싶다면 자동 저장 빈도를 늘리고, 계속 디스크에 저장하느라고 파일 시스템이 지저분해지는 걸 막고 싶다면 자동 저장 빈도를 줄이면 된다.

상태가 변할 때마다 플래그를 켜야 한다

파생 값은 기본 값으로부터 계산해 얻기 때문에, 본질적으로는 캐시와 같다. 데이터를 캐시할 때 가장 어려운 부분이 **캐시 무효화**cache invalidation다. 캐시 무효화란 원본 데이터가 변경될 때 캐시 값이 더 이상 맞지 않음을 제때 알려주는 작업이다. 이 패턴에서는 기본 값이 바뀌었을 때 더티 플래그를 켜주는 것을 의미한다.[9]

한 곳에서라도 놓치면 무효화된 파생 값을 사용하게 된다. 이러면 게임이 이상하게 작동하거나

---

[9] "컴퓨터 과학에서 어려운 것은 캐시 무효화와 이름 정하기, 이렇게 딱 두 개밖에 없다." 필 칼턴(Phil Karlton)이 남긴 말이다.

잡기 어려운 버그가 생길 수 있다. 더티 플래그 패턴을 사용할 때에는 기본 값을 변경하는 모든 코드가 더티 플래그를 같이 설정하도록 주의해야 한다.

이럴 때 기본 값을 변경하는 코드를 인터페이스 같은 걸로 캡슐화하는 것도 한 방법이다. 상태를 하나의 API에서만 변경할 수 있다면 더티 플래그를 놓치지 않고 켤 수 있다.

이전 파생 값을 메모리에 저장해둬야 한다

파생 값이 필요할 때 더티 플래그가 **꺼져** 있다면 미리 계산해둔 파생 값을 그대로 쓰면 된다. 당연한 얘기이지만, 나중에 사용하려면 파생 값을 메모리에 저장해둬야 한다.[10]

더티 플래그 패턴을 쓰지 않는다면 파생 값이 필요할 때마다 계산하고 다 사용한 뒤에는 버리면 된다. 파생 값이 필요할 때마다 계산하는 비용은 들지만, 메모리에 캐시하는 부담은 피할 수 있다.

다른 여러 최적화와 마찬가지로, 이 패턴은 속도를 위해 메모리를 희생한다. 이전에 계산한 데이터를 메모리에 저장함으로써, 값이 바뀌지 않았을 때 재계산하는 걸 막을 수 있다. 계산이 느리고 메모리가 남아돈다면 이래도 된다. 메모리보다 시간이 남는다면 필요할 때마다 계산하는 게 더 낫다.[11]

18.6. 예제 코드

'언제 쓸 것인가?'에서 봤던 수많은 요구사항을 만족한다고 가정하고 지금부터 패턴을 어떻게 구현할 수 있는지를 보자. 앞에서도 얘기했지만 변환 행렬 계산 구현은 이 책에서 다루지 않으므로 실제 구현은 어딘가에 있다고 치고 다음 클래스에서 이를 캡슐화했다고 가정하자.

---

10 더티 플래그 패턴을 동기화에 사용할 때에는 파생 값이 메모리가 아닌 다른 곳에 있기 때문에 큰 문제가 되지 않는다.
11 정반대로 압축 알고리즘은 압축을 푸는 데 필요한 계산 시간을 비용 삼아서 **공간**을 최적화한다.

```
class Transform {
public:
  static Transform origin();
  Transform combine(Transform& other);
};
```

여기에서 필요한 연산은 combine()뿐이다. combine()은 상위 노드를 따라서 지역 변환 값을 전부 결합해 객체의 월드 변환 값을 만들어 반환한다. origin()은 아무런 이동, 회전, 크기 변화가 없는 단위행렬identity matrix로 나타낸 기본 변환을 반환한다.

다음으로는 간단하게 장면 그래프에 들어갈 객체의 클래스를 보자. 더티 플래그 패턴을 적용하기 **이전** 클래스는 대강 다음과 같다.

```
class GraphNode {
public:
  GraphNode(Mesh* mesh)
  : mesh_(mesh),
    local_(Transform::origin()) {
  }

private:
  Transform local_;
  Mesh* mesh_;
  GraphNode* children_[MAX_CHILDREN];
  int numChildren_;
};
```

모든 노드에는 상위 노드를 기준으로 위치 등을 나타내는 지역 변환 값이 들어 있다. Mesh는 실제로 객체를 표현하는 그래픽스 객체다(보이지는 않지만 하위 노드를 묶는 용도로 사용되는 노드에서는 mesh_ 포인터가 NULL일 수 있다). 마지막으로 노드에는 하위 노드 컬렉션이 있는데, 이 컬렉션은 비어 있을 수도 있다.

이들 클래스를 사용하는 '장면 그래프'는 월드에 있는 모든 객체를 하위(혹은 하위 노드의 하위 노드…)에 두는 하나의 최상단 GraphNode가 된다.

```
GraphNode* graph_ = new GraphNode(NULL);
// 하위 노드를 루트 노드에 추가한다...
```

장면 그래프를 그리기 위해서는 루트부터 시작해서 전체 노드 트리를 순회하면서 각 노드마다 알맞은 월드 변환과 메시 값을 인수로 renderMesh 함수를 호출하면 된다.

```
void renderMesh(Mesh* mesh, Transform transform);
```

여기에서 renderMesh( )를 따로 구현하지는 않는다. 그냥 렌더링 코드가 특정 메시를 월드 어
딘가에 그리는 데 필요한 작업을 한다고 치자. 장면 그래프에 있는 모든 노드에 대해서 이 함수
를 정확하고 효과적으로 호출해주기만 하면 된다.

최적화되지 않은 순회

우리 손을 더럽히기dirty 위해, 매번 월드 위치를 계산하면서 장면 그래프를 렌더링하기 위한
기본 순회 코드부터 간단하게 만들어보자. 이 코드는 최적화되지 않았지만 그만큼 단순하다.
GraphNode 클래스에 다음 메서드를 추가하자.

```
void GraphNode::render(Transform parentWorld) {
  Transform world = local_.combine(parentWorld);
  if (mesh_) renderMesh(mesh_, world);

  for (int i = 0; i < numChildren_; i++) {
    children_[i]->render(world);
  }
}
```

상위 노드의 월드 변환 값은 parentWorld 값으로 들어온다. **이걸** 노드의 지역 변환 값과 결합
하기만 하면 노드의 정확한 월드 변환 값을 얻을 수 있다. 이미 노드를 순회하면서 하위 노드로
따라 **내려올** 때 변환 값을 같이 결합해가면서 왔기 때문에 따로 상위 노드를 따라 **올라가면서**
월드 변환을 계산하지 않아도 된다.

먼저 노드의 월드 변환을 계산해 world 변수에 저장한 뒤에 mesh_가 있을 경우 메시를 그린다.
마지막으로 계산한 노드의 월드 변환을 인수로 하여 모든 하위 노드에 대해 재귀 호출을 한다.
render( )는 한 번에 모든 작업을 처리할 수 있는 굉장히 깔끔하면서도 단순한 재귀 함수다.

장면 그래프 전체를 그리기 위해서는 다음과 같이 루트 노드부터 시작하면 된다.

```
graph_->render(Transform::origin());
```

이제 더럽혀보자

이 코드는 모든 메시를 정확한 위치에 그린다는 점에서 제대로 동작한다. 다만 매 프레임마다 장면 그래프에 있는 모든 노드에 대해서 `local_.combine(parentWorld)`를 호출하고 있다는 점에서 비효율적이다. 더티 플래그 패턴으로 어떻게 해결할 수 있는지 보자. 먼저 GraphNode 에 필드 두 개를 추가한다.

```
class GraphNode {
public:
  GraphNode(Mesh* mesh)
  : mesh_(mesh),
    local_(Transform::origin()),
    dirty_(true) {
  }

  // 다른 메서드들...

private:
  Transform world_;
  bool dirty_;
  // 다른 필드들...
};
```

`world_` 필드에는 이전에 계산한 월드 변환 값을 저장한다. 당연히 `dirty_`는 더티 플래그다. 더티 플래그의 초기 값은 참이다. 처음 만들어진 노드는 아직 월드 변환 계산을 하지 않아 지역 변환 값이 반영되지 않았기 때문이다.

더티 플래그 패턴은 **움직일** 수 있는 객체에 필요하니 움직이는 기능을 추가하자.

```
void GraphNode::setTransform(Transform local) {
  local_ = local;
  dirty_ = true;
}
```

setTransform( )이 호출될 때 더티 플래그도 같이 켜진다는 점이 중요하다. 이게 끝일까? 아니다. 하위 노드들도 챙겨야 한다.

상위 노드가 이동하면 모든 하위 노드들의 월드 변환 값 역시 무효화된다. 하지만 여기에서는 하위 노드의 더티 플래그 값을 켜지 않는다. 그렇게 해도 **되겠지만** 재귀 함수를 호출해야 하고 느리다. 그보다는 렌더링할 때 더 멋지게 처리할 수 있다. 코드를 보자.[12]

```
void GraphNode::render(Transform parentWorld, bool dirty) {
  dirty |= dirty_;
  if (dirty) {
    world_ = local_.combine(parentWorld);
    dirty_ = false;
  }

  if (mesh_) renderMesh(mesh_, world_);

  for (int i = 0; i < numChildren_; i++) {
    children_[i]->render(world_, dirty);
  }
}
```

이전에 대충 구현한 것과 크게 다르지 않다. 중요한 차이점이라면 월드 변환 값을 계산하기 전에 먼저 노드가 더러운지를[dirty] 확인하고, 계산한 월드 변환 값을 지역 변수가 아닌 필드에 저장한다는 점이다. 노드가 더럽지 않다면, combine( )을 호출하는 부분을 건너뛰고 이미 계산해놓은 world_ 값을 사용한다.

dirty 매개변수가 핵심이다. 노드의 상위 노드 중에서 어느 한 노드라도 더럽다면 이 값이 참이 된다. parentWorld 값이 계층을 따라 내려오면서 순차적으로 업데이트되는 것과 마찬가지

---

12 여기에서는 if문 검사가 행렬 곱셈보다 빠르다고 가정한다. 비트 하나를 검사하는 게 여러 부동 소수점 값을 산술 계산하는 것보다 당연히 빠를 거라고 생각할 수 있다.
　하지만 요즘 CPU는 상상 이상으로 복잡하다. CPU에서는 명령을 순차적으로 큐에 넣는 **파이프라이닝** 기법에 많이 의존한다. if 같은 분기문에서 **분기 예측 실패**가 일어나면 CPU는 파이프라인을 다시 채우기 위해 사이클을 낭비하게 된다.
　최신 CPU가 성능을 더 내기 위해 어떤 노력을 하는지, 이런 CPU의 성능을 떨어뜨리지 않으려면 무엇을 피해야 하는지는 데이터 지역성(17장)에서 더 자세히 다룬다.

로, 더티 플래그 값도 상위 노드의 더티 플래그 값이 따라 내려온다.

덕분에 setTransform()에서 모든 하위 노드의 dirty_ 플래그를 재귀로 켜지 않아도 된다. 대신 렌더링할 때 상위 노드의 더티 플래그 값을 전달해서 월드 변환 값을 재계산해야 하는지 여부를 검사한다.

결과적으로는 원했던 대로 노드의 지역 변환 값을 몇 번의 대입만으로 바꿀 수 있고 렌더링할 때에는 이전 프레임 이후로 변경된 노드에 대해서만 최소한으로 월드 변환 계산을 하면 된다.[13]

18.7. 디자인 결정

이번 패턴은 상당히 구체적이어서 손댈 곳이 별로 없다.

더티 플래그를 언제 끌 것인가?

| 결과가 필요할 때 |

- **결과 값이 필요 없다면 아예 계산하지 않을 수 있다.** 파생 값이 사용되는 빈도보다 기본 값이 훨씬 자주 바뀔 때 좋다.
- **계산 시간이 오래 걸린다면 거슬리는 멈춤 현상이 생길 수 있다.** 실제로 결과 값이 필요한 순간까지 작업을 늦추다 보면 게임플레이 경험을 해칠 수 있다. 일반적으로는 계산이 충분히 빠르기 때문에 문제가 안 되지만, 작업이 오래 걸린다면 더 일찍 계산해야 할 것이다.

| 미리 정해놓은 지점에서 할 때 |

때로는 시간이나 게임 흐름상 지연해놨던 작업을 처리하는 게 자연스러운 순간이 있다. 예를 들어 해적선을 항구에 정박할 때에만 게임을 저장하게 할 수 있다. 아니면 게임 시스템과는 상관없이, 로딩 화면이나 컷신이 나오는 동안 지연 작업을 뒤에서 처리하는 수도 있다.

- **지연 작업 처리가 플레이 경험에 영향을 미치지 않는다.** 이전 방법과는 다르게 게임에서 작업을 바쁘게 처

---

13 이런 기법은 GraphNode에서 render()외에는 최신 월드 변환 값을 필요로 하는 곳이 없을 때만 가능하다. 다른 곳에서도 최신 월드 변환 값을 필요로 한다면 다르게 구현해야 한다.

리하는 동안 플레이어의 관심을 돌릴 수 있는 화면 같은 것을 보여줄 수 있다.

- **전과는 반대로 작업 처리 시점을 제어할 수 없다.** 이 방식에서는 지연 작업 처리를 언제 할지를 세밀하게 제어할 수 있고, 이를 게임에서 깔끔하게 처리하게 할 수 있다. 하지만 플레이어를 정해진 위치에 억지로 보내거나 특정 행동을 하도록 강제할 수는 없다. 플레이어가 길을 잃거나 게임 상태가 꼬여버리면 의도했던 것보다 훨씬 오래 작업이 지연될 수 있다.

| 백그라운드로 처리할 때 |

처음 값을 변경할 때 정해진 타이머를 추가하고 타이머가 돌아왔을 때 지금까지의 변경사항을 처리한다.[14]

- **얼마나 자주 작업을 처리할지를 조절할 수 있다.** 타이머 간격을 조절해 지연 작업을 얼마나 자주(혹은 얼마나 덜 자주) 처리할지를 정할 수 있다.
- **필요 없는 작업을 더 많이 할 수 있다.** 타이머가 돌아온 동안 변경된 상태가 얼마 안 되더라도, 대부분은 변경 안 된 다른 데이터까지 같이 처리해야 할 수도 있다.
- **비동기 작업을 지원해야 한다.** '백그라운드'로 데이터를 처리한다는 것은 그동안 플레이어도 하던 일을 계속할 수 있어야 한다는 뜻이다. 즉, 멀티스레딩이나 그 외 동시성 기법으로 데이터에 접근해야 한다.

  이때 플레이어 역시 같은 상태를 가지고 플레이하면서 상호작용할 수 있기 때문에, 동시적으로 데이터를 안전하게 변경할 수 있도록 해야 한다.

더티 플래그는 값 변화를 얼마나 세밀하게 관리해야 하는가?

개발 중인 해적 게임에서 플레이어가 해적선을 만들고 개조할 수 있다고 해보자. 해적선은 서버에 자동 저장되기 때문에 플레이어는 언제든지 이전 상태에서 다시 시작할 수 있다. 이때 어느 갑판이 변경되어 값을 서버로 보내야 할지를 더티 플래그로 확인한다. 서버로 보내는 데이터에는 변경된 배에 대한 데이터와 배의 어디가 변경되었는지를 나타내는 메타데이터가 들어 있다.

| 더 세밀하게 관리된다면 |

갑판의 모든 널빤지마다 더티 플래그를 붙인다고 해보자.

- **실제로 변경된 데이터만 처리한다.** 정확하게 배에서 실제로 변경된 부분만 서버로 전달한다.

---

14 HCI(human–computer interaction)에서는 프로그램이 사용자 입력을 받았을 때 일부러 약간 기다렸다가 응답하는 것을 **이력현상**(hysteresis)이라고 한다(http://goo.gl/Jg0EMy 참고 – 옮긴이).

| 더 듬성듬성하게 관리한다면 |

대신 갑판별로 더티 비트를 둘 수도 있다. 갑판이 어느 하나라도 바뀐다면 갑판 전체에 대한 더티 비트가 켜진다.

- **변경 안 된 데이터도 같이 처리해야 된다.** 갑판에 물통 하나만 추가해도 갑판 전체 데이터를 서버에 전송해야 한다.
- **더티 플래그에 드는 메모리가 줄어든다.** 갑판에 물통을 10개 추가한다고 해도 1비트 플래그로 전부 관리할 수 있다.
- **고정 오버헤드에 드는 시간을 줄일 수 있다.** 어떤 변경 데이터를 처리할 때 데이터 처리 외에도 일종의 고정 작업을 해야 할 때가 많다. 예제에서는 변경된 데이터가 배의 어디에 있는지를 알기 위해 필요한 메타데이터가 이에 해당한다. 데이터를 더 큰 단위로 처리할수록 메타데이터가 적게 필요하고, 따라서 오버헤드도 줄어든다.

18.8. 관련자료

- 이번 패턴은 게임 외에도 앵귤러Angular 같은 브라우저-사이드 웹 프레임워크에서도 흔하게 사용된다. 앵귤러에서는 브라우저에서 어느 데이터가 변경되었고 서버에 올려야 할지를 더티 플래그로 관리한다.
- 물리 엔진에서는 어떤 객체가 움직이는 중인지, 멈춰 있는지를 기록한다. 멈춰 있는 물체는 충격을 받기 전에는 움직이지 않기 때문에, 누가 건드리기 전에는 아무런 처리를 하지 않는다. 이런 isMoving 플래그는 객체가 힘을 적용받아 물리 처리를 해야 하는지를 알려주는 더티 플래그가 된다.

CHAPTER 19

객체 풀

19.1. 의도

객체를 매번 할당, 해제하지 않고 고정 크기 풀에 들어 있는 객체를 재사용함으로써 메모리 사용 성능을 개선한다.

19.2. 동기

게임에는 시각적 효과가 필요하다. 영웅이 마법을 쓰면 광채가 화면을 팍 지나가야 한다. 이를 위해서는 작고 반짝거리는 것을 만들어 스르륵 사라질 때까지 움직이게 해주는 **파티클 시스템**이 필요하다.

마법봉을 한 번 휘두르는 것만으로도 수백 개의 파티클이 생성될 수 있기 때문에, 파티클 시스템에서는 파티클을 굉장히 빠르게 만들 수 있어야 한다. 더 중요한 것은 이렇게 파티클을 생성, 제거하는 과정에서 **메모리 단편화**가 생겨서는 안 된다는 점이다.

메모리 단편화의 저주

콘솔 게임이나 모바일 게임 개발은 메모리는 부족하고, 사용자는 게임이 조금만 버벅거려도 투덜대고, 효율 좋은 메모리 관리자는 거의 쓸 수 없다는 점에서 전통적인 PC 프로그래밍보다 임

베디드 개발에 가깝다. 이런 환경에서 메모리 단편화는 치명적이다.

단편화란 힙에 사용 가능한 메모리 공간이 크게 뭉쳐 있지 않고 작게 조각나 있는 상태를 말한다. **전체** 사용 가능한 메모리 양은 많아도 **연속해서 사용 가능한** 영역은 굉장히 작을 수 있다. 예를 들어 14바이트를 쓸 수 있다고 해도 7바이트씩 나뉘어 있고 그 사이에 사용 중인 메모리가 끼어 있다면 12바이트를 새로 할당할 수 없다. 이러면 더 이상 파티클을 화면에 추가할 수 없다.[1]

힙이 어떻게 단편화되는지, 이론적으로는 충분한 메모리가 있음에도 불구하고 왜 메모리 할당이 실패하는지를 그림으로 보자.

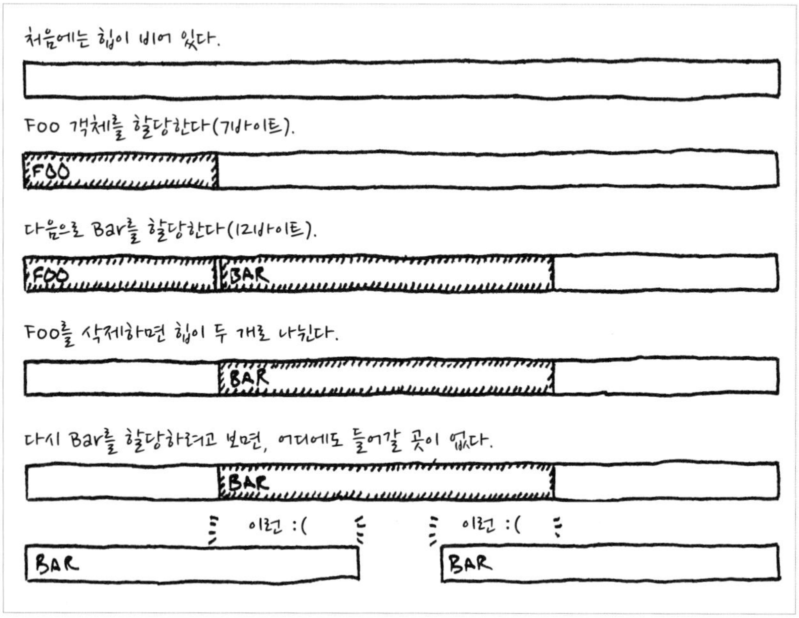

그림 19-1 메모리는 충분히 남아 있지만, 연속해서 비어 있는 메모리는 부족하다.

단편화가 빈번하지 않더라도 단편화를 그냥 놔두면, 지속적으로 힙에 구멍과 틈을 내서 힙을 사용 못 하게 하고 결국에는 게임을 망가뜨린다.[2]

---

1 많은 차가 주차되어 있는 복잡한 도로에서 평행주차하는 것과 비슷하다. 차들을 빽빽하게 주차해놨다면 모를까 널찍하게 주차해놨다면 공간이 **단편화**되어 실제 공간에 비해서 주차할 공간이 부족해진다.

2 많은 콘솔 제조사에서는 게임 출시 전에 먼저 게임을 데모 모드로 며칠 동안 켜두는 '침투 테스트(soak test)' 통과를 요구한다. 테스트 중에 게임이 뻗으면 출시할 수 없다. 드물게 생기는 버그 때문에 침투 테스트가 실패하기도 하지만 대부분은 조금씩 늘어나는 메모리 단편화나 메모리 누수가 원인이다.

둘 다 만족시키기

단편화와 메모리 할당 속도 때문에 게임에서는 메모리를 언제 어떻게 관리할지를 엄청 신경 쓴다. 보통은 단순한 방법이 최선이다. 즉, 게임이 실행될 때 메모리를 미리 크게 잡아놓고 끝날 때까지 계속 들고 있으면 된다. 하지만 이것도 게임 실행 중에 객체를 생성, 제거해야 하는 시스템 입장에서는 골치가 아프다.

이럴 때 객체 풀은 양쪽 모두를 만족시킬 수 있다. 메모리 관리자 입장에서는 처음에 한번 메모리를 크게 잡아놓고 게임이 실행되는 동안 계속 들고 있을 수 있다. 객체 풀 사용자 입장에서는 마음껏 객체를 할당, 해제할 수 있다.

19.3. 패턴

재사용 가능한 객체들을 모아놓은 객체 **풀** 클래스를 정의한다. 여기에 들어가는 객체는 현재 자신이 '**사용 중**'인지 **여부**를 알 수 있는 방법을 제공해야 한다. 풀은 초기화될 때 사용할 객체들을 미리 생성하고(보통 같은 종류의 객체를 연속된 배열에 넣는다), 이들 객체를 '사용 안 함' 상태로 초기화한다.

새로운 객체가 필요하면 풀에 요청한다. 풀은 사용 가능한 객체를 찾아 '사용 중'으로 초기화한 뒤 반환한다. 객체를 더 이상 사용하지 않는다면 '사용 안 함' 상태로 되돌린다. 이런 식으로 메모리나 다른 자원 할당을 신경 쓰지 않고 마음껏 객체를 생성, 삭제할 수 있다.

19.4. 언제 쓸 것인가?

객체 풀 패턴은 게임 개체나 시각적 효과같이 눈으로 볼 수 있는 것에 많이 사용된다. 물론 현재 출력 중인 사운드같이 눈에 잘 보이지 않는 객체에도 사용된다. 다음과 같을 때 사용하면 좋다.

- 객체를 빈번하게 생성/삭제해야 한다.
- 객체들의 크기가 비슷하다.
- 객체를 힙에 생성하기가 느리거나 메모리 단편화가 우려된다.

- 데이터베이스 연결이나 네트워크 연결같이 접근 비용이 비싸면서 재사용 가능한 자원을 객체가 캡슐화하고 있다.

19.5. 주의사항

많이들 가비지 컬렉터나 new, delete로 메모리를 관리한다. 객체 풀을 쓰겠다는 것은 '메모리를 어떻게 처리할지를 내가 더 잘 안다'라고 선언하는 셈이다.[3] 즉, 객체 풀의 한계도 우리가 직접 해결해야 한다.

객체 풀에서 사용되지 않는 객체는 메모리 낭비와 다를 바 없다

객체 풀은 필요에 따라 크기를 조절해야 한다. 크기가 너무 **작으면** (크래시가 날 테니) 바로 알 수 있다. 하지만 동시에 풀이 너무 **커지지** 않도록 주의해야 한다. 풀을 작게 만들수록 이렇게 아낀 메모리를 다른 용도로 활용할 수 있다.

한 번에 사용 가능한 객체 개수가 정해져 있다

어떤 면에서는 장점이기도 하다. 메모리를 객체 종류별로 별개의 풀로 나눠놓으면 한 번에 이펙트가 많이 터진다고 파티클 시스템이 메모리를 **전부** 먹는다거나 메모리가 부족해 새로운 적 객체를 생성하지 못하는 문제를 막을 수 있다.

어쨌거나 객체 풀의 모든 객체가 사용 중이어서 재사용할 객체를 반환받지 못할 때를 대비해야 한다. 몇 가지 대비책이 있다.

- **이런 일이 아예 생기지 않게 한다.** 가장 흔한 '해결 방법'이다. 즉, 사용자가 어떻게 하더라도 풀이 절대 부족하지 않도록 풀의 크기를 조절한다. 적이나 아이템같이 중요한 객체 풀에서는 이게 답인 경우가 많다. 끝 판까지 가서 보스를 생성해야 하는데 객체 풀이 부족하면 딱히 다른 해결책이 없기 때문에 아예 이런 일이 생기게 않게 하는 게 최선이다.

  단점은 몇 번 없을 최악의 상황에 맞춰서 객체 풀의 크기를 유지해야 한다는 점이다. 이런 면에서 풀의 크

---

3 윈도우에서 16kB 이하 메모리를 많이 할당한다면 직접 만든 메모리 풀보다 LFH(low-fragmentation heap)를 썼을 때 더 효과가 좋은 경우가 많다고 하니 참고하자. https://goo.gl/TV6zXe – 옮긴이

기를 정해놓는 것이 언제나 최선은 아닐 수도 있다. 어떤 레벨에서는 이펙트가 많이 나오는 반면, 다른 레벨에서는 사운드가 풍부하게 나올 수도 있으니 말이다. 이럴 때는 상황에 따라 풀의 크기를 다르게 조절할 수 있는지 고려해보자.

- **그냥 객체를 생성하지 않는다.** 과격하게 들릴 수 있지만, 파티클 시스템 같은 곳에서는 말이 된다. 모든 파티클이 사용 중이라면 이미 번쩍거리는 그래픽이 화면을 뒤덮고 있다는 얘기다. 이럴 때 새로운 폭발 이펙트는 이전 것보다 화려하게 터지지 않는 이상 그다지 눈에 띄지 않는다.

- **기존 객체를 강제로 제거한다.** 현재 재생 중인 사운드를 객체 풀로 관리하고 있는데, 이미 풀이 비어 있는[4] 상태에서 새로운 사운드를 틀어야 한다고 해보자. 마법봉을 멋지게 휘둘렀는데도 **가끔씩** 소리가 나지 않는다면 유저가 거슬려할 테니 새로운 사운드 생성을 그냥 무시하고 싶진 **않다.** 그럴 때는 이미 재생 중인 사운드 중에서 가장 소리가 작은 것을 새로운 사운드로 교체하는 게 낫다. 새로운 사운드는 기존 사운드를 덮어쓴다.

  기존 객체가 **사라지는** 것이 새로 나와야 할 객체가 **안 보이는** 것보다 눈에 덜 띌 때 이 방법을 사용한다.

- **풀의 크기를 늘린다.** 게임에서 메모리를 좀 더 유연하게 사용할 수 있다면 런타임에 풀의 크기를 늘리거나 보조 풀을 만들 수도 있다. 어떤 방식으로든 메모리를 더 얻었다면, 추가로 늘린 메모리를 더 이상 쓰지 않을 때는 객체 풀의 크기를 원래대로 줄일 것인지 그대로 둘지를 정해야 한다.

객체를 위한 메모리 크기는 고정되어 있다

대부분은 객체 풀에서 객체를 배열로 관리하도록 구현한다. 풀에 들어가는 객체가 전부 같은 자료형이라면 상관없다. 다른 자료형인 객체나 필드가 추가된 하위 클래스의 인스턴스를 같은 풀에 넣고 싶다면 풀의 배열 한 칸 크기를 크기가 **가장 큰** 자료형에 맞춰야 한다. 생각지 못한 큰 객체가 풀에 들어오면 다음 칸에 들어 있는 객체의 메모리를 덮어써버린다.

객체 크기가 다양하면 메모리를 낭비하게 된다. 배열 한 칸 크기는 객체 풀에 들어갈 객체 중에서 가장 큰 게 들어갈 정도로 커야 한다. 대부분의 객체가 배열 한 칸 크기보다 작다면, 그런 객체를 풀에 넣을 때마다 남는 메모리가 낭비된다. 공항에서 검색대에 짐을 통과할 때 열쇠와 지갑을 커다란 캐리어용 바구니에 담는 것과 다를 바 없다.

그보다는 여행 가방은 큰 바구니에, 주머니에 들어 있는 물건은 작은 바구니에 담는 것처럼 객체 크기별로 풀을 나누는 게 좋다.[5]

---

4 재사용 가능한 객체가 남아 있지 않은 – 옮긴이
5 이 방법은 속도 효율을 중요시하는 메모리 관리자에서 흔히 볼 수 있다. 메모리 관리자는 블록 크기에 따라 풀을 여러 개 준비한다. 메모리 요청을 받으면 크기에 맞는 풀에서 사용 가능한 메모리를 찾아 반환한다.

재사용되는 객체는 저절로 초기화되지 않는다

거의 모든 메모리 관리자가 디버깅을 위해 새로 할당한 메모리를 초기화하거나 삭제된 메모리를 구별할 수 있도록 `0xdeadbeef` 같은 특수한 값[6]을 덮어써준다. 이런 기능은 초기화되지 않은 변수나 이미 해제된 메모리를 사용하는 바람에 생기는 골치 아픈 버그를 찾는 데 큰 도움이 된다.

객체 풀은 메모리 관리자를 통하지 않고 객체를 재사용하기 때문에 이런 안전망이 없다. 게다가 '새로운' 객체용으로 할당받은 메모리에는 이전 객체의 상태가 **거의** 그대로 들어 있어서 초기화를 했는지 여부를 구별하기가 거의 불가능하다.

그렇기 때문에 풀에서 새로운 객체를 초기화할 때에는 주의해서 객체를 **완전히** 초기화해야 한다. 객체를 회수할 때 객체가 들어 있는 배열의 메모리를 싹 초기화[7]하는 디버깅 기능을 추가하는 것도 고려해볼 만하다.[8]

사용 중이지 않은 객체도 메모리에 남아 있다

가비지 컬렉션을 지원하는 시스템에서는 GC가 메모리 단편화를 알아서 처리하기 때문에 객체 풀을 덜 쓰는 편이다. 그래도 모바일같이 CPU가 느리고 단순한 GC만 지원하는 곳에서는 객체 풀로 메모리 할당, 해제 비용을 줄이는 게 의미가 있다.

GC와 객체 풀을 같이 사용한다면 충돌에 주의해야 한다. 객체 풀에서는 객체가 사용 중이 아니어도 메모리를 해제하지 않기 때문에 객체가 계속 메모리에 남는다. 이때 이들 객체가 **다른** 객체를 참조하고 있다면 GC에서 그 객체를 회수할 수 없다. 이런 문제를 피하려면 풀에 있는 객체를 더 이상 사용하지 않을 때 객체에서 다른 객체를 참조하는 부분을 전부 정리해야 한다.

---

6 '죽은 쇠고기'를 뜻하는 dead beef와 철자가 같다. 이런 프로그래머들의 말장난을 hexspeak라고 한다. – 옮긴이

7 여러분이 메모리를 `0x1deadb0b` 값으로 초기화해준다면 영광으로 생각하겠다(dead beef와 마찬가지로 one dead Bob을 16진수로 표현한 것이다. Bob은 저자 이름 Robert의 애칭이다. – 옮긴이).

8 메모리 풀 관련 버그 때문에 2, 3일에 한 번씩 서버가 죽는 버그를 몇 주간 겪고 나면 이런 디버깅 기능이 얼마나 소중한지 알게 된다. – 옮긴이

19.6. 예제 코드

실제 파티클 시스템에는 중력, 바람, 마찰 같은 여러 물리 효과가 적용된다. 예제에서는 단순하게 파티클이 정해진 프레임 동안 한 방향으로 이동한 후 사라진다. 영화에서 쓸 만한 수준은 못되지만, 객체 풀을 어떻게 사용하는지 보여주기에는 충분하다.

먼저 최소 구현만으로 시작한다. 파티클 클래스부터 보자.

```cpp
class Particle {
public:
  Particle() : framesLeft_(0) {}
  void init(double x, double y, double xVel, double yVel, int lifetime);
  void animate();
  bool inUse() const { return framesLeft_ > 0; }

private:
  int framesLeft_;
  double x_, y_;
  double xVel_, yVel_;
};
```

기본 생성자에서는 파티클을 '사용 안 함'으로 초기화한다. 나중에 init()가 호출되면 파티클이 사용 중 상태로 바뀐다.

```cpp
void Particle::init(double x, double y,
                    double xVel, double yVel, int lifetime) {
  x_ = x;
  y_ = y;
  xVel_ = xVel;
  yVel_ = yVel;
  framesLeft_ = lifetime;
}
```

파티클은 매 프레임마다 한 번씩 실행되는 animate()를 통해서 애니메이션된다.[9]

---

9 animation() 메서드는 업데이트 메서드 패턴(10장)를 사용한 예다.

```
void Particle::animate() {
  if (!inUse()) return;

  framesLeft_--;
  x_ += xVel_;
  y_ += yVel_;
}
```

풀은 어떤 파티클을 재사용할 수 있는지 알기 위해서 파티클 클래스의 inUse()를 호출한다. 파티클은 정해진 시간 동안만 유지된다는 점을 이용해 별도의 플래그 없이 _framesLeft 변수만으로 현재 파티클이 사용 중인지를 확인한다.

객체 풀 클래스도 간단하다.

```
class ParticlePool {
public:
  void create(double x, double y, double xVel, double yVel, int lifetime);
  void animate();

private:
  static const int POOL_SIZE = 100;
  Particle particles_[POOL_SIZE];
};
```

밖에서는 create() 함수로 새로운 파티클을 생성할 수 있다. 게임에서는 매 프레임마다 animate()를 호출해 풀에 들어 있는 파티클을 차례차례 애니메이션한다.

```
void ParticlePool::animate() {
  for (int i = 0; i < POOL_SIZE; i++) {
    particles_[i].animate();
  }
}
```

particles_는 그냥 클래스에 들어 있는 고정 길이 배열이다. 예제에서는 단순함을 위해 풀의 크기를 클래스 정의 부분에 하드코딩했지만, 밖에서 동적 배열의 크기를 지정하거나 템플릿 매개변수로 크기를 전달할 수도 있다.

새로운 파티클을 생성하는 것도 쉽다.

```
void ParticlePool::create(double x, double y,
                          double xVel, double yVel,
                          int lifetime) {
  // 사용 가능한 파티클을 찾는다.
  for (int i = 0; i < POOL_SIZE; i++) {
    if (!particles_[i].inUse()) {
      particles_[i].init(x, y, xVel, yVel, lifetime);
      return;
    }
  }
}
```

사용 가능한 파티클을 찾을 때까지 풀을 순회한다. 찾았다면 해당 파티클을 초기화만 하면 된다. 지금 구현에서는 풀에 사용 가능한 파티클이 없다면 그냥 새로 만들지 않는다.

파티클 렌더링 같은 걸 빼놓고 나면 이게 파티클 시스템의 전부다. 객체 풀을 만들었고, 풀을 통해서 파티클을 생성할 수 있다. 파티클은 생명주기가 끝날 때 알아서 스스로를 비활성화시킨다.

이만해도 게임 출시하기에는 충분하지만, 눈썰미가 있다면 파티클을 생성할 때마다 사용 가능한 객체를 찾기 위해서 전체 컬렉션을 순회해야 할 수도 있다는 걸 알아차렸을 것이다. 풀이 굉장히 크고 대부분 비어 있다면 이 작업이 느릴 수 있다. 지금부터 이 부분을 개선해보자.[10]

빈칸 리스트

사용 가능한 파티클을 **찾느라고** 시간을 낭비하기 싫다면 이를 계속 추적해야 한다. 사용 가능한 파티클 객체 포인터를 별도의 리스트에 저장하는 것도 한 방법이다. 이러면 새로 파티클을 생성할 때 포인터 리스트에서 처음 것을 꺼내어 이 포인터가 가리키는 파티클을 사용하면 된다.

하지만 이 방법에서는 풀에 들어 있는 객체만큼의 포인터가 들어 있는 리스트를 따로 관리해야 한다. 처음 풀을 생성하면 **모든** 파티클이 사용 안 함 상태이기 때문에 별도의 리스트에서도 풀에 들어 있는 모든 객체를 포인터로 가리켜야 한다.

메모리를 희생하지 **않고서도** 성능 문제를 해결할 수 있다면 더 좋다. 알맞게 끌어다 쓸 수 있

---

10 알고리즘 수업을 들은 독자들을 위해 얘기하자면 파티클 생성 복잡도는 O(n)이다.

는 메모리가 이미 있다. 어디냐고? 사용하지 않는 파티클 객체의 데이터 일부를 활용하면 된다.

사용되지 않는 파티클에서 위치나 속도 같은 데이터 대부분은 의미가 없다. 오직 파티클이 죽어 있는지를 알려주는 상태 하나만 사용된다. 예제 코드로 치자면 _framesLeft만 있으면 되고, 나머지 데이터는 다른 용도로 사용할 수 있다. Particle 클래스를 고쳐보자.

```
class Particle {
public:
  // 원래 있던 코드들...
  Particle* getNext() const { return state_.next; }
  void setNext(Particle* next) {
    state_.next = next;
  }

private:
  int framesLeft_;

  union {
    // 사용 중일 때의 상태
    struct {
      double x, y;
      double xVel, yVel;
    } live;

    // 사용 중이 아닐 때의 상태
    Particle* next;
  } state_;
};
```

framesLeft_을 제외한 모든 멤버 변수를 state_ 공용체의 live 구조체 안으로 옮겼다. live 구조체에는 파티클이 살아 있는 동안의 상태를 둔다. 파티클이 사용 중이 아닐 때에는, 공용체의 다른 변수인 next가 사용된다. next는 이 파티클 다음에 사용 가능한 파티클 객체를 포인터로 가리킨다.[11]

next 포인터를 이용하면 풀에서 사용 가능한 파티클이 묶여 있는 연결 리스트를 만들 수 있다. 이렇게 하면 추가 메모리 없이 죽어 있는 객체의 메모리를 재활용해서 자기 자신을 사용 가능

---

[11] 요즘은 공용체를 예전만큼 많이 쓰지 않아서 공용체 문법이 익숙하지 않을 수도 있다. 게임 개발팀에는 게임이 메모리가 부족할 때 해결책을 제공해주는 골치 아픈 업무를 맡은 '메모리 구루(guru)'가 있기 마련이다. 이들에게 공용체에 대해 물어보면 공용체뿐만 아니라 비트 단위로 데이터를 압축하는 비결에 대해서도 들을 수 있을 것이다.

한 파티클 리스트에 등록하게 할 수 있다.

이런 걸 **빈칸 리스트**free list 기법이라고 부른다. 이를 위해서는 포인터를 초기화하는 것뿐만 아니라, 파티클이 생성, 삭제될 때에도 포인터를 관리해야 한다. 당연한 얘기지만 빈칸 리스트의 머리head도 관리해야 한다.

```
class ParticlePool {
  // 이전 코드들...
private:
  Particle* firstAvailable_;
};
```

처음 풀을 생성하면 **모든** 파티클이 사용 가능하므로, 빈칸 리스트는 전체 풀을 관통해 연결된다. ParticlePool의 생성자에서는 다음과 같이 초기화한다.

```
ParticlePool::ParticlePool() {
  // 처음 파티클부터 사용 가능하다.
  firstAvailable_ = &particles_[0];

  // 모든 파티클은 다음 파티클을 가리킨다.
  for (int i = 0; i < POOL_SIZE - 1; i++) {
    particles_[i].setNext(&particles_[i + 1]);
  }

  // 마지막 파티클에서 리스트를 종료한다.
  particles_[POOL_SIZE - 1].setNext(NULL);
}
```

이제 새로운 파티클을 생성하기 위해서는 첫 번째 사용 가능한 파티클을 바로 얻어오면 된다.[12]

```
void ParticlePool::create(double x, double y,
                          double xVel, double yVel,
                          int lifetime) {
  // 풀이 비어 있지 않은지를 확인한다.
  assert(firstAvailable_ != NULL);

  // 얻은 파티클을 빈칸 목록에서 제거한다.
  Particle* newParticle = firstAvailable_;
  firstAvailable_ = newParticle->getNext();
```

---

12 만세! 복잡도가 O(1)으로 줄었다! 훨씬 쓸 만해졌다!

```
    newParticle->init(x, y, xVel, yVel, lifetime);
  }
```

파티클이 죽으면 다시 빈칸 리스트에 돌려줘야 하기 때문에 지금 프레임에서 파티클이 죽었는
지를 알 수 있도록 animate() 반환 값을 불리언으로 바꾸고 죽을 때 true를 반환한다.

```
bool Particle::animate() {
  if (!inUse()) return false;

  framesLeft_--;
  x_ += xVel_;
  y_ += yVel_;

  return framesLeft_ == 0;
}
```

파티클이 죽으면 빈칸 리스트에 도로 넣는다.

```
void ParticlePool::animate() {
  for (int i = 0; i < POOL_SIZE; i++) {
    if (particles_[i].animate()) {
      // 방금 죽은 파티클을 빈칸 리스트 앞에 추가한다.
      particles_[i].setNext(firstAvailable_);
      firstAvailable_ = &particles_[i];
    }
  }
}
```

상수 시간에 생성, 삭제가 가능한 작고 아름다운 객체 풀이 완성되었다.

19.7. 디자인 결정

앞에서 본 것처럼, 간단한 객체 풀은 객체가 들어갈 배열을 만든 뒤에 필요할 때마다 객체를 다
시 초기화만 하면 쉽게 구현할 수 있다. 하지만 실제 제품 코드에서는 보통 이 정도로는 부족하
다. 몇 가지 방법으로 객체 풀을 더 일반적이면서 사용하기에 안전하거나 유지보수하기 쉽게
만들 수 있다. 게임에 객체 풀을 구현하려면 다음과 같은 사항에 대해서 결정해야 한다.

풀이 객체와 커플링되는가?

객체 풀을 구현할 때에는 객체가 자신이 풀에 들어 있는지를 알게 할 것인지부터 결정해야 한다. 대부분은 그렇지만, 아무 객체나 담을 수 있는 일반적인 풀 클래스를 구현해야 한다면 이런 사치를 누리지 못할 수도 있다.

| 객체가 풀과 커플링된다면 |

- **더 간단하게 구현할 수 있다.** 풀에 들어가는 객체에 '사용 중' 플래그나 이런 역할을 하는 함수를 추가하기만 하면 된다.

- **객체가 풀을 통해서만 생성할 수 있도록 강제할 수 있다.** C++에서는 풀 클래스를 객체 클래스의 `friend`로 만든 뒤 객체 생성자를 `private`에 두면 된다.

```
class Particle {
  friend class ParticlePool;

private:
  Particle() : inUse_(false) {}
  bool inUse_;
};

class ParticlePool {
  Particle pool_[100];
};
```

이런 관계는 객체 클래스를 어떻게 사용해야 하는지를 문서화하는 효과가 있고, 풀을 통해서만 객체를 만들 수 있도록 강제할 수 있다.

- **'사용 중' 플래그가 꼭 필요한 건 아닐 수도 있다.** 객체에 자신이 사용 중인지를 알 수 있는 상태가 이미 있는 경우가 많다. 예를 들어 파티클이 화면 밖에 있다면 재사용이 가능할 수도 있다. 객체 클래스가 자신이 풀에서 사용될 수도 있다는 걸 안다면, 사용 여부를 알려주는 `inUse()` 메서드를 제공할 수 있다. 이러면 풀에서 '사용 중' 플래그 목록을 메모리에 따로 두지 않아도 된다.

| 객체가 풀과 커플링되지 않는다면 |

- **어떤 객체라도 풀에 넣을 수 있다.** 가장 큰 장점이다. 객체와 풀을 디커플링함으로써, 일반적이면서 재사용 가능한 풀 클래스를 구현할 수 있다.

- **'사용 중' 상태를 객체 외부에서 관리해야 한다.** 가장 간단한 방법은 비트 필드를 따로 두는 것이다.

```
template <class TObject>
class GenericPool {
private:
  static const int POOL_SIZE = 100;

  TObject pool_[POOL_SIZE];
  bool inUse_[POOL_SIZE];
};
```

재사용되는 객체를 초기화할 때 어떤 점을 주의해야 하는가?

기존 객체를 재사용하기 위해서는 먼저 상태를 새로 초기화해야 한다. 이때 객체 초기화를 풀 클래스 안에서 할지, 밖에서 할지를 정해야 한다.

| 객체를 풀 안에서 초기화한다면 |

- **풀은 객체를 완전히 캡슐화할 수 있다.** 잘하면 객체를 풀 내부에 완전히 숨길 수 있다. 이러면 밖에서 객체를 아예 참조할 수 없기 때문에 예상치 못하게 재사용되는 걸 막을 수 있다.[13]

- **풀 클래스는 객체가 초기화되는 방법과 결합된다.** 풀에 들어가는 객체 중에는 초기화 메서드를 여러 개 지원하는 게 있을 수 있다.

```
class Particle {
  // 다양한 초기화 방법
  void init(double x, double y);
  void init(double x, double y, double angle);
  void init(double x, double y, double xVel, double yVel);
};
```

풀에서 초기화를 관리하려면, 풀에 들어 있는 객체의 모든 초기화 메서드를 풀에서 지원해야 하고 객체에도 포워딩해야 한다.

```
class ParticlePool {
public:
  void create(double x, double y) {
    // Particle 클래스로 포워딩한다...
  }
  void create(double x, double y, double angle) {
    // Particle 클래스로 포워딩한다...
```

---

13 캡슐화는 하되 밖에서 객체를 참조할 수 있게 하고 싶다면 객체 포인터가 아닌 핸들 값을 반환하는 방법도 있다. – 옮긴이

```
  }
  void create(double x, double y, double xVel, double yVel) {
    // Particle 클래스로 포워딩한다...
  }
};
```

| 객체를 밖에서 초기화한다면 |

- **풀의 인터페이스는 단순해진다**. 풀은 객체 초기화 함수를 전부 제공할 거 없이 새로운 객체에 대한 레퍼런스만 반환하면 된다.

```
class Particle {
public:
  // 다양한 초기화 방법
  void init(double x, double y);
  void init(double x, double y, double angle);
  void init(double x, double y, double xVel, double yVel);
};

class ParticlePool {
public:
  Particle* create() {
    // 사용 가능한 파티클에 대한 레퍼런스를 반환한다...
  }
private:
  Particle pool_[100];
};
```

밖에서 반환받은 객체의 초기화 메서드를 바로 호출할 수 있다.

```
ParticlePool pool;

pool.create()->init(1, 2);
pool.create()->init(1, 2, 0.3);
pool.create()->init(1, 2, 3.3, 4.4);
```

- **외부 코드에서는 객체 생성이 실패할 때의 처리를 챙겨야 할 수 있다**. 이전 예제에서는 create()가 항상 성공해 객체 포인터를 반환한다고 가정했다. 하지만 풀이 비어 있다면 NULL을 반환할 수도 있다. 안전을 생각한다면 객체를 초기화하기 전에 검사하는 게 좋다.

```
Particle* particle = pool.create();
if (particle != NULL) particle->init(1, 2);
```

19.8. 관련자료

- 객체 풀 패턴은 경량 패턴(3장)과 비슷한 점이 많다. 둘 다 재사용 가능한 객체 집합을 관리한다. 차이점은 '재사용'의 의미에 있다. 경량 패턴은 같은 인스턴스를 여러 객체에서 공유함으로써 재사용한다. 같은 객체를 **동시에** 여러 문맥에서 사용함으로써 메모리 **중복** 사용을 피하는 게 의도다.

  객체 풀 패턴에서도 객체를 재사용하지만 여러 곳에서 동시에 재사용진 않는다. 객체 풀에서의 '재사용' 이란 이전 사용자가 다 쓴 **다음에** 객체 메모리를 회수해 가는 것을 의미한다. 이때 객체는 한 번에 한 곳에서만 사용된다.

- 같은 종류의 객체를 메모리에 함께 모아두면 게임에서 이들 객체를 순회할 때 CPU 캐시를 가득 채우는 데 도움이 된다. 데이터 지역성 패턴(17장)이 이에 대해서 다룬다.

CHAPTER 20

공간 분할

20.1. 의도

객체를 효과적으로 찾기 위해 객체 위치에 따라 구성되는 자료구조에 저장한다.

20.2. 동기

게임은 다른 세상을 경험할 수 있게 해준다. 다른 세상이라고는 하지만 보통은 게임에 들어간 기본 물리나 감각적인 부분은 현실 세계와 같게 만들다 보니 비트와 픽셀로 만들어진 게임 월드에서도 사실감을 느낄 수 있다.

이번 장에서는 현실감을 제공하는 요소 중 하나인 **위치**location에 대해 살펴본다. 게임 월드에는 **공간**space 개념이 있어서 객체는 공간 어딘가의 위치에 존재하게 된다. 위치 개념은 여러 형태로 확인 가능하다. 가장 분명한 것은 객체가 움직이고 충돌하고 상호작용하는 물리이지만 다른 예도 있다. 오디오 엔진에서는 소리 나는 곳과 플레이어와의 거리에 따라 소리 크기를 조절한다. 멀리 떨어져 있는 플레이어와는 채팅이 불가능할 수도 있다.

이를 위해서는 '주변에 어떤 객체들이 있는지'를 알아야 한다. 이걸 매 프레임마다 확인해야 한다면 성능 병목이 될 수 있다.

전장 위의 유닛들

실시간 전략 게임을 만든다고 해보자. 전장에서는 수백이 넘는 군인들이 뒤엉켜 싸운다. 전사는 칼을 휘두르기 전에 적이 어디에 있는지를 알아야 한다. 이걸 무식하게 만든다면 다음과 같이 모든 유닛이 서로 얼마나 가까운지를 쌍으로 검사하면 된다.

```
void handleMelee(Unit* units[], int numUnits) {
  for (int a = 0; a < numUnits - 1; a++) {
    for (int b = a + 1; b < numUnits; b++) {
      if (units[a]->position() == units[b]->position()) {
        handleAttack(units[a], units[b]);
      }
    }
  }
}
```

루프를 돌 때마다 전장에 있는 유닛을 전부 순회하는 이중 중첩 루프로 구현했다. 즉, 매 프레임마다 유닛 개수의 **제곱**만큼 유닛을 쌍으로 검사해야 한다. 추가되는 유닛도 기존 유닛 **모두**와 위치를 검사해야 한다. 유닛 수가 많아지면 검사 횟수가 주체할 수 없을 정도로 늘어날 수 있다.[1]

1차원 전장

문제는 배열에 들어 있는 유닛이 따로 정렬되어 있지 않다는 점이다. 특정 위치 주변에 있는 유닛을 찾으려면 전체 배열을 다 순회해야 한다. 문제를 단순화하기 위해 **전장**을 2차원이 아닌 1차원 **전선**battleline으로 생각해보자.

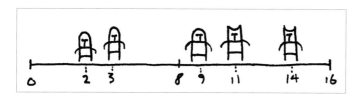

그림 20-1 1차원 전선

---

1 코드를 보면 실제로는 내부 루프에서 유닛을 다 순회하진 않고, 외부 루프에서 찾아가지 않은 유닛만 순회한다. 덕분에 모든 유닛을 쌍씩 두 번씩 검사하는 걸 피할 수 있다. 이미 A와 B의 충돌 여부를 확인했다면 B와 A에 대해서 또 검사할 필요는 없다. 그렇다고는 해도 Big O 복잡도는 여전히 O(n²)이다.

전선에서의 위치에 따라 배열에 있는 유닛을 **정렬**하고 나면 전체 배열을 다 훑지 않고도 이진 검색binary search 같은 걸로 주변 유닛을 쉽게 찾을 수 있다.[2]

이렇게 위치에 따라 구성되는 자료구조에 객체를 저장하면 객체를 훨씬 빠르게 찾을 수 있다는 것을 알 수 있다. 이걸 2차원 이상의 공간에 적용한 것이 공간 분할 패턴이다.

20.3. 패턴

객체들은 공간 위에서의 위치 값을 갖는다. 이들 객체를 객체 위치에 따라 구성되는 **공간 자료구조**에 저장한다. 공간 자료구조를 통해서 **같은 위치 혹은 주변에 있는 객체를 빠르게 찾을 수 있다.** 객체 위치가 바뀌면 **공간 자료구조도 업데이트**해 계속해서 객체를 찾을 수 있도록 한다.

20.4. 언제 쓸 것인가?

공간 분할 패턴은 살아 움직이는 게임 객체뿐만 아니라 정적인 프랍이나 지형을 저장하는 데에도 흔하게 사용된다. 복잡한 게임에서는 콘텐츠별로 공간 분할 자료구조를 따로 두기도 한다.

위치 값이 있는 객체가 많고, 위치에 따라 객체를 찾는 질의가 성능에 영향을 줄 정도로 잦을 때 공간 분할 패턴을 사용한다.

20.5. 주의사항

공간 분할 패턴을 사용하면 $O(n^2)$인 복잡도를 더 쓸 만한 수준으로 낮출 수 있다. 객체가 **많을수록** 의미가 있다. 반대로 n이 충분히 작다면, 즉 객체가 많이 없다면, 괜히 신경 쓸 필요 없을

---

2 이진 검색의 복잡도는 $O(\log n)$이다. 즉, 전체 전투 유닛을 찾는 비용이 $O(n^2)$에서 $O(n \log n)$으로 줄어든다. 비둘기집 정렬 (pigeonhole sort) 같은 기법을 사용하면 $O(n)$으로 줄일 수도 있다.

수도 있다.

공간 분할 패턴에서는 객체를 위치에 따라 정리하기 때문에, 객체의 위치 **변경**을 처리하기가 훨씬 어렵다. 객체의 바뀐 위치에 맞춰 자료구조를 재정리해야 하기 때문에 코드가 더 복잡하고 **또한** CPU도 더 소모한다. 이 정도의 값어치가 있는지를 먼저 확인하자.[3]

또한 공간 분할 자료구조에는 추가 메모리가 필요하다. 다른 많은 최적화에서처럼 공간 분할에서는 속도를 위해 메모리를 희생한다. CPU보다 메모리가 더 부족한 곳에서는 오히려 손해일 수도 있다.

20.6. 예제 코드

패턴이라는 게 원래 구현은 조금씩 **다르다**. 공간 분할 패턴 역시 마찬가지지만 여러 변형이 잘 문서화되어 있다는 차이점이 있다. 변형별로 성능이 어떻게 좋아지는지에 대한 증명은 학계 쪽에서 내놓은 논문을 참고하자. 이 책에서는 패턴에 대한 개념만 살펴볼 것이기 때문에 가장 간단한 공간 분할 형식인 고정 격자fixed grid 방법을 소개한다.[4]

모눈종이

전체 전장이 있다. 그 위에 정사각형 모양의 고정 크기 격자를 모눈종이 모양처럼 겹쳐 놓는다. 유닛을 배열이 아닌 격자 칸 안에 집어넣는다. 칸마다 유닛 리스트가 있어서 유닛 중에서 위치가 칸의 범위 안에 들어오는 것들을 저장한다.

---

3 해시 테이블에 들어 있는 객체의 해시 키가 해시 테이블 모르게 계속해서 바뀌는 걸 생각해보면 이게 얼마나 어려운 일인지 짐작할 수 있다.

4 게임에서 가장 많이 사용하는 공간 분할 방식 목록은 '관련자료' 절에서 확인할 수 있다.

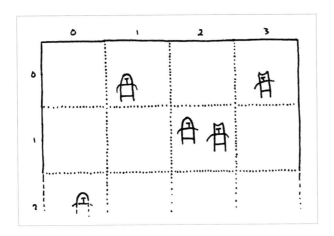

그림 20-2 전장을 정사각형 조각으로 나눈다.

전투를 처리할 때에는 같은 칸에 들어 있는 유닛만 신경 쓰면 된다. 모든 유닛을 매번 다른 유닛 전체와 비교하지 않고, 전장을 소규모 전장으로 나누어 훨씬 적은 개수의 유닛들과 비교하게 한다.

유닛을 연결 리스트로 저장한 격자

이제 코드를 짜보자. 기반 작업부터 시작한다. Unit 클래스는 다음과 같다.

```cpp
class Unit {
  friend class Grid;

public:
  Unit(Grid* grid, double x, double y)
  : grid_(grid), x_(x), y_(y) {
  }
  void move(double x, double y);

private:
  double x_, y_;
  Grid* grid_;
};
```

유닛(Unit)에는 (2차원상의) 위치 값과 자기가 속해 있는 격자(Grid) 객체 포인터가 있다.

유닛이 움직일 때 격자에 속해 있는 데이터도 제대로 위치해 있도록 Grid 객체와 왔다 갔다 해야 할 수 있기 때문에 Grid 클래스가 friend로 정의되어 있다.

격자 클래스는 대략 다음과 같다.

```cpp
class Grid {
public:
  Grid() {
    // 격자를 싹 지운다.
    for (int x = 0; x < NUM_CELLS; x++) {
      for (int y = 0; y < NUM_CELLS; y++) {
        cells_[x][y] = NULL;
      }
    }
  }

  static const int NUM_CELLS = 10;
  static const int CELL_SIZE = 20;

private:
  Unit* cells_[NUM_CELLS][NUM_CELLS];
};
```

모든 칸cell이 유닛의 포인터로 되어 있다. 이제 유닛이 이전 포인터와 다음 포인터를 갖도록 확장한다.

```cpp
class Unit {
  // 이전 코드...

private:
  Unit* prev_;
  Unit* next_;
};
```

이를 통해서 배열이 아니라 이중 연결 리스트로 유닛을 관리할 수 있다.

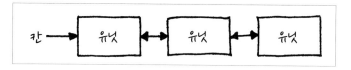

그림 20-3 칸은 유닛이 들어 있는 연결 리스트의 머리를 포인터로 가리킨다.

격자 칸은 그 칸에 들어 있는 유닛 리스트의 첫 번째 유닛을 포인터로 가리킨다. 유닛은 자기 이전과 이후 유닛을 포인터로 가리킨다. 왜 이렇게 했는지는 곧 살펴보겠다.[5]

전장 속으로 들어가기

먼저 새로 만든 유닛을 적당한 격자 칸에 넣어야 한다. 이건 Unit 클래스 생성자에서 한다.

```
Unit::Unit(Grid* grid, double x, double y)
: grid_(grid), x_(x), y_(y),
  prev_(NULL), next_(NULL) {
  grid_->add(this);
}
```

add() 메서드는 다음과 같이 정의되어 있다.[6]

```
void Grid::add(Unit* unit) {
  // 어느 칸에 들어갈지를 결정한다.
  int cellX = (int)(unit->x_ / Grid::CELL_SIZE);
  int cellY = (int)(unit->y_ / Grid::CELL_SIZE);

  // 칸에 들어 있는 리스트의 맨 앞에 추가한다.
  unit->prev_ = NULL;
  unit->next_ = cells_[cellX][cellY];
  cells_[cellX][cellY] = unit;

  if (unit->next_ != NULL) {
    unit->next_->prev_ = unit;
  }
}
```

연결 리스트 때문에 조금 복잡해지긴 했지만 기본 원리는 단순하다. 유닛이 들어갈 칸을 찾은 뒤 그 칸에 들어 있는 리스트 맨 앞에 유닛을 추가한다. 칸에 이미 유닛 리스트가 들어 있다면 추가한 유닛 뒤에 유닛 리스트를 붙인다.

---

5 이 책의 모든 예제에서는 C++ 표준 라이브러리(STL) 컬렉션을 사용하지 않았다. 예제를 이해하는 데 필요한 지식을 최소로 하고 싶었고, 코드가 어떻게 돌아가는지를 투명하고 분명하게 보여주고 싶었다. 특히 성능 관련 패턴에서는 세부적인 부분도 중요하다.
하지만 예제 코드가 아니라면 이렇게 할 이유가 없다. 패턴을 실제 게임에 적용할 때에는 쓸데없이 애쓰지 말고 요즘 프로그래밍 언어에 기본으로 들어 있는 컬렉션을 쓰는 게 좋다. 연결 리스트를 처음부터 새로 만들기에는 우리 인생이 너무 짧다.

6 월드 좌표 값을 칸 크기(CELL_SIZE)로 나누면 격자 공간에서의 위치로 변환할 수 있다. 이를 int로 캐스팅해서 소수점 부분을 날려 버리면 칸의 인덱스를 쉽게 구할 수 있다.

검의 격돌

일단 모든 유닛을 자기 칸 안에 넣은 뒤에는, 유닛끼리 서로 칼을 휘두르게 할 수 있다. 격자를 이용해서 전투를 처리하는 메서드는 다음과 같다.

```
void Grid::handleMelee() {
  for (int x = 0; x < NUM_CELLS; x++) {
    for (int y = 0; y < NUM_CELLS; y++) {
      handleCell(cells_[x][y]);
    }
  }
}
```

칸을 순회하면서 handleCell()을 호출한다. 이름 그대로 큰 전장을 각각 고립된 전투 공간들로 분할한 셈이다. 각 칸에서는 다음과 같이 전투를 처리한다.

```
void Grid::handleCell(Unit* unit) {
  while (unit != NULL) {
    Unit* other = unit->next_;
    while (other != NULL) {
      if (unit->x_ == other->x_ && unit->y_ == other->y_) {
        handleAttack(unit, other);
      }
      other = other->next_;
    }
    unit = unit->next_;
  }
}
```

포인터로 연결 리스트를 순회하기 위한 코드만 다를 뿐, 그 외에는 앞에서 무식하게 만들었던 전투 처리 코드와 다를 게 없다. 이 코드에서도 모든 유닛 쌍에 대해서 같은 위치에 있는지를 검사한다.

딱 하나 차이점이라면 더 이상 전장에 있는 **모든** 유닛을 확인하지 않는다는 점이다. 대신 같은 칸에 들어 있을 정도로 가까운 유닛들만 검사한다. 이 부분이 이번 최적화의 핵심이다.[7]

---

[7] 복잡도 분석만 놓고 보면 코드가 유닛을 순회하는 2중첩 루프에서, 칸과 유닛을 순회하는 **3중첩** 루프(handleMelee() 함수가 x, y를 NUM_CELLS만큼 순회하는 2중첩 반복문에서 handleCell()을 호출하기 때문에 4중첩 루프라고 볼 수도 있다. — 옮긴이)가 되었기 때문에 오히려 성능이 **떨어진** 것처럼 보일 수 있다. 하지만 내부 2중 루프에서 검사하는 유닛 개수가 훨씬 적기 때문에 칸마다 순회하는 외부 루프 비용을 상쇄하기에 충분하다.
다만, 칸이 얼마나 잘게 쪼개져 있느냐에 따라 결과가 다를 수 있다. 칸이 너무 촘촘하다면 외부 루프도 문제가 될 수 있다.

진격

성능 문제는 해결했지만 다른 문제가 생겼다. 유닛이 칸에 묶여 있어야 하다 보니 유닛이 지금 있는 칸 너머로 이동하면 그 칸에 있는 유닛들뿐만 아니라 어느 유닛에서도 그 유닛을 볼 수 없게 된다. 전장이 약간 **너무** 잘게 쪼개져 있는 거 같다.

이를 해결하기 위해서는 유닛이 이동할 때마다 추가 작업을 해야 한다. 칸을 넘어가면 유닛을 현재 칸에서 제거하고 새로운 칸에 추가해야 한다. 먼저 Unit 클래스에 이동용 메서드를 추가한다.

```
void Unit::move(double x, double y) {
  grid_->move(this, x, y);
}
```

NPC를 제어하는 AI 코드와 플레이어 유닛을 조종하는 유저 입력 코드에서 이 메서드를 호출할 듯하다. 실제 작업은 Grid 클래스의 move()에서 실행된다.

```
void Grid::move(Unit* unit, double x, double y) {
  // 유닛이 어느 칸에 있었는지를 확인한다.
  int oldCellX = (int)(unit->x_ / Grid::CELL_SIZE);
  int oldCellY = (int)(unit->y_ / Grid::CELL_SIZE);

  // 유닛이 어느 칸으로 가야 하는지를 확인한다.
  int cellX = (int)(x / Grid::CELL_SIZE);
  int cellY = (int)(y / Grid::CELL_SIZE);

  unit->x_ = x;
  unit->y_ = y;

  // 칸이 바뀌지 않았다면 더 할 일이 없다.
  if (oldCellX == cellX && oldCellY == cellY) {
    return;
  }

  // 이전 칸에 들어 있는 리스트에서 유닛을 제거한다.
  if (unit->prev_ != NULL) {
    unit->prev_->next_ = unit->next_;
  }

  if (unit->next_ != NULL) {
    unit->next_->prev_ = unit->prev_;
```

```
  }
  // 유닛이 칸에 들어 있는 리스트의 머리였다면 머리를 바꿔준다.
  if (cells_[oldCellX][oldCellY] == unit) {
    cells_[oldCellX][oldCellY] = unit->next_;
  }

  // 새로 들어갈 칸에 추가한다.
  add(unit);
}
```

코드가 조금 길지만 그리 어렵진 않다. 앞에서는 유닛이 다른 칸으로 이동해야 하는지를 검사한다. 안 그래도 된다면 유닛 위치만 업데이트한다.

유닛이 다른 칸으로 가야 한다면, 현재 칸의 연결 리스트에서 유닛을 제거한 뒤에 새로운 칸의 리스트에 추가한다. 새로운 유닛을 추가하는 것과 마찬가지로 이동 중인 유닛을 새로운 칸의 연결 리스트에 추가한다.

이렇게 매 프레임마다 많은 유닛을 연결 리스트에서 넣었다 뺐다 할 수 있기 때문에, 추가, 삭제가 빠른 이중 연결 리스트를 사용한다.

사정거리 안에서

여기까지는 단순해 보이지만, 사실 하나 빼먹은 게 있다. 예제에서는 **같은** 위치에 있는 유닛끼리만 상호작용한다. 체커checker나 체스 같은 게임이라면 모를까 더 사실적인 게임에서는 공격 **범위**distance를 고려해야 한다.

이럴 때는 위치가 똑같지 않아도 다음과 같이 조금 더 넓게 검사하도록 바꾸면 된다.

```
if (distance(unit, other) < ATTACK_DISTANCE) {
  handleAttack(unit, other);
}
```

범위를 검사할 때는 다른 칸에 들어 있는 유닛도 상호작용할 수 있을 정도로 충분히 가까울 수 있다는 점에 유의해야 한다.

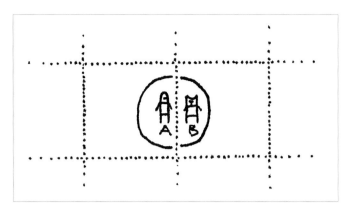

그림 20-4 가깝고도 먼 두 사람

그림을 보면 A와 B의 중점은 서로 다른 칸에 들어 있지만 A의 공격 범위 안에 B가 들어와 있다. 이를 해결하기 위해서는 같은 칸에 있는 유닛뿐만 아니라 주변 칸에 들어 있는 유닛들도 같이 비교해야 한다. 먼저 handleCell()에서 내부 루프를 따로 뺀다.

```
void Grid::handleUnit(Unit* unit, Unit* other) {
  while (other != NULL) {
    if (distance(unit, other) < ATTACK_DISTANCE) {
      handleAttack(unit, other);
    }
    other = other->next_;
  }
}
```

handleUnit()은 유닛 한 개와 그 유닛과 충돌하는지를 검사할 유닛 리스트를 인수로 받는다. handleCell()에서는 handleUnit()을 사용하게 바꾼다.

```
void Grid::handleCell(int x, int y) {
  Unit* unit = cells_[x][y];
  while (unit != NULL) {
    // 이 칸에 들어 있는 다른 유닛을 처리한다.
    handleUnit(unit, unit->next_);
    unit = unit->next_;
  }
}
```

handleCell()은 유닛 리스트가 아닌 칸의 좌표 값을 받는다. 이것 외에는 이전 코드와 다를 게 없다. 이제 다음과 같이 조금 확장해보자.

```
void Grid::handleCell(int x, int y) {
  Unit* unit = cells_[x][y];
  while (unit != NULL) {
    // 이 칸에 들어 있는 다른 유닛을 처리한다.
    handleUnit(unit, unit->next_);

    // 주변 칸에 들어 있는 유닛들도 확인한다.
    if (x > 0) handleUnit(unit, cells_[x - 1][y]);
    if (y > 0) handleUnit(unit, cells_[x][y - 1]);
    if (x > 0 && y > 0) handleUnit(unit, cells_[x - 1][y - 1]);
    if (x > 0 && y < NUM_CELLS - 1) handleUnit(unit, cells_[x - 1][y + 1]);
    unit = unit->next_;
  }
}
```

확장된 handleUnit()에서는 현재 유닛이 주변 8칸 중에서 좌측 4칸에 들어 있는 유닛과 충돌 여부를 검사한다. 주변 유닛 중에서도 공격 범위 안에 들어와 있는 유닛에 대해서는 공격 처리를 한다.

그림 20-5 주변 칸 중에서 반을 검사한다.[8]

---

8 현재 유닛이 들어 있는 칸은 U이고, 유닛이 바라보는(검사하는) 칸은 X이다.

내부 루프에서는 같은 유닛끼리 두 번 검사하는 것을 막기 위해 현재 유닛을 **다음** 유닛부터 검사했다. 마찬가지 이유로 주변 칸도 **절반**만 검사한다. 주변 8칸 모두를 검사한다면 어떻게 될지 생각해보자.

A의 오른쪽 칸에 B가 있고 둘은 서로 공격 범위 안에 있다고 하자. 모든 유닛에 대해서 주변 8칸 모두를 검사하면 다음과 같이 될 것이다.

1. A 공격을 검사할 때 오른쪽 칸에 있는 B를 찾는다. 따라서 A와 B 사이의 공격을 등록한다.
2. B 공격을 검사할 때 **왼쪽** 칸에 있는 A를 찾는다. 따라서 A와 B 사이의 공격을 **다시** 등록한다.

주변 칸 중에서 반만 찾아봄으로써 이런 문제를 해결할 수 있다. 반을 **어떻게** 나눌 것인지는 중요하지 않다.[9]

다른 예외사항도 있다. 지금까지는 최대 공격 범위가 한 칸의 크기보다 짧다고 가정했다. 만약 칸의 크기가 짧고 공격 범위가 더 길다면 주변 칸을 더 넓게 검색해야 한다.

20.7. 디자인 결정

공간 분할 자료구조는 정리가 잘되어 있고, 개수도 그리 많지 않기 때문에 이들 자료구조를 하나씩 살펴보는 것도 한 방법일 것이다. 하지만 여기에서는 각 자료구조의 정수만 모아서 설명하려고 한다. 나중에 쿼드트리나 이진 공간 분할(BSP) 같은 걸 배울 때 동작 **원리** 이해나 자료구조 선택에 도움이 되었으면 한다.

공간을 계층적으로 나눌 것인가, 균등하게 나눌 것인가?

앞서 본 격자 예제에서는 공간을 여러 개의 균등한 칸으로 나눴다. 반대로 계층적 공간 분할에서는 먼저 공간을 몇 개의 영역으로 나눈다. 그런 뒤에 객체가 많은 영역은 다시 분할한다. 모

---

9 일반적으로는 A와 B의 관계가 비대칭이기 때문에 8칸을 다 검사해야 한다. 예를 들어 A가 이동할 때 주변 유닛인 B에게 패킷이나 알림을 보냈다고 해도, B가 이동할 때 역시 A에게 이동한다는 걸 알려줘야 하기 때문이다. 예제 코드는 충돌 검사에 가깝기 때문에 A가 B와 충돌한다는 걸 확인했다면 B와 A를 따로 검사할 필요가 없어서 4칸만 검사하고 있다. – 옮긴이

든 영역에 들어 있는 유닛 개수가 특정 최대 개수 이하로 떨어질 때까지 이 과정을 재귀적으로 반복한다.[10]

| 균등하게 나눈다면 |

- **더 단순하다.** 균등 자료구조는 이해하고 구현하기가 더 쉽다.[11]
- **메모리 사용량이 일정하다.** 객체를 추가한다고 해서 공간을 새로 분할하지 않기 때문에 공간 분할에 필요한 메모리 양은 변하지 않는다.
- **객체가 위치를 이동할 때 자료구조의 업데이트 속도가 빠르다.** 객체가 이동한 위치에 따라 자료구조를 업데이트해야 할 때가 있는데, 계층형 공간 분할일 경우에는 여러 계층을 같이 고쳐야 할 수도 있다.

| 계층적으로 나눈다면 |

- **빈 공간을 훨씬 효율적으로 처리할 수 있다.** 이전 예제에서 전장 어느 한쪽이 텅 비어 있다고 해보자. 많은 칸이 비어 있음에도 칸을 메모리에 할당해야 하고 매 프레임마다 순회해야 한다.

  계층형 공간 분할에서는 한산한 공간을 재분할하지 않기 때문에 크게 비어 있는 공간은 한 영역으로 남아 있게 된다. 덕분에 여러 작은 영역을 순회할 필요 없이 큰 영역 하나만 순회하면 된다.
- **밀집된 영역도 효과적으로 처리할 수 있다.** 많은 객체가 한곳에 뭉쳐 있다면 비계층형 분할 방식이 비효율적일 수 있다. 다른 영역은 텅텅 비어 있고 한 영역에만 객체가 너무 많이 몰려 있으면 차라리 공간 분할을 안 한 것보다 효율이 떨어질 수 있다. 계층형 분할에서는 상황에 맞게 공간을 재분할하기 때문에 한 번에 고려해야 할 객체 개수가 너무 많아지지 않도록 해준다.

객체 개수에 따라 분할 횟수가 달라지는가?

격자 예제 코드에서는 격자 분할 크기가 미리 정해져 있어서 유닛을 그에 맞는 칸에 집어넣었다. 이와 달리 적응형 분할 방식에서는 유닛 개수와 위치에 따라 분할 크기를 조절하는 융통성이 있다.

목표는 성능을 높이기 위해 영역마다 비슷한 수의 유닛이 들어갈 수 있도록 **균형 잡힌** 분할을 만드는 것이다. 격자 예제에서 모든 유닛이 전장 한곳에, 즉 격자 한 칸 안에 다 몰려 있다고 해보자. 이러면 공격 대상을 찾는 코드 성능이 $O(n^2)$ 수준으로 퇴보한다.

---

10 보통 프로그래머가 선호하는 2, 4, 8 같은 숫자로 분할한다.

11 나는 거의 모든 장마다 '가능하면 최대한 단순하게 만들라'고 강조해왔다. 대다수 소프트웨어 엔지니어링이 복잡함을 줄이기 위해 나왔다.

| 객체 개수와 상관없이 분할한다면 |

- **객체는 순차적으로**incrementally **추가될 수 있다.** 적당한 위치를 찾아 넣어주기만 하면 되기 때문에 성능 걱정 없이 한 번에 처리할 수 있다.

- **객체가 빠르게 이동할 수 있다.** 공간 분할이 고정되어 있다면 유닛이 이동할 때 이전 분할 영역에서 제거해 다음 분할 영역에 추가하면 된다. 객체 개수에 따라 공간을 분할한다면, 유닛 하나만 다른 영역으로 이동해도 다른 많은 유닛까지 영역을 옮겨야 할 수 있다.[12]

- **영역이 균형 잡혀 있지 않을 수 있다.** 이런 식으로 융통성 없이 분할하면 당연히 영역이 골고루 분할되도록 제어하기 어렵다. 객체가 한곳에 뭉쳐 있다면 쓸데없이 비어 있는 영역에 메모리는 낭비하면서도 성능은 더 떨어질 수 있다.

| 객체 개수에 따라 영역이 다르게 분할된다면 |

이진 공간 분할(BSP)이나 k-d 트리 같은 공간 분할에서는 양쪽에 같은 수의 객체가 들어 있도록 월드 공간을 반씩 재귀적으로 쪼갠다. 이를 위해서는 공간을 분할할 평면을 선택했을 때 양쪽에 객체가 각각 몇 개씩 있는지를 계산해야 한다. 경계 볼륨 계층구조(BVH)는 객체 분포에 맞춰서 공간을 분할하는 또 다른 기법이다.

- **영역의 균형 잡힘**balanced**을 보장할 수 있다.** 단순히 성능이 좋아지게 한다기보다 성능을 **일정하게** 유지할 수 있다. 영역별로 들어 있는 객체 개수가 같다면 월드에서 객체를 찾는 데 드는 시간을 일정하게 보장할 수 있다. 프레임 레이트를 일정하게 유지하기 위해서는 단순한 성능 향상보다 이런 일정함이 더 중요하다.

- **전체 객체에 대해 한 번에 분할해놓는 게 훨씬 효과적이다.** 객체 개수에 따라 영역 크기가 달라진다면 공간을 분할하기 전에 **전체** 객체를 미리 준비해두는 게 최선이다. 그래서 이런 분할 기법은 보통 게임에서 고정되어 있는 정적 지형이나 아트 리소스에 훨씬 자주 사용된다.

| 영역 분할은 고정되어 있지만, 계층은 객체 개수에 따라 달라진다면 |

쿼드트리quadtree는 고정 분할과 적응형 분할의 장점을 둘 다 어느 정도 가지는 공간 분할 방식이다.[13] 쿼드트리는 전체 공간을 한 영역으로 시작한다. 공간에 들어 있는 객체 개수가 정해진 수 이상 넘어가면 사각형 4개로 분할되는데, 이때 크기는 1/4로 정해져 있다.

이렇게 분할된 사각형에 대해서 각 사각형에 들어 있는 객체 개수가 일정 수 이하가 될 때까지

---

12 레드-블랙 트리나 AVL 트리 같은 균형 잡힌(balanced) 이진 검색 트리와 마찬가지다. 이런 트리에 데이터를 추가하다 보면 트리를 재정렬하거나 여러 노드를 섞어줘야 할 수 있다.

13 쿼드트리는 2차원 공간을 분할한다. 3차원 공간이라면 하나의 볼륨을 8개의 정육면체로 분할하는 옥트리(octree)가 있다. 차원이 하나 더 높다는 것만 제외하면 동작 방식은 거의 같다.

같은 작업을 재귀적으로 반복한다. 밀도가 높은 영역만 재귀적으로 분할한다는 면에서 쿼드트리 분할은 객체 개수에 따라 조정되긴 하지만 분할 영역이 이동하지는 **않는다**.

아래 그림을 보면 왼쪽에서 오른쪽으로 분할 영역들이 바뀌는 것을 확인할 수 있다.

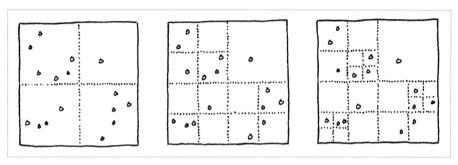

그림 20-6 유닛이 세 개 이상 들어 있는 칸은 재귀적으로 분할된다.

- **객체를 순차적으로 추가할 수 있다.** 위치에 맞는 사각형 칸을 찾아 추가하기만 하면 된다. 사각형에 들어 있는 유닛이 최대 개수를 넘기면 영역을 분할한다. 그 사각형에 있던 유닛들은 새로 생긴 사각형으로 편입된다. 약간의 **일정한** 추가 작업은 필요하지만 이동해야 하는 객체는 항상 유닛 최대 개수 이하이기 때문에 필요한 성능을 보장받을 수 있다. 객체를 하나 추가할 때 분할은 최대 한 번만 발생한다.

  객체 제거도 간단하다. 사각형에서 객체를 제거했을 때 상위 사각형의 전체 유닛 개수가 최대 개수 미만이면 분할 영역을 하나로 합치면 된다.
- **객체 이동이 빠르다.** 이유는 앞에서 본 것과 같다. 객체 '이동'을 할 때 단순히 추가, 삭제만 하면 되고, 이 과정은 쿼드트리에서 꽤나 빠른 편이다.
- **분할 영역이 균형 잡혀 있다.** 사각형에 들어 있는 유닛 개수는 항상 최대 개수 미만이기 때문에 객체가 한 곳에 뭉쳐 있다고 해도 한 영역에 많은 유닛이 동시에 들어가지 못하게 막을 수 있다.[14]

객체를 공간 분할 자료구조에만 저장하는가?

공간 분할 자료구조에서 게임 객체의 생명주기까지 관리할 수도 있다. 아니면 다른 컬렉션에 객체들을 넣어놓고, 공간 분할 자료구조는 위치 관련 처리를 빠르게 하기 위한 캐시 용도로만 사용할 수도 있다.

---

14 격자 크기를 무한정 줄일 수는 없기 때문에 객체가 같은 위치에 겹칠 수 있는 게임에서는 한 사각형 안에 들어갈 최대 유닛 개수를 제한하지 못할 수도 있다. – 옮긴이

| 객체를 공간 분할 자료구조에만 저장한다면 |

- **컬렉션이 두 개가 되면서 생기는 메모리 비용과 복잡도를 피할 수 있다.** 당연히 어떤 객체를 두 곳에 저장하는 것보다는 한 곳에 두는 게 싸다. 컬렉션 두 개로 관리한다면 동기화를 해야 한다. 즉, 매번 객체가 생성, 삭제될 때마다 양쪽 컬렉션에 더하거나 빼야 한다.

| 다른 컬렉션에도 객체를 둔다면 |

- **전체 객체를 더 빠르게 순회할 수 있다.** 객체마다 계속해서 처리해야 할 작업이 있다면 객체 위치에 상관없이 모든 객체를 빈번하게 순회해야 한다. 이전 예제에서 거의 모든 칸이 비어 있다고 생각해보자. 비어 있지 않은 칸을 찾기 위해 격자를 전부 뒤지는 것은 시간 낭비다.

  객체를 별도의 컬렉션에 저장하면 순회 과정을 훨씬 빠르게 만들 수 있다. 즉 두 개의 자료구조를 각자 필요에 맞게 최적화할 수 있다.[15]

20.8. 관련자료

- 이번 장에서는 특정 공간 분할 자료구조를 자세하게 논의하지 않고 대신 고수준에서(그리고 너무 길지 않게) 살펴보려고 노력했다. 다음 단계는 가장 많이 쓰이는 공간 분할 자료구조들에 대해 배우는 것이다. 이름만 봐서는 무서워 보일지 몰라도 들여다보면 그리 복잡하진 않다.

  - 격자
  - 쿼드트리
  - 이진 공간 분할(BSP)
  - k-d 트리
  - 경계 볼륨 계층구조(BVH)

- 이들 공간 자료구조는 잘 알려진 1차원 자료구조를 다차원으로 확장한 것에 지나지 않는다. 이들의 1차원 자료구조에 대해 알아두면 공간 분할 자료구조 중에서 무엇을 선택할지 결정하는 데 도움이 될 것이다.

  - 격자의 1차원 버전은 **버킷 정렬**bucket sort이다.
  - BSP, k-d 트리, BVH의 1차원 버전은 **이진 검색 트리**다.
  - 쿼드트리, 옥트리의 1차원 버전은 **트라이**trie다.

---

15 객체들을 공간 분할 자료구조뿐만 아니라 vector<Unit*> 같은 컬렉션에도 모아놓으면 전체 객체를 훨씬 빠르게 순회할 수 있다. – 옮긴이

INDEX

INDEX

INDEX

주요 클래스

INDEX